의심 끊고 염불하세

천태지자대사 정토십의론
철오선사어록 · 성암대사 권발보리심문
연지대사 염불법문 · 인광대사 편지설법

보적 김지수 편역

불광출판사

의심 끊고 염불하세

불광출판사

解放光復 60주년을 맞이하여
이 책을 번역 출판하는 인연 공덕으로,
조국의 독립과 해방광복을 위하여 헌신하신 忠魂英靈들과
희생당한 寃魂幽靈들께서 解怨消業하고 離苦得樂하여
極樂淨土 往生하시길 기도하며, 조국의 진정한 解放光復과
한겨레의 自主平和統一이 하루빨리
원만히 성취되길 염원하면서, 인연 있는 모든 佛子님들께
삼가 이 책을 바칩니다.

무제 대사 심약방(無際大師心藥方)

열 가지 마음약 처방문

무제 대사(無際大師)께서는 세상 사람들에게 이렇게 일깨우셨다.

"무릇 집안을 잘 거느리고 나라를 다스리며 도를 배우고 자신을 수양하려는 사람은 모름지기 먼저 내가 처방해 주는 열 가지 맛의 미묘한 마음의 약을 복용하여야 바야흐로 뜻을 성취할 수 있다.

그 열 가지 맛이란 무엇인가?

첫째, 좋은 창자(뱃속) 한 가닥〔好腸一條: 흔히 속좋다는 의미로, 위와 장이 튼튼하며 남의 어떤 말이나 행동도 비위에 거슬리지 않고 잘 받아 소화해 냄을 뜻함〕.

둘째, 자비심 한 조각〔慈悲心一片: 일편단심처럼, 나누어지거나 변하지 않는 항상스런 자비심〕.

셋째, 온유 반 냥〔溫柔半兩: 완전히 무른 무골호인보다, 剛柔가 반반씩 중용 조화를 이룸을 뜻하는 듯〕.

넷째, 도리 삼 푼〔道理三分: 도리·사리·이치 등 시비곡직을 따질 때 논리성과 합리성은 30% 정도만 내세우고, 나머지는 人情과 사정 등을 참작하여 合情性으로 관용, 이해하라는 뜻임〕.

3

다섯째, 요긴한 믿음과 행실〔信行要緊〕.

여섯째, 중용 정직 한 덩어리〔中直一塊: 자신의 마음·정신이 온전히 중용 정직의 도로 한 덩어리가 되라는 뜻임〕.

일곱째, 효순 열 푼〔孝順十分: 부모와 웃어른께는 백퍼센트 완전히 효도하고 순종하라는 뜻임〕.

여덟째, 성실 한 개〔老實一個: 노인처럼 차분하고 원숙한 성실함〕.

아홉째, 음즐(질)은 완전 사용〔陰騭全用: 남 모르게 선행을 쌓고 복을 지어, 타고난 운명(숙명)을 바꾸는 음덕을 최대한 가동함〕.

열째, 방편은 많고 적음을 가리지 않음〔方便不拘多少: 시간과 장소·사람 등 구체적 상황에 알맞는 좋은 방편은 일정한 원칙에 구애받지 않고 인연 따라 적당히 구사함〕.

이 약은 마음(속)이 넓은 냄비〔寬心鍋〕 안에 넣어 볶되, 눌도록 태우지도 말고 조급하게 다루지도 말며, 불 기운〔火性〕을 삼 푼〔30%〕 정도 제거한(식힌) 뒤 평등 사발〔平等盆〕 안에 넣어 빻는다.

세 번 생각함〔三思〕의 가루로 빻아 육바라밀〔六波羅蜜〕의 알〔丸〕로 조제하되, 보리수 열매만한 크기로 만든다.

이 알약을 하루 세 번 복용하는데, 시간은 어느 때고 상관없으나, 화기 애애한 국물〔和氣湯〕로 마셔 삼킨다. 정말 이와 같이 복용하기만 한다면, 치유되지 않을 질병이 없다. 이 약을 복용할 때 절대 가리고 피해야 할 금기 사항이 있다.

첫째, 말로는 청정한데 행실은 혼탁한 짓〔言淸行濁〕.

둘째, 자기를 이롭게 하며 남에게 손해를 끼치는 짓〔利己損人〕.

셋째, 은밀한 가운데 화살을 겨누는 짓〔暗中箭〕.

넷째, 뱃 속에 독을 품는 짓〔肚中毒〕.

다섯째, 웃음 속에 서슬 퍼런 칼을 꽂는 짓〔笑裏刀〕.

여섯째, 대가리 둘 달린 뱀 같은 짓〔兩頭蛇: 중국 남부 지역과 월남 등지에 분포하는 독 없는 뱀으로, 꼬리가 둥글고 뭉퉁하여 머리와 비슷하게 생긴데다, 목부분에 있는 노란 반점 무늬까지 있어 언뜻 보기에 머리가 둘인 것처럼 보이는데, 행동 습성도 머리 부분과 흡사하여 붙여진 이름이라고 함. 이 글에서는 간신배처럼, 여기서는 이 말 하고 저기서는 저 말 하는 양설(兩舌)이나 이간질을 뜻함〕.

일곱째, 고요하고 평안한 곳에 갑자기 바람과 물결을 일으키는 짓〔平地起風波〕.

이상 일곱 가지는 모름지기 한시 바삐 금지해야 한다.

위와 같은 열 가지 맛의 약을 만약 전부 사용(조제)하여 복용(실행)할 수 있다면, 최상의 복록과 수명을 누리며 부처가 되고 조사가 될 수 있다. 그리고 열 가지 가운데 너댓 가지만 사용할 것 같으면, 그래도 죄악을 소멸하고 수명을 연장하며 재앙을 해소하고 우환을 피할 수 있다. 그러나 열 가지 맛의 처방을 어느 하나도 사용하지 않는다면, 후회해 봤자 전혀 소용없게 된다. 그런 자는 비록 편작(扁鵲)과 노의(盧醫)[1] 같은 신의(神醫)가 있더라도 이른바 질병이 고황(膏肓: 치유 불능의 치명적인 급소)에 퍼진 상태인지라, 결국 치료하기 매우 어렵다. 이런 자는 설령 천지신명께 기도하고 축원 올리더라도 헛수고일 따름이다.

하물며, 이 약 처방은 남용이나 오용의 염려가 전혀 없어 복용하는 사람이 약화(藥禍)를 입을 수 없고, 또 약값을 조금도 치르지 않으며, 수고롭게 끓이거나 달일 필요도 없거늘, 어찌하여 이처럼 신비한 명약을 복용하지 않는단 말인가? 게송(偈頌)으로 이르면 다음과 같다.

---

1) 노의(盧醫): 편작같이 유명한 의사인 듯하나 자세히는 모름.

此方絶妙合天機　이 처방은 절묘하게 천기에 부합하니,
不用盧師扁鵲醫　노사나 편작 같은 신의도 쓸 필요 없네.
普勸善男竝信女　착한 남자와 신심 있는 여자한테 두루 권하노니,
急須對治莫狐疑　조금도 의심 말고 한시 바삐 먹어 치료할지어다.

무제(無際) 대사: 당(唐)나라 때 희천(希遷) 스님. 단주(端州) 사람으로 속가의 성은 진(陳)씨. 조계(曹溪) 육조 혜능 대사의 도풍(道風)을 듣고 사숙하다가, 육조가 입적한 뒤 라부산(羅孚山)에서 계를 받음. 청원(靑原) 행사(行思) 선사가 육조의 뒤를 이어 조계에 주석한다는 소식을 듣고 찾아가 귀의함. 현종(玄宗) 천보(天寶: 742~755 현종의 마지막 연호) 초기에 남악(南嶽) 형산(衡山)에 가서, 남사(南寺)의 동쪽 큰 암벽 위에 암자를 짓고 머물렀음. 그래서 사람들이 그를 존경하여 '석두 화상(石頭和尙)'이라고 불렀는데, 당시 강서(江西) 지역의 마조(馬祖) 대사와 함께 호남(湖南) 지역의 석두 화상이 쌍벽을 이루어 두 지역을 대표하는 이조(二祖: 두 조사)로 일컬어짐. 91세에 입적한 뒤, 무제 대사(無際大師)라는 시호(諡號)를 하사 받음.

차 례

천태지자 대사

정토 십의 론

정토십의론(淨土十疑論)

정토십의론 (淨土十疑論) 해제(解題)

『정토십의론(淨土十疑論)』은 천태종(天台宗)을 세운 지자(智者) 대사의 논저로, 명말(明末) 우익(藕益) 대사가 선정한『정토십요(淨土十要)』의 네 번째이다. 논장(論藏) 가운데는 첫 번째로 꼽혔는데, 그 이유는 대개 세 가지로 거론된다.

첫째, 지자 대사는 석가모니부처님의 후신(後身)으로 추앙 받는 대성인(大聖人)이시기 때문이다.

둘째, 지자 대사가 주로 활동한 수(隋)나라는 정토염불의 시조로 일컬어지는 혜원(慧遠) 대사의 동진(東晋)으로부터 그리 오래되지 않아, 시간적으로 앞서기 때문이다.

셋째, 이 열 가지 문답 법문은 정토 중 염불에 관한 일체의 의문점을 죄다 망라하고 보리대도(菩提大道)의 근간을 곧추세워서, 사람들한테 의심을 끊고 믿음을 내도록 일깨워, 그 공덕이 최고로 크기 때문이다.

정토십의론서(淨土十疑論序): 극락정토 왕생을 아직도 머뭇거리는가?

사랑(애착)이 끈끈하지 않으면 사바고해에 태어나지 않으며, 생각(염불)이 한결같지 않으면 극락세계에 왕생하지 못한다〔愛不重, 不生娑婆: 念不一, 不生極樂〕. 사바세계는 더러운 땅〔穢土〕이며, 극락세계는 깨끗한 곳〔淨土〕이다. 사바세계의 수명은 유한하며, 저 곳의 수명은 무한하다.

사바세계에는 모든 고통이 두루 갖춰져 있지만, 저 곳에서는 평안히 수양〔安養〕하며 어떠한 고통도 없다. 사바세계에서는 업장에 따라 생사고해를 윤회하지만, 저 곳은 한번 왕생하면 영원히 무생법인〔無生法忍〕을 증득하며, 만약 중생을 제도하길 원하면 어떠한 업장에도 얽매임 없이 뜻대로 자유자재롭게 할 수 있다.

두 곳의 깨끗함과 더러움, 수명의 장단, 괴로움과 즐거움, 생사 윤회 등이 이처럼 천양지차로 판연히 다르다. 그런데도 중생들이 까마득히 모르고 있으니, 이 어찌 슬프지 아니하리요?

아미타부처님께서는 극락정토에서 중생들을 거두어 받아들이는〔攝受〕교주이시고, 석가여래께서는 여기 사바세계에서 극락정토를 가리켜 안내하시는 스승이시며, 관세음보살님과 대세지보살님께서는 부처님을 도와 중생교화를 널리 펼치시는 분들이다.

이러한 까닭에 석가여래께서 한평생 가르침을 펴신 경전들은, 도처에서 간곡하고 자상하게〔苦口叮嚀〕 극락 왕생을 권유하고 있다.

아미타부처님과 관세음보살님 · 대세지보살님께서는 커다란 원력의 배〔大願船〕를 타시고 생사고통의 바다〔生死海〕에 뜨시어, 이 쪽 언덕〔彼岸:

사바세계)에도 집착하시지 않고, 저 쪽 언덕[彼岸: 극락정토)에도 머물지 않으시며, 중간 물살[中流: 천상이나 중음세계?)에도 멈추지 않으신 채로, 오직 중생 제도를 불사(佛事)로 행하신다. 그래서 『아미타경(阿彌陀經)』에서는 이렇게 말씀하신다.

"만약 선남자 선여인이 아미타부처님을 듣고 그 명호를 붙잡아 지니기를 하루 내지 이레 동안 하면서 한 마음 흐트러지지 않으면[一心不亂), 그 사람의 목숨이 다할 때 아미타부처님께서 뭇 성인 대중과 함께 그 사람 앞에 나타나시리니, 이 사람은 목숨이 끊어질 때 마음이 뒤바뀌지(흔들리지) 아니하면 곧장 극락국토에 왕생하게 된다."

또 경전[無量壽經)에서는 이렇게 말씀하신다.

"시방세계의 중생들이 나의 명호를 듣고 나의 국토(극락정토)를 생각하며, 온갖 공덕의 뿌리를 심으면서 나의 국토에 생겨나기를 지극한 마음으로 회향 기도하여, 정말 그 소원을 이루지 못할 것 같으면, (나는 결코) 올바른 깨달음[正覺)을 이루지 않겠노라."

그래서 기환정사(祇桓精舍: 기원정사)의 무상원(無常院)[2]에서는, 병든 환자들에게 서쪽을 향해 극락정토에 왕생하는 생각을 하도록 했다고 한다. 무릇 아미타부처님의 광명은 막힘이나 한량이 없어 시방 법계를 두루 비추면서, 염불(부처님을 생각)하는 중생들을 빠뜨림 없이 모두 거두어 받아들이시기[攝受) 때문이다.

성인(부처님)과 범부(중생)는 본디 한 몸[聖凡一體)인지라, 기연(機緣)만 맞으면 서로 감응(感應)하여 통하게 마련이다. 모든 부처님 마음 안의 중

---

2) 무상원(無常院): 선가에서는 열반당 또는 연수당(延壽堂)이라고 하는데, 임종을 맞이하는 환자 스님이나 노스님한테 인생무상을 관조하라고 특별히 배치한 장소. 햇빛이 들지 않는 서북쪽 구석에 두었다고 함.

생은 티끌티끌마다 극락세계이고, 중생들 마음속 정토는 생각생각마다 아미타부처님이다(諸佛心內衆生, 塵塵極樂: 衆生心中淨土, 念念彌陀).

내가 이러한 이치로 보건대, 누구나 쉽게 극락왕생할 수 있다. 지혜로운 자는 의심을 끊을 수 있기 때문에 쉽게 왕생할 수 있고, 선정(禪定)에 드는 이는 마음이 어지럽게 흩어지지 않기 때문에 쉽게 왕생할 수 있다. 또 계율을 잘 지키는 자는 온갖 오염을 멀리하기 때문에 쉽게 왕생할 수 있고, 보시를 즐겨하는 이는 나(我)라는 생각이 없어서 쉽게 왕생할 수 있다. 또 인욕을 잘하는 자는 성내지 않기 때문에 쉽게 왕생할 수 있고, 용맹스럽게 정진하는 이는 뒤로 물러나지 않기에 쉽게 왕생할 수 있다. 그리고 선도 행하지 않고 악도 짓지 않는 자는 생각이 오롯이 한결같기 때문에 쉽게 왕생할 수 있고, 온갖 죄악을 지어 업보가 눈앞에 나타나는 이는 정말로 부끄러워하고 두려워하기에 쉽게 왕생할 수 있다.

그런데 비록 온갖 선행을 쌓았더라도, 만약 정성과 신심이 없고 깊은 마음(深心)도 없으며 (극락왕생에) 회향 발원하는 마음도 없는 자라면, 상품상생(上品上生)에 왕생할 수 없다.

오호라! 아미타부처님의 명호는 지니고 염송하기가 몹시 쉽고, 극락정토는 왕생하기가 매우 쉽다. 그런데도 중생들이 염불할 줄 모르고 왕생할 수 없다면, 부처님인들 그런 중생들을 어찌하랴!

【옮긴이 보충 해설】: 일찍이 노자(老子)『도덕경(道德經)』에서도, "상근기의 선비가 도를 들으면 (믿고) 부지런히 (수)행하는데, 중근기의 선비가 도를 들으면 있는 듯 없는 듯 반신반의하며, 하근기의 선비가 도를 들으면 크게 비웃는다. (일반 중생들한테) 크게 비웃음을 사지 않으면 도라고 하기에 부족하다(上士聞道, 勤而行之: 中士聞道, 若存若亡: 下士聞道, 大笑之. 不笑, 不足以爲道)."고 말했다.

또 "내 말(도)은 알기도 매우 쉽고 행하기도 매우 쉬운데, 천하 사람들이 알 수도 없고(줄도 모르고) 행할 수도 없다(줄도 모른다.)〔吾言甚易知, 甚易行; 天下莫能知, 莫能行〕."고 탄식했다.

불교의 여러 수행 방법 가운데, 특히 정토 염불 수행법문이 바로 노자가 탄식했던 것처럼, 가장 알기 쉽고 행하기 쉬우면서, 또 누구도 알려고 하지 않고 행할 줄 모르는 대도(大道)이리라.】

무릇 악업(惡業)을 지으면 삼악도에 떨어지고, 아미타불을 사념〔念佛〕하면 극락정토에 왕생한다. 이 두 가지 법문은 모두 부처님 말씀이다. 그런데 세상 사람들은 지옥에 떨어질까 근심 걱정하면서도, 극락 왕생을 의심하는 자가 대부분이니, 이 또한 미혹됨이 아니던가?

동진(東晋) 때 혜원(慧遠) 법사께서 당시의 고아한 선비 류유민(劉遺民) 등 123인과 함께 려산(廬山)에서 백련사(白蓮社)를 결성한 것도 대개 여기(염불로 극락 왕생함)에 정성을 다했을 뿐이다. 그 뒤 7백 년 동안 승속(僧俗)이 다 함께 수행하여, 극락 왕생의 감응을 얻은 분이 한둘이 아니다. 그들의 수행 체험이 모두 정토전기(淨土傳記: 특히 『淨土聖賢錄』)에 실려 있으니, 어찌 허풍 떠는 거짓말이겠는가?

그런데 아미타부처님의 가르침을 높이 찬탄하고 널리 펼치는 글들이 산더미처럼 쌓여 있지만, 오직 천태(天台) 지자(智者) 대사의 『정토십의론(淨土十疑論)』이 최고 으뜸으로 꼽힌다. 대사는 성인의 거룩한 말씀을 인용하여 뭇 의심을 확 풀어 주고 온갖 미혹을 말끔히 씻어 준다. 마치 만 년(萬年) 동안 깜깜했던 암실(暗室)에 햇빛이 비쳐 들면, 단박에 밝은 빛이 가득 차는 것과 같고; 또한 천 리(千里) 먼 물길〔水路〕에 배를 띄워 순풍에 돛 달면, 자기 힘을 전혀 들이지 않고도 손쉽게 나아갈 수 있는 것과도 같다.

법장(法藏: 아미타부처님의 전생 원인 수행 당시의 신분) 비구의 후신(後身)이 아니라면, 결코 이러한 경지(정토십의론의 법문)에 이를 수 없을 것이다.

나 양걸(楊傑)이 얼마 전에 서울에서 이 글을 얻었는데, 설하신 법문을 읽고 나서 믿음이 절로 나지 않을 수 없었다. 또 나 스스로 혹독한 벌을 받았는지라, 느끼고 깨달은 바가 더욱 인상 깊고 크기만 하다. 이에 이 법문을 널리 유포시키고 길이 전하기 위하여, 삼가 몇 자 서문을 덧붙인다.

송(宋)나라 무위자(無爲子) 양걸(楊傑)

양걸(楊傑): 자(字)는 차공(次公), 자호(自號)는 무위자(無爲子) 또는 무위인(無爲人)이며, 생졸연대는 분명하지 않으나, 대략 송나라 신종(神宗) 원풍(元豊: 1078~1085년) 전후에 생존했다. 젊어서부터 명성이 있었으며, 가우(嘉祐) 연간에 진사에 급제하고, 원풍(元豊) 연간(1081년 전후)에 관직이 태상(太常)에 이르러, 그 당시의 예악(禮樂)에 관한 조정의 토론에는 모두 관여했다. 원우(元祐: 哲宗 연호, 1086~1093년) 연간(1090년 전후)에 예부원외랑(禮部員外郎)이 되었고, 윤주(潤州) 지사로 나갔고, 양절제점형옥(兩浙提點刑獄)에 제수되었으며, 70세로 작고했다. 저서로 문집 20여권과 악기(樂記) 5권이 있다. (宋史 권443, 列傳제202, 文苑5 및 권128, 志제81, 樂3 참조.)

보살도 극락 왕생을 발원하는 까닭

첫 번째 의문

　모든 불보살님들께서는 대자대비를 본업(本業)으로 삼으신다는데, 만약 중생들을 제도하시고자 한다면, 정말로 오직 삼계(三界)에 몸을 나토시어 오탁악세(五濁惡世)와 삼악도(三惡途) 가운데서 고통 받는 중생들을 구제하셔야 마땅할 줄 압니다.

　그런데 어찌하여 극락정토에 왕생하여 스스로 자기 생명만 평안히 수행하며, 중생을 내버리고 떠나시려 한단 말입니까? 이는 대자대비가 없는 것이며, 오로지 자신의 이익만을 위하는 것이니, 보살이 추구하는 보리도(菩提道)에 어긋나지 않습니까?

답변

　보살에도 두 종류가 있소. 하나는 오랫동안 보살도(菩薩道)를 닦고 행하여 무생법인(無生法忍)을 얻은 분으로서, 이 분들은 진실로 자기 책임(사명, 원력)을 감당할 수 있소. 다른 하나는 아직 무생법인을 얻지 못한 분들과 이제 막 보살의 마음〔初發心〕을 낸 범부들이오.

　두 번째의 범부 보살(凡夫菩薩)들은 모름지기 어느 때고 부처님을 떠나지 않아야 한다오. 그렇게 (항상 부처님 곁에 머물면서) 무생법인의 법력〔忍力〕을 성취하여야만, 비로소 삼계 안에 몸을 나토어 오탁악세에서 고통 받는 중생들을 구제할 수 있기 때문이오.

　그래서 『지도론(智度論)』에서 이렇게 말씀하셨소.

"번뇌와 업장에 얽매인 범부 중생이 제 아무리 큰 자비심을 지녔더라도, 오탁악세에 태어나길 발원하여 고통 받는 중생들을 구제한다는 일은 있을 수 없다. 왜 그런가 하면, 오탁악세는 번뇌가 매우 강렬하여, 스스로 무생법인의 법력을 지니지 못한 자는 마음이 바깥(사물) 경계에 따라 뱅뱅 돌기(흔들리기) 때문이다."

자기 마음이 빛과 소리에 얽매여(물들어) 스스로 삼악도에 떨어질 판인데, 어떻게 다른 중생들을 구제할 수 있겠는가?

가령 인간 세상에 태어난다고 할지라도, 성인의 도(聖道)를 얻기가 어렵소. 더러 보시나 지계 등의 수행으로 복을 지어 인간 세상에 태어나 국왕이나 대신이 된다고 합시다. 전생의 복덕으로 자유자재로이 부귀영화를 누리다 보면, 설령 훌륭한 선지식을 만난다고 할지라도 그 말씀(가르침)을 믿고 따르려 하지 않고, 그저 탐착과 미혹에 휩싸여 안일하게 방종하면서 온갖 죄악을 두루 짓게 마련이오. 이러한 악업을 짊어지고 한번 삼악도에 들어가면, 한량없는 겁(無量劫)이 지나야만 비로소 지옥에서 빠져나올 수 있소. 그것도 몹시 가난하고 천한 신분으로 태어나게 되고, 만약 선지식을 만나지 못하면 또 다시 지옥에 떨어지기 십상이오.

이와 같이 생사 윤회를 되풀이하여 오늘에 이르렀으니, 지금 사람이란 사람은 죄다 이 모양 이 꼴이라오. 이것을 일컬어 수행하기 어려운 길(難行道)이라고 부르오.

그래서 『유마경(維摩經)』에서 이렇게 말씀하셨소.

"자기 질병도 구제할 수 없는데, (하물며) 다른 병든 사람들을 구제할 수 있단 말인가(自疾不能救, 而能救諸疾人)."

또 『지도론(智度論)』에서는 이렇게 말씀하셨소.

"예컨대 두 사람이 똑같이 각기 자기 가족이 물 속에 빠져 허우적거리는 모습을 눈앞에서 보았다고 하자. 한 사람은 감정이 다급하여 곧장 물속에 뛰어들어 구해 내려 했으나, 적절한 방편의 힘이 없어 물에 빠진 사람이나 구하려는 사람 모두 그만 다 함께 익사하고 말았다. 그런데 다른 한 사람은 훌륭한 방편을 생각해 내고, 곧장 가서 배나 뗏목(또는 밧줄이나 튜브)을 가져다가 그를 무사히 건져 올려 마침내 모두 다 익사의 고비를 벗어났다."

막 보리심을 낸 보살도 또한 이와 같은 이치라오.

이처럼 아직 무생법인을 얻지 못한 보살은 스스로 중생을 구제할 수가 없소. 이러한 까닭에 항상 모름지기 부처님을 가까이 해야 한다오. 무생법인을 얻은 다음에라야 바야흐로 중생을 구제할 수 있소. 마치 위의 비유에서 배를 얻은 사람처럼 말이오.

또 논(論: 智度論인 듯)에 이렇게 말씀하셨소.

"비유하자면 갓난아기가 어머니 품을 떠날 수 없는 것과 같다. 만약에 어머니 품을 벗어난다면, 더러 깊은 구덩이나 우물에 빠지거나 또는 젖에 굶주려 죽을 것이다. 또한 비유하자면 새끼 새가 날개에 깃털이 완전히 자라나지 않았을 때에는, 단지 나무에 의지하여 가지 사이나 옮겨 다닐 수 있을 뿐, 멀리 공중으로 날아가지는 못하는 것과도 같다. 날개에 깃털이 온전히 자라나야, 비로소 허공에 날아올라 걸림없이 자유자재로이 비행할 수 있다."

마찬가지로 우리 범부 중생은 스스로 힘이 없으므로, 오직 아미타불만을 일념으로 생각하고 염송하여 삼매(三昧)를 이루도록 해야 하오. 그렇게 청정한 도업이 성취되기에, 임종에 한 생각 추스려 결정코 극락 왕생하여 아미타불을 친견하고 무생법인을 증득한 다음, 다시 삼계에 되돌아와 무생법인의 큰 배(船)를 타고서 생사고해의 중생들을 구제하며, 자기 뜻(발

21

願]대로 자유자재로이 부처님 사업(事業)을 널리 펼치는 거라오.

그래서 또 논(論: 智度論인 듯)에서는 이렇게 말씀하셨소.

"지옥에 돌아다니며 노닐고 싶은 자는 (먼저) 저 나라[彼國: 극락정토]에 왕생하여 무생법인을 얻은 다음에, 다시 생사 윤회의 나라[生死國]에 되돌아와 지옥에서 고통 받는 중생들을 교화하게 된다."

이러한 인연으로 말미암아 보살들도 극락 정토에 왕생하길 발원하노니, 진실로 그 가르침을 잘 알고 따르길 기원하오. 그래서 용수(龍樹) 보살님의 『십주비바사론(十住毘婆沙論)』에서 정토염불 법문을 쉽게 수행하는 길[易行道]이라고 이름 붙였다오.

【옮긴이 보충 소감】: 새벽·낮·저녁 하루 세 때 부처님 앞에서 경건히 독송하는 예불문의 맨 끝에, 원공법계제중생 자타일시성불도(願共法界諸衆生 自他一時成佛道)라는 구절이 있습니다. 이 구절은 문맥상 흔히들 시방 법계 모든 중생들이 나와 남 할 것 없이 한꺼번에(동시에) 부처님 도를 이루길 발원합니다라는 발원의 의미로 해석하는 게 보통입니다. 그런데 뒷 구절만 따로 떼어 음미해 본다면, 한문의 중의(重義)적인 특성상 또 다른 의미까지 함축하는 것으로 해석될 수도 있습니다.

하나는 수행의 과정 및 결과의 차원에서, 공부가 무르익어 나와 남이 하나가 될 때 부처님 도가 이루어진다는 뜻입니다. 즉, 『금강경』에서 말하는 아상(我相)·인상(人相)·중생상(衆生相)·수자상(壽者相)이 전혀 없어진 경지에 이르러, 물아일체(物我一體) 또는 천인합일(天人合一)이 되는 것이 궁극적인 깨달음의 도라는 해석입니다.

다른 하나는 수행의 방법 차원에서, 자력(自力)과 타력(他力: 불보살님의 가피력)이 하나가 될 때 부처님 도가 이루어진다는 뜻입니다. 바로 극락 왕생을 발원하며 염불하는 정토 법문이 가장 손쉬운 수행의 길[易行道]이라는 의미입니다.

물론 근본 목표는 나와 남〔중생〕이 모두 동시에 부처님 도를 이루자는 대승적인 발원에 두어야 하겠지요.

우리 불교가 지금까지 수행이나 중생 교화에서 부진과 쇠약을 면치 못하는 주요인도, 어쩌면 부처님 가피력을 동시에 구하는 염불 법문을 무시 또는 경시하고, 오로지 자기 마음 하나 스스로 닦아 지혜를 밝힌다는 참선(특히 화두선) 수행에 치우친 때문일지도 모른다는 면에서 자기 반성을 할 필요가 있다고 생각합니다.

기독교는 인간의 주체성을 부인하고 창조주에게 노예처럼 종속되는 타력 신앙이라고 불교인들이 비판·폄하하곤 하는데, 불교처럼 불성 평등의 기본정신에서 자력과 타력을 하나로 결합시켜 수행한다면, 그 효과(복덕과 지혜)가 얼마나 크게 증폭되겠습니까? 우리가 부처님을 생각하고 염불하는 타력 수행의 측면을 하찮게 여기는 생각이, 혹시라도 중생의 제 잘난 교만심의 발로는 아닐까요? 중국에도 도가 한 자 높아지면 마장은 한 길이나 높아진다〔道高一尺, 魔高一丈〕는 속담이 있는데, 우리 불교 수행인도 자칫 그런 어리석음을 범하는 건 아닌지요?〕

극락정토에 왕생한다는 참 뜻

두 번째 의문

모든 법의 본체는 텅 비어〔諸法體空〕 본래 생겨남이 없고〔無生〕 평등하며 적멸〔寂滅〕한데, 지금 이내 이 곳을 내버리고 저 곳을 좇아 아미타부처님이 계시다는 서방 정토에 왕생하길 바란다면, 이 어찌 이치(진리)에 크게 어긋나지 않겠습니까?

또 경전에 이르기를, "만약 정토를 구하거든 먼저 자기 마음을 정화시
킬지니, 마음이 청정하면 곧 불국토도 청정해지느니라(若求淨土, 先淨其心:
心淨故, 卽佛土淨)"고 하셨는데, 그러면 이 말씀은 어떻게 뜻이 통하겠습니
까?

답변

이 의문에 대한 답은 두 가지로 살펴볼 수 있소. 첫째는 전체(총론)적인
답이고, 둘째는 개별(각론)적인 답이오. 첫 번째 전체적인 답은 이렇게 말
할 수 있소.

그대가 만약 아미타부처님의 서방 정토에 왕생하길 구하는 것이 이 곳
을 내버리고 저 곳을 좇는 행위로 이치(진리)에 맞지 않는다고 말한다면,
그대가 이 곳에 매달려 서방 정토에 왕생하길 구하지 않는 것은, 거꾸로
저 곳을 내버리고 이 곳에 집착하는 행위로, 이것 또한 이치에 맞지 않고
병(病: 잘못)이 된다오.

또 전계(轉計: 사람인지 책인지 미확인)가 이렇게 말했소. "저 곳에 왕생하
길 바라지도 않고 또한 이 곳에 생겨나길 바라지도 않는다고 하는 것은
단멸견(斷滅見)[3]이다."

그래서 『금강경』에서도 이렇게 말씀하셨소.

"수보리여, 그대가 만약 아누다라삼먁삼보리심(阿耨多羅三藐三菩提心)을

---

3) 단멸견(斷滅見) : 다섯 가지 사악한 견해(五惡見) 가운데 두 번째 변견(邊見 : 극단에 치우친 견해)은 상
견(常見)과 단견(斷見)이다. '상견'은 우리 중생의 몸과 마음이 사라지지 않고 항상 머무른다(존재
한다)고 믿는 생각이다. 단견은 반대로 우리 중생의 몸과 마음이 지금 현재 이대로만 존재하며, 지
금 이전에도 없었고 앞으로도 없어져 존재하지 않는다고 믿는 생각인데, 이를 '단멸(斷滅)'이라고
도 부른다. 흔히 사람이 죽으면 육신은 썩어 없어지고, 영혼도 육신과 마찬가지로 흩어져 더 이상
생명 존재가 없다고 믿는 무신론이 단견(斷滅)에 속한다.

내는 사람은 모든 법이 단멸(斷滅)이라고 설한다고 생각하거든, 이런 생각일랑 하지 말게나. 왜냐하면 보리심을 낸 사람은 법에서 단멸의 모습(斷滅相)을 (보거나) 말하지 않기 때문일세."

두 번째 개별(각론)적인 답은 이렇게 말할 수 있소.

무릇 불생불멸(不生不滅)이란 (모든 존재가) 생겨나는 인연(生緣) 가운데 모든 법이 조화롭게 합쳐질(諸法和合) 따름이며, 자기 성품을 지키지(고집하지) 않소(不守自性). 따라서 생겨나는 본체(生體)에서 뭔가 찾으려 해도 아무것도 얻을 수 없소. 이 생명이 생겨날 때 어디서부터도 오는 바가 없기에(無所從來), 그래서 불생(不生)이라고 일컫는다오.

또 불멸(不滅)이란, 모든 법(존재)이 흩어져 사라질 때, 역시 자기 성품을 지키지(고집하지) 않기에 내가 흩어져 사라진다고 말하지 않소. 이 생명(존재)이 흩어져 사라질 때도 어디로도 가는 바가 없기에(去無所至), 그래서 불멸(不滅)이라고 일컫는다오.

인연이 조화롭게 합쳐져 생겨나는 것 이외에 따로 불생불멸이 있는 것도 아니며, 또한 극락정토에 왕생하길 바라지 않는 것을 가리켜 무생(無生, 無生法忍)이라고 일컫지도 않소.

이러한 까닭에 (龍樹보살이 지으시고 구마라집이 漢譯하신)『중론(中論)』의 게송에 이런 말씀이 있소.

> 因緣所生法 인연으로 생겨나는 법(존재)일랑
> 我說卽是空 나는 곧 텅 비었다고 말하노니,
> 亦名爲假名 또한 가짜 이름이라고 일컫기도 하고
> 亦名中道義 또 다르게는 중도의 이치라고 일컫기도 한다.

『중론(中論)』에는 또 이런 말씀도 있소.

諸法不自生　모든 법(존재)은 스스로 생겨나지도 않고

亦不從他生　또한 다른 것으로부터 생겨나지도 않으며,

不共不無因　남과 함께 하지도 않고 원인이 없는 것도 아니니,

是故知無生　이런 까닭에 생겨나지 않는 줄 안다.

그리고 『유마경(維摩經)』에서는 이렇게 말씀하셨소.

雖知諸佛國　비록 모든 부처님 나라와 중생이

及與衆生空　죄다 텅 빈 줄은 알지라도,

而常修淨土　항상 정토(법문)를 수행하여

教化諸群生　모든 중생들을 교화한다네.

또 『유마경』에는 이런 비유도 있소.

"예컨대 어떤 사람이 큰 궁궐을 짓는다고 하자. 만약 그가 텅 빈 땅에 의지(기초)하여 짓는다면, 아무 어려움 없이 뜻대로 이룰 것이다. 그러나 만약 허공에 의지하여 지으려 한다면, 끝내 성공할 수 없다."

모든 부처님의 설법은 항상 두 가지 진리[二諦]에 의지하신다오. 즉 가짜 이름[假名]을 깨뜨리지(떠나지) 않으면서도, 모든 법의 진실한 모습[實相]을 설하시는 것이오.

지혜로운 이는 치열하게 극락정토 왕생을 간구하면서도, 생겨남(왕생)의 본체는 (텅 비어) 얻을 수 없는 줄 훤히 통달하므로, 이것이 진짜 생겨남이 없는 무생(無生)이오. 이런 걸 일컬어 마음이 청정하면 불국토도 청정

해진다고 말하는 것이오.

반면 어리석은 자들은 생겨남(또는 왕생)에 얽매여, 생겨난다는 말을 들으면 생겨난다고 알아듣고, 생겨남이 없다[無生]는 말을 들으면 생겨남이 없다고 곧이듣소. 그래서 생겨남이 곧 생겨남 없음이며, 생겨남 없음이 바로 생겨남인 줄은 전혀 모른다오.

이러한 이치를 훤히 깨닫지 못하기에 함부로 시비를 다투며, 남들이 극락정토 왕생을 구하는 것에 대해 핏대를 올리면서 비판하기까지 하니, 이 얼마나 커다란 잘못이오? 이러한 자들은 바로 정법을 비방하는 죄인이며, 삿된 견해[邪見]에 빠진 외도(外道: 異端)일 따름이라오.

【옮긴이 보충 해설】: 보통 세간에서 불교의 공(空)이나 도교의 무(無)를 정말로 아무것도 없는 절대공[無記空]이나 허무(虛無)로 오해하는 경향이 강합니다.

불교의 색(色)이나 도교의 유(有)가 진실한 존재[實在]가 아니고 허망한 가상에 지나지 않는 것처럼, 공과 무도 니힐리즘적인 절대공이나 허무에 그치지는 않습니다. 색과 유가 진실로 존재한다고 믿는 착각이 상견(常見)에 속한다면, 공과 무가 전혀 없는 것으로 믿는 오해는 단견(斷見) 또는 단멸(斷滅)에 해당한다고 볼 수 있습니다.

색(현상)이 공(본질)에서 나왔기 때문에 색이 곧 공이며, 공(본질)에서 색(현상)이 나타나기 때문에 공이 곧 색인 것입니다. 마찬가지로 노자가 말한 것처럼, "천하 만물은 유에서 생기고 유는 무에서 생기며[天下萬物生於有, 有生於無]" 또한 "만물이 무성하다가도 각자 그 뿌리[無]로 돌아가고[夫物芸芸, 各復歸其根]" 아무것도 없는 데로 돌아가기[復歸於無物] 때문에, 결국 유가 곧 무이며 무가 곧 유인 것입니다. 이렇게 보는 견해가 중도실상(中道實相)일 것입니다.

노자가 『도덕경』 첫머리에서 "도를 도라고 할 수 있을진대 항상적인(진실한) 도가 아니며, 이름을 이름이라고 할 수 있을진대 항상적인 (진실한) 이름이 아니다(道可道, 非常道; 名可名, 非常名)."고 한 말씀도 같은 맥락에서 이해할 수 있습니다.

공이나 무를 아무것도 없다고 하면 이는 진짜 공이나 무는 아니며, 색이나 유를 실재한다고 하면 이는 진짜 색이나 유가 아니라는 해석이 가능합니다.

노자는 이어서 무(無 또는 無名)는 천지의 시작이고, 유(有 또는 有名)는 만물의 어머니라고 말합니다. 그리고 이 두 가지(道와 名, 無와 有, 無名과 有名)는 (한 군데서) 함께 나왔으되 이름만 다르다(同出而異名)고 결론지었습니다. 그래서 노자 철학사상은 도는 항상 행함이 없으면서도 행하지 않음이 없다(道常無爲而無不爲)는 핵심 명제로 표현됩니다.

불교에서 말하는 바, 진짜 텅 빈 가운데 미묘한 존재가 있다(眞空妙有)는 명제와 조금도 다르지 않습니다. 기도나 수행을 정성껏 열심히 해 보신 분들은, 자기가 몸소 하지 않았는데도 자기 생각이 저절로 행해지고 이루어지는, 진공묘유(眞空妙有) 또는 무위이무불위(無爲而無不爲)의 경우를 체험한 적이 계실 것입니다. 이것이 바로 일체유심조(一切唯心造)의 중도실상(中道實相) 가운데 한 면이 아닐까요?】

왜 꼭 아미타부처님의 극락정토만 염원하는가?

세 번째 의문

시방세계의 모든 부처님의 정토(불국토)는 그 법성(法性)이 평등하며, 그 공덕 또한 똑같은 줄 압니다.

따라서 수행자는 그러한 일체 공덕을 두루 생각하면서 일체의 불국정토에 왕생하길 염원해야 할 텐데, 어찌하여 지금 꼭 한 부처님(아미타부처님)의 극락정토만 외곬으로 구한단 말입니까? 이는 평등성과 어긋나는 것이니, 어떻게 정토에 왕생하겠습니까?

답변

시방세계의 일체 불국토는 진실로 모두 평등하오. 다만 우리 중생들은 근기가 둔하고 마음이 혼탁하며 산란스러운 자가 많소. 그래서 만약 오로지 한 마음으로 한 경계를 붙들어 잡지 않는다면, 삼매(三昧)가 이루어지기 어렵다오.

오로지 아미타불만을 사념(염송·염원)함이 곧바로 일상삼매(一相三昧)라오. 마음을 오롯이 모으기 때문에, 그 불국토에 왕생하게 되는 것이오. 그래서 『수원왕생경(隨願往生經)』[4]에서 이렇게 말씀하셨소.

"보광보살(普廣菩薩)이 부처님께 여쭈었다.

'시방세계에 모두 정토(淨土: 불국토)가 널려 있는데, 세존께서는 무슨 까닭에 오직 서방 아미타부처님의 극락정토만 내세워 찬탄하시며, 오롯이 아미타부처님에 전념하여 극락 왕생하라고 권하십니까?'

그러자 부처님께서 보광보살한테 이렇게 답하셨다.

'염부제 중생들은 마음이 매우 혼탁하고 산란하나니, 이러한 까닭에 서방 한 부처님 정토만을 내세워 찬탄하느니라. 모든 중생들한테 마음을

---

4) 수원왕생경: 원명은 『불설관정수원왕생시방정토경(佛說灌頂隨願往生十方淨土經)』으로, 원하는 대로 시방 정토 어느 곳이나 왕생할 수 있음을 설하신 경전. 보광보살의 질문 청법에 답한 형식으로 되어 있어 『보광보살경(普廣菩薩經)』으로 부르기도 함. 동진(東晋) 때 백시리밀다라(帛尸梨密多羅)가 한문으로 옮김. 『불설관정경(佛說灌頂經)』의 제11권임.

한 경계〔一境: 나무아미타불 명호〕에 오롯이 집중(전념)하여 정말 아주 쉽사리 정토에 왕생할 수 있도록 이끌어 줌이니라. 만약 일체의 모든 부처님을 전부 다 사념할 것 같으면, 염불의 경계(목표)가 너무 넓어서 마음이 산만해지고 삼매가 이루어지기 어려우며, 따라서 정토에 왕생할 수 없기 때문이니라."

또한 한 부처님의 공덕을 구한다고 해도, 일체 부처님의 공덕과 전혀 차이가 없소. 부처님 법의 성품이 한결같이 똑같기 때문이오. 이러한 까닭에 아미타부처님을 사념(염송)함이 곧바로 일체 부처님을 사념(염송)함이며, 한 (극락)정토에 왕생함이 또한 곧 모든 부처님의 정토(불국토)에 왕생함이 되오.

그래서 『화엄경』에서 이렇게 말씀하셨소.

一切諸佛身 일체 모든 부처님의 몸은
卽是一佛身 곧 한 부처님의 몸이니,
一心一智慧 한 부처님의 마음이고 지혜이며,
力無畏亦然 위신력과 무외심 또한 그러하네.

또 이렇게 말씀하셨소.

譬如淨滿月 비유하자면 맑고 둥근 달이
普應一切水 모든 물에 두루 비치듯,
影像雖無量 물 속 그림자 비록 수없어도
本月未曾二 본래 달은 결코 둘이 아닐세.

如是無礙智　이와 같이 걸림없는 지혜로
成就等正覺　위없는 바른 깨달음 이루신 분
應現一切刹　일체 국토에 두루 모습 나토시어도
佛身無有二　부처님 몸은 본디 둘이 아닐세.

　지혜로운 이는 비유로써 이해하고 깨닫는다오. 지혜로운 이여! 그대는 일체의 달 그림자가 곧 한 달의 그림자이고, 거꾸로 한 달의 그림자가 곧 일체 달의 그림자인 줄 깨닫겠소?

　달과 그림자가 둘이 아니지 않소? 만약 그렇다면, 마찬가지로 한 부처님이 곧 일체의 부처님이시고, 거꾸로 일체의 부처님이 곧 한 부처님이신 줄도 아시겠구려. 법신(法身)은 본디 둘이 아니기 때문이오. 이러한 까닭에 한 부처님을 치열하게 지성으로 염송할 때, 곧바로 모든 부처님을 염송하는 것이라오.

네 번째 의문

　한 부처님의 정토에 왕생하길 염원하는 것이 모든 부처님 정토에 왕생하는 것과 같다고 한다면, 시방세계 수많은 불국토 가운데 자기 마음대로 어느 한 부처님의 정토를 염원하여 거기에 왕생하면 될 텐데, 어찌하여 그렇게 하지 않고, 하필 아미타불만 염송해야 된다고 외곬으로 주장하십니까?

답변

　우리 범부 중생들은 지혜가 없기 때문에, 감히 스스로 독단해서는 안 되고, 부처님 말씀을 오롯이 듣고 따라야 하오. 그래서 아미타부처님만 염송하라고 내세울 수 있는 것이오.

그러면 어째서(어떻게) 부처님 말씀을 듣고 따른단 말이오. 위대하신 스승 석가모니부처님께서 한평생 설법하신 걸 보면, 거룩하신 가르침 곳곳에서 오로지 중생들한테 일심전념으로 아미타불만 염송하여 서방 극락세계에 왕생하라고 간곡히 권하셨소.

예컨대『무량수경(無量壽經)』이나『관무량수경(觀無量壽經)』,『왕생론(往生論)』등 수십여 부의 경전과 논장(論藏)들에서 한결같이 서방 정토에 왕생하라고 은근히 가르치고 간곡히 당부하셨소. 그래서 아미타불만 외곬으로 염송하라고 내세우는 것이오.

또 아미타부처님께서는 특별히 대자대비하신 48대 서원을 세워 우리 중생들을 이끌어 맞이하고 계시오. 그리고『관무량수경』에서는 이렇게 말씀하셨소.

"아미타부처님은 팔만사천 상(相)을 지니셨는데, 하나하나의 상마다 각각 팔만사천 호(好)가 간직되었고, 하나하나의 호마다 각각 팔만사천 광명(光明)을 나토시어, 모든 법계의 염불하는 중생들을 두루 비추시면서, 하나도 빠짐없이 모두 거두어들이시니라. 그래서 만약 아미타불을 염송하기만 하면, 그 착한 근기와 정성이 부처님의 서원과 서로 감응(感應)하여 틀림없이 극락 왕생하느니라."

또『아미타경』이나『대무량수경』·『고음왕다라니경(鼓音王陀羅尼經)』등에서도 이르기를, 석가모니부처님께서 이들 경전을 설법하실 때, 한결같이 갠지스 강(恒河) 모래알 수만큼 많은 시방세계 모든 부처님들께서 각각 그 혀를 길게 드리우시어 삼천대천세계를 두루 뒤덮으신 채, "일체 중생이 아미타불을 염송하면, 부처님의 대자대비하신 본원력(本願力)의 가피를 받잡기 때문에, 결정코 극락세계에 왕생하게 된다"고 증명하고 계신다고 말씀하셨소.

우리는 아미타부처님이 우리 사바세계와 자못 각별한 인연이 있으심을 알아야 하오. 어찌 그런 줄 아는고 하면, 『무량수경』에 "말세(末世)에 부처님 법이 소멸하는 때, 특별히 이 경전만 세상에 백 년간 더 남겨 두어 (인연 있는) 중생들이 저 극락정토에 왕생할 수 있도록 이끌어 맞이하리라."고 말씀하셨기 때문이오. 그래서 아미타부처님께서 이 사바세계의 지독히 혼탁하고 사악한 중생들과 자못 각별한 인연이 있으심을 알 수 있다오.

물론 그 밖의 다른 부처님들의 모든 정토도 한두 경전에서 중생들한테 거기에 왕생하길 발원하라고 대략 권하고는 계시오. 그렇지만 아미타부처님의 극락정토처럼 수많은 경론(經論)이 도처에서 고구정녕으로 은근하고 간곡하게 왕생하길 전하시는 불국토는 전혀 없소.

【옮긴이 보충 해설: 청화(淸華) 큰스님께서도 염불 법문을 하시는 가운데, 기독교는 하나님(天主님, 예수님) 한 분만 계셔서 오로지 믿고 기도하기가 쉬운데, 불교는 부처님의 수많은 공덕을 형상(상징)화한 명호가 너무도 많아 일반 불자들이 일심전념으로 오롯이 기도하고 수행하기가 어렵다고 지적하시면서, 되도록이면 총 대명사격인 '나무 아미타불' 염불로 집중하는 편이 좋겠다고 거듭 역설하셨습니다.

비유하자면, 한겨울의 여린 햇볕도 돋보기로 초점을 모으면 불을 지필 수 있지만, 한여름의 뙤약볕도 그냥 놔두거나 분산시키면 별로 뜨겁지 않은 것과 같습니다. 우리의 정신력, 생명의 에너지도 마찬가지입니다. '나무 아미타불'의 돋보기로 초점을 맞출 때, 지혜 광명의 불도 쉽게 지피고, 극락 왕생의 길도 훤히 뚫릴 것입니다.

그래서 "정신일도 하사불성(精神一到 何事不成)"이라는 속담도 있지 않습니까? 일심불란(一心不亂)을 뜻합니다.】

33

범부 중생도 극락 왕생하여 불퇴전에 이르는 까닭

다섯 번째 의문

번뇌망상에 얽매인 범부 중생들은 죄악의 업장이 몹시 두텁고 무거워, 한없는 번뇌망상을 터럭 끝만큼도 끊지 못하고 있습니다. 그런데 서방 정토는 시방 삼계를 벗어나 있다고 하던데, 번뇌망상에 얽매인 범부 중생들이 어떻게 왕생할 수 있겠습니까?

답변

두 가지 연분(緣)이 있으니, 첫째는 자력(自力: 자기 힘)이고, 둘째는 타력(他力: 남의 힘)이오. 자력이라 함은, 자기 스스로 이 (사바) 세계에서 도업을 닦는 것이니, 진실로 서방 정토에 왕생할 수 없소. 그런 까닭에 『영락경(瓔珞經)』에 이렇게 말씀하셨소.

"번뇌망상에 얽매인 범부 중생이 불·법·승 삼보도 모르고 선악의 인과응보도 알지 못하다가, 처음으로 보리심(菩提心)을 낸 때부터 믿음을 바탕으로 부처님 가르침 안에 머물면서, 계율을 근본으로 삼고 보살계를 받아 지닌 다음, 한 생 한 생 계속 이어가며 계율을 지킴에 어그러짐이 없도록 수행해 나간다. 그렇게 하기를 1겁(劫), 2겁, 3겁 계속해 나가야 비로소 초발심주(初發心住)에 이른다.

이와 같이 수행하여 10신(信) 10바라밀(波羅蜜) 등을 꾸준히 닦아 가면서, 한량없는 발원 수행(行願)을 잠시도 끊임없이 계속하여 1만 겁(劫)이 꽉 차야, 바야흐로 제6 정심주(正心住)에 이르게 된다. 만약 여기서 더 한층 정진하여 제7 불퇴주(不退住)에 이를 것 같으면, 여기가 곧 종성위(種性

位)이다."

이상은 자력 수행의 대강을 말씀하신 것인데, 끝내 서방 정토에는 왕생하지 못하는 것이오.

반면 타력(수행)이라 함은, 아미타부처님께서 염불(念佛)하는 중생들을 모두 대자대비의 원력으로 거두어(받아) 주심을 굳게 믿고서, 곧장 보리심을 내어 염불삼매(念佛三昧)의 수행을 하는 것이오.

시방 삼계에 중생의 몸 다시 받는 걸 지긋지긋하게 싫어하며, 신심을 내어 보시와 지계로 복덕을 닦아 가되, 하나하나 수행마다 한결같이 아미타부처님의 서방 정토에 왕생하길 회향 발원하는 것이오. 그러면 아미타부처님의 원력 가피에 편승하여, 중생 자신의 근기와 정성이 (부처님의 원력과) 서로 감응함으로써, 곧장 서방 정토에 왕생할 수 있소. 그래서 『십주비바사론』에 이렇게 말씀하셨소.

"이 (사바) 세계에서 도업을 닦는 길은 두 가지가 있다. 하나는 닦기 어려운 길(難行道)이고, 다른 하나는 닦기 쉬운 길(易行道)이다. 닦기 어려운 길이라 함은, 이 오탁악세에서는 한량 없는 부처님이 세상에 나오시어 중생을 제도하시어도 중생이 아비발치(阿鞞跋致: 不退轉)를 닦아 얻기가 몹시도 어려움을 말한다. 그 어려움은 티끌처럼 많아 말로 다할 수 없지만, 아주 중요한 것만 말하자면 대략 다섯 가지를 들 수 있다.

첫째, 외도(外道)가 착한 모습으로 다가와 보살도(正法)를 어지럽힌다.

둘째, 사악한 무뢰한들이 남의 훌륭한 덕을 깨뜨린다.

셋째, 좋은 결과(善果)에 걸려 넘어져 청정한 수행(梵行)이 무너지기 쉽다.

넷째, 자신만 이롭기 바라는 성문(聲聞)에 머물러 대자비의 보살행에 장애가 된다.

다섯째, 오직 자력 수행만 있고, 타력의 가피가 없다.

비유하자면, 절름발이가 도보로 길을 걷자면 하루에 고작 몇 십 리도 못 가면서 지극히 힘들고 고생만 하는데, 이것이 자력 수행에 해당한다.

반면 닦기 쉬운 길이라 함은, 부처님 말씀을 믿고 염불삼매의 가르침에 따라 정토 왕생을 발원하는 것이니, 아미타부처님께서 염불 중생을 거두어들이시겠다는 원력의 가피를 받아 의심할 나위 없이 결정코 극락 왕생함을 뜻한다. 비유하자면, 사람이 물길을 따라 배를 타고 순풍에 돛 단 듯이 나아감에 잠깐 사이에 천리에 이르는 것과 같으니, 이것이 타력 수행에 해당한다.

달리 비유하자면, 별 볼일 없는 사람이 전륜성왕(轉輪聖王)을 시중들게 되면, 하루 밤낮 사이에 네 천하(四天下)를 두루 돌게 되는데, 이는 그 사람 자신의 능력 때문이 아니라, 바로 전륜성왕의 위력 덕택이다."

만약 번뇌망상에 찌든[有漏] 범부 중생들은 서방 정토에 왕생할 수 없다고 한다면, 그런 번뇌망상에 찌든 범부 중생들은 부처님 몸[佛身]도 또한 뵈올[親見할] 수 없다는 말이 되오.

그런데 염불삼매는 물론 번뇌망상을 여읜[無漏] 선근(善根)들이 들어갈 수 있지만, 번뇌망상에 찌든 범부 중생들도 각자 수행의 정도에 따라 부처님 몸을 거친 모습으로나마 어렴풋이 뵈올 수 있다오. 보살 경지에 이른 분들은 미세한 모습까지 뚜렷이 친견하는 것일 따름이오.

극락정토 또한 마찬가지라오. 비록 번뇌망상을 여읜[無漏] 선근(善根)들이 왕생하지만, 번뇌망상에 찌든 범부 중생들도 위없는 보리심을 내어 정토 왕생을 발원하면서 늘상 염불하게 되면, 그 힘으로 번뇌를 다스려 소멸시키고 극락정토에 왕생할 수 있다오. 다만 각자 염불 수행[번뇌 소멸]의 정도에 따라 거친 모습을 어렴풋이 친견하되, 번뇌가 스러진 보살은 미세한 모습까지 뚜렷이 친견하는 차이가 있을 따름이니, 이러한 이치를 어찌 의심한단 말이오?

그래서 『화엄경』에서 이르시기를, "일체의 모든 부처님 국토는 한결같이 두루 장엄하고 청정하거늘, 중생의 업장과 수행이 달라 각자 보는 게 같지 않을 뿐일세〔一切諸佛刹 平等普嚴淨, 衆生業行異 所見各不同〕."라고 하신 말씀이 바로 그러한 뜻이라오.

여섯 번째 의문

번뇌망상에 얽매인 범부 중생들이 설령 아미타부처님의 원력 가피로 서방 정토에 왕생한다고 하더라도, 사견(邪見)과 탐·진·치 삼독(三毒) 등이 늘상 일어날 텐데, 어떻게 서방 정토에 왕생한 다음 곧장 불퇴전(不退轉)의 경지를 얻어 삼계를 벗어날 수 있겠습니까?

답변

서방 정토에 왕생하게 되면, 다섯 가지 인연으로 불퇴전의 경지에 들 수 있다오.

첫째, 아미타부처님께서 대자대비 원력으로 거두어 지켜 주시기 때문에 불퇴전을 얻을 수 있소.

둘째, 부처님 광명이 늘상 비추기〔佛光常照〕 때문에, 보리심이 계속 증진하기만 하고 줄어들거나 물러남이 없소.

셋째, 물 소리·새 소리·나무 소리·바람 소리 등의 교향 음악이 모두, 육도 윤회 중생계의 과보가 본디 괴롭고〔苦〕 텅 비었으며〔空〕, 덧없고〔無常〕 나라고 할 게 없다〔無我〕는 진리를 설하기 때문에, 이를 듣는 사람들이 늘상 부처님을 생각하고〔念佛〕 부처님 가르침을 생각하며〔念法〕 그 가르침을 수행하는 분들을 생각하는〔念僧〕 마음을 내게 되어 불퇴전에 머문다오.

넷째, 그 서방 정토에서는 순전히 보살님들만 있어 훌륭한 벗〔良友: 道伴〕이 되기 때문에, 사악한 연분이나 경계가 전혀 없소. 밖으로는 사악한 귀신이나 마장(魔障)이 없고, 안으로는 탐·진·치 삼독 등의 번뇌가 언제까지라도 일어나지 않기에, 불퇴전이 된다오.

다섯째, 그 서방 정토에 왕생하면, 수명이 보살이나 부처님과 마찬가지로 영겁(永劫)토록 계속되기 때문에, 수행이 후퇴하거나 정체할 염려가 없소.

여기의 사바고해 오탁악세는 목숨도 아주 짧고 덧없지만, 그 곳은 아승기겁을 지나도록 다시는 번뇌망상이 일어남이 없이 오래도록 도업을 계속 닦아나갈 수 있소.

그런데 어떻게 무생법인을 얻지 못하겠소? 이러한 이치가 아주 분명하거늘, 더 이상 무엇을 의심한단 말이오?

【옮긴이 보충 해설】:『화엄경』「십주품(十住品)」에 보면, 법혜(法慧) 보살님이 부처님의 위신력을 받자와 보살무량방편삼매에 들어 무애지(無礙智) 등 열 가지 지혜를 얻고, 보살이 삼세 모든 부처님 집안에 머물며 수행해 나아가는 열 가지 단계를 설한 내용이 나옵니다.

첫째가 초발심주(初發心住), 둘째가 (그 마음 자리를 정돈하는) 치지주(治地住), 셋째가 수행주(修行住), 넷째가 (존귀한 법이 생겨나는) 생귀주(生貴住), 다섯째가 보살구족방편주(菩薩具足方便住), 여섯째가 정심주(正心住), 일곱째가 불퇴주(不退住), 여덟째가 (청정 수행으로 어린애같이 천진해지는) 동진주(童眞住), 아홉째가 보살법왕자주(菩薩法王子住), 열째가 보살관정주(菩薩灌頂住)라고 합니다.

본문에 나오는 정심주(正心住)란, 보살이 다음의 열 가지 법을 듣고도 마음이 흔들림 없이 안정된 경지를 뜻합니다.

① 부처님, ② 부처님의 가르침[法], ③ 보살님, ④ 보살님이 수행하는 법을 각각 누군가 찬탄 또는 비방·훼손하거나, ⑤ 중생이 유한하다거나 무한하다거나, ⑥ 중생이 혼탁[有垢]하다거나 청정[無垢]하다거나, ⑦ 중생을 제도하기 쉽다거나 어렵다거나, ⑧ 법계가 유한하다거나 무한하다거나, ⑨ 법계가 생성된다거나 파괴된다거나, ⑩ 법계가 있다거나 없다거나 등을 각각 누군가 말하는 걸 듣고도, 부처님 가르침[佛法] 가운데 마음이 조금도 흔들림 없이 견고하게 안정되는 경지라고 합니다.

이처럼 열 가지 말을 듣고도 마음이 놀라거나 흔들리지 않는 정심주(正心住)는, 유교의 세간적 인격 수양에 대비하자면, 공자가 마흔에 미혹되지 않았다는 불혹(不惑), 또는 맹자나 고자(告子)가 역시 마흔에 마음이 흔들리지 않았다는 부동심(不動心)의 단계에 상응할 것으로 생각됩니다.

그런데 정심주의 보살은, 일체 모든 법이 모습[相]도 없고, 본체[體]도 없으며, 닦을[修] 수도 없고, 존재하지도[所有] 않으며, 진실하지도 않고, 텅 비었으며, 본디 성품도 없고, 허깨비 같고, 꿈 같으며, 어떠한 분별도 없다는 열 가지 가르침을 배우고 닦아야 합니다.

그래서 한 단계 높이 뛰어올라야, 비로소 일곱 번째 불퇴전의 경지에 올라 무생법인(無生法忍)을 얻게 되는데, 이 때는 어떠한 법을 듣든지 남이 가르쳐 주지 않아도 훤히 알게 된다고 합니다.

불퇴주에 오르면, ① 부처님이 계신다든지 안 계신다든지, ② 부처님 가르침이 있다든지 없다든지, ③ 보살님이 계신다든지 안 계신다든지, ④ 보살님 수행이 있다든지 없다든지, ⑤ 보살님 수행이 세속을 떠났다든지 못 떠났다든지, ⑥ 과거에 부처님이 계셨다든지 안 계셨다든지, ⑦ 미래에 부처님이 계실 거라든지 안 계실 거라든지, ⑧ 현재 부처님이 계신다든지 안 계신다든지, ⑨ 부처님 지혜가 끝 있다든지 끝 없다든지, ⑩ 삼세(三世)가 한 모습[一相]이라든지 아니라든지 따위를 말하는 걸 듣고도, 부처님 가르침 가운데 마음이 조금도 후퇴하지 않는다[不退轉]고 합니다.】

도솔천보다 서방 정토가 확실한 선택

일곱 번째 의문

미륵보살님께서는 일생보처(一生補處)에 계시면서 바로 다음 생에 성불하실 분입니다. 우리 중생이 열 가지 착한 일[十善]⁵⁾을 닦아 상품(上品) 수행이 되면, 미륵보살님께서 계시는 도솔천(兜率天)에 생겨날 수 있습니다.

거기서 미륵보살님을 친견하고 수행하다가, 미륵보살님께서 사바세계에 내려오실[下生] 때 함께 따라 내려오면, 세 차례의 법회[龍華會上] 교화를 받아 저절로 성인의 과위[聖果: 아라한과]를 얻을 것입니다. 그런데 어찌 꼭 서방 정토에 왕생하길 구할 필요가 있겠습니까?

---

5) 십선(十善): 십악(十惡)을 범하지 않는 일. 즉, ① 산 목숨을 해치지 않고[不殺生], ② 남의 물건을 훔치지 않으며[不偸盜], ③ 배우자 아닌 이성과 간음하지 않고[不邪婬], ④ 거짓말 하지 않으며[不妄語], ⑤ 이간질하는 두 말을 하지 않고[不兩舌], ⑥ 거친 말(욕설) 안 하며[不惡口], ⑦ 음란하고 번지르르한 말 않고[不綺語], ⑧ 탐욕 부리지 않으며[不貪欲], ⑨ 성(화) 내지 않고[不瞋恚], ⑩ 어리석고 삿된 생각 갖지 않는[不邪見: 不愚癡] 열 가지 선행을 뜻함.

답변

도솔천에 생겨나길 구하는 것도 또한 도를 듣고 부처님을 뵙는 것(聞道見佛)이라고 말들 하니, 외형상 얼핏 보기에는 서방 정토에 왕생하는 것과 비슷하게 여겨질 듯하오. 하지만 좀더 세밀히 비교하자면, 우열의 차이가 아주 크게 벌어진다오. 그 논거로 두 가지만 들어보겠소.

첫째, 설령 열 가지 선행을 닦아 지닌다 해도, 꼭 도솔천에 생겨난다는 보장은 없는 것 같소. 왜 그런가 하면, 『미륵상생경(彌勒上生經)』에 뭇 삼매를 수행하여 올바른 선정에 깊이 들어야만 바야흐로 (도솔천에) 생겨날 수 있다(行衆三昧, 深入正定, 方始得生)고 말씀하셨기 때문이오. 이걸 보면 미륵보살님께서는 그밖에 달리 특별히 중생을 이끌어 맞아들이는 방편법문을 갖지는 않으신 것이오.

이와는 달리, 아미타부처님께서는 본래 서원의 힘과 광명의 위신력을 바탕으로, 단지 부처님을 생각하고 명호를 염송하는 중생이 있기만 하면, 하나도 빠뜨리지 않고 거두어 받아들이신다오. 게다가 석가모니부처님께서는 구품(九品)연화의 방편법문으로 중생들을 교화하시면서, 서방 정토에 왕생하도록 은근하게 이끄시고 간곡하게 당부하셨소.

그래서 단지 중생들이 아미타부처님을 생각하면서 그 명호를 염송하기만 하면, 근기와 정성이 두 부처님의 자비 원력 및 가르침에 서로 감응하여 반드시 서방 정토에 왕생할 수 있소. 마치 우리 세간에서 어떤 사람이 누군가를 사모할 때, 그 상대방이 사모하는 사람을 받아들일 마음만 내면, 서로 의기(意氣)가 투합(投合)하여 틀림없이 그 인연이 이루어지는 것과 똑같은 이치라오.

둘째, 도솔천도 기껏해야 욕계(欲界)에 속하기 때문에, 수행의 경지에서 후퇴하는 자가 많다오. 그리고 극락세계처럼 중생들이 듣고서 항상 부처님을 생각하고 번뇌를 여의며 보리심을 낼 수 있도록 일깨워 주는 물 소리 · 새 소리 · 나무 소리 · 바람 소리 같은 미묘한 교향 음악도 있지 않 소. 또 거기에는 여인이 존재하여, 뭇 천상 인간들한테 다섯 가지 욕망(五欲)[6]에 애착하는 마음을 불러일으킨다오. 게다가 도솔천의 여인들은 매우 미묘하고 아름다워서, 뭇 천상 인간들이 그들과 어울려 놀고 즐기기에 정 신 팔려, 스스로 수행에 힘쓸 수가 없을 정도라오.

그러니 아미타부처님의 극락정토와 같겠소? 극락세계에는 물 소리 · 새 소리 · 나무 소리 · 바람 소리 등의 교향 음악이 울려 퍼지는데, 중생들 이 이 소리들을 들으면 모두 한결같이 부처님을 생각하고 보리심을 내기 때문에, 번뇌가 일어날 수도 없다오.

또 여인도 없고 성문(聲聞)이나 벽지불(辟支佛: 緣覺) 같은 이승(二乘: 小 乘)의 마음이 전혀 없이, 오로지 순수한 대승보살들만이 청정하고 선량한 도반으로 계신다오. 이러한 까닭에 번뇌망상이나 죄악업장이 언제까지 라도 조금도 일어나지 않고, 마침내 무생법인의 경지에 이르게 된다오.

이것만 비교해도 그 우열이 현저히 판가름 나거늘, 어찌 다시 의심할 나위가 있겠소? 예컨대, 석가모니부처님께서 세상에 계시면서 몸소 교화 하실 때에도, 부처님을 직접 뵙고 가르침대로 수행했으면서 성인의 과위 (聖果: 아라한)를 얻지 못한 이들이 갠지스 강 모래알만큼이나 많았소. 앞 으로 미륵부처님께서 세상에 내려오실 때에도 또한 마찬가지로, 친견하 고 가르침을 받으면서도 성인의 경지에 이르지 못할 이들이 수없이 많을 것이오. 그러니 어찌 아미타부처님의 서방 정토에 견줄 수 있겠소? 극락

---

6) 오욕(五欲): 사람의 욕심을 일으켜 진리를 더럽히는 빛깔(色) · 소리(聲) · 냄새(香) · 맛(味) · 느낌(觸)의 다섯 경계(五境)를 가리킴. 또 이와 달리 재물욕 · 여색욕 · 음식욕 · 명예욕 · 수면욕을 가리키기도 함.

세계에는 단지 왕생하기만 하면, 모두 무생법인을 얻게 되고, 어느 한 사람도 다시 삼계에 떨어져 나와 생사 윤회의 업장에 묶이는 법이 없다오.

또 『서국전(西國傳)』⁷에서 이런 얘기를 들었소.

세 보살이 계셨는데, 한 분은 무착(無著)이고, 다른 한 분은 세친(世親)이며, 또 다른 한 분은 사자각(師子覺)이셨소. 이 세 분은 서로 마음과 뜻이 맞아, 다 함께 도솔천에 생겨나 미륵보살님을 친견하기로 결의하고서, 누구든지 먼저 죽어 미륵보살님을 친견하는 자가 남아 있는 이한테 그 소식을 알려 주기로 서약하였소.

그러다가 사자각이 먼저 죽었는데, 한번 가더니만 몇 년이 지나도록 도무지 캄캄 무소식이었소. 그 뒤에 세친이 가게 되었는데, 임종 때 무착이 "만약 자네가 미륵보살님을 친견하거든, 곧장 되돌아와서 알려 주게나." 하고 신신당부를 했다오. 그런데 세친이 간 뒤로 3년이 지나서야 비로소 찾아왔길래, 무착이 이렇게 물었다오.

"도대체 무슨 꿍꿍이로 이렇게 오랜 시간이 지나서야 비로소 찾아온단 말인가?"

그러자 세친이 이렇게 대답했다오.

"거기 도솔천에 올라가 미륵보살님의 설법을 한 바탕 듣고서, 곧장 되돌아 내려와 소식 전하는 것일세. 거기 도솔천은 하루가 매우 길어, (거기서 잠깐 머물렀는데도) 여기서는 벌써 3년의 세월이 흐른 것이라네."

그래서 무착이 "그러면 사자각은 지금 어디에 있단 말인가?"라고 묻자, 세친의 대답이 참으로 가관이었소.

"사자각은 도솔천의 즐거움을 누리고 다섯 욕망[五欲]을 즐기느라, 이

---

7) 서국전(西國傳): 서역(西域: 인도)의 조사와 고승대덕들의 행적을 적은 전기인 듯함.

미 바깥 권속이 되어 버렸네. 한번 도솔천에 올라간 뒤로 여태껏 미륵보살님을 뵌 적도 없다네."

보살들도 경지가 낮으면 거기 도솔천에 생겨나서 이처럼 천상의 미묘한 오욕(五欲)에 빠지기 십상이거늘, 하물며 보통 범부 중생이야 말할 나위가 있겠소? 이러한 까닭에, 서방 극락정토에 왕생해서 틀림없이 불퇴전(不退轉)의 경지에 이르겠다고 발원해야 하며, 도솔천에 올라가서 미륵보살님 뵙기를 구해서는 안 된다오.

【옮긴이 보충 해설】: 도솔천(兜率天)은 지족(知足)으로 번역되는데, 그 곳 천상인간들은 오욕의 경계에 부딪쳐 만족할 줄 알고 그칠 줄 안다는 뜻이라고 합니다. 그런데도 욕계에 속한 천상이라, 욕망에 빠져 즐기느라 수행할 본분을 잊는다는 것입니다.

도솔천의 하루(밤낮)는 인간 세상의 4백 년에 해당하여, 도솔천의 1년은 인간 세상의 14만 4천 년이라고 합니다. 그런데 미륵보살님이 도솔천 내원(內院)에서 4천 년을 머문다고 하는데, 인간 세월로 57억 6백만 년이 지나 이 세상에 내려오시어, 용화수(龍華樹: 꽃가지가 용의 머리 같아 붙여진 이름) 아래서 정각을 이루어 부처님이 되고, 세 차례 법회〔龍華會〕를 열어 상·중·하 세 근기의 중생들을 제도하신다고 합니다.

미륵(彌勒)은 자씨(慈氏)라는 뜻인데, 과거에 수행할 때 자심삼매(慈心三昧)를 얻어 성불할 때의 명호로까지 정해졌다고 합니다. 보통은 미륵이 성(姓)이고, 무능승(無能勝: 누구도 이길 자가 없다. 仁者無敵의 뜻과 상통)의 뜻으로 번역되는 아일다(阿逸多)가 이름〔名〕이라고 하는데, 더러 성과 이름을 서로 맞바꾸어 보는 견해도 있습니다.

중국에서는 배가 불룩하고 만면에 미소 짓는 미륵보살상을 흔히 볼 수 있는데, 바로 큰 자비심과 넓은 아량을 형상화한 모습으로 여겨집니다.

한편 무착(無著)과 세친(世親)은 부처님 열반 후 9백 년쯤 지나 인도의 아유타(阿踰陀) 국에서 태어난 형제 보살로서, 형은 아승가(阿僧伽)인데 무착(無著)이라는 뜻이고, 아우는 바수반두(婆藪槃豆)로 천친(天親)이라고도 번역되었으나, 나중에 벌소반도(伐蘇畔度)로 세친(世親)이라고 옮겨지기도 했습니다.

형 무착(無著)은 『섭대승론(攝大乘論)』 등을 짓고, 아우 천친(天親)은 『구사론(俱舍論)』과 『유식론(唯識論)』 등 1천 부의 논장(論藏)을 지어, 형제가 함께 법상종(法相宗)의 시조가 되었는데, 그래서 법상종을 무착천친종이라고도 부릅니다.

『서역기(西域記)』에는 세친보살이 회심(回心)하여 논장을 저술하는 인연담이 다음과 같이 나옵니다.

세친은 본디 천성이 총명하고 영민하였는데, 아직 시절인연이 닿지 않아 소승(小乘)을 일삼았다. 붓 끝과 혀끝이 미묘하고 유창한데다가, 날카롭기는 서릿발보다 준엄했다. 또 온갖 변론 재주가 강물을 걸어 놓은 듯 종횡무진하며, 별빛이나 칼날처럼 예리했다.

무착은 부처님께서 소승의 방편 가르침〔權教〕으로 하근기의 중생들을 끌어들여 제도하시는 인연으로 알았다. 즉, 『법화경』에서 피곤한 길손들을 위로하기 위해 허깨비성〔化城〕을 나토시고, 궁박한 아들을 꾀어 잡기 위하여 똥 치는 일을 맡기시는 비유로 여긴 것이다. 그래서 자신도 아우를 교화할 방편으로, 중병에 걸린 것처럼 병상에 누워 자기가 곧 세상을 떠날 것이라고 아우를 불렀다.

세친이 그 소식을 듣고 하루도 안 되어 찾아오자, 무착이 아우를 보고 자기 병의 원인을 자세히 설명한 다음, 대승의 가르침을 설해 주었다. 그러면서 자기가 죽기 전에, 자기가 공부하던 경전이나 한 번 읽어 달라고 부탁했다. 그래서 세친은 곧장 『화엄경』을 봉독했는데, 비로자나 법계와 보현행원의 바다가, 마치 햇빛이 눈부시게 온 천지를 비추고 제석천 구슬 그물〔帝網〕이 서로 영롱하게 머금은 것처럼, 생생하게 펼쳐져 있는 모습을 보았다.

이에 큰 믿음과 깨달음이 저절로 일어나면서, 스스로 결연히 탄식하였다.

"날카로운 칼을 가지고 내 혀뿌리를 잘라, 내가 지금껏 소승을 찬탄한 잘못이 얼마나 막중한지 스스로 증명해 보여야겠다!"

이에 형이 극구 만류했다.

"만약 사람이 땅에서 넘어졌으면, 또한 땅을 짚고 일어나는 법일세. 마찬가지로 지난날 아우가 혀로 대승을 비방했으니, 그 혀로 이제는 대승을 찬탄하면 될 걸세."

그래서 마침내 산에 들어가 대승경전을 두루 열람하고『십지론(十地論)』을 지었는데, 글이 완성되던 날 대지가 두루 진동하고 광명이 훤하게 충만했다. 이에 국왕이 찾아와 알현하며, "아라한과를 얻었습니까?"라고 묻자, 세친은 "얻지 못했습니다."라고 답했다. "성인의 과위를 얻지 못했는데, 무슨 연유로 대지가 진동합니까?"라고 되묻자, 세친은 이렇게 대답했다.

"도가 얕고 덕이 보잘것없는 제가 젊은 시절 대승을 믿지 않고 비방하였다가, 이제 뉘우치고 진실한 마음으로 대승론을 지으니, 대지가 진동하는 것입니다."】

악업 중생도 극락 왕생할 수 있는 도리

여덟 번째 의문

우리 중생들은 시작도 없는 아득한 옛날(無始)부터 한량없는 악업을 지어 왔습니다. 금생에 다행히 사람 모습을 타고나긴 했지만 참다운 선지식을 만나지 못하였고, 그래서 또 다시 죄악이란 죄악은 짓지 않은 게 없을 정도로 모든 죄업을 짓고 있습니다.

그런데 어떻게 목숨이 끊어지는 순간[臨終]에 '나무 아미타불' 명호 열 번만 염송[十念]해 내면, 곧장 극락정토에 왕생하여 시방 삼계를 벗어나고 생사 윤회의 악업을 끝마칠 수 있다고 하십니까? 도대체 어떠한 도리로 해명하시렵니까?

답변

중생들이 시작도 없는 아득한 옛날부터 지어 온 선행과 악업의 종자가 얼마나 많고 얼마나 강한지는 결코 알 수 없소. 다만 목숨이 다할 때 선지식을 만나 (그 가르침을 믿고 따라) '나무 아미타불' 명호 열 번만이라도 염송해 낼 수 있는 사람이라면, 숙세[宿世]의 선행공덕[善業]이 그만큼 강하기 때문에 비로소 임종에 선지식을 만나 열 번 염불[十念]을 성취할 수 있는 것이오. 만약 악업이 많은 중생이라면, 그런 선지식을 만날 수조차 없는 법인데, 하물며 어떻게 목숨이 끊어지는 그런 순간에 (정신을 집중하여) 열 번의 염불을 성취할 수 있겠소?

또 그대가 (질문하는 걸 보니) 시작도 없는 아득한 옛날부터 지어온 악업만 아주 무겁게 생각하고, 목숨이 다할 때 '나무 아미타불' 염송 열 번 해내는 공덕은 가벼이 여기는 모양인데, 이제 세 가지 도리[道理]로 비교해 본다면, 악업과 공덕의 경중이라는 게 일정하게 정해지는 것도 아니고, 또 그 시간(세월)의 길고 짧음이나 수량의 많고 적음에만 달린 것도 아님을 알 수 있소.

그 세 가지 도리가 무엇인가 하면, 첫째는 마음[心]에 달려 있고, 둘째는 연분[緣]에 달려 있으며, 셋째는 의지 결정[決定] 여하에 달려 있소.

첫째, 마음에 달려 있다 함은 이렇소. 중생이 죄악을 지을 때는 허망(虛妄)하고 앞뒤가 뒤바뀐[顚倒] 번뇌망상으로 말미암지만, 염불(念佛)하는 것은 선지식으로부터 아미타부처님의 진실하고 공덕(功德) 원만한 명호에 대해 설법을 들음으로써 비롯되오.

이렇듯이 하나(죄업)는 허망하고 하나(염불 공덕)는 진실하니, 어떻게 둘을 서로 나란히 비교할 수 있겠소? 비유하자면, 마치 만 년 동안 깜깜했던 암실(동굴)에 햇빛이 잠시만 비쳐 들어도 암흑은 단박에 사라져 버리는 것과 같소. 어찌 오래된 암흑(죄업)이라고 해서 순간의 햇빛(염불 공덕)에 사라지지 않을 리가 있겠소?

둘째, 연분에 달려 있다 함은 이러하오. 죄악을 지을 때는, 허망하고 어둡고 어리석은 마음이 허망한 경계의 연분을 만나 본말이 뒤바뀌어 죄악을 짓게 되오. 그러나 염불하는 마음은 부처님의 청정하고 진실하며 공덕 원만한 명호를 듣고서 더할 나위 없는 보리심[無上菩提心]을 연분으로 생겨나게 마련이오.

이처럼 하나는 거짓되고 하나는 진실하니, 어떻게 둘을 서로 나란히 비교할 수 있겠소? 비유하자면 마치 어떤 사람이 독화살에 맞았는데, 독이 극렬하고 화살이 깊이 박혀 근육을 손상시킴은 물론 뼈까지 파괴되었으나, 한번 독약을 말끔히 사라지게 하는 신령스런 북[藥鼓] 소리를 듣자마자, 금세 화살이 저절로 뽑혀 나오고 독 기운도 스스로 풀려 버리는 것과 같소. 그런데 이 경우 화살이 좀 깊이 박히고 독이 극렬하다고 해서, 어찌 안 빠지고 해독 안 될 리가 있겠소?

셋째, 의지 결정에 달려 있다 함은 또 이러하오. 죄악을 지을 때는, (해도 그만, 안 해도 그만인 상황에서 이거 한번 해볼까 하는) 한가한 마음[閒心]과 (나중에 뉘우치고 속죄할 기회가 있겠지 하고) 뒷날을 은근히 기대하는 마음[後心]이

으레 있게 마련이오.

하지만 염불할 때는, 지금 당장 숨 넘어가면 생명이 끝날 판인데, 그런 한가한 마음과 뒷날을 기대하는 마음이 도대체 있을 수 없소. 그래서 착한 마음(善心)으로 맹렬하고 예리하게 정신 바짝 차려 염불하게 되므로, 곧장 극락정토에 왕생할 수 있다오.

비유하자면, 열 겹으로 묶은 밧줄은 천 사람도 끊을 수 없지만, 어린애가 칼 한번 휘두르면 순식간에 두 동강 나는 것과 같소. 또 천 년 동안 쌓아 놓은 장작더미가 콩알만한 불씨를 가지고도 짧은 시간에 죄다 타버리는 것과 같소. 그리고 반대로 말하자면, 어떤 사람이 한평생 동안 열 가지 선행(十善業)을 꾸준히 닦아 마땅히 천상에 올라가야 할 인연인데, 임종 때 한 순간의 결정(決定)적인 삿된 생각(邪見)을 품음으로써 곧장 아비지옥에 떨어지는 것도 마찬가지 이치라오.

악업이라는 게 허망한데도 불구하고, 임종 때 한 생각이 맹렬하고 예리했던 까닭에, 오히려 한평생 동안의 선행 공덕을 죄다 물리치고 지옥이라는 악도(惡道)에 떨어지게 만든 것이오. 하물며 임종 때 맹렬하고 간절한 마음으로 염불한다면, 한가한 생각 없는 진실한 마음의 선행 공덕은 오죽하겠소?

그러한 결연한 마음의 염불 공덕으로, 시작도 없는 아득한 옛날부터 지어온 악업을 말끔히 물리치고 극락정토에 왕생할 수 없다면, 이는 정말 말도 안 되오.

또 경전에 말씀하시기를, 한 순간의 염불 공덕으로 80억 겁 동안 생사 윤회의 죄업을 소멸시킨다고 하는데, 이는 염불할 때의 마음이 아주 맹렬하고 예리하기 때문이오. 그렇듯이 악업을 말끔히 소멸시킨다면, 결정코 극락정토에 왕생할 것은 의심할 나위가 없소.

그리고 옛부터 전해 내려오는 말씀 가운데, '나무 아미타불' 열 번 염송하는 공덕을 성취하는 걸 (금생에 과보를 얻는 게 아니라 내생을 기약하는 인연 종자 정도로) 다른 때[別時]의 의미로 판단하는 견해가 더러 있는데, 이는 결코 그럴 수 없소. 어찌 그런 줄 알겠소?

예컨대, 『섭론(攝論)』[8]에는 "오직 발원만 하는 까닭에 수행이 전혀 없다"는 말씀이 나온다오. 또 『잡집론(雜集論)』[9]에는, "만약 안락(安樂: 극락) 국토에 왕생하길 원하면 곧장 왕생할 수 있고, 만약 티없는[無垢] 부처님 명호를 들으면 곧장 아누다라삼먁삼보리[無上正等正覺]를 얻을 수 있다고 하는 것은, 모두 다른 때의 원인[別時之因]으로, 전혀 수행이 없다"고 하고 있소.

그렇지만 (단지 발원하는 데 그치지 않고) 임종의 순간에 뒤돌아볼 겨를도 없이, 한가한 생각 없이 맹렬하고 예리(간절)하게 열 번 염불하는 십념(十念)의 선행 공덕까지 (내생의 극락 왕생을 위한 인연 종자 정도로) 다른 때[別時]의 의미로 해석한다면, 얼마나 많은 사람을 오도(誤導)하는 커다란 잘못이 되겠소?

원컨대, 염불 수행자 여러분께서는 이 이치를 깊이 생각하여 자기 마음을 굳게 다잡아 결연히 행하고, 다른 견해를 잘못 믿어 스스로 함정에 떨어지는 일이 결코 없기를 간절히 바라오.

아홉 번째 의문

서방 정토는 여기서 십만억 불국토나 떨어져 있다는데, 열약(劣弱)한

---

8) 『섭론(攝論)』: 무착(無著)보살이 지은 『섭대승론(攝大乘論)』.

9) 『잡집론(雜集論)』: 안혜(安慧)가 짓고 현장(玄奘)이 번역한 『대승아비달마잡집론(大乘阿毘達磨雜集論)』의 약칭. 일명 『대법론(對法論)』.

중생이 어떻게 거기까지 갈 수 있습니까? 또 『왕생론(往生論)』[10]에는, 여인 과 신체 불구자와 성문·연각의 이승(二乘) 대중은 극락세계에 생겨나지 않는다고 하는데, 정말 이러한 가르침이 있다면, 여인과 신체 불구자들은 결정코 극락 왕생할 수 없다는 말씀이 아닙니까?

답변

이는 범부 중생의 육안(肉眼)과 생사관(生死觀)을 향해서 설하신 법문일 따름이오. 그러한 관점에서 서방 정토는 여기서부터 십만억 불국토나 떨 어져 있소. 그러나 정토 왕생의 선업(善業)이 무르익은 중생에게는, 임종 때 왕생하겠다고 결정된 마음이 바로 극락정토에 생명을 받는 마음이고, 그 생각을 움직이면(動念) 곧바로 정토에 왕생하는 때가 된다오.

그래서 『관무량수경(觀無量壽經)』에서는 "아미타불 국토가 여기서 멀리 떨어져 있지 않다"고 말씀하셨고, 또 "업력(業力)이란 불가사의하여, 한 생각(一念)에 곧장 그 곳(극락정토)에 왕생할 수 있으니 멀다고 걱정할 필요 가 없다"고 말씀하셨소.

또 비유하자면, 사람이 꿈을 꿀 때, 몸은 비록 침대 위에 있지만 마음 의식은 평상시와 다름없이 다른 모든 세계에 두루 돌아다니는 것과 같소. 극락정토에 왕생함도 또한 이와 같아서, (왕생하겠다는) 생각이 움직임과 동시에 곧장 이를 수 있으니, 이는 전혀 의심할 필요가 없소.

그리고 여인과 신체 불구자 및 성문·연각의 이승(二乘) 대중은 (극락세 계에) 생겨나지 않는다고 하신 것은, 단지 극락국토에 생겨나는 대중 가운 데는 여인도 없고 장님·벙어리·귀머거리 따위도 없다는 뜻이지, 이곳

---

10) 『왕생론(往生論)』: 세친(世親)보살이 지은 『무량수경우바제사원생게(無量壽經憂婆提舍願生偈)』 일명 『정토론(淨土論)』.

사바세계의 여인이나 신체 불구자가 극락세계에 왕생할 수 없다는 뜻이 아니라오. 만약 그렇게 말하는 자가 있다면, 이는 경전의 의미를 전혀 모르는 어리석은 바보일 것이오. 예컨대, 위제희(韋提希) 부인 같은 분은 극락정토에 왕생하길 원하여 부처님께 설법을 청한 주인공이고, 또 오백 시녀(侍女)들도 모두 극락국토에 왕생할 수 있다고 부처님께서 수기(授記)를 내리시지 않았소?

다만, 이 곳 사바세계의 여인과 장님 · 벙어리 · 귀머거리 등도 마음으로 아미타불을 염원하면 모두 극락국토에 왕생하여, 다시는 여인이나 신체 불구의 몸을 받지 않는다는 뜻이오. 또 성문 · 연각의 이승(二乘) 대중도 단지 마음을 돌이켜 정토 왕생을 발원하면, 그 곳에 이르러서는 더 이상 성문이나 연각의 이승에 집착하는 마음이 없게 된다오. 이러한 까닭에 여인과 신체 불구 및 이승 대중은 (극락국토에) 생겨나지 않는다고 말씀하신 것이오. 이 곳 사바세계의 여인이나 신체 불구자가 극락 왕생할 수 없다고 말씀하신 게 결코 아니오. 그래서 『무량수경』의 48원(願) 가운데 이렇게 말씀하셨소.

"가령 내가 부처가 되어, 시방세계의 모든 여인이 나의 명호를 부르면서 여인 몸으로 태어난 걸 싫어하는데도, (그 여인이) 목숨이 다한 뒤 다시 여인 몸을 받는다면, (나는 결코) 올바른 깨달음(부처)을 이루지 않겠나이다."

하물며, 그 부처님 나라(극락정토)에 왕생하는데도 다시 여인 몸이나 신체 불구로 태어난다면, 더 말할 나위가 있겠소?

극락 왕생을 향한 착실한 준비

열 번째 의문

이제 결정코 서방 정토 왕생을 발원하여 구하렵니다. 그런데 어떤 수행 공덕을 닦아야 할 줄 모르겠습니다. 도대체 무엇을 종자(인연)로 그 나라(극락정토)에 생겨날 수 있습니까? 또 우리 세속에 사는 범부 중생들은 모두 처자식이 있는데, 음욕(淫欲)을 끊지 않아도 거기에 왕생할 수 있는지 모르겠습니다.

답변

결정코 서방 정토에 왕생하고자 하는 사람은 다음의 두 가지 수행을 갖추면 틀림없이 거기에 왕생할 수 있소. 첫째는 싫어하여 떠나는 염리행(厭離行)이고, 둘째는 흔연히 기뻐하며 바라는 흔원행(欣願行)이오.

우리 범부 중생들은 시작도 없는 아득한 옛날부터 오욕(五欲)에 얽매여 오도(五道: 六道 가운데 阿修羅를 뺀 나머지 다섯. 문맥상 육도와 같은 의미)를 윤회하면서 온갖 고통을 받아 왔소. 그러므로 이 오욕을 싫어하여 멀리 떠나려는 마음을 일으키지 않으면, 그 오도 윤회에서 벗어날 기약이 없소. 그러한 까닭에 늘상 이 몸뚱이 보기를, 피고름과 똥 오줌 등 온갖 불결하고 냄새 나며 더러운 오물 덩어리로서 관찰하는 것이오. 그래서 『열반경(涅槃經)』에서 이렇게 말씀하셨소.

"이와 같이 육신의 성〔身城〕은 어리석고 멍청한 나찰(羅刹)이 그 안에 살고 있으니, 조금이라도 지혜가 있는 자라면 누가 이 몸을 좋아하고 즐기겠는가?"

또 경전에 이렇게도 말씀하셨소.

"이 몸은 온갖 괴로움이 모인 곳으로, 일체 모든 것이 깨끗지 못하고; 온통 종기나 피고름 투성이로, 좋고 이로운 것은 근본적으로 없나니; 위로 아무리 높고 훌륭한 천상세계라 할지라도, 모두 이와 같을 따름이다. 그러므로 수행자는 걷거나 앉거나 자거나 깨어 있거나 간에, 늘상 이 몸이 즐거움이란 조금도 없이 오직 괴로움뿐임을 관찰하여, 이 몸을 몹시 싫어하고 떠나 버리려는 마음을 깊이 내어야 한다."

그리고 방사(房事: 부부관계, 성욕)는 설사 단박에 완전히 끊을 수는 없다고 할지라도, 점차 싫어하고 멀리하는 마음을 내면서, 다음의 일곱 가지 부정관(不淨觀)을 하면 좋겠소.

첫째는, 이 음욕의 몸뚱이가 탐착과 애욕의 번뇌로부터 생겨났으니, 바로 그 근본 종자가 깨끗하지 못함을 관조하는 것이오.

둘째는, 부모가 성관계를 맺을 때에 붉은 피(난자)와 흰 정액이 화합하였으니, 이는 바로 생명을 받음(受生: 受胎) 자체가 깨끗하지 못함이오.

셋째는, 어머니 태(母胎) 속에서 머물 때, 위로는 소화되지 않은 음식물 장기(生臟)가 짓누르고, 아래로는 소화되고 남은 음식물 찌꺼기 장기(熟臟)가 떠받치고 있으니, 이는 바로 거주하는 곳이 깨끗하지 못함이오.

넷째는, 또 어머니 태 속에 있을 때, 오직 어머니의 피를 통해 영양을 섭취했으니, 이는 곧 음식 섭취가 깨끗하지 못함이오.

다섯째는, 열 달이 꽉 차서 머리가 출산의 문을 향해 나올 때, 피고름이 함께 왕창 쏟아져 더러움과 피비린내가 흥건히 퍼졌으니, 이는 곧 출생이 깨끗하지 못함이오.

여섯째는, 얇은 살갗 한 겹으로 겉만 그럴듯이 뒤덮여 있을 뿐, 그 안은 어느 곳이나 온통 피고름으로 꽉 차 있으니, 이는 바로 온몸이 깨끗하지 못함이오.

일곱째는, 그러다가 나중에 죽은 뒤에는 시신이 부어 오르고 문드러져 뼈와 살이 사방으로 널려 여우나 이리 떼의 먹이가 되고 마니, 이는 바로 궁극까지 깨끗하지 못함이오.

이렇듯 자기 몸이 그러할진대, 남의 몸도 또한 그러할 것은 당연하오. 좋아하고 사랑하는 경계(境界)나 남녀의 몸 따위도 모두 그러하거니, 늘상 깨끗하지 못함을 관조하여 몹시 싫어하고 멀리 떠나려는 마음을 깊이 내어야 할 것이오.

만약 이와 같이 몸뚱이가 깨끗하지 못함을 관찰할 줄 아는 사람이라면, 음욕의 번뇌망상이 점점 줄어들 것이오. 이와 함께 경전에서 널리 말씀하고 계시는 열 가지 생각(十想) 등의 관찰법도 행하면 좋겠소. 그러면서 마음속으로 '원컨대, 제가 삼계에서 온갖 더럽고 냄새 나며 오욕에 탐닉하는 깨끗하지 못한 잡식성(雜食性) 남녀의 몸뚱이를 영원히 벗어나서, 극락정토의 법성의 몸(法性身) 받아 생겨나길 간절히 바라옵니다.'라고 발원하는 것이오.

이것이 바로 싫어하여 떠나는 염리행(厭離行)이오.

그리고 두 번째 흔연히 기뻐하며 바라는 흔원행(欣願行)에는 다시 두 가지가 있소. 첫째는 먼저 극락 왕생을 구한다는 뜻을 분명히 함이오. 둘째는 그 극락정토의 장엄들을 보고 믿어 흔쾌한 마음으로 왕생을 구하고 바라는 것이오.

우선 왕생의 뜻을 분명히 함은 이렇소.

"정토 왕생을 구하는 까닭은 일체 중생의 고통을 구제하기 위함인데, 지금 자기 스스로 생각해 보건대 나 자신은 아무런 힘도 없다. 이렇게 험악한 세상에서는 번뇌망상의 경계가 너무 강렬하여, 나 스스로 업장에 얽매여 삼악도에 떨어지고 한없는 세월이 지나도록 계속 윤회할 것이다. 시작도 없는 아득한 옛날부터 지금까지 이렇게 윤회하며 여태껏 잠시도 쉰 적이 없는데, 어느 때나 고통 받는 중생들을 구제할 수 있단 말인가?"

바로 이러한 까닭에 극락정토에 왕생하여 뭇 불보살님들을 가까이 하려고 구하는 것이오. 그래서 무생법인(無生法忍)을 증득해야만 바야흐로 험악한 세상에서 고통 받는 중생들을 구제할 수가 있소. 그런 까닭에 『왕생론(往生論)』에서 이렇게 말씀하셨소.

"보리심을 낸다〔發菩提心〕 함은 바로 부처가 되기를 원하는 마음이고, 부처가 되기를 바라는 마음이란 곧 중생을 제도하겠다는 마음이며, 중생을 제도하겠다는 마음은 바로 중생들을 거두어들여 부처님 나라에 생겨나도록 이끌겠다는 마음이다."

그리고 극락정토에 왕생하길 원하면, 모름지기 다음 두 가지 수행을 갖추어야 하오. 첫째는 보리문(菩提門)을 가로막는 세 가지 나쁜 법을 반드시 멀리 떠나야 하고, 둘째는 보리문으로 순조롭게 이끄는 세 가지 좋은 법을 모름지기 얻어야 하오.

보리문을 가로막는 세 가지 나쁜 법을 멀리함은 바로 이런 것이오.

첫째, 지혜의 법문에 의지하는 것이오. 자신의 즐거움을 구하지 않고, 내 마음이 나 자신에 탐착하는 걸 멀리 떠날 수 있는 법문이기 때문이오. 둘째는 자비의 법문에 의지하는 것이오. 일체 중생의 괴로움을 없애 주고, 편안치 못한 중생의 마음을 멀리 떠날 수 있는 법문이기 때문이오. 셋째는 방편의 법문에 의지하는 것이오. 일체 중생을 불쌍히 여겨 그들에게 즐거움을 주려 하고, 자기 자신을 공경하고 공양하려는 마음일랑 멀리 떠날 수 있는 법문이기 때문이오.

이와 같이 하여 보리문을 가로막는 세 가지 장애를 멀리할 수 있다면,

바로 보리문에 순응하는 다음의 세 가지 법을 얻게 되오.

첫째는, 자기 자신을 위해 온갖 즐거움을 구하지 않기 때문에, 물들지 않은 청정한 마음(無染淸淨心)을 얻게 되오. 보리(菩提)는 본디 물들지 않고 청정한 곳이오. 만약 자신을 위해 즐거움을 구한다면, 이는 곧 몸과 마음을 더럽게 물들이고 보리문을 가로막는 것이오. 그래서 물들지 않은 청정한 마음은 보리문에 순응하는 것이오.

둘째는, 중생의 고통을 제거해 주기 때문에, 편안스런 청정한 마음(安淸淨心)을 얻게 되오. 보리심은 일체 중생을 편안하고 고요하게 하는 청정한 곳이오. 만약 일체 중생을 건져 생사 윤회의 고통으로부터 벗어나게 해야겠다는 마음을 일으키지 않는다면, 이는 곧 보리문에 어긋나는 것이오. 그래서 편안스런 청정한 마음은 보리문에 순응하는 것이오.

셋째는, 일체 중생으로 하여금 대보리(大菩提)와 열반을 얻게 하려고 바라기 때문에, 즐거운 청정한 마음(樂淸淨心)을 얻게 되오. 보리와 열반은 궁극의 항상 즐거운(常樂) 곳이오. 만약 일체 중생들한테 항상 궁극의 즐거움을 얻게 해 주려는 마음을 내지 않는다면, 이는 보리문을 가로막는 것이오.(그래서 즐거운 청정한 마음은 보리문에 순응하는 것이오.)

그러면 이 보리는 무엇으로 말미암아 어떻게 얻어지겠소? 핵심 요체는 바로 극락정토에 왕생하여 늘상 부처님 곁을 떠나지 않는 데에 있소. 거기서 무생법인을 증득한 다음에 다시 생사 윤회의 사바국토에 나와 고통 받는 중생을 구제하되, 자비와 지혜가 안으로 혼융일체가 되어 선정으로 항상 사용하며 조금도 걸림이 없이 자유자재로운 것이 바로 참된 보리심이오.

이것이 첫 번째 극락정토 왕생을 구한다는 뜻이오.

두 번째 흔쾌한 마음으로 정토 왕생을 원한다 함은 이러하오.

극락 왕생을 바라는 마음이 흔쾌히 일어남은 아미타부처님의 인연 때문이오. 법신(法身)이나 보신(報身)이나 금색 광명 찬란한 가운데 8만 4천 큰 모습[相]을 나토시고, 큰 모습 하나하나마다 다시 8만 4천 작은 모습[好]을 나토시며, 작은 모습 하나하나마다 또 다시 8만 4천 광명을 쏟아내시어, 항상 온 법계를 두루 비추시면서, 염불하는 중생들을 빠짐없이 거두어들이시는 것이오.

그러므로 우리 중생들은 극락정토의 칠보장엄(七寶莊嚴)과 미묘한 즐거움 등은 물론, 『무량수경』과 『관무량수경』에 설해져 있는 16관법 등의 가르침을 잘 관찰하고 사유하여, 항상 염불삼매와 보시·지계 등의 모든 선행을 함께 닦아 나가야 하오. 그래서 그러한 수행 공덕으로 일체 중생들이 다 함께 극락국토에 왕생하도록 회향 기도하는 것이오. 그러면 결정코 틀림없이 극락정토에 왕생할 수 있소.

이것이 바로 흔쾌한 마음으로 극락 왕생을 원하는 것이오.

정토십의론 후서(淨土十疑論後序)

사람 마음 덧없고, 법 또한 일정함이 없다. 마음과 법이 천차만별이지만, 그 근본은 여기에 있다. 이것을 믿으면 두루 믿게 되나니, 그래서 『화엄경』에서 열 가지 믿음[十信]을 말씀하셨다.

반대로 이것을 의심하면 두루 의심하게 되나니, 그래서 천태지자 대사께서 정토에 관한 열 가지 의심을 해설하셨다. 의심을 벗어나서 믿음으로 들어가되, 한번 들어가면 영구히 들어가게 되나니, 여기에서 떠나지 않고 확실히 믿으면 궁극의 경지(究境處)를 얻는다.

극락정토란 바로 그러한 궁극의 경지이다. 이 곳에 설법하시는 주체가 계시니, 바로 무량수불이시다. 이 부처님께서 설법하심은 일찍이 쉬거나 끊어진 적이 없건만, 우리 중생들 의심이 귀를 막아 귀머거리처럼 그 설법을 듣지 못하고, 우리 중생들 의심이 마음을 뒤덮어 흐리멍텅하니 깨닫지 못하고 있을 따름이다. 그렇게 듣지 못하고 깨닫지 못하니, 죄악의 업습에 편안히 틀어박혀 있는 것이다. 그래서 부처님 생각(念佛)하지 않음을 찬탄하며, 거칠고 산만한 마음을 좋아라고 기뻐(隨喜)하면서, 극락정토에서 연꽃 봉오리를 보금자리로 생겨나는 게 허황된 거짓이라고 망령된 말을 서슴지 않는다.

그러면서도 썩어 문드러질 이 육신이 어떻게 얻어졌고 또 어디로부터 왔는지는 끝내 생각지도 않는다. 모태의 감옥(胎獄) 지저분하고 더럽기 짝이 없으니, 진실(眞實)은 도대체 어디에 있단 말인가? 정말로 업식(業識)에만 믿고 의지하니, 진실한 성품 바탕과는 저절로 거리가 멀다. 한바탕 허깨비 같은 꿈 속 경계에서 진실(성품)을 못 보고 허깨비(업식)에 매달린 까닭에, 생애생애마다 신령스러움을 잃고 성인의 길에서 영원히 벗어나 있는 것이다.

이와 같은 까닭에 석가여래께서 대자비와 연민심을 내시어, 사바고해 오탁악세에서 큰 소리로 저기 서방 정토의 지극하고 미묘한 즐거움을 찬탄하셨다. 생사 윤회의 고해 가운데 위대한 뱃사공(船師)이 되시어, 우리 중생들을 진리의 배(法船)에 실어 날라 저쪽 극락 언덕(彼岸)으로 건네주시면서, 밤낮으로 중생을 제도하심에 잠시도 쉴 틈이 없으신 것이다.

그렇지만 아미타불의 언덕(정토)은 본디 피안과 차안이 없고, 석가여래의 배는 실제로 오고 감[往來]이 없다. 비유하자면, 한 등불이 팔방의 거울에 각각 나누어 비치는 경우에, 거울의 위치는 동쪽과 서쪽이 있을지라도 빛과 그림자는 결코 둘이 아닌 것과 같다. 아미타불의 설법은 팔방의 거울에 두루 빛을 비추는데, 석가여래의 방편 법문은 오직 서쪽 거울만 가리키고 있는 것이다.

그러므로 이미 피안에 다다른 이는 피안과 차안(의 구별)을 잊을 수 있지만, 아직 법계에 들어가지 못한 중생들이 어떻게 스스로 동쪽과 서쪽(정토)을 분간하지 않는단 말인가? 이 법문 가운데서 아직 궁극의 경지에 이르지 못했다면, 방향에 얽매이지도 말고 피안도 차안도 가리지 말며, 단지 부처님 말씀을 올바른 생각으로 굳게 믿기만 하면 된다. 이 점이 바로 두 성인(아미타불과 석가여래)의 본래 의도며, 또 지자 대사께서 믿음을 내신 까닭이다.

믿음이란 모든 선행의 어머니며, 의심은 모든 죄악의 뿌리이다.〔信者, 萬善之母; 疑者, 衆惡之根.〕선행의 어머니(믿음)에 순응하여 죄악의 뿌리(의심)를 솎아 낼 수 있다면, 앞에서 의심의 업장에 귀와 마음이 막힌 중생들도 귀가 트여, 다시 듣고 마음이 열려 깨닫게 된다. 또 아직 생사 윤회를 벗어나지 못한 중생은 생사 윤회를 벗어나고, 극락정토에 왕생하지 못한 중생은 극락정토에 왕생하게 된다.

석가여래의 가르침에 순순히 따라 아미타불을 향해 극락 왕생하고, 다시 아미타불의 원력에 따라 나와 석가여래를 돕게 될 것이다.

이렇듯이 시방세계를 두루 돌아다니면, 서쪽을 향하여 팔방의 모든 거울에 두루 들어가는 셈이다. 두 성인께서 정토 법문을 세우신 이래, 이와 같이 행한 사람들이 갠지스 강 모래알 수만큼이나 많은데, 어찌하여 믿지 아니하고, 또 무엇을 의심한단 말인가?

이러한 법문(진리)을 스스로 믿을 수 있게 되었다면, 또 좋은 방편을 마련하여 아직 믿지 못하는 뭇 사람들한테 믿지 않을 수 없도록 일깨워야 하리라. 바로 그 때문에 천태지자 대사께서 대자비심을 일으켜 이 『정토십의론』을 설하신 것이다. 명지(明智) 대사께서 한가운데 우뚝 서서 지자 대사의 도를 배워 본받으셨는데, 그 문장은 따라갈 수 없지만 그 대자비심만은 따르실 만하다.

그래서 또 이 『정토십의론』을 다시 인쇄 발행하시게 되었는데, 맨 앞의 서문은 양공이 쓰셨으니, 이에 법문이 더욱 널리 전파되는 데 조금이나마 보탬이 되고자 하여, 몇 자 부연 서술한다.

송(宋) 좌선의랑(左宣義郎) 진환(陳瓘) 씀

【옮긴이 소감】: 모든 종교 수행은 믿음[信]을 기본 바탕으로 비롯합니다. 기독교에서 믿음·소망·사랑을 말하고, 불교에서 신(信)·원(願)·행(行)을 말하는 이치는 똑같습니다. 『화엄경』에서 "믿음은 도(진리)의 근원이자 공덕의 어머니이다[信爲道源功德母]."라고 말씀하신 것만 보아도 알 수 있습니다.

그런데 눈에 보이지 않는 형이상학적 진리[道]에 대해 확실한 믿음을 내기가 그리 쉽지는 않습니다. 어쩌면 모든 수행은 이 믿음을 내어 크고 깊게 확대 심화시켜 가는 과정이라고 해도 지나침이 없을 것 같습니다. 적어도 그 믿음의 정도에 비례해 수행이 깊어지고, 수행은 그 믿음의 성장 발전을 확인하는 과정일 것입니다.

"양 극단은 서로 만난다(Extremes meet)."는 서양 속담도 있듯이, 상대적인 현상세계의 본질상 진리는 역설적 속성이 있기에, 믿음을 내고 확대 심화시키는 방법도 때로는 역설적으로 의심이라는 수단 방편을 통하기도 합니다. 바로 화두

선(話頭禪)이 그 대표입니다. 터무니없이 불합리하고 말도 안 되는 듯한 말 대가리(話頭)를 의심 덩어리(疑團) 삼아 집요하게 물고 늘어져, 이를 깨쳐 풀어버릴 때, 그 안에 본래 들어 있던 믿음의 광명이 눈부시도록 찬란히 쏟아져 나올 것입니다.

본래진면목(本來眞面目)이라는 불성(佛性)자리의 믿음을 확실하고 철저히 확인하고 체득하기 위하여, 그토록 크고 단단한 의심 덩어리를 자나깨나 골똘하게 되씹는(參究) 것입니다.

그러나 믿음을 바탕으로 하는 신앙 수행을 굳이 꼭 역설적인 역공법(逆攻法)으로 할 필요가 있겠습니까? 바람을 등지고 물 흐름 따라 순항(順航)하는 배가 안전하고 빨리 나아가듯, 이왕이면 진리에 순응하여 의심할 필요 없이 확실한 믿음으로 공부하는 정공법(正攻法)이 더욱 자연스럽고 효과적이지 않겠습니까?

바로 본래진면목인 불성자리, 특히 그 대명사라고 할 수 있는 아미타불(阿彌陀佛)과 극락정토에 대한 (석가모니) 부처님의 가르침과 당부 말씀을 확실히 믿고, 극락 왕생을 발원하며 간절하고 독실하게 염불(念佛) 수행을 해 나가는 것입니다. 여기에 바로 신·원·행의 삼요소가 삼위일체로 융합되어 실현됩니다.

그러나 우리 중생은 시작을 알 수 없는 무명(無明)의 업장에 가리어, 불성(佛性) 광명을 보지도 못하고 믿기조차 매우 어렵습니다. 불성 광명에 대한 믿음과 발원을 일깨우기 위해서는, 먼저 그를 가로막고 있는 무명과 의심의 업장을 풀어 헤쳐야 합니다. 화두가 그 의심(무명) 덩어리를 몸소 참구해 풀라고 던져 주는 열쇠 구멍이라면, 염불은 극락정토(佛性光明)의 대문을 불보살님과 역대 선지식들이 대를 이어가며 친히 활짝 열어제치고 그 뜨락을 직접 보여 주시면서, 우리더러 그 쪽을 향해(發願) 발걸음을 옮기기만(念佛) 하면 된다고 가리켜(指導) 주시는 것입니다.

우리는 더 이상 대문의 빗장을 채워둘 필요도 없거니와, 까다로운 자물쇠를 열려고 애쓰지 않아도 됩니다. 석가모니부처님께서 수많은 경전에서 곡진하고 자상하게 설법하셨고, 역대 조사(祖師)님들이 극락정토와 염불 수행에 관한 세간(중생)의 의혹들을 하나하나 문답 방식을 통하여, 누구나 납득할 만큼 충분히 합리(合理)적이고 합정(合情)적으로 여법(如法)히 해설해 오셨기 때문입니다.

일반 중생들한테 믿음의 문을 활짝 열어제쳐, 자성미타(自性彌陀)와 유심정토(唯心淨土)의 부처님 광명을 있는 그대로 보여 주시기 위함입니다.

화두라는 의심 덩어리는 밖에서 스스로 빗장을 풀어야 비로소 문이 열리는 관문(關門) 체계인지라, 안에서 부처님이나 선지식들이 아무리 자상한 말씀으로 해설하여 열어 주려고 해도 안 됩니다. 밖에서부터 안으로 빗장을 풀고 들어가는 순수 자력(自力) 수행이 화두선이라면, 안에서 집주인(부처님)이 몸소 빗장을 풀고 대문을 활짝 열어 손님(중생)을 맞아들이는 타력가피(他力加被)의 수행이 바로 염불입니다. 물론 밖에서 안을 향하려는 자기 의지(발원)와 집안으로 걸어 들어가는 자발행진(自力수행)은 최소한 필요합니다. 따라서 자력과 타력가피가 서로 감응(感應)하여 혼연일체가 되는 염불 수행이 됩니다.

기독교에서는 흔히 믿음도 은총이라고 합니다. 부처님께서도 경전에서 "자그마한 선근이나 복덕의 인연으로는 (극락정토에 대한 믿음과 발원을 내어) 극락 왕생할 수 없다."고 말씀하십니다. 스스로 선근과 복덕의 인연을 지어가야 믿음도 커지고 발원도 간절해집니다. 그런데 부처님 말씀에 따르면, 선근과 복덕을 짓는 인연으로 염불보다 더 큰 게 없다고 합니다. 원인과 결과가 따로 없이 믿음과 염불이 서로 하나가 되어 버립니다.

흔히 화두를 '의심 덩어리(疑團)'라고 말하지만, 사실은 믿지 않는(不信) 의심이 아니라, 조사의 말(화두)을 믿지만 이해할 수 없는 답답함과 궁금증일 따름입니다. 불교를 믿는다는 불자님이라면 이제 답답한 화두에만 매달리지 말고, 모두가 부처님의 가르침을 믿고 따르는 마음으로 자나깨나 염불 수행하여 극락 왕

생하시길 지심으로 발원하옵니다.】

지자(智者) 대사: 천태종 지의(智顗) 대사의 덕호(德號). 7세 때 절에 갔다가, 스님이 입으로 전수해 주는 「관세음보살보문품」을 단번에 독송하였으며, 18세에 출가하여 20세에 구족계를 받았다. 처음에는 혜광(慧曠) 스님으로부터 계율을 배우면서 방등경(方等經) 등을 익혔다. 진(陳) 문제(文帝) 천가(天嘉) 원년(560) 광주(光州) 대소산(大蘇山)에 머물던 사(思) 선사를 찾아가 절하자, 사 선사는 "옛날 영산(靈山)에서 『법화경』을 함께 들었더니, 숙세의 인연 따라 오늘 다시 찾아왔구려."라고 반기면서, 보현도량법(普賢道場法)을 보여 주고 법화경 4안락행(四安樂行)을 설해 주었다. 이에 대사는 밤낮으로 정진하여, 14일째 "이것이 참 정진이며, 진법공양여래(眞法供養如來)라고 부른다."는 구절을 독송하는 순간, 몸과 마음이 활연히 열리며 선정에 들어 법화세계를 관조하였다. 그러자 사 선사가 이렇게 감탄하였다.

"그대가 아니면 증득할 수 없고, 내가 아니면 알아줄 수 없으니, 그대가 들어간 선정은 법화삼매(法華三昧)의 전방편(前方便)이고, 그로부터 생기는 공덕은 초선다라니(初旋陀羅尼)일세. 설령 문자에 통달한 천만 대중의 스승이라도, 그대의 변재(辯才)를 다할 수 없으리니, 그대는 설법하는 사람 가운데 최고 제일이 되리라."

광대(光大: 陳廢帝 연호) 원년(567) 법희(法喜) 등 27인과 함께 처음으로 진나라 수도 금릉(金陵)에 이르렀다(30세). 태건(太建: 宣帝 연호) 원년(569) 심군리(沈君理)의 청으로 와관사(瓦官寺)에 머물며 법화경을 설하고, 전후 8년 동안 『대지도론(大智度論)』과 선문(禪門)을 강설하였다. 태건 7년(575) 처음 천태산(天台山)에 들어가 안거하였는데, 2년 뒤 황제가 조세로 절을 창건하도록 분부하고, 이듬해 수선사(修禪寺)라는 호칭을 내렸다. 황제의 요청으로 『석론(釋論)』과 『인왕경(仁王經)』·『반야경』 등을 강론하였다.

수(隋)나라 개황(開皇) 11년(591) 진왕(晉王)이 건강(建康: 금릉)을 평정한 뒤 대사를 초빙하자, 대사는 진왕과 숙세의 인연이 있다고 나아가, 보살계를 수여하며 총지(總持)라고 칭송하였다. 진왕은 대사에게, 불법의 등불을 전하니 '지자(智者)'라고 불러야 마땅하다고 화답하였다. 이듬해 형주(荊州)에 이르러, 대지의 은혜(地恩)에 보답하기 위해, 옥천산(玉泉山)에 일음정사(一音精舍)를 건립하였다. 나중에 옥천사로 이름을 바꾼 뒤, 『법화현의(法華玄義)』와 『마하지관(摩訶止觀)』을 차례로 설하였다. 진왕이 조정에 들어가면서 대사도 천태산으로 되돌아갔는데, 개황 17년(597) 진왕이 번(藩)으로 돌아가면서 초빙하자, 산을 나오다가 질병을 만나 60세의 나이로 입적했다. 법공보각영혜존자(法空寶覺靈慧尊者)라는 시호를 받았다.

철오선사어록

철오선사어록(徹悟禪師語錄)

철오 선사(徹悟禪師)의 간략한 전기

　선사의 휘(諱)는 제성(際醒)이고, 자(字)는 철오(徹悟)며, 또 다른 자는 눌당(訥堂)인데, 별호(別號)는 몽동(夢東)이다. 북경 동쪽 하북성(河北省)의 풍윤현(豊潤縣) 사람으로, 속세의 성(姓)은 마(馬)씨인데, 아버지의 휘는 만장(萬璋)이고, 어머니는 고(高)씨이다.

　선사는 어려서부터 특출하고 기이하였으며, 자라면서 책 읽기를 좋아하여 경전과 역사를 비롯한 여러 서적을 두루 열람하지 않은 게 없을 정

---

11) 방산현(房山縣): 본디 하북성에 속해 있었는데 1958년 북경시(北京市)로 편입되었으며, 북경원인(北京猿人)과 산정동인(山頂洞人)의 화석이 발견되어 유명해진 주구점(周口店)이 있다.

도였다. 22살 때 큰 병을 앓으면서 허깨비 같은 육신이 덧없음을 깨닫고, 마침내 출가할 뜻을 품었다. 병이 낫자, 방산현(房山縣)[11]에 가서 삼성암(三聖庵)의 영지(榮池) 노스님 아래 귀의하여 삭발하고 출가하였다. 이듬해 수운사(岫雲寺)에 가서 항실(恒實) 율사로부터 구족계를 받았다.

그 다음 해에는 향계사(香界寺)에서 융일(隆一) 법사가 『원각경(圓覺經)』 강의를 연다는 말을 듣고, 선사도 가서 참석하였다. 아침저녁으로 파헤치고 캐물으며 오묘한 뜻을 정밀하게 탐구하여, 마침내 『원각경』 전체의 요지를 깨달았다. 다시 증수사(增壽寺)의 혜안(慧岸) 법사에게 법상종(法相宗) 강의를 듣고 미묘한 요체를 얻었다. 그 뒤 심화사(心華寺)에 가서 편공(偏空) 법사 아래에서 『법화경(法華經)』·『능엄경(楞嚴經)』·『금강경(金剛經)』 등을 원만히 이해하고 단박 깨달아, 법성(法性)·법상(法相)의 2종(二宗)과 3관(三觀: 天台宗의 空觀·假觀·中觀이 가장 보편스러운 학설임)과 10승(十乘)의 요지에 막힘 없이 두루 통달하였다.

건륭(乾隆: 淸나라 高宗 황제의 연호) 33년(戊子, 1768) 겨울, 광통(廣通: 雲南省에 있던 옛날 현(縣))의 수여순(粹如純) 노옹(老翁)을 참방하여 향상(向上: 선종에서 돈오의 지극한 곳을 일컫는 말)의 일을 밝히니, 스승과 제자의 도(道)가 딱 들어맞아 마침내 마음을 인가(印可)하였다. 바로 임제(臨濟)의 36세(世: 代)이자, 경산(磬山)의 7세 법손(法孫)이 되었다.

건륭 38년(1773) 수옹(粹翁)께서 만수사(萬壽寺)로 옮겨 가시자, 선사가 그 뒤를 이어 광통에 주석(主席)하게 되었다. 대중을 거느리고 참선하며 후학들을 채찍질하고 격려하였는데, 14년을 하루처럼 조금도 피곤하거나 싫은 기색 없이 부지런하였다. 그래서 그 명성이 남북으로 널리 퍼지고, 선종의 기풍이 크게 떨쳐졌다.

선사께서 매양 제자들에게 상기시킨 가르침은, 영명(永明) 연수(延壽)

선사께서 선종의 거장이시면서도, 오히려 마음을 정토(淨土)에 귀의하여 매일같이 나무 아미타불 명호를 10만 번씩 염송함으로써 안양(安養: 極樂)국토에 왕생하길 발원하셨던 수행이었다. 그런데 하물며 지금 같은 말법시대에 더더욱 받들어 따라야 할 게 아닌가라고 반문한 것이다. 그래서 마침내 마음을 정토에 깃들이고 연종(蓮宗: 정토종)을 크게 주창하였다. 낮에 잠시 동안만 손님을 맞이하고, 그 시간 이외에는 오로지 부처님께 예배 올리며 염불을 지속할 따름이었다. 건륭 57년(1792) 각생사(覺生寺)로 옮겨 8년간 주지를 맡으면서는, 온통 폐허가 된 절을 일으켜 세웠다[百廢盡擧]. 정업당(淨業堂) 외에 따로 세 당(堂)을 세웠으니, 열반당(涅槃堂)·안양당(安養堂)·학사당(學士堂)이 그것이다. 그래서 노인이나 병자(환자)가 의탁할 곳이 생겼고, 초학자(初學者)들이 독송이나 학습하기가 편리해졌다.

선사는 선종(禪宗)과 정토종(淨土宗)의 요지에 대하여 모두 정밀하고 심오한 부분까지 훤히 통달하였다. 자기를 다스림은 몹시도 엄격하였고, 남들을 대함은 몹시 간절하였으며, 법을 설하여 대중을 일깨우고 인도함은, 마치 감로수 병을 쏟아내고 구름이 뭉게뭉게 일어나듯 하였다.

대중과 더불어 정성껏 수행하여 연화정토종의 기풍이 크게 떨치자, 사방 원근에서 모두 그 교화를 우러러 따르고, 승가나 속가 모두 마음으로 귀의하였다. 선사는 당시에 법문으로 최고 제일이었다.

가경(嘉慶: 淸나라 仁宗 연호) 5년(1800), 선사는 홍라산(紅螺山) 자복사(資福寺)에 은거하여 조용히 한평생을 마치려 했다. 그러나 납자(衲子: 禪僧의 별칭. 본 뜻은 頭陀行의 승복을 입은 자) 대중 가운데 그를 흠모하고 존경하여 놓치지 않고 뒤따라 나서는 이들이 몹시도 많았다. 선사는 불법(佛法)을 위하고 사람(중생)을 위해서라면, 마음에 조금도 싫어함이나 물림이 없었던지라, 마침내 다시 대중들을 받아 주어 함께 머물게 허락하자, 눈깜짝할 사이에 총림이 이루어졌다.

땔감을 장만하고 물을 길어 나르며, 진흙을 이겨 집의 벽을 땜질 수리하고, 물 한 모금 마시거나 밥 한 끼 공양을 들기까지, 모두 대중과 함께 똑같이 생활하였다.

이와 같이 하기를 또 다시 10년, 가경 15년(1810년) 2월에 만수사에 몸소 찾아가, 은사이신 수 조사(粹祖師)의 부도탑을 참배하고, 산사(山寺)를 돌봐주고 보호하는 여러 재가신도 대중(外護)들한테 감사의 인사를 드리며, 다음과 같이 부촉하였다.

"허깨비 같은 세속 인연 길지 않으며, 인간 세상 참으로 덧없으니, 짧은 인생 허송세월하면 안타깝기 그지없소. 각자 모두들 마땅히 염불 공부에 노력해야 할지니, 그래서 앞으로 극락정토에서 반갑게 만납시다."

3월에 다시 산(홍라산 자복사)으로 되돌아와, 당신의 다비에 필요한 물품을 미리 준비해 두도록 분부하였다. 10월 17일에는 대중들을 모두 불러모아 사원의 일들을 하나하나 당부한 뒤, 제자인 송천(松泉) 스님한테 주지를 맡아 대중들을 잘 거느리라고 분부하면서, 이렇게 훈계하였다.

"염불 법문은 상ㆍ중ㆍ하 세 근기의 중생 모두가 진실한 이익을 얻고, 어떠한 근기나 인연도 두루 받아들이지 않음이 없네. 내가 십여 년 동안줄곧 대중과 함께 고심하고 고생하며 이 도량을 세운 까닭은, 본디 천하사방에서 오는 사부대중을 모두 맞이하여 함께 정토 염불 공부(淨業)를 열심히 닦기 위함이었네. 무릇 그 동안 내가 세운 규약과 법도는 영구히 준수해야 마땅하며, 함부로 뜯어 고치거나 바꾸어서는 안 되네. 그래서 이노승이 대중과 함께 오랫동안 애쓰며 심혈을 기울여 온 당초 발원(기대)에 어긋나지 않길 바라네."

입적하기 반달쯤 전에 몸에 가벼운 병세가 느껴지자, 선사는 허공중에 수없이 많은 깃발(幢幡)들이 서쪽으로부터 오는 모습이 보인다고 말하면서, 대중들한테 '나무 아미타불' 명호를 다 함께 염송해 달라고 분부하였다. 그리고는 대중들에게 이렇게 당부하였다.

"극락정토에서 함께 만나세. 나는 곧 서방으로 돌아가려네."

이에 대중들이 선사께 세상에 좀더 머무시도록 권청(勸請)을 드리자, 선사는 또 이렇게 답하였다.

"백년 인생이라고 해도 나그네처럼 잠시 붙어 사는 신세에, 어차피 언젠가는 되돌아가야 하는 법! 내가 성인의 경지(극락정토)에 나아갈 수 있게 되었으니, 그대들은 마땅히 스승을 위해 다행으로 여기고 환송해야 할 터인데, 어찌하여 붙잡으려고 애쓰는가?"

12월 16일에 감원(監院)의 책임자인 관일(貫一) 스님한테 열반재(涅槃齋)를 올리도록 분부하더니, 17일 신(申: 오후 3~5시)시에 대중들한테 작별 인사를 하였다.

"나는 어제 이미 문수·관음·대세지 세 보살님(大士)을 친견하였네. 오늘은 다시 부처님께서 친히 나토시어 나를 맞이하여 데려가시려고 오셨네. 나 이제 가네."

대중들이 부처님 명호를 더욱 큰 소리로 세차게 염송하는 가운데, 선사는 서쪽을 향해 단정히 앉아 합장을 하신 뒤, 이렇게 말했다.

"위대하고 거룩한 명호(洪名: 나무 아미타불)를 한 번 염송하면, 한 번 염불한 만큼의 부처님 상호(相好)를 친견한다네."

그리고는 마침내 손을 미타인(彌陀印)으로 바꾸어 짓더니, 평안하고 상서롭게 서거(입적)하였다. 그 때 대중들은 공중에 특이한 향기가 가득 퍼짐을 냄새 맡았다. 입적하신 유해를 이레 동안 받들어 공양하는데도, 얼

굴 모습이 마치 살아계신 듯 자애롭고 온화하며 생기가 넘쳤다. 머리카락
이 흰색에서 검은 색으로 바뀌고, 빛과 윤기가 특이하고 비상하게 넘쳤
다. 이칠(14)일에 감실(龕室: 坐棺)에 모시고, 삼칠(21)일에 다비(茶毗: 화장)
를 봉행하자, 사리 백여 과가 나왔다. 이에 문하 제자들이 선사의 유촉을
받들어 영골(靈骨: 신령스런 유골이라는 뜻으로, 舍利와 같은 말)을 보동탑(普同塔)
안에 안장하였다.

선사는 청나라 건륭(乾隆) 6년(1741) 10월 14일 미(未)시에 태어나, 가
경(嘉慶) 15년(1810) 12월 17일 신(申)시에 열반하였다. 세간 수명[世壽]으
로는 70세이고, 출가 연령[僧臘]으로는 49세이며, 정식 비구 수행 연령[法
臘]으로는 43세이다. 저서로는 선종·교종·율종에 관한 법문들과 염불
가타(念佛伽陀)가 세상에 전한다.

가경 17년(1812) 임신(壬申)년 9월 기망(旣望: 음력 16일)에 선사의 제자
인 성총(惺聰) 스님이 선사의 행적 기록을 가지고 찾아와, 나한테 선사의
간략한 전기[行狀]를 적어 달라고 요청하였다. 나 또한 선사와 서로 알고
지낸 지 여러 해 되었고, 평소 일깨움과 가르침을 받아 배우고 얻은 게 정
말로 많다. 선사는 진실로 보통사람을 훨씬 초월하는 분이다. 육근(六根)
이 예리하게 통달하였고, 이해와 깨달음이 비상하게 뛰어났으며, 법문을
유창하게 설하는 변재를 갖춘 데다가, 엄격한 계율로 고행(苦行)까지 겸비
하였는데, 수행의 기풍이 조금도 흐트러짐 없이 시종일관 청정하였다.

선사의 행실은 내가 눈으로 직접 본 바로서, 지금까지 적은 내용은 한
글자도 거짓이나 꾸밈이 끼여들지 않았다. 정말로 부끄럽게도, 나는 문장
짓는 솜씨가 전혀 없어서, 특별히 질박한 말로써 사실만 기술하여 믿음을
전할 따름인 것이다.

염화사에서 연화세계를 그리워〔慕蓮〕하며
두타 체관(體寬) 통신(通申)이 공경스럽게 적음.

자서(自序)

나는 건륭(乾隆) 38년 계사(癸巳: 1773)년부터 수도(북경)의 광통사(廣通寺)에서 주지를 맡아 대중을 거느리고 참선 수행을 하면서, 틈틈이 이런 말 저런 말을 지껄이며 붓으로 기록해 두었다. 42년 정유(丁酉: 1777)년에 이르러, 숙세의 두터운 업장으로 말미암아 온갖 질병이 다발처럼 몰려들었다. 그래서 교종의 5정심관(五停心觀)[12]이 우리 유정(有情) 중생들에겐 장애가 많음을 느끼고, 염불 수행으로 다스리기로 작정하였다.

이 염불 법문은 문수·보현 등 여러 위대하신 보살님들로부터, 마명(馬鳴)·용수(龍樹) 등 여러 위대한 조사(祖師)님들과, 지자(智者)·영명(永明)·초석(楚石)·연지(蓮池) 등 여러 위대한 선지식들에 이르기까지, 모두 한결같이 마음으로 귀의〔歸心〕한 가르침이다. 그런데 내가 어떤 사람이라고 감히 생명으로 귀의〔歸命〕하지 않는단 말인가?

마침내 나는 아침·저녁 예불시간에 염불하기 시작하였는데, 참선하던 스님들 중에 함께 따라하기를 원하는 이가 제법 많았다. 그래서 염불

---

12) 5정심관(五停心觀): 다섯 가지 마음의 허물을 멈추게 하는 다섯 가지 관찰사유의 법문으로, 성문승이 맨 처음 불도에 입문하는 수행법. 첫째 탐욕심을 멈추는 부정관(不淨觀), 둘째 진에심을 멈추는 자비관(慈悲觀), 셋째 치암심〔無明〕을 멈추는 인연관(因緣觀), 넷째 아견(我見: 我相)을 멈추는 계분별관(界分別觀: 모든 법을 6계 또는 18계로 분별), 다섯째 산란심을 멈추는 수식관(數息觀)이 그것이다. 경우에 따라서는 계분별관을 인연관에 통합시키고, 그 대신 관불관(觀佛觀: 念佛觀)을 보태기도 한다.

73

이 시절인연과 중생 근기에 순응하는 줄 알고, 또 혼자 스스로 수행하기도 편하기 때문에, 드디어 참선을 그만두고 염불에 전념하였다. 그러자 당시에 법문의 장벽이 두터운 자들이 사방에서 비방의 불길을 내뿜었다.

나는 부처님 말씀을 깊이 믿기 때문에 그런 말들은 거들떠보지도 않았다. 그리고 참선을 하면서 10여 년 동안 적어오던 원고들을 하루아침에 불 속에 던져버렸다. 그런데 뜻하지 않게도, 대부분 참선을 일삼던 어떤 스님이 그 원고를 아깝게 여겨, 불타버린 잿더미 속에서 타고 남은 걸 약간 건져냈다. 그러나 그 분량은 전체의 백 분의 일도 못 되었다.

그 뒤로 업력의 바람(業風)에 휩쓸려, 각생사(覺生寺)와 자복사(資福寺)의 두 사찰에서 주지를 역임하였다. 그런데 헛된 명성(虛名)에 그만 잘못 이끌려, 가끔씩 나한테 찾아와 법문을 청하거나 무슨 서문이나 발문(跋文)을 써 달라고 요청하는 이들이 적지 않았다. 나는 간청을 거절할 수 없어 마지못해 응락하곤 했는데, 날이 가고 해가 지남에 따라 점차 쌓여 다시 책이 이루어졌다. 그러던 중 가경(嘉慶) 13년 무진(戊辰: 1808)년 여름에, 리봉춘(李逢春) 거사가 산에 와서 내 강의를 듣다가, 법문을 듣고 문득 깨달은 바가 있었던지라, 마침내 내 글을 책으로 출판하겠다고 자청했다. 그러나 나는 완곡하게 사양했다.

"안 되오. 몸이 산 속에 은둔해 있거늘, 어찌 또 문자를 쓴단 말이오? 세간의 은둔한 선비들의 말도 오히려 그러할진대, 하물며 나같이 이미 마음을 극락정토에 깃들인 수행승이 어떻게 또 다시 문자를 남길 수 있겠소?"

하지만 이 거사의 간청은 너무도 집요했고 그칠 줄 몰랐다. 나는 하는 수 없이 그의 뜻에 따르기로 하고, 몇 마디 말을 덧붙여 이러한 연유를 밝히는 바이다. 이 모두가 사람들의 청에 따라 마지못해 지껄인 말들일 따름이다.

가경(嘉慶) 15년 경오(庚午: 1810)년 9월 중양절(重陽節) 지난 뒤
사흘째 되는 날(12일), 자복사 이유장실(二有丈室)에서
눌당도인(訥堂道人) 씀.

원서(原序)

세상에서 정토염불 수행을 칭송하고 찬탄한 것은 진(晋)나라 때 혜원
(慧遠) 법사로부터 시작되었다. 위로 우러러 부처님의 대자비를 체득하고
중생 제도의 문을 크게 활짝 열어, 연못을 파고 연꽃을 심은 다음, 염불
법당을 건립하고 극락 왕생을 발원하신 것이다. 이에 18분의 어진 대중
[賢衆]과 123인의 청신(淸信) 대중이 모여 다 함께 자재력(自在力)을 얻었으
니, 염불하면서도 염불함이 없고[念而無念], 생겨남이 없으면서도 극락에
왕생하셨다.[無而無生] (염불 수행으로 무념무상의 경지에 들고, 무생법인을 얻어 극
락왕생하셨다.) 그 마음의 인가[心印][13]가 대대로 전해 내려와, 지금에 이르
기까지 끊임없이 계속된 것이다.

철오 선사라는 분은, 이 정토염불 법문의 직계 법통 후손이다. 숙세의
선근 공덕으로 선정(禪定)과 지혜를 함께 갖추고, 교학과 참선을 박학하고
심오하게 참구하여, 불법에 계합(契合)하였다. 처음에 『원각경(圓覺經)』의
핵심 요체를 깨달은 다음, 뒤이어 삼장(三藏: 經·論·律) 십승(十乘)의 미묘

---

13) 심인(心印): 마음의 도장, 또는 마음의 인가(印可)·인정(印定)의 뜻으로 풀이될 수 있다. 선(禪)의
본래 뜻은 말이나 글로 다 표현될 수 없기 때문에, 흔히 "문자를 세우지 않고[不立文字] 단지 마음
의 도장만 전하여[單傳心印], 사람 마음을 곧장 가리켜[直指人心] 성품을 보고 부처를 이룬다[見性
成佛]."고 말한다. 마음은 부처님 마음[佛心]이고, 도장[印]은 도장을 찍어 허가나 결정을 권위 있
게 확인해 준다는 뜻이다. 부처님 법의 진실한 본체를 여실히 깨달았음을 마음의 도장으로 인가
또는 인정해 주는 '이심전심(以心傳心)'의 전법(傳法) 전통이다.

한 뜻을 훤히 깨달았다. 그리하여 예전의 묵은 습관을 죄다 내버리고, 오로지 정토염불 수행에 전념하였다. 마음을 텅 비우고 기질을 온화하게 평정(平定)하여, 20년을 하루처럼 조금도 뒤로 물러나는 마음 없이 오로지 서방정토 왕생의 서원을 이루기에 정진하였다. 그래서 원만한 믿음과 원만한 깨달음으로 중생들을 널리 이롭게 하였으며, 또한 아미타불 법계를 분명히 증명해 보였다.

선사가 남긴 유고집을 읽어 보면, 선사께서 설하신 정토 법문에 더욱 도타운 믿음이 생긴다. 발원과 믿음과 염불 수행, 그리고 '죄업을 참회하여 소멸시킴〔罪業懺除〕'과 '선근이 무르익어야 함〔善根成熟〕'이 극락 왕생에 요긴한 준비 조건이라고 강조하셨는데, 이들은 오직 한 마음〔一心: 一心不亂〕이 이루어지도록 부지런히 정진하고 노력하는 수행일 따름이다.

횡(공간)으로는 시방 삼계에 두루 퍼지고, 종(시간)으로는 과거 · 현재 · 미래의 삼세에 끝없이 이어짐은, 마음의 광대무변함이다. 편협하고 작은 데 떨어질까 염려하여, 커다란 보리(菩提)를 추구하려고 발원함은, 마음의 웅대함이다. 운명에 맡기면 업력에 끌려가지만, 도에 합치되게 수행 정진하면 업장을 되돌릴(뒤바꿀) 수 있음은, 마음의 권세(능력)이다. 맑은 구슬을 흐린 물 속에 집어넣고, 콩 심은 데 콩 나고 팥 심은 데 팥 나며, 쇠를 주조하고 국수를 만드는 등의 작용은, 마음의 근원(조화)이다.

경전에서 말씀하신 "이 마음으로 부처가 되고〔是心作佛〕, 이 마음이 곧 부처이다〔是心是佛〕."라는 두 구절을, 더욱이 반복하여 상세히 음미하시고 그 뜻을 재삼 분명히 밝히셨다. 또한 "한 순간의 시간이 한 순간의 생명이다〔一寸時光, 一寸命光〕."라고 말씀하시면서, 후세에 공부하는 수행인들이 갠지스 강 모래알만큼 수많은 법문 가운데 가장 간단하고 빠른 지름길을 택해 수행함으로써, 하루빨리 생사 윤회의 관문에서 벗어나 지극히 안락한 정토의 경지를 다 함께 증득하자고 격려하셨다. 미혹된 뭇 중생들을 건져내어 다 함께 피안에 오르도록 이끄셨으니, 그 뜻과 원력이 또한 얼마나 크고 두터우신가?

　선사께서는 평소 말이나 문자에 대해서는 별로 마음을 쓰지 않으셨다. 그러나 어쩌다 우연히 한 구절을 들어 말씀하시거나 읊조리시면, 크게는 하나도 남김없이 모든 법문을 다 포섭하시고, 작게는 조금도 걸림없이 원만하고 섬세하게 두루 통달하셨다. 근기에 따라 교화를 펼치시며, 진여실상과 이치를 다 함께 포괄하셨다. 마치 아가타약(阿伽陀藥)이 치료 못하는 질병이 없듯이, 또한 여의주(如意珠)가 들어주지 못하는 소원이 없는 것처럼, 그 가르침도 또한 이와 같았다.

　내가 가만히 살펴보건대, 선종과 교종의 두 법문 어록만 하더라도 바다처럼 아득히 많고, 경전에 주를 달고 뜻을 풀이하여 법문의 내용도 분명하게 밝혀져 있다. 하지만 정토 염불의 수행이야말로 불도(佛道)에 입문하는 올바른 길이라고 생각된다. 그런데 용서(龍舒)와 대우(大佑) 등 몇 문집 이외에는, 이 정토 법문을 말하는 게 별로 없다. 그래서 선사의 말씀은 더더욱 묻혀 사라져서는 안 된다.

　선사의 수제자인 송천(松泉) 스님이 선사의 이 문집을 간행하면서, 나한테 서문을 부탁해왔다. 그래서 나는 선사의 법문이 심오하고 광대함을 다시 한 번 밝힘으로써, 삼가 서문에 갈음하고자 한다.

삼보제자 성안(誠安) 삼가 적음.

중각철오선사어록서(重刻徹悟禪師語錄序)

내가 철오 선사의 유고(遺稿)를 편집하여 책으로 내게 되었다. 어떤 사람이 이렇게 물었다.

"염불하여 극락 왕생하는 길에도 중요한 비결이 있습니까?"

그래서 나는 이렇게 대답했다.

"확실한 믿음(確信)이 있을 따름입니다. 정토 법문에는 세 가지 기본 밑천이 있는데, 믿음(信)과 발원(願)과 염불 수행(行)입니다. 그러나 확실한 믿음만 있으면, 발원과 염불 수행은 저절로 그 안에 함께 있기 때문입니다."[14]

예전에 단화장(單華藏) 스승님(夫子)을 따라 공부하던 때에, 당시의 고승대덕들한테 좀더 공부하겠다고 청하자, 그 자리에서 수도에 계신다는 철오 노인의 존함을 귀에 들려 주시던 기억이 새롭다. 선종과 교종을 두루 통달하시면서도 정토 법문을 널리 펼치신다는 말씀이었다. 그래서 선사를 흠모하던 차에, 병인(丙寅: 가경 11년, 1806)년 연경(燕京: 북경)에 갈 일이 생겨, 혼자 속으로 선사를 찾아뵙고 법좌 아래 예를 올릴 수 있겠다고 기뻐하였다.

그런데 서울에 이르자, 선사께서는 이미 홍라산(紅螺山)으로 거처를 옮

---

14) 근래 전래된 기독교에서 '믿음(信)·소망(願)·사랑의 실천(行)'을 말하면서, 특히 예수님(복음)에 대한 확실한 믿음 하나만 두드러지게 강조하는 교리와 일응 상통하는 것처럼 대비된다.

기신 뒤였다. 그 곳은 북경에서 이박삼일의 거리나 떨어져 있었는데, 나는 당시 세속의 일에 얽매여 결국 거기까지는 가지 못하고 말았다. 그 뒤로 오랫동안 인연이 닿지 않음을 한탄하고 있었는데, 무인(戊寅: 가경 23년, 1818)년 봄에 진익자(眞益子)가 북경으로부터 선사의 유고집을 가져 왔다. 그래서 나도 읽어볼 수 있었는데, 정말로 감탄을 금할 수 없었다.

대중들에게 일깨우신 법문은 구구절절 자비심이 북받쳐 오르고, 극락 왕생의 길을 가지가지 확실하고 예리하게 관통했다. 북쪽으로 선종의 임제종 기풍을 은밀히 전수하는가 하면, 남쪽으로는 교종의 천태종 법해(法海)를 폭넓게 섭렵하고 있었다. 책을 읽으면서 나도 모르게 눈물이 주룩주룩 흘러내리며, '어찌하여 그 당시에 선사께 찾아갔으면서도, 눈앞에 지척의 거리에 가로막혀 친견할 절호의 기회를 놓쳐 버렸던가' 하는 회한(悔恨)의 탄식만 나왔다.

오호라! 사바세계의 인토(忍土)[15]는 모든 경계가 고통스럽고 수명은 몹시도 짧다. 그러니 조금만 큰 마음[大心]을 낼 줄 아는 사람이라면, 그 누가 덧없음[無常]을 스스로 일깨우고 경책하면서 한시 바삐 생사 윤회를 벗어나려고 생각하지 않겠는가? 그런데도 거의 전부가 끝내 그 문(길)을 찾지 못하여 그만 포기하고 만다.

여러 생에 걸쳐 선근 복덕을 심은 사람만이, 불·법·승 삼보께 공경스럽게 귀의하고, 게다가 최상의 법문인 극락 왕생의 첩경(지름길)을 알

---

15) 사바인토(娑婆忍土): 사바(娑婆)는 사하(沙訶) 또는 색하(索訶)로도 표기되며, '감당하고 인내한다〔堪忍〕'는 뜻이기에 인토(忍土)로 번역함. 사바세계의 중생은 십악(十惡)에 안주하여 벗어날 생각을 안 하기 때문에, 또는 탐진치 삼독 등 온갖 번뇌를 잘도 참아가며 받아들이기 때문에, 그리고 뭇 보살들이 중생들을 이롭고 즐겁게 하는 보살도를 행하면서 도리어 온갖 원망과 질투·비방 따위로 고통을 당하면서도 힘들거나 싫은 내색 하지 않고 잘 감당하고 받아 넘기기 때문에 붙여진 이름이라고 함.

수 있게 된다. 그런데도 또 더러는 자기 혼자만의 견문이 확실하지 않을 수 있다는 우려로 말미암아, 염불 왕생에 관한 여러 전기와 기록들이 어쩌면 사실을 벗어난 지나친 과장일지도 모른다고 도리어 의심하는 자들도 있다. 그러다가 끝끝내 그 회의에서 벗어나지 못하고 스스로 망친다. 결국 윤회의 굴레를 달게 받아들이고 온갖 고통을 참으면서 죽음만을 기다릴 뿐이다.

오호라! 확실한 믿음이 생겨나기가 이와 같이 어렵단 말인가?[16]

지금 철오 선사께서 서방 극락에 왕생하신 과정을 보건대, 가시기 몇 달 전에 도량을 보호하는 재가불자(外護)들한테 감사와 당부 말씀을 하시고 나서 사원의 업무를 하나하나 당부하셨으니, 이는 가실 때가 이르렀음을 미리 아셨다는 확증이다.

왕생하시던 때에 온갖 깃발(幢幡)이 허공에 꽉 차게 다가오고, 여러 위대하신 보살님들이 뒤이어 나타나시고, 임종의 순간에는 아미타불께서 몸소 영접 나오셨으니, 이는 사바세계의 보신(報身)이 다할 때 상서로운 경계가 나타나고 불보살님께서 친히 영접 나오신다는 확증이다. 그렇지만 이러한 상서로운 경계는 선사께서만 홀로 친견하신 것인지라, 믿을 만한 증거가 없다고 우길 수도 있겠다.

그렇다면 특이한 향기가 허공에 가득 풍겼고, 열반하신 뒤 이레 동안이나 살아계신 듯했으며, 흰 머리카락이 검게 변하고 사리가 영롱하게 나온 사실은 어떠한가? 이는 당시 임종을 지켜본 대중들이 다 함께 보고 이구동성으로 증언하는 바이다. 극락 왕생의 상서로운 조짐은 중국 전체에

---

16) 기독교에서도 무조건 절대 믿음을 유난히 강조하면서도, 그 믿음이 아무에게나 저절로 생겨나는 게 아니고, 하느님의 은총(숙세의 선근 복덕으로 인한 부처님의 가피)으로 주어진다고 해설하는 이치를 참고로 음미해 보자.

두루 알려진 확증이며, 터럭 끝만큼도 의심할 나위가 없는 사실이다.

사람들이 만약 이 소식을 듣고도, 아직도 맹렬히 반성하여 확연히 깨달을 줄 모르고, 홍진 속으로 뒷걸음질치면서 지금 자신의 수행 노력만으로 생사를 감당하고 윤회를 끝마치려 든다면, 이는 과연 누구의 잘못이겠는가?

내가 일찍이 중국의 불교 역사를 살펴보았는데, 진(晉)나라 때 혜원(慧遠) 대사께서 정토 법문을 여시어 초조(初祖)가 되신 뒤, 그 뒤를 이어 조사의 지위에 오르실 만한 분이 거의 끊이지 않았다.

시대순으로 내려오자면, 선도(善導)·승원(承遠)·법조(法照)·소강(少康)·영명(永明)·성상(省常)·연지(蓮池)·사제(思齊) 등이 연종(蓮宗: 정토종)의 9대 조사이시다. 내가 지금 철오 선사의 행적을 생각해 보건대, 미래세가 다하도록 덕망과 기풍이 크게 진작되기에 충분하여, 나중에 조사의 서열을 이어갈 때 결코 빠뜨릴 수 없는 분이라고 믿는다.

때마침 서성패(胥城貝) 보암(寶巖) 선생이 선사의 염불가타(念佛伽陀)를 법문에 뒤이어 법보시하는데, 송도(松濤) 화상께서 법문과 염불가타를 합본으로 인쇄하여 널리 유포시키는 게 좋겠다고 제안하시면서, 인쇄 비용으로 약간의 자금을 먼저 내놓으셨다. 그리하여 두 문집 가운데 선종과 교종과 정토 염불의 요점을 설법하신 정수(精粹)만을 가려 뽑아 간행하게 되었다. 그 나머지 잡다한 저술은 대강의 윤곽만 소개할 따름이다.

왜냐하면, 대체로 천하 후세 사람들이 선종과 교종을 회통하여 함께 극락정토로 귀향(歸向)하는 밑천으로 삼기에는, 무엇보다도 믿음〔信〕·발원〔願〕·염불 수행〔行〕의 세 가지 밑천 가운데서도, 결정코 확실한 믿음으로 극락 왕생함이 최고의 급선무임에 틀림없기 때문이다.

송도 화상은 사람들한테 염불하라고 권하시는 스님으로서, 서천(西天:

인도) 목정문(目淨文) 장로(長老)의 수계 제자이시다.

청(淸)나라 가경 24년 기묘(己卯: 1819)년 여름 6월 기망(旣望: 음 16일)
호림(虎林)의 삼보제자 전이암(錢伊庵) 삼가 적음.

철오선사어록(徹悟禪師語錄) 서문

철오선사어록은 진실로 정토종에서 가장 중요한 가르침을 일깨우신 법문이다. 만약 우익(蕅益) 노인(老人)보다 앞에 있었더라면, 결정코『정토십요(淨土十要)』에 선정되어 수록되었을 것이다.

그러니 법안(法眼)을 지닌 자라면, 과연 누가 이 책을 파묻혀 사라지도록 내버려 두고 전하지 않을 수 있겠는가?

그러한 까닭에 전이암 거사가 가경 24년(1819)에 중요한 핵심 내용만 발췌 요약하여 '철오선사유고(徹悟禪師遺稿)'라는 이름으로 남쪽에서 간행하여 유포시켰다.

그 뒤 동치(同治: 청나라 목종(穆宗)의 연호) 7년(戊辰: 1868)에 항주(杭州)에서 새로이 출판(重刻)하였고, 동치 10년(辛未: 1671)에는 양인산(楊仁山) 거사가 또 다시 약간 삭제 편집하면서 이름도 '철오선사어록'으로 바꾸어 금릉(金陵)에서 출판하였다.

그리고 광서(光緒: 청나라 마지막 황제 덕종(德宗)의 연호) 16년(庚寅: 1890) 양주(楊州)의 관통(貫通) 화상(和尙)이『정토십요』를 출판하면서, 양인산의 판본에 따라 철오선사어록을 정토십요의 뒤에 부록으로 실어 간행하였다.

이제 정토십요의 원문을 다시 출판함에 이르러, 특별히 철오선사어록을 십요의 열 번째 뒤에 부록으로 함께 싣는다.

내용은 여전히 양인산의 판본에 의하되, 다만 전이암의 서문을 앞에 실음으로써, 보는 이들로 하여금 이 책의 출판 내력을 상세히 알도록 그 근거를 밝히고자 한다.

특별히 원하는 바는, 이 어록을 보거나 듣는 사람들은 누구나 다 함께 정토종의 법계(法界)에 깊이 진입하고 곧장 상품(上品) 연화대(蓮花臺)에 올라, 철오 노인의 한평생 대자대비심을 헛되이 저버리지 말자는 바람뿐이다.

민국(民國) 19년(1930) 경오년(庚午年) 한겨울〔仲冬〕
석인광(釋印光) 삼가 적음.

철오선사어록 상

날마다 품고 일으키는 생각이 어떠한가?

🌀 일체 모든 진리의 길(法門)은 마음 밝힘(明心)을 핵심으로 삼고, 일체 모든 수행의 길(行門)은 마음 맑힘(淨心)을 요체로 삼습니다. 그런데 마음 밝히는 요령은 염불(부처님을 생각함)만한 게 없습니다.

부처님을 그리워하고(憶佛), 부처님을 생각하면(念佛), 지금 당장에나 앞으로 미래에 반드시 꼭 부처님을 친견하며, 어떠한 방편도 빌릴 것이 없이 저절로 마음이 활짝 열리게 됩니다. 이와 같을진대, 염불이 마음을 밝히는 요체가 아니겠습니까?

또한 마음을 맑히는 요령도 역시 염불만한 게 없습니다. 한 생각이 부처님과 상응하면 한 생각이 부처님이고, 생각생각이 부처님과 상응하면 생각생각이 부처님입니다(一念相應一念佛, 念念相應念念佛). 맑은 구슬(과학적 예로는 백반)을 흐린 물 속에 넣으면, 흐린 물이 맑아지지 않을 수 없듯이; 부처님 명호를 어지러운 마음 속에 던지면, 어지러운 마음이 부처님처럼 안 될 수가 없습니다. 이와 같을진대, 염불이 마음을 맑히는 요체가 아니겠습니까?

84

한 구절 부처님 명호(나무 아미타불)에는 깨달음(悟)과 닦음(修)이라는 두 법문의 핵심 요체가 모두 포함되어 있습니다. 깨달음을 들자면 믿음(信)도 그 안에 담겨 있고, 닦음을 들자면 증명(證)도 그 가운데 담겨 있습니다. 따라서 믿음(信)과 깨달음(解: 이해, 解悟)과 닦음(行: 修行)과 증명(證: 證悟)의 네 법문이 모두 함께 포섭되어 있고, 대승과 소승을 비롯한 일체 경전의 핵심 요체가 빠짐없이 다 망라되어 있습니다. 그러한즉, 한 구절 (나무) 아미타불 명호야말로 지극히 종요(宗要)로운 길(道)이 아니겠습니까?

🏵 우리들이 지금 당장 지니는 한 생각의 마음(一念之心)은, 전체 진여(실상, 본체)가 고스란히 망상(허망, 현상)이 되었으니(全眞成妄), 따라서 전체 망상 그대로가 바로 진여입니다(全妄即眞). 진여로 보면 하루종일 조금도 변함이 없지만, 망상으로 보면 하루종일 바깥 사물의 연분에 따라 변합니다.

무릇 우리가 부처님 경지의 연분에 따라 부처님 세계를 생각하지 않는다면, 우리는 곧 그 아래의 아홉 세계(九界: 보살 이하 육도 중생)를 생각하게 됩니다. 그리고 삼승(三乘: 보살 · 연각 · 성문)의 성인 경지를 생각하지 않는다면, 곧 여섯 범부 중생(六凡: 육도)을 생각하게 됩니다. 그 가운데서도 인간이나 천상을 생각하지 않는다면, 곧 삼악도를 생각하게 됩니다. 그 중에서도 또 아귀나 축생을 생각하지 않는다면, 곧 지옥을 생각하게 됩니다.

무릇 마음을 가진(有心) 평범한 존재(중생)는 생각이 없을(無念) 수 없습니다. 생각이 전혀 없는 마음의 본체(無念心體)는 오직 부처님만이 혼자서 증명하십니다. 부처님과 똑같은 깨달음을 얻은 등각(等覺) 보살 이하로는 모든 중생이 다 생각을 가집니다(有念).

무릇 우리가 한 생각을 일으키면, 반드시 열 가지 세계[十界] 가운데 어느 하나에 떨어지게 됩니다. 생각을 가지면서 열 가지 세계를 벗어나는 법은 없습니다. 열 가지 법계 밖에는 그 어떠한 것도 없기 때문입니다. 매번 한 생각을 일으킬 때마다, 한 번 그에 상응하는 생명을 받는 연분이 되는 것입니다. 정말로 이러한 이치를 알고서도 부처님을 생각하지 않을 자는 결코 없을 것입니다.

만약 이 마음이 능히 부처님처럼 평등하고 대자대비한 의정(依正)[17]의 모든 공덕 및 온갖 덕성을 갖춘 위대한 명호[萬德洪名: 아미타불]와 상응한다면, 곧 부처님 법계를 생각[念佛法界]하는 것입니다. 이 마음이 능히 보리심 및 육도만행(六度萬行)과 상응할 수 있다면, 곧 보살 법계를 생각하는 것이고; 내가 없다는 마음으로 십이인연(연기법)과 상응할 수 있다면, 곧 연각 법계를 생각하는 것이며; 내가 없다는 마음으로 사제(四諦)를 관찰하면, 곧 성문 법계를 생각하는 것입니다.

또한 이 마음이 사선팔정(四禪八定) 및 상품십선(上品十善)과 상응하면 천상 법계를 생각하는 것이며, 만약 계율이나 선행을 닦으면서 성내거나[瞋] 교만하거나 승부를 내려는 마음 따위를 품으면 곧 아수라 법계에 떨어집니다.

그리고 만약 우리가 느긋하고 유들유들한 마음으로 하품십악(下品十惡: 가벼운 죄악)을 생각하면 축생 법계에 떨어지고, 느긋하지도 성급하지도 않은 마음으로 중품십악(中品十惡)과 상응하면 곧 아귀 법계에 떨어지며, 만약 사납고 급한 마음으로 상품십악(上品十惡: 무거운 죄악)과 상응하면 바로 지옥 법계에 떨어집니다.

---

17) 의정(依正): 과거의 업(業: 원인)으로 받는 나의 마음과 몸[心身]을 정보(正報: 기본 과보)라 하고, 그 마음과 몸이 의지해 사는 국토나 의식주 등 모든 세간 사물[환경]을 의보(依報: 부수 과보)라 함.

십악이란 곧 살생·도둑질·간음·망언(거짓말)·기어(綺語: 꾸밈말, 음담패설)·악구(욕설, 험담)·양설(이간질)·탐욕·성냄·사견(邪見: 어리석음)의 열 가지 죄악을 뜻합니다. 이와 반대가 바로 십선(十善)입니다.

그러므로 우리는 마땅히 스스로를 세밀하고 조용히 점검해야 합니다. 날마다 품고 일으키는 생각이, 과연 어느 법계와 상응하는 게 많고, 또한 어느 법계와 상응하는 게 더 강렬한지? 이렇게 스스로 묻고 점검해 본다면, 나중(내생)에 자신이 몸을 받고 목숨을 이어갈 곳은, 수고롭게 남에게 물어볼 필요도 없이 자명해집니다.

🌀 일체의 경계(境界)는 오직 자신이 지은 업(業)으로 불러일으키는 것이며, 또한 오직 자신의 마음이 나토는 것입니다. 따라서 지금 당장 나토고 있는 곳이 본체 그대로 곧장 마음입니다. 무릇 마음이 있는 존재는 어느 누구도 경계가 없을 수 없습니다. 그래서 부처님 경계(佛境)를 나토지 못하면, 곧 아홉 법계의 경계를 나토게 되고, 삼승(三乘)의 성인 경계를 나토지 못하면, 곧 여섯 범부 중생(六凡: 육도)의 경계를 나토게 됩니다. 또한 천상이나 인간이나 아귀·축생의 경계조차 나토지 못하면, 마침내 지옥의 경계를 나토게 됩니다.

부처님과 보살·연각·성문의 삼승 성인이 나토는 경계는, 비록 그 우열의 차이는 있지만, 요컨대 법락(法樂: 진리의 즐거움)을 받아 누리는 점에서는 한가지입니다. 또 삼계(三界: 욕계·색계·무색계)의 여러 천상이 나토는 경계는, 단지 오직 선정(禪定)과 오욕(五欲)의 즐거움을 받아 누릴 뿐입니다. 우리 인간 세상의 경계는 괴로움과 즐거움이 서로 뒤섞여 있는데, 각자 개인이 지은 업에 따라 그 혼합 비율이 같지 않습니다. 그리고 아귀와 축생의 경계는 괴로움이 훨씬 많고 즐거움이 별로 안 되는데, 지옥에 이르면 순수하게 한결같이 지극한 고통뿐입니다.

비유하자면, 마치 사람이 꿈속에서 보는 산천이나 인물 따위의 경계가 모두 꿈속 마음(夢心)에 따라 나타나는 것과 같습니다. 만약 꿈꾸는 마음이 없다면, 틀림없이 꿈속 경계도 없을 것입니다. 반대로 가령 꿈속의 경계가 전혀 나타나지 않는다면, 이는 꿈꾸는 마음이 아예 없다는 반증입니다.

그러므로 우리는 마음 밖에 경계가 없고(心外無境), 경계 밖에 마음도 없다(境外無心)는 걸 알 수 있습니다. 경계 전체가 그대로 곧 마음이며, 마음 전체가 온전히 그대로 경계입니다. 만약 원인 가운데서 결과를 살핀다면, 모름지기 마음을 관조해야 마땅합니다. 반대로 가령 결과가 나타난 곳에서 원인을 점검·확인한다면, 모름지기 경계를 잘 관찰해야 합니다.

그래서 마음이 없는 경계가 있지 아니하며(未有無心境), 일찍이 경계 없는 마음도 또한 없다(曾無無境心)고 말합니다. 결과(과보)는 반드시 원인으로부터 생겨나고, 원인은 또한 틀림없이 결과를 만들어 냅니다. 만약 우리가 정말로 이 마음과 경계, 그리고 원인과 결과가 결코 둘이 아니라 본디 하나라는 이치를 여실히 안다면, 그러고도 염불하여 극락정토 왕생하길 바라지 않는 자가 있으리라고는 나는 절대 믿지 않습니다.

이 마음이 바로 부처님이다

"진실로 삶과 죽음(생사윤회)을 위하여 보리심을 내고,

깊고 독실한 믿음과 발원으로써 부처님 명호를 지송하라.

〔眞爲生死, 發菩提心, 以深信願, 持佛名號〕."

이 16글자는 정말로 염불 법문의 한 위대한 강령이자 종지입니다. 만약 진실로 생사 윤회를 벗어나겠다는 마음을 내지 않는다면, 일체의 법문이나 가르침이 다 말장난〔戱論: 문자의 유회〕에 지나지 않습니다.

세간의 어떠한 괴로움도 생사 윤회보다 더 엄청나게 무거운 것은 없습니다. 생사 윤회를 끝마치지 못하면, 생겨났다 죽고 죽었다 생겨나면서 남과 죽음을 끊임없이 되풀이합니다. 한 아기보(자궁)를 벗어나면 다른 아기보로 들어가고, 한 살갖 부대를 내버리면 다른 살갖 부대를 다시 갖게 되면서, 그 고통이란 이미 감당하거나 형언할 수 없을 정도로 엄청납니다.

하물며, 윤회를 벗어나지 못하면, 타락(후퇴)을 면하기 어려운 법이거늘, 돼지의 자궁이나 개의 자궁이나 어느 곳인들 뚫고 들어가지 않겠으며, 당나귀의 가죽이나 말의 가죽이나 어느 살갖 부대를 뒤집어쓰지 않을 수 있겠습니까?

지금 우리가 지닌 이 사람 몸은 가장 얻기 어려우면서도, 또한 가장 잃어버리기 쉬운 것입니다. 한 순간의 생각 차이로 금방 악도에 들어가기 십상입니다. 삼악도는 들어가기는 쉬운데 나오기는 어려우며, 특히 지옥은 갇힌 시간이 아주 길면서도 받는 괴로움은 엄청나게 큽니다.

전에 현겁(賢劫)의 일곱 부처님께서 출현하신 동안 내내 개미 노릇만 하고 있는가 하면, 앞으로 8만 겁 이후에도 비둘기 몸을 벗어나지 못합니다. 이처럼 축생의 처지〔畜道〕도 그 시간이 지극히 장구하거늘, 아귀나 지옥에 처하는 시간은 그보다 몇 배나 더 긴지 모릅니다. 장구한 세월이 홀러 지나도록 어느 때나 끝마치며 어느 때나 쉬게 될지, 천만 가지 고통이 뒤섞여 지지고 볶을 때, 의지할 곳 하나 없고 구해줄 이 전혀 없습니다.

이러한 이치를 한 번 말할 때마다, 터럭과 옷자락까지 쭈볏 설 만큼 소름끼치고, 때때로 한 생각이 미칠 때마다, 오장육부 마음속까지 온통 불타듯 들끓어 오릅니다. 이러한 까닭에 지금 당장 생사 윤회의 괴로움을 생각하기를, 마치 부모님을 여읜 듯 비통하게 여기고, 또한 머리에 붙은 불을 끄듯 황급히 서둘러야 합니다.

그런데 나에게 생사 윤회가 있어 내가 벗어나려고 바라는 것처럼, 일체 중생이 모두 생사 윤회하고 있으므로 또한 모두 다 거기서 벗어나야 마땅합니다. 저 중생들은 나와 본디 똑같은 한몸이며, 모두 다 오랜 과거 전생 동안 나의 부모였고, 또한 미래에 모두 부처님이 되실 분들입니다. 만약 저 중생들을 두루 제도할 생각은 안 하고, 오직 자신의 이익만을 구한다면, 이치로 보아도 어그러짐이 있고, 마음도 편안하지 못합니다.

하물며, 큰 마음(大心: 弘願)을 내지 않는다면, 밖으로는 시방세계 모든 부처님을 감동시켜 가피를 얻을 수 없고, 안으로는 자신의 본래 성품에 딱 들어맞을(契合) 수 없을 뿐만 아니라; 위로는 부처님 도를 원만히 성취할 수 없고, 아래로는 모든 중생을 널리 이롭게 할 수 없습니다. 그러면 시작도 없는 오랜 세월 동안 입은 은혜와 사랑은 어떻게 보답하여 벗어나며, 또 시작도 없는 오랜 세월 동안 맺은 원한과 허물은 어떻게 풀어 없앨 수 있겠습니까?

뿐만 아니라, 오랜 겁 동안 쌓은 죄악의 업장을 참회하여 소멸시키기도 어렵고, 오랜 겁 동안 쌓아온 선근 공덕을 성장시켜 무르익게 하기도 어렵습니다. 하는 일이나 닦는 수행마다 온갖 업장의 인연에 부닥치고, 설사 뭔가 조금 성취하는 바가 있더라도, 끝내는 편협하고 조그만 것에 머물고 맙니다. 그러므로 모름지기 본래 성품에 걸맞게 커다란 보리심을 내어야 합니다.

그리고 큰 마음[大心]을 일단 내었으면, 그 다음에는 마땅히 큰 수행[大行] 가운데, 착수하기 쉬우면서 성취하기도 쉽고, 또 지극히 평온하고 안전하면서도 지극히 원만하고 신속한 첩경으로는, 독실한 믿음과 발원으로 부처님 명호를 지송하는 칭명염불(稱名念佛)보다 더 나은 게 없습니다.

이른바 깊은 믿음[深信]이란, 석가여래께서 32상 가운데 하나인 범음 목소리[梵音聲相]로 친히 설하신 가르침은 결코 거짓이나 속임이 없으며, 또한 아미타 세존의 대자비심도 결코 헛된 발원이 없으심을 독실하게 믿는 것입니다. 또한 염불로 극락 왕생을 구하는 원인 수행은, 마치 콩 심은 데 콩 나고 팥 심은 데 팥 나듯이, 틀림없이 부처님을 친견하고 반드시 왕생하는 결과 복덕을 가져오리라 확신하는 것입니다. 또한 산에서 소리치면 메아리가 반드시 따르고, 햇빛 아래 사물에는 틀림없이 그림자가 드리워지는 법입니다. 원인은 결코 헛되이 사라지지 않으며, 결과는 전혀 까닭없이 그저 얻어지는 게 아닙니다. 이러한 이치는 부처님께 여쭈어 볼 필요도 없이 저절로 알고 믿을 수 있습니다.

하물며 우리들이 지금 당장 지니는 한 생각의 마음 성품[一念心性]은, 전체 진여(실상, 본체)가 고스란히 망상(허망, 현상)이 되고[全眞成妄], 따라서 전체 망상 그대로가 바로 진여입니다[全妄卽眞]. 망상(현상)으로는 하루종일 바깥 사물의 연분에 따르면서도, 진여(본체)로는 하루종일 조금도 변함이 없습니다.

횡(공간상)으로는 시방 삼계에 두루 미치고, 종(시간상)으로는 과거 · 현재 · 미래의 삼세에 관통하여, 본체 그 자체로 존재하며 밖이 없습니다. 아미타불의 극락정토도 결국 그 가운데 있습니다. 내가 본디 갖추고 있는 부처님의 마음으로써, 내 마음이 본디 갖추고 있는 부처님을 생각하는 것입니다[以我具佛之心, 念我心具之佛]. 내 마음이 본디 갖추고 있는 부처님께서, 어찌 내가 본디 갖추고 있는 부처님의 마음에 호응하시지 않겠습니까? 그리고 이미 극락 왕생하신 분들의 전기에 실린 임종의 상서로운 모습들이 하나하나 또렷또렷 전해지는데, 이들 실록(實錄)이 또한 어찌 우리를 속이고 있겠습니까?

이와 같이 확신을 하고 나면, 극락 왕생의 발원이 저절로 간절해질 것입니다. 만약 저 극락세계의 즐거움을 가지고, 이 사바세계의 괴로움을 되돌아본다면, 마치 똥구덩이를 벗어나고 감옥에서 빠져나오고 싶은 것만큼이나, 이 사바 고해를 싫어하고 떠나려는 마음이 저절로 강렬해질 것입니다.

반대로 이 사바세계의 괴로움을 가지고, 저 극락국토의 즐거움을 멀리 관망한다면, 마치 고향에 되돌아가고 보물창고에 달려가는 것만큼이나, 극락세계를 기뻐하고 왕생하고 싶은 마음이 저절로 간절해질 것입니다.

요컨대, 마치 목마른 자가 물 마시는 걸 생각하듯이, 굶주린 자가 밥 먹기를 생각하듯이, 또한 병들어 신음하는 자가 좋은 약을 먹고 낫기를 바라듯이, 어린아이가 자애로운 어머니를 그리워하듯이, 극락 왕생을 발원하는 것입니다.

그리고 마치 원수가 칼을 들고 뒤쫓아 오는 걸 피해 달아나듯이, 또한 물 속이나 불 속에 빠져 다급하게 구원을 구하듯이, 그렇게 사바 고해에서 벗어나기를 발원하는 것입니다. 정말로 이렇게만 간절히 발원한다면, 어떠한 경계나 연분도 결코 우리 마음을 끌어당겨 뒤흔들지 못할 것입니다.

그러한 다음에 이러한 믿음과 발원의 마음을 가지고, '나무 아미타불'

이라는 명호를 단단히 붙잡고 지송합니다. 부처님 명호를 한 번 지송할 때마다 구품연화 종자가 하나씩 심어지며, 한 구절 염송할 때마다 극락왕생의 기본 원인[正因]이 하나씩 다져집니다.

이렇게 부처님 명호를 염송함에는, 모름지기 곧장 마음과 마음이 계속 이어지고, 생각과 생각이 조금도 차이 나지 않도록 하며, 오직 전념하고 오직 부지런히 염불하여, 조금도 잡념망상이 끼여들거나 염불이 끊이지 않도록 닦아야 합니다. 염불을 오래할수록 믿음이 더욱 견고해지고, 지송을 계속할수록 발원이 더욱 간절해져서, 그렇게 오래오래 지속하다 보면, 저절로 한 덩어리가 되어 한 마음 흐트러지지 않는 일심불란(一心不亂)의 경지에 들게 됩니다.

진실로 이와 같이 염불하고서도 만약 극락정토에 왕생하지 못하는 사람이 있다면, 석가여래는 곧 거짓말쟁이가 되고, 아미타불은 부질없는 발원을 한 셈이 됩니다. 과연 그럴 리가 있겠습니까?

🦋『관무량수경』에 나오는 "이 마음으로 부처님이 되고, 이 마음이 바로 부처님이다[是心作佛, 是心是佛]."는 두 구절 말씀은, 선종에서 말하는 "곧장 사람 마음을 가리켜, 본래 성품을 보고 부처님을 이룬다[直指人心, 見性成佛]."는 법어보다도, 더욱 간단 명료하고 통쾌합니다. 왜 그런가 하면, 본래 성품을 보는 것[見性]은 어렵고, 부처님이 되는 것[作佛]은 쉽기 때문입니다.

무엇이 견성(見性)인가 하면, 마음의 의식[心意識]을 완전히 떠나 영혼의 빛[靈光]이 용솟음쳐 쏟아져야 비로소 본래 성품을 본다고 합니다. 그래서 어렵습니다. 그리고 무엇이 작불(作佛)인가 하면, 부처님 명호를 지송하며 부처님의 의보(依報)와 정보(正報)의 복덕을 관조하면 곧 부처님이 되는 것입니다. 그래서 쉽습니다.

경전에 말씀하시기를, "그대들이 마음으로 부처님을 생각할 때에, 이 마음이 곧 32상과 80종호니라〔汝等心想佛時, 是心卽是 三十二相八十種好〕."고 하셨습니다. 그러니 부처님한테 생각〔想念〕을 두기만 하면 곧 부처님이 되는 게 아니겠습니까?

무릇 선종의 성불(成佛)과 『관무량수경』의 시불(是佛)은 이치상으로는 전혀 둘이 아닙니다. 그러나 선종의 견성(見性)과 『관무량수경』의 작불(作佛)은 그 난이도가 이처럼 현격히 차이납니다. 그러니 염불을 참선과 비교해 보면 더욱 간단명료하고 통쾌하다고 어찌 말하지 않을 수 있겠습니까?

그리고 하나(선종)는 조사의 말씀이고, 하나(경전)는 부처님의 말씀입니다. 어느 것이 중요하고 어느 것이 가볍습니까? 그리고 어느 것을 선택하고 어느 것을 내버려야 하겠습니까? 공부하는 사람이라면 다만 묵은 습관을 다 내버리고서, 마음을 텅 비우고 기질을 평정하게 가라앉힌 다음, 이 두 가지를 잘 음미해 보고 비교 점검해 보아야 마땅할 것입니다. 그러면 적어도 제 말씀이 틀리지 않다고 틀림없이 수긍할 것입니다.

한 마음 갈라지면 도(진리)와 이웃하지 못하리

🌀 석상(石霜) 경제(慶諸) 선사(禪師)께서 입적하신 뒤, 대중들이 남악(南嶽) 현태(玄泰) 수좌한테 그 뒤를 이어 주지를 맡으라고 추천하였습니다.

94

당시에 구봉(九峯) 도건(道虔) 스님이 시자였는데, 그 말을 듣고 이렇게 제의했습니다.

"스승님의 뒤를 이어 주지를 맡으려면, 모름지기 스승님(先師)의 뜻을 분명히 알아야 합니다."

그러자 현태 수좌가 반문했습니다.

"스승님한테 무슨 뜻이 계셨소? 나는 뭔지 잘 모르겠소."

이에 도건 스님이 이렇게 대답했습니다.

"스승님께서는 평소에 사람들한테 늘 이렇게 가르치셨습니다: '쉬는 듯 가라. 그친 듯 가라(休去歇去). 싸늘하게 식은 듯 고요히 가라(冷湫湫地去). 옛 절의 향로처럼 가라(古廟香鑪去). 한 올의 흰 비단실처럼 가라(一條白練去). 한 생각에 만 년이 스쳐지나듯 가라(一念萬年去). 불 꺼진 싸늘한 재와 말라 죽은 나무처럼 가라(寒灰枯木去). 그 밖에는 별 볼일 없느니라.'

그러자 현태 수좌가 말했습니다.

"이는 단지 하나의 빛깔(물질) 세계의 일(현상)로 비유하신 것이오."

이에 도건 스님이 대꾸했습니다.

"원래 스승님의 뜻이 어디에 있는지 정말로 모르셨군요."

그러자 현태 수좌가 이렇게 말했습니다.

"그대가 나를 우습게 보는데, 향로에 향을 담아 오시오. 향 연기가 다할 때까지 내가 만약 가지(입적하지) 못한다면, 정말로 스승님의 뜻을 모르는 것이리라."

좌우에 있던 스님들이 곧바로 향로에 향을 담아 불을 붙였는데, 향 연기가 다 사라지기 전에, 현태 수좌는 앉은 채로 곧장 입적해 버렸습니다. 그러자 도건 스님이 현태 수좌의 등을 어루만지면서 이렇게 탄식했습니다.

"앉은 채로 해탈하거나 선 채로 입적[坐脫立亡]하는 것이야, 물론 스승님의 뜻이 없다고 할 수 없지만, 아직 꿈속에서도 보지 못했구려[未夢見在]!"[18]

또 한 번은 조산(曹山) 본적(本寂) 선사께서 앉아 계신데, 지의(紙衣) 도자(道者)가 뜨락 아래를 지나갔습니다. 그 때 이를 보신 조산 선사께서 이렇게 말문을 여셨습니다.

"아니, 지의 도자가 아니시오?"

그러자 지의 도자는 "아이구, 황송합니다"라고 대답했습니다.

이에 조산 선사께서 물으셨습니다.

"대체 무엇이 종이옷[紙衣] 아래의 일이오?"

지의 도자가 답변했습니다.

"한 겹 가죽 옷[살갗]을 겨우 몸에 걸치고 있을 뿐이며, 모든 법[萬法]이 죄다 그러합니다."

다시 조산 선사께서 물으셨습니다.

"그러면 대체 무엇을 종이옷[紙衣] 아래서 쓰고 있소?"

그러자 지의 도자는 "좋습니다"고 말을 받더니만, 그 자리에 선 채로 곧장 입적해 버렸습니다. 이에 조산 선사께서 이렇게 말씀하셨습니다.

"그대는 그렇게 갈 줄만 알았지, 이렇게 올 줄은 모르는구먼!"

그러자 지의 도자는 다시 눈을 뜨더니만, 이렇게 물었습니다.

"하나의 신령스런 진실한 성품이 아기보(자궁)를 빌리지 않을 때는 어

---

18) 이 단락은 송나라 때 보제(普濟) 스님이 지으신 『오등회원(五燈會元)』 권제6 「구봉도건선사(九峯道虔禪師)」조에 나오는 내용을 인용하신 것임.

떠합니까〔一靈眞性, 不假胞胎時, 如何〕?"

그 말을 들은 조산 선사는 실망스럽게 대답했습니다.

"아직 미묘하진 못하오〔未是妙〕."[19]

무릇 앉은 채로 해탈하거나 선 채로 입적하는 것〔坐脫立亡〕은, 아직 진짜 큰 법〔大法: 위대한 진리〕을 훤히 알지 못한지라, 진실로 큰 일〔大事: 생사윤회〕을 끝마친 것은 결코 아닙니다. 그렇지만 그런 경지에 나아간 수행 공부라면, 물론 그리 간단하고 쉬운 일이 결코 아닙니다.

그러나 정말로 앞에 인용한 두 일화에서 나오는 그런 정신을 가지고 염불 수행에 전심(專心) 진력(盡力)하여 극락정토에 왕생하길 발원한다면, 틀림없이 안전하게 상품상생(上品上生)에 오를 것입니다. 그러면 더이상 다른 사람을 만나 굳이 자신의 공부를 점검해 볼 필요도 없습니다.

예컨대, 지의 도자가 바로 이어 "그러면 어떤 것이 진짜 미묘한 것입니까?"라고 묻자, 조산 선사께서 "빌리지 않으면서(빌린다는 생각조차 없이) 빌리는 것이오〔不借借〕."라고 대답하셨고, 그제서야 지의 도자는 진기하고 소중하게 여기며 입적했습니다.

오호라! 여기서 빌린다는 생각 없이 사바세계의 피비린내 나고 불결한 아기보(자궁)를 빌릴 바에야, 차라리 똑같이 빌린다는 생각 없이 극락정토의 향기롭고 정결한 연꽃을 빌리는 게 훨씬 낫지 않겠습니까? 아기보가 피비린내 나고 불결하기 짝이 없는 것과, 극락정토의 연꽃이 향기롭고 정결한 것만 비교해서 논한다고 해도, 그 우열의 차이는 너무도 현격하여 더이상 말할 수 없을 정도입니다. 그런데 하물며, 한번 중음(저승)을 거쳐

---

19) 이 단락은 『오등회원』권제13 「조산본적선사(曹山本寂禪師)」조에 나오는 내용을 인용하신 것임.

아기보를 들어갔다 나오게 되면, 자기 스스로 주인 노릇하기가 몹시도 어렵거늘, 무얼 망설입니까? 반면 극락세계의 연꽃이 한번 피어나면, 저절로 모든 수승한 인연이 두루 갖추어집니다. 시간으로 비유하자면, 하루와 1겁(劫)처럼 동떨어져 있고, 공간으로 대비하자면 하늘과 땅 차이로도 사바(아기보)의 고통과 극락(연꽃)의 즐거움을 이루 다 비유할 수 없습니다.

그러니 영명(永明) 대사께서 사료간(四料簡)을 읊어 일깨우신 가르침도 전혀 이상하거나 지나치지 않습니다.

有禪無淨土　참선 수행만 있고 염불 공덕이 없으면,
十人九蹉路　열 사람 중 아홉은 길에서 자빠지지만
無禪有淨土　참선 수행은 없더라도 염불 공덕만 있으면
萬修萬人去　만 사람 닦아 만 사람 모두 가도다!

이 법문은 진리의 말씀〔眞語〕이고 진실한 말씀〔實語〕이며, 대자대비심에서 창자가 끊어지듯 비통하게 눈물을 흘리시며 토하신 말씀입니다. 공부하는 수행인이라면, 이 말씀을 소홀히 보아 넘기지 않아야 하겠습니다.
【옮긴이: 앞에서 지의 도자가 입적한 뒤 조산 선사께서 읊은 게송을 참고로 보충 소개합니다.】

覺性圓明無相身　본래 성품 원만하고 밝아 모습이나 몸 없음을 깨닫고
莫將知見妄疏親　지식이나 견해로 망령되이 멀고 친함을 따지지 말라.
念異便於玄體昧　한 생각 달라지면 금세 그윽한 본체에 어두워지고
心差不與道爲隣　한 마음 갈라지면 도(진리)와 이웃하지 못하리.
情分萬法沈前境　감정이 온갖 법을 분별하면 눈앞 경계에 빠져들고

識鑒多端喪本眞　의식이 여러 갈래로 궁리하면 진리의 본체 잃으리.

如是句中全曉會　이 같은 시구의 뜻 온전히 알아차린다면,

了然無事昔時人　훤히 통달하여 번뇌 없던 바로 그 옛 도인일러라!

염불할 때가 곧 부처님을 뵈올 때이자 부처님이 될 때라

🌀 맨 처음 진짜(진리)를 헤매어(잃어) 가짜(망령)를 일으킴〔迷眞起妄〕은 한 생각 허튼 움직임〔一念妄動〕이라 하고, 맨 끝에 가짜를 되돌이켜 진짜로 돌아옴〔返妄歸眞〕은 한 생각 딱 들어맞음〔一念相應〕이라고 합니다.

그러한즉, 가짜(허튼 생각)를 일으킨 뒤 진짜로 되돌아오기 이전에, 또 어떤 법이 이 한 생각을 벗어날 수 있겠습니까? 그런 까닭에 한 생각 깨달아 맑은 인연에 따르면 곧 부처님 법계가 되고, 한 생각 헤매어 더러운 인연에 따르면 곧 나머지 아홉(보살 이하 육도 중생) 법계가 됩니다.

시방 허공은 이 한 생각이 헤매어 어두워진 것이며, 일체의 (불)국토는 이 한 생각이 맑게 엉긴(응집된) 것입니다. 태생·난생·습생·화생의 네 생명 모습으로 나타나는 기본 과보〔四生正報〕는 이 한 생각의 감정 의지가 합쳐졌다 흩어졌다 함이요, 땅·물·불·바람의 네 요소로 이루어지는 의지〔환경〕과보〔四大依報〕는 이 한 생각의 운동 정지가 거슬렀다 순응했다 함입니다.

오직 이 한 생각에 의지하여 모든 법이 바뀌어 나타나니, 이 한 생각을 떠난 바깥에는 어떠한 법도 있을 수 없습니다. 원래 이 한 생각은 본질상

법계로서 인연 따라 일어나는데, 인연은 자기성품〔自性〕이 없으므로 전체가 고스란히 법계입니다.

그러므로 가로(횡)로는 시방세계를 두루하고, 세로(종)로는 과거·현재·미래의 삼세를 다하면서, 잘못도 떠나고 시비도 초월하여 불가사의할 따름입니다. 법이기에 이러한 위신을 갖추고, 법이기에 이러한 작용을 갖춘 것입니다.

이제 이러한 생각으로 서방 아미타불을 생각하며〔念佛〕 극락정토 왕생을 구하는 것입니다. 바로 이렇게 염불할 적에, 서방 정토의 의보(依報)와 정보(正報)가 내 마음속에 있으며, 또 나의 이 마음도 벌써 서방 정토의 의보와 정보 안에 있게 됩니다. 마치 두 거울이 서로 마주 비치면, 서로가 상대를 자기 안에 담아 비춰 주듯이 말입니다. 이것이 가로로 시방세계에 두루하는 실지 모습입니다.

그리고 세로로 과거·현재·미래의 삼세를 다한다는 말로 볼 것 같으면, 염불할 때가 바로 부처님을 뵈올 때이자 또한 곧 부처님이 될 때이며, 왕생을 구할 때가 바로 왕생하는 때이자 또한 곧 중생들을 제도할 때입니다. 과거·현재·미래의 삼세가 동시에 존재하며, 달리 시간상 앞뒤로 구분되지 않습니다. 제석천궁 그물〔帝網〕의 구슬이 서로 비추는 빛으로도 전체를 고스란히 비유하기 어렵거니와, 남가일몽(南柯一夢)[20]의 고사도 대략 빙산의 일각에나 비슷할 것입니다.

---

20) 남가일몽(南柯一夢): 당(唐)나라 리공좌(李公佐)가 지은 남가태수전(南柯太守傳)에서, 순우분(淳于棼)이 회화(槐)나무〔槐樹〕에 기대어 잠든 사이 꿈을 꾸었는데, 꿈 속에서 대괴안국(大槐安國) 남가군(南柯郡)의 태수가 되어 한평생 부귀영화를 진창 누리고 80세에 수명이 다하면서 깜짝 놀라 깨어나 보니, 대괴안국은 자기집 남쪽 그 회나무 아래 있는 큰 개미집이고, 남가군은 그 회나무의 남쪽 가지였다는 줄거리로, 한바탕 꿈을 가리킴.

이러한 이치는 깨닫기는 가장 어렵거니와, 믿기는 가장 쉽습니다. 단지 곧장 이 자리에서 받들어 안기만 하면, 결국에는 반드시 온몸으로 받아 쓰게 될 것이니, 참구하여 공부하는 일에 끝마치고 해야 할 바를 이미 해치우는〔所作已辦〕 셈이 됩니다. 만약 그렇게까지 할 수가 없다면, 단지 편리한 대로 관찰하여 분수에 따라 받아 쓰면 됩니다.

마음은 업을 지을〔造業〕 수도 있으며, 마음은 업을 바꿀〔轉業〕 수도 있습니다. 업은 마음으로 말미암아 만들어지고, 업은 마음 따라 바뀝니다. 마음이 업을 바꿀 수 없다면 곧 업에 얽매이는 것이고, 업이 마음 따라 바뀌지 않는다면 곧 마음을 얽맬 수 있습니다. 마음이 어떻게 업을 바꿀 수 있는가 하면, 마음이 진리〔道〕와 합치하고 마음이 부처님과 합해지면, 곧 업을 바꿀 수 있습니다. 업이 어떻게 마음을 얽맬 수 있는가 하면, 마음이 일상 인습에 의하여 되는 대로 행하고 받기에, 곧 업의 굴레에 얽매입니다.

현재의 모든 경계와 미래의 모든 과보는, 모두 오직 업의 소치이며, 또한 오직 마음의 조화〔造化〕입니다. 오직 업의 소치이기에 현재의 경계와 미래의 과보는 모두 일정함이 있는데, 이는 업이 마음을 얽맬 수 있기 때문입니다. 또 오직 마음의 조화이기에 현재의 경계와 미래의 과보는 모두 일정함이 없는데, 이는 마음이 업을 바꿀 수 있기 때문입니다.

만약 우리가 보통 업이 마음을 얽맬 수 있어 현재의 경계와 미래의 과보가 일정한 때(숙명론의 상황)에, 문득 크고 넓은 마음을 내어 진실한 수행을 함으로써, 마음이 부처님과 합쳐지고 마음이 진리〔道〕와 합치된다면, 곧 마음이 업을 바꿀 수 있게 되어, 현재의 경계와 미래의 과보가 (원래) 일정하지만 (다시는) 일정하지 않게 됩니다.

또 마음이 업을 바꿀 수 있어 현재의 경계와 미래의 과보가 일정하지 않은 때(개척론의 상황)에, 크고 넓은 마음이 갑자기 후퇴하고 진실한 수행에 어그러짐이 생기면, 곧장 다시 업이 마음을 얽맬 수 있게 되어, 현재의 경계와 미래의 과보가 (원래) 일정하지 않다가 (도로) 일정하게 됩니다.

그런데 업이란 이미 지난 때에 지은 것이라, 이것은 참으로 어찌할 수가 없습니다. 다행스럽게도 마음을 낼지 말지 선택의 기회가 나한테 있어서, 업을 지을지 업을 바꿀지도 결코 남한테 달려 있지 않습니다. 만약 우리들이 지금 당장 마음 내어 부처님을 생각〔念佛〕하며 극락 왕생을 구한다면, 예컨대 의보나 정보를 관상(觀想)하거나 또는 부처님 명호를 지송하여 생각이 죽 이어져〔念念相續〕 관상과 염불이 지극해진다면, 마음이 곧 부처님과 합쳐집니다.

그렇게 합쳐지고 또 합쳐져서 합쳐짐이 지극해진다면, 마음이 업을 바꿀 수 있게 되어, 현재의 경계인 사바세계가 극락으로 바뀌고, 모태의 감옥〔胎獄〕에 다시 들어갈〔輪廻〕 미래의 과보가 정토에 화생(化生)할 연꽃 봉오리로 바뀌게 되나니, 이야말로 극락세계에 자유자재로이 노니는 사람입니다.

그러한 때에, 그 마음이 더러 잘못 관조하거나 또는 갑자기 후회하거나 물러나서 더 이상 부처님과 합치하지 않게 되면, 곧장 다시 업이 마음을 얽매게 되어, 현재의 경계도 여전하고 미래의 과보도 의구(依舊)해지나니, 결국 사바 고해에 육도 윤회할 괴로운 중생으로 남게 됩니다.

그러니 우리들 사바 고해를 벗어날 뜻을 품고 극락정토 왕생을 구하는 사람들이여, 어찌 스스로 깜짝 놀라 경계하며 분발하여 수행하지 않을 수 있겠습니까?

발원의 공덕

🏵정토 법문에서는 발원이 최고 중요합니다. 무릇 소원이 있는 사람은 결국은 틀림없이 그 소원을 이루기 때문입니다. 예컨대, 울두람불(鬱頭藍弗)[21]은 강 가 숲 아래서 비상천(非想天)의 선정(禪定)을 닦고 있었는데, 매번 선정에 들려고 할 때마다 곧잘 물고기와 새들의 퍼덕임에 깜짝 놀라 이루지 못하곤 했습니다. 그래서 이렇게 나쁜 소원이 떠올랐습니다.

'내가 나중에 나는 삵(飛狸)이 되어 숲 속에 들어가 새를 잡아먹고 물 속에 들어가 물고기를 잡아먹어야겠다.'

나중에 비상천의 선정을 이룬 뒤, 마침내 비상천상에 생겨나 팔만 대겁(大劫)의 수명을 누렸습니다. 그리고 천상의 과보가 다하자 드디어 타락하여 나는 삵이 되었고, 소원대로 숲과 물 속에 들어가 새와 물고기를 잡아먹었습니다. 이는 나쁜 소원(惡願)으로, 우리의 본성(本性: 佛性)과 서로 크게 어긋나는데도, 오히려 막대한 위력이 작용하여 팔만 대겁 이후에 원만히 이루어졌습니다. 하물며 우리 본성에 딱 들어맞는 착한 소원이야 오죽하겠습니까?

『신승전(神僧傳)』에 보면, 이런 전기가 실려 있습니다. 한 스님이 돌부처님(石佛) 앞에서 별 생각 없이 농담 삼아 이렇게 발원했습니다.

'만약 이번 생에 생사 윤회를 끝마치지 못한다면, 원컨대 다음 생에는

---

21) 울두람불(鬱頭藍弗): 석가모니께서 출가하여 첫 번째 아라라여가람(阿羅羅與伽藍)한테 도(道)를 물은 뒤, 두 번째로 도를 물은 선인(仙人)인데, 그는 비상천의 선정(非想定)으로 대답함. 울두람불은 달희자좌(獺戱子坐)라는 뜻으로 번역되는데, 비상천의 선정에 들어 다섯 신통(五神通)을 얻어 왕궁에 날아들어 갔는데, 선정에서 깨어나면서 신통력을 잃고 걸어서 돌아왔다고 함.

위세와 무술이 뛰어난 대신(威武大臣)이 되어지이다.'

과연 나중에 대장군이 되었습니다. 이는 농담 삼아 지껄인 소원인데도 결국에는 그대로 이루어졌습니다. 하물며 지극정성으로 발한 소원이야 오죽하겠습니까?

또 이런 전기도 실려 있습니다. 한 스님이 경론(經論)에 박학 통달하였는데, 가는 곳마다 인정을 받지 못하자, 몹시 탄식하며 한숨을 내쉬었습니다. 마침 옆에 있던 다른 스님이 이렇게 말했습니다.

"그대는 부처님 법을 배웠다면서, 어찌하여 유독 부처님 과위(佛果)를 이루기 전에 먼저 사람 인연(人緣)을 맺어야 한다는 가르침만은 듣지를 못했는가? 그대가 비록 제아무리 부처님 법에 훤히 통달했더라도, 인연이 없으면 또 어찌한단 말인가?"

그러자 그 스님은 이렇게 반문했습니다.

"그러면 나는 바로 여기서 끝난단 말인가?"

이에 옆에 있던 스님이 "내가 그대 대신 해주리라." 하고, 그 스님이 가지고 있는 게 무엇인지 물었습니다. 그 스님이 다른 건 없고, 겨우 옷가지 하나 여벌로 가지고 있을 뿐이라고 대답하자, 옆에 있던 스님은 '그거면 충분하다'고 말한 뒤, 그 옷가지를 팔아 그 돈으로 음식물을 샀습니다. 그리고는 그 스님을 깊은 숲 속으로 데리고 들어가 길짐승과 날짐승과 곤충들이 많은 곳에 이르러 음식을 땅에 놓은 뒤, 이렇게 발원하도록 가르쳐 주었습니다.

"내가 20년 뒤에 바야흐로 크게 부처님 법을 펼치리라."

그 스님은 시킨 대로 발원했습니다. 과연 20년 뒤에 비로소 부처님 법을 펼치기 시작하여 몇 년 동안 그 교화를 받은 사람이 무척 많았는데, 모두가 그 음식을 받아먹은 길짐승과 날짐승과 곤충들이었습니다.

이야말로 원력의 불가사의한 위력입니다. 이렇듯이 다른 사람의 발원으로도 짐승과 곤충까지 축생을 벗어나 인간세상(人道)에 들어오도록 포섭할 수 있는데, 어찌 자신의 발원으로 자기 자신을 제도할 수 없겠습니까?

아미타부처님께서는 48원으로 스스로 부처님이 되셨는데, 우리가 (극락정토 왕생하겠다고) 발하는 소원은 바로 부처님께서 중생들을 받아들이시겠다는 발원에 꼭 들어맞습니다. 이러한즉, 단지 발원만으로도 곧장 왕생할 수 있거늘, 하물며 부처님께서는 불가사의하게 대자대비하시니 오죽하겠습니까?

예컨대, 영가(塋珂)는 술과 고기를 가리지 않던 사람이었는데, 나중에 『극락왕생전』을 보면서 한 분의 전기를 읽을 때마다 한 번씩 고개를 끄덕이더니만, 마침내 단식(斷食)하며 염불하기 시작했습니다. 염불한 지 이레째 되는 날, 마침내 부처님께서 몸소 나토시어 이렇게 위로해 주시는 감응을 얻었습니다.

"그대는 인간 세상의 수명이 아직 10년이나 남았으니, 그 동안 염불을 열심히 잘해야 하느니라. 내가 10년 뒤 다시 와서 그대를 맞이하겠노라."

이에 영가가 이렇게 여쭈었습니다.

"사바세계는 혼탁하고 사악하여 올바른 생각(正念)을 잃기 쉬우니, 원컨대 일찌감치 정토에 왕생하여 뭇 성인들을 받들어 모시고 싶습니다."

그러자 부처님께서 다시 이렇게 말씀하셨습니다.

"그대의 뜻이 정 그러하다면, 내가 사흘 뒤에 와서 그대를 맞이해 가겠노라."

그러더니 과연 사흘 뒤에 왕생하였습니다.

또 회옥 선사(懷玉禪師)는 정토법문 수행에 정진하였는데, 하루는 불보살림들이 허공에 가득한 가운데 한 사람이 은빛 좌대(銀臺)를 가지고 들어오는 게 보였습니다. 그래서 회옥 선사가 생각하기를, "내가 한평생 정진하면서 뜻을 황금 좌대(金臺)에 두어 왔는데, 어찌하여 지금 그러하지 않단 말인가? 하고 서운해 하였습니다. 그러자 은빛 좌대가 홀연히 자취를 감추었습니다.

이에 회옥 선사가 더욱 용맹정진을 가하였는데, 21일이 지난 뒤 다시 불보살님들이 허공에 꽉 찬 가운데, 지난번에 은빛 좌대를 가지고 온 사람이 이번에는 황금 좌대로 바꿔 가지고 오는 모습이 보였습니다. 그래서 회옥 선사는 마침내 고요하고 담담히 서거하였답니다.

그리고 류유민(劉遺民)은 혜원(慧遠) 대사의 동림사(東林寺) 백련결사(白蓮結社)처럼, 뜻이 같은 사람들과 함께 결사(結社)하여 염불했습니다. 하루는 부처님을 생각하던 차에 부처님께서 몸을 나투시는 걸 친견했습니다. 그러자 류유민은 "어떻게 하면 여래께서 손으로 내 머리를 만져 주실 수 있을까? 라고 생각했는데, 부처님께서 정말로 곧장 손으로 자기 머리를 만져 주시는 것이었습니다. 그래서 이번에는 다시 "어떻게 하면 여래께서 옷으로 내 몸을 감싸 주실 수 있을까?"라고 생각하였는데, 이번에도 정말로 부처님께서 옷으로 자기 몸을 감싸 주시는 것이었습니다.

오호라! 부처님께서 중생들한테 해 주시지 않는 게 없으니, 진실로 대자대비하신 부모님이라 하겠습니다. 빨리 왕생하길 원하면 바로 빨리 왕생하도록 받아 주시고, 황금 좌대를 원하면 곧장 황금 좌대로 바꾸어 주시며, 손으로 머리를 만져 주시길 원하면 곧 머리를 만져 주시고, 옷으로 몸을 덮어 감싸 주시길 원하면 곧장 몸을 덮어 감싸 주십니다.

부처님께서 이토록 모든 중생들한테 자비로우신데, 어찌하여 유독 나한테만 자비롭지 않으시겠습니까? 또 부처님께서 이토록 모든 중생의 소원을 다 채워 주시는데, 어찌하여 유독 나의 소원만 채워 주시지 않겠습니까? 부처님의 대자대비심은 가리고 고름[揀擇]이 없으시거늘, 어찌하여 그럴 리가 있겠습니까?

그러므로 진실로 발원할 수 있다면 믿음[信]이 이미 그 안에 있게 되고, 믿음과 발원이 진실하다면 (염불) 수행은 하려고 일부러 마음먹지 않아도 저절로 일어나게 마련입니다. 그러한 까닭에, 믿음[信]과 발원[願]과 염불 수행[行]의 세 가지 밑천[資糧]은 오직 발원[願] 한 글자에 죄다 포함되어 있습니다.

🐢 세상에서 가장 진귀하고 소중한 것은 정신(精神) 말고는 없습니다. 또 세상에서 가장 아깝고 애착스러운 것은 시간[光陰] 말고는 없습니다. 한 생각이 청정하면 부처님 법계의 인연이 일어나고, 한 생각이 오염되면 아홉 법계(보살 이하 육도) 중생의 인연이 싹틉니다.

무릇 한 생각 움직임에 따라 열 법계의 종자가 뿌려지니, 정말 진귀하고 소중하지 않을 수 있겠습니까? 또 오늘 하루가 이미 지나가면 우리 생명 또한 따라서 줄어드니, 한 순간의 시간 빛[時光]은 바로 한 순간의 생명 빛[命光]입니다. 그러니 아깝고 애착스럽지 않을 수 있겠습니까?

진실로 정신이 진귀하고 소중한 줄 안다면, 쓸데없이 낭비하지 않고 생각생각에 부처님 명호를 붙잡아 지닐 것입니다. 또 시간이 아깝고 애착스러운 줄 안다면, 허송세월하지 않고 시시각각으로 정토 법문을 갈고 닦아 익힐 것입니다. 가령 부처님 명호를 놓아두고서 따로 삼승성인(三乘聖人: 보살·벽지불·성문)의 수행을 닦는다면, 이 또한 정신의 낭비며, 달리 비유하자면 천만 근이 되는 거대한 활(대포)로 새앙쥐를 잡으려고 화살(포탄)을 발사하는 거나 다름없습니다. 그런데 하물며 육도 범부 중생의 생

107

사 윤회의 업을 지을 수 있겠습니까?

또 가령 정토 법문을 놓아두고서 따로 권승(權乘: 임시방편)의 소과(小果)를 취한다면, 이 또한 허송세월이며, 마치 보배로운 여의주(如意珠)를 가지고 옷 한 벌이나 밥 한 끼와 맞바꾸는 격입니다. 하물며 인간이나 천상의 번뇌 많은(有漏) 과위를 택하겠습니까?

이와 같이 정신을 진귀하고 소중히 여기며 시간을 아깝게 여겨 애지중지한다면, 마음이 오롯이 집중되어 부처님께서 쉽게 감응하실 것이며, 수행이 부지런히 계속되어 공부가 쉽게 정통(精通)해질 것입니다.

그러면 과연 진실로 극락정토에 왕생하여 아미타부처님을 친견하고, 수시로 그 가르침을 받잡으며 눈앞에서 자비로운 음성을 들으리니, 틀림없이 자기 마음을 미묘하게 깨닫고 법계를 깊이 증득할 것입니다. 그러면 한 생각(一念)의 찰나를 영겁(永劫)으로 늘이기도 하고, 거꾸로 영겁을 한 생각의 찰나로 줄이기도 하면서, 한 생각의 찰나와 영겁이 서로 원만히 융합하여 아주 자유자재로운 대신통을 얻을 것입니다.

이야말로 정신을 진귀하고 소중히 여기며 시간을 아깝게 애지중지한 과보를 스스로 받아먹는 것이 아니겠습니까?

달리 어디서 깨달음을 구할 것인가

무릇 도를 알아본(깨달은) 뒤에 도를 제대로 닦기 시작하고, 도를 닦은 뒤에 도를 증득하는(夫見道而後修道, 修道而後證道.) 것이니, 이는 모든 성인이 함께 거치신 길이요, 만고불변의 확정된 이론입니다(옮긴이: 이른바 先悟後修를 뜻함). 그러나 도를 알아 보는(깨닫는) 걸 어찌 쉽게 말할 수 있겠습니까?

만약 교종(敎宗)에 따른다면, 반드시 (경론의 이치에 대한) 원만한 이해가 크게 열려야(大開圓解) 하고, 선종(禪宗)에 의한다면, 반드시 첩첩관문을 곧장 꿰뚫어야(直透重關) 합니다. 그런 다음에야 비로소 도 닦는 걸(修道) 논할 수 있습니다. 그렇지 못하면 곧 눈먼 봉사 문고리 잡기식 수련(盲修瞎鍊)이 되고 마니, 담에 부딪치고 벽에 머리 찧다가 마침내 구덩이에 떨어지고 늪에 빠지는 꼴을 면할 수 없습니다.

오직 정토 염불 법문 하나만큼은 그렇지 않습니다. (아미타경에서 말씀하신 대로) 여기서 서쪽으로 10만억 불국토 지난 곳에 극락(極樂)이라는 명칭의 세계가 있는데, 그 곳에 아미타(阿彌陀)라는 명호의 부처님께서 지금 현재 설법하고 계십니다.

우리는 단지 그 곳에 왕생하길 발원하며 그 부처님 명호만 지송하면 곧 그 곳에 왕생할 수 있답니다. 이는 (석가모니) 부처님의 마음과 눈으로 친히 아시고 보신 경계이며, 결코 보살·벽지불·성문의 삼승(三乘) 성현들이 알아볼 수 있는 바가 아닙니다.

우리는 단지 마땅히 부처님 말씀을 굳게 믿고, 그에 따라 그 곳에 왕생하길 발원하며 아미타불 명호를 지송하여야만 됩니다. 이는 곧 부처님의 지견(知見)으로 우리 자신의 지견을 삼는 것이며, 그밖에 다른 깨달음의 법문을 구할 필요가 없습니다.

다른 법문의 수도(修道)는 반드시 깨달은 뒤 법에 따라 갈고 닦고 익히며, 마음을 추스려 선정을 이루고(攝心成定), 선정으로 말미암아 지혜가 터지고(因定發慧) 지혜로 말미암아 미혹을 끊어야(因慧斷惑) 합니다. 터진 지혜에는 우열이 있게 마련이고, 끊은 미혹에도 깊이(정도)의 차이는 있는 법이니, 그런 것을 모두 따진 다음에야 바야흐로 후퇴할지 안 할지(不退轉의 여부)가 판가름 납니다.

그러나 오직 이 정토 법문만큼은, 다만 믿음과 발원의 마음으로 부처님 명호를 오로지 지송하여, 한 마음 흐트러지지 않는(一心不亂) 경지에 이르면, 정토 수행(淨業)이 바로 크게 성취되고, 목숨이 다한 뒤 결정코 극락왕생하며, 한번 왕생하면 곧 영원토록 뒤로 물러나는 법이 없습니다.

또 다른 법문의 수도는 먼저 모름지기 자신의 현재 업장을 깨끗이 참회해야 합니다. 만약 현재의 업장을 깨끗이 참회하지 않으면, 이것이 곧 도를 가로막아 더 이상 앞으로 닦아 나갈 길이 없게 됩니다.

그러나 정토 법문을 닦는 사람은 이내 업장을 지닌 채 왕생할 수 있기에, 모름지기 업장을 깨끗이 참회해야 하는 것은 아닙니다. 지극한 마음으로 지송하는 나무 아미타불의 염불 소리 한 마디가 80억 겁 동안 쌓아온 생사 윤회의 중죄(重罪)를 소멸시킬 수 있기 때문입니다.

그리고 다른 법문의 수도는 모름지기 번뇌를 죄다 끊어야 합니다. 만약 보고 생각하는 번뇌(見惑, 思惑)가 터럭 끝만큼이라도 남아 있다면, 육신의 생사 윤회가 끝없이 이어지며, 성현과 범부 중생이 함께 사는 동거 국토(同居國土)를 결코 벗어날 수 없습니다.

오직 정토 법문 수행만은 곧장 공간상(橫)으로 삼계(三界)를 벗어나며, 번뇌를 죄다 끊지 않은 채로도 여기 사바세계의 동거 국토로부터 저기 극락정토의 동거 국토로 왕생할 수 있습니다.

저기 극락정토에 한번 왕생하면, 생사 윤회의 그루터기가 뿌리째 영원히 뽑혀 버립니다. 그리고 거기에 왕생하면, 항상 부처님을 뵈옵고, 때때로 법문을 들으며, 의식주 모든 것이 저절로 그러한 대로(自然) 나오고, 물

110

이나 새나 나무들조차도 모두 설법합니다.

그 곳 동거 국토에서는 그 위의 세 가지 정토(常寂光土, 實報土, 方便土를 가리킴. 同居土와 함께 네 정토로 나뉘어짐)가 나란히 보이면서, 위로 훌륭한 분들이 모두 한 곳에 함께 모여 수행한답니다. 그래서 세 가지 불퇴전[三不退][22]을 원만히 증득하여, 바로 그 한 생애에 부처님의 뒤를 이을 후보 자리[補佛位]에 오릅니다.

그러한즉, 정토 법문은 맨 처음에는 깨달음의 법문을 구하는 게 생략되고, 나중에는 지혜가 터지길 기다릴 필요도 없으며, 모름지기 업장을 깨끗이 참회해야 하는 것도 아니고, 번뇌를 말끔히 끊을 필요도 없으므로, 지극히 간단하고 명료하면서도 지극히 곧고 재빠른 길입니다. 그러나 증득해 들어가면, 지극히 넓고 크면서도 지극히 원만한 구경(究竟)의 경지입니다.

그러므로 공부하는 수행자들은 마땅히 세심히 살피고 음미하여 신중히 선택해야 합니다. 행여 한때의 우쭐하고 제 잘난 자부심에 빠져, 이토록 수승(殊勝)하고 엄청난 최대의 이익을 놓치는 일은 절대 없길 바랍

---

22) 삼불퇴(三不退): 첫째, 수행해서 오른 지위가 떨어지지 않는 위불퇴(位不退); 둘째, 수행하는 방법이 후퇴하지 않는 행불퇴(行不退); 셋째, 올바른 생각(正念)이 흐트러지지 않는 염불퇴(念不退)를 가리킨다. 서방정토에 왕생하면 다시는 사바 예토(穢土)로 떨어지지 않는 처불퇴(處不退)를 삼불퇴에 더하면, 정토법문의 사불퇴(四不退)가 된다.

　　삼불퇴를 보살의 수행 지위에 상응시키는 대비법은 각 종파마다 조금씩 다르다. 법상종에 따르면, 만 겁 동안 수행하여 십주(十住) 지위에 올라, 다시는 악업에 타락하여 생사 윤회하는 일이 없는 경지가 위불퇴이고, 초지(初地)에 올라 이타(利他) 수행에서 물러나지 않는 게 행불퇴이며, 8지 이상에 올라 애쓸 필요가 없는 지혜를 얻고 생각마다 진여(眞如)의 바다에 드는 게 염불퇴라고 한다. 천태종에서는, 별교(別敎)의 초주(初住)부터 제7주까지가 보고 생각하는 번뇌(見思之惑)를 끊어 생사 윤회를 벗어난 위불퇴이고, 제8주부터 십회향(十廻向)까지가 진사번뇌(塵沙惑)를 끊어 이타행을 잃지 않는 행불퇴이며, 초지 이상이 무명번뇌(無明惑)를 끊어 중도(中道)의 정념을 잃지 않는 염불퇴라고 한다. 원교(圓敎)에 대비하면, 초신(初信)부터 제7신까지가 위불퇴, 제8신부터 제10신까지가 행불퇴, 초주 이상이 염불퇴에 해당한다고 한다.

니다.

🔆 몹시 가난한 어떤 사람이 멀리서 돈 꾸러미 하나를 발견하고 다가가서 집으려고 보니 뱀이었습니다. 그래서 깜짝 놀라 옆에 비켜서서 물끄러미 바라보았습니다. 그런데 조금 뒤 다른 한 사람이 다가오더니 바로 그 돈 꾸러미를 주워 가는 것이었습니다.

무릇 돈이 뱀으로 보인 것은, 오직 업장의 감응이며 마음의 나타남입니다. 돈 꾸러미 위의 뱀 모습이 진실로 업장의 감응이며 마음의 나타남이라면, 뱀 위의 돈 모습만 유독 업장의 감응이자 마음의 나타남이 아닐 리가 있겠습니까?

돈 위의 뱀 모습은 (가난뱅이) 한 사람이 지닌 개별 업장의 망견(妄見)이며, 뱀 위의 돈 모습은 수많은 일반인이 함께 지닌 공동 업장의 망견일 따름입니다. 한 사람의 망견은 그 망령됨을 쉽게 알 수 있지만, 여러 사람의 일반 망견은 그 망령됨을 알아차리기 어렵습니다. 그러나 알기 쉬운 예를 가지고 알기 어려운 이치를 미루어 짐작해 보면, 그 알기 어려운 이치도 또한 쉽게 알아차릴 수 있습니다.

그러한즉, 뱀 모습은 진실로 뱀이지만, 돈 모습도 또한 뱀일 뿐입니다. 이렇듯이 계속 추론해 간다면, 안으로 육근(六根)을 지닌 육신은 물론, 밖으로는 사물 경계도 한 방향(一方)으로부터 시방(十方)까지, 나아가 사대부주(四大部洲)와 삼천대천세계에 이르기까지, 모두 다 이 돈 위의 뱀 모습일 따름입니다. 다만, 오직 마음의 뱀이 나타나면 곧장 사람을 물 수 있지만, 오직 마음의 돈이 나타나면 바로 유익하게 쓸 수 있다는 차이가 있습니다. 그러니 오직 마음 밖에는 어떠한 바깥 경계도 없다고 말할 수는 없습니다.

그리고 또 사바세계의 더러운 괴로움과 안양(安養: 極樂의 별칭) 세계의 청정한 즐거움도 모두 오직 마음의 나타남일 뿐입니다. 그러나 일단 마음의 더러운 괴로움이 나타나면 엄청난 고통과 궁핍을 당하지만, 마음의 청정한 즐거움이 한번 나타나면 막대한 회열과 이익을 누리게 됩니다.

이렇듯이 더러운 괴로움과 청정한 즐거움이 다같이 마음의 나타남이라고 한다면, 무슨 까닭에 마음의 더러운 괴로움을 내버리고 그 대신 마음의 청정한 즐거움을 취하지 않는 것이며, 또한 어찌하여 꼭 영겁토록 생사 윤회하며 여덟 가지 고통에 기꺼이 시달림을 당한단 말입니까?

믿음은 깊게 발원은 간절하게

🏵 우리들이 생사(生死)의 중대한 갈림길에 놓일 때, 오직 두 가지 힘에 좌우됩니다. 하나는, 마음의 실마리가 여러 갈래로 복잡하게 엉클어진 가운데 무거운 쪽으로 치우쳐 떨어지게 되니, 이것이 곧 심력(心力: 마음의 힘)입니다. 다른 하나는, 마치 사람이 남한테 빚을 많이 진 경우 강한 자가 먼저 끌어(빼앗아) 가 버리는 것과 같으니, 이것은 바로 업력(業力: 업장의 힘)입니다.

업력이 가장 크지만, 심력은 더욱 큽니다. 업장은 본디 자기 성품〔自性〕이 없어 온전히 마음에 의지하지만, 마음은 업을 지을 수도 있거니와, 업을 뒤바꿀 수도 있기 때문입니다. 그러므로 심력은 오직 묵직하고, 업력은 오직 강하여 중생을 끌어갈 수 있습니다. 만약 묵직한 마음으로 정토 수행〔淨業〕을 닦는다면 청정한 업〔淨業〕이 강해질 것이며, 마음이 묵직하고 청정한 업이 강하니 오직 서방 정토를 향해 나아갈 것입니다.

그러다가 나중에 사바세계의 목숨이 다할 때는, 다른 곳에 생겨나지 않고 틀림없이 서방 정토에 왕생하게 됩니다. 비유하건대, 큰 나무와 큰 담장이 평소 서쪽을 향해 기울어지고 있었다면, 나중에 무너질 때는 결코 서쪽 이외의 다른 쪽을 향할 수 없는 이치와 똑같습니다.

그러면 무엇이 묵직한 마음〔重心〕이겠습니까? 우리들이 정토 수행을 닦아 익힘에, 믿음은 깊은 게 귀중하고, 발원은 간절한 게 소중합니다. 믿음이 깊고 발원이 간절한 까닭에, 그 어떠한 이단 사설(異端邪說)도 우리(마음)를 흔들거나 미혹시킬 수 없으며, 그 어떠한 경계 인연(境界因緣)도 우리(마음)를 꾀어내거나 유혹할 수 없습니다.

만약 우리가 정토 법문을 올바로 수행할 적에, 가령 달마 대사께서 갑자기 우리 앞에 나타나시어 이렇게 말씀하신다고 합시다.

"나한테는 사람 마음을 곧장 가리켜서〔直指人心〕 본래 성품을 보고 부처가 되는〔見性成佛〕 참선 법문이 있느니라. 그대가 만약 염불 공부를 놓아 버리기만 하면, 내 그대에게 이 참선 법문을 전해 주리라."

설령 이렇더라도, 우리는 단지 달마 조사께 예를 올리고 이렇게 응답해야 합니다.

"저는 먼저 이미 석가여래로부터 염불 법문을 전해받아, 종신토록 변함없이 받아 지니면서 수행하기로 발원하였습니다. 조사(祖師)께서 비록 심오하고 미묘한 참선의 도를 가지고 계신다 할지라도, 저는 감히 저의 본래 서원을 스스로 어길 수가 없습니다."

심지어 가령 석가모니부처님께서 문득 몸을 나토시어 또 이렇게 말씀하신다고 칩시다.

"내가 전에 염불 법문을 설한 것은 단지 일시적인 방편이었을 따름이니라. 이제 그것보다 훨씬 훌륭한 수승법문(殊勝法門)이 있나니, 그대는 마땅히 염불을 놓아 버릴지어다. 내 그대에게 당장 그 수승법문을 설해 주겠노라."

설령 그렇다 치더라도, 우리는 단지 부처님께 머리 조아리며 이렇게 여쭐 뿐입니다.

"저는 앞서 세존께 정토 법문을 받으면서, 이 한 목숨 붙어 있는 한 결코 바꾸지 않겠다고 발원하였습니다. 여래께서 비록 더욱 수승한 법문을 가지고 계신다 할지라도, 저는 감히 제 본래 서원을 스스로 어길 수가 없습니다."

비록 부처님이나 조사께서 몸을 나토실지라도, 오히려 그 믿음을 바꾸지 아니하거늘, 하물며 마왕(魔王)이나 외도(外道) 또는 허망한 사설(邪說)이 어찌 그 믿음을 뒤흔들거나 미혹시킬 수 있겠습니까? 이와 같이 믿을 수 있다면, 그 믿음은 정말 깊다고 하겠습니다.

그리고 설령 빨갛게 달군 쇠바퀴가 정수리 위에서 빙글빙글 돈다고 할지라도, 이 따위 고통 때문에 극락 왕생의 발원을 놓아 버리거나 움츠리지 않아야 합니다. 또 가령 전륜성왕의 훌륭하고 미묘한 오욕(五慾)의 쾌락이 눈앞에 나타난다고 할지라도, 그까짓 즐거움 때문에 극락 왕생의 발원을 놓아 버리거나 움츠려도 안 됩니다.

이처럼 지극한 순행의 쾌락과 역행의 고통에도 오히려 발원을 바꾸지 아니하거늘, 하물며 세간의 사소한 순행(쾌락)과 역행(고통)의 인연 경계 따위가 우리의 발원을 어떻게 뒤바꾸거나 돌려놓을 수 있겠습니까? 이와 같이 발원할 수 있다면, 그 발원은 정말 간절하다고 할 수 있습니다.

이처럼 믿음이 깊고 발원이 간절한 걸 일컬어 묵직한 마음(重心)이라

하고, 그렇게 정토 수행을 닦으면 청정한 업이 반드시 강해집니다. 마음이 묵직한 까닭에 쉽게 순수해지고, 청정한 업이 강하기 때문에 쉽게 원숙해집니다.

극락정토의 업(공부)이 그렇게 원숙해지면, 사바세계의 오염된 연분이 곧 다하게 됩니다. 정말 그렇게 사바세계의 오염된 연분이 이미 다한다면, 임종 때 비록 윤회의 경계가 또다시 눈앞에 나타난다고 할지라도, 결코 윤회할 수 없습니다. 또 정말 그토록 청정한 업(공부)이 이미 원숙해진다면, 임종 때 비록 아미타불과 극락정토가 눈앞에 나타나지 않길 바란다고 해도, 결코 그럴 수는 없습니다.

그런데 이 믿음과 발원의 중요한 핵심은, 바로 평소에 잘 지니고 닦아야 임종 때 스스로 갈림길에 빠져들지 않는다는 점에 있습니다. 마치 옛 고승대덕께서 임종에 육욕천(六欲天)의 동자(童子)들이 차례로 맞이하러 왔어도 모두 따라가지 않고서, 오직 일심전념으로 부처님만 기다리다가 나중에 부처님께서 나타나시자, 이윽고 부처님께서 오셨다고 말하면서 마침내 합장한 채로 가셨던 것처럼, 우리도 그래야 됩니다.

무릇 목숨이 막 넘어가는 임종은 사대(四大: 地·水·火·風)가 각기 흩어지려고 하는 판인데, 이 어떤 때입니까? 또 육욕천의 동자들이 차례로 맞이하러 왔다면, 이는 또 어떤 경계입니까? 정말로 평소 믿음과 발원이 100% 견고하게 확립되지 않았다면, 이러한 임종 때 그 같은 천상의 경계를 대하고서도 그토록 강인하게 주인 노릇을 할 수 있겠습니까? 그러한 옛 고승대덕 같은 분은 진실로 정토 법문 수행자들한테 만고불변의 모범과 전형이십니다.

🏵어떤 참선 수행자가 이렇게 물어왔습니다.

"일체의 법은 모두 다 꿈과 같으니, 사바세계도 진실로 꿈이고 극락세계 또한 꿈입니다. 둘다 똑같이 꿈이라면, 극락 왕생의 염불 법문을 닦아서 무슨 이익이 있겠습니까?"

그래서 제가 이렇게 답변했습니다.

"그렇지 않습니다. 제7지(地) 이하의 보살은 꿈 속에서 도를 닦으며(夢中修道), 무명(無明)이라는 큰 꿈은 비록 등각(等覺) 보살조차도 아직 벗어나지 못하고 그 속에 잠들어 있습니다. 그래서 오직 부처님 한 분만이 비로소 크게 깨어 있다(大覺: 완전히 깨달았다)고 일컬어지는 것입니다.

꿈꾸는 눈이 아직 깨어 열리기 전에는, 괴로움과 즐거움이 진짜처럼 완연(宛然)한 법입니다. 꿈속에서 사바세계의 지극한 괴로움을 당하기보다는, 차라리 꿈속에서 극락세계의 미묘한 즐거움을 누리는 것이 훨씬 낫지 않겠습니까? 하물며, 사바세계의 꿈은 꿈에서 꿈으로 이어지면서, 꿈꾸고 또 꿈꿀수록 더욱 미혹에 깊숙이 빠져들지 않습니까?

그에 반해, 극락세계의 꿈은 꿈에서 깨어남(깨달음)으로 나아가면서, 깨어나고 또 깨어날(깨닫고 또 깨달을)수록 점점 부처님의 큰 깨어남(大覺)에 이르는 것입니다. 꿈꾸는 것은 둘 다 같지만, 꿈꾸는 까닭(목적)은 일찍부터 서로 같지 않거늘, 어떻게 함께 나란히 논할 수 있겠습니까?"

믿음은 진리에 들어가는 핵심 법문이다

부처님 가르침의 큰 바다(佛法大海)는 믿음(信)이면 충분히 들어갈 수 있거니와, 정토 법문은 믿음이 더욱 중요합니다. 부처님 명호를 지송하는 염불은 곧 모든 부처님의 가장 심오한 수행방법입니다. 오직 다음 생에 부처님이 되실 일생보처(一生補處) 보살님만 조금 알 수 있을 뿐, 그 나머지 모든 성현들은 그 지혜 수준으로 알 수 있는 경지가 아니기 때문에, 단지 믿고 따라야 할 따름입니다. 하물며 하근기의 하찮은 범부 중생들이야 더 말할 게 있겠습니까?

그래서 열한 가지 착한 법(十一善法)[23] 가운데서도 믿음이 맨 처음 나오는데, 믿는 마음(信心)에 앞서는 그 어떠한 착한 법도 없음을 뜻합니다. 또 보살의 55지위[24] 서열도 믿음(信: 十信)으로부터 시작하는데, 믿음의 지위 앞에 그 어떤 성현(보살)의 지위도 없음을 말합니다. 그래서 마명(馬鳴) 보살님은 『대승기신론(大乘起信論)』을 지으셨고, 선종의 삼조(三祖) 승찬(僧璨) 조사님은 『신심명(信心銘)』을 지으셨습니다. 믿는 마음(信心) 하나가 진리(道)에 들어가는 중요한 핵심 법문이기 때문입니다.

예전에 왕중회(王仲回)가 양무위(楊無爲)[25]한테 물었답니다.

"염불을 어떻게 하여야 끊어짐 없이 갈 수 있습니까?"

이에 양무위는 이렇게 대답해 주었답니다.

"한번 믿은 뒤에는 두 번 다시 의심하지 마시오."

---

23) 11선법(善法): 유식종(唯識宗)에서 세간과 출세간의 삼라만상을 포괄하여 백법(百法)으로 설명하는데, 심법(心法:8識)·심소유법(心所有法:51)·색법(色法:11)·불상응행법(不相應行法:24)·무위법(無爲法:6)으로 크게 5분(分) 된다. 그 가운데 심소유법은 다시 편행(遍行:5)·별경(別境:5)·선(善:11)·번뇌(煩惱:6)·수번뇌(隨煩惱:20)·부정(不定:4)으로 구분되는데, 선법 11가지는 신(信)·참(慚)·괴(愧)·무탐(無貪)·무진(無瞋)·무치(無癡)·정진(精進)·경안(輕安)·불방일(不放逸)·행사(行捨)이다.

소승(小乘) 구사종(俱舍宗)에서는 75법(法)으로 설명하는데, 심법(心法)을 통괄하여 하나로 보고 무위법을 셋으로 나누며 심소유법을 46가지로 구분한다. 그 가운데 대선지법(大善地法)은 10가지인데, 무치(無癡)가 빠지고, 정진을 근(勤)으로 불러 신(信) 다음 두 번째에 두고, 행사(行捨)를 사(捨)로 불러 세 번째 두는 등 약간의 차이가 있다.

그러자 왕중회는 아주 기뻐하며 돌아갔는데, 얼마 안 있어 양무위는 꿈에 중회가 나타나서 머리를 조아리고 합장하며 감사하다고 인사하는 모습을 보았답니다.

"가르침을 받잡고 일러준 대로 해서 커다란 이익을 얻었습니다. 지금 저는 이미 극락정토에 왕생하였습니다."

양무위가 나중에 중회의 아들을 만나 중회가 서거한 때와 광경을 물었더니, 그 때가 바로 자기 꿈에 나타난 날이었더랍니다.

오호라, 믿음의 뜻과 이치가 이토록 중요하고 위대하답니다.

🏵️ 법장(法藏) 비구가 세자재왕불(世自在王佛)한테 불성(佛性)에 맞갖는 48가지 큰 서원을 발한 뒤, 무량겁의 세월 동안 발원에 따라 되셨습니다. 그래서 법장은 아미타로 명호가 바뀌었고, 세계의 명칭은 극락이 되었습니다. 아미타께서 아미타가 되신 까닭은 유심(唯心: 유심정토)과 자성(自性: 자성미타)을 깊이 증득하셨기 때문입니다. 그러한즉, 미타와 극락은 바로 자성미타와 유심극락이 아니겠습니까?

다만 이 마음과 성품〔心性〕은 바로 중생과 부처님이 평등하게 함께 지

---

24) 55위(位): 보살승(菩薩乘)의 위계(位階)는 각 경론(經論)에 따라 조금씩 다른 바, 대일경(大日經)·승천왕반야경(勝天王般若經)·지도론(智度論)에 나오는 십위(十位)부터, 금광명경(金光明經)에서 묘각(妙覺)을 합쳐 부르는 11위(位), 유식론(唯識論)에서 십주(十住)·십행(十行)·십회향(十廻向)·십지(十地)에 묘각을 합친 41위(位), 그리고 십주(十住) 앞에 십신(十信)을 보탠 인왕반야경(仁王般若經)의 51위(位), 여기다가 다시 묘각 바로 아래에 등각(等覺)을 보탠 화엄경과 보살영락경(菩薩瓔珞經)의 52위(位), 수릉엄경(首楞嚴經)에서 난(煖)·정(頂)·인(忍)·세(世)의 사선근(四善根:四加行)을 십회향 뒤에 보탠 56위(位)까지 매우 다양하게 분류된다. 여기서 55위(位)라 함은, 56위(位)에서 맨 위의 묘각(妙覺)을 부처님 과위〔佛果〕로 따로 떼어 놓고 보살이 보리도를 수행해 올라가는 길만을 셈한 수릉엄경의 법문을 따른 것이다.

25) 양무위(楊無爲): 송(宋) 신종(神宗) 때 태상(太常)과 예부원외랑(禮部員外郎) 등을 지낸 양걸(楊傑). 예악(禮樂)에 밝았고, 불교수행에도 정진하였음. 앞에 천태지자 대사의 『정토십의론』에 서문을 씀.

니는 것이며, 결코 부처님한테만 치우쳐 속하는 것도 아니고 또한 중생한테만 치우쳐 속하는 것도 아닙니다.

만약 마음이 미타에 속할 것 같으면, 중생은 곧 미타 마음 속의 중생인 것이며; 만약 마음이 중생에 속할 것 같으면, 미타는 바로 중생 마음 속의 미타인 것입니다. 미타 마음 속의 중생으로 중생 마음 속의 미타를 생각(思念)하는데, 어찌 중생 마음 속의 미타가 미타 마음 속의 중생한테 반응(호응)하지 않겠습니까?

단지 다른 것은, 부처님은 이 마음을 깨달아서 마치 깨어 있는 사람과 같고, 중생은 이 마음을 잃고 헤매는지라 마치 꿈속 사람 같을 따름입니다. 깨어 있는 사람(부처님)을 떠나서 달리 꿈속 사람(중생)이 없거늘, 어찌하여 꿈속 사람을 떠나서 달리 깨어 있는 사람이 있을 수 있겠습니까? 다만 꿈속 사람이 스스로(꿈속 상태)를 진짜라고 오인(誤認)하지만 않으며, 또한 꿈속 사람을 떠나서 달리 깨어 있는 사람을 찾지만 않으면 됩니다.

오직 깨어 있는 사람을 늘상 생각하기만 하면 됩니다. 그렇게 생각하고 또 생각하면, 머지않아 곧 큰 꿈이 점차 깨이게 되고, 꿈속의 눈이 뜨일 것입니다. 그러면 꿈속에서 생각하던 주인(중생)이 곧바로 꿈속에서 생각하던 바 깨어 있는 사람(부처님)이 되며, 깨어 있는 사람은 더 이상 꿈속의 사람이 아니게 됩니다.

꿈속에 있는 사람은 수많은데, 깨어 있는 사람은 오직 하나입니다. 시방세계의 뭇 여래께서는 모두 다함께 하나의 법신(法身)이며, 한 마음〔一心〕이자 한 지혜〔一智慧〕이고, 위력과 무외(無畏)도 또한 마찬가지로 하나입니다. 이것이 곧 하나이자 바로 여럿〔即一即多〕이며, 항상 같으면서도 항상 구별되는〔常同常別〕, 법 그대로면서 저절로 미묘한〔法爾自妙〕 법인 것입니다.

120

염불의 뜻과 이치는 대략 이와 같습니다.

🏵 "(극락정토에) 왕생하는 건 결정코 왕생하며, (사바 고해를) 떠나는 건 실제로는 떠나지 않는다〔生則決定生, 去則實不去〕."

이 두 구절에서 앞 구절은 구체적인 사실을 말하고, 뒷 구절은 추상적인 이치〔理〕를 말하고 있습니다. 여기서 구체적인 사실〔事〕은 이치에 즉한 사실〔即理之事〕이며, 그래서 왕생하지만 왕생함이 없다〔生而不生〕고 말하는 것이니, 이는 왕생을 곧이곧대로 왕생으로 여기지는 않는다는 뜻입니다. 또 추상적인 이치도 사실에 즉한 이치〔即事之理〕며, 그래서 떠나지 않으면서도 떠난다〔不去而去〕고 말하는 것이니, 이는 떠나지 않음을 곧이곧대로 떠나지 않는다고 여기지는 않는다는 뜻입니다.

이 두 구절을 한 구절로 종합해서 보면, 구체적 사실과 추상적 이치가 원만하게 융합〔事理圓融〕하여, 이른바 합치면 둘다 아름답게 되는 격입니다. 그런데 만약 이 두 구절을 각각 별개의 문장으로 나누어 본다면, 구체적 사실과 추상적 이치가 따로 놀게 되니, 이른바 갈라지면 둘다 손상되고 마는 격입니다. 만약 이 두 구절만으로는 한 구절로 종합해 보기가 적합하지 않다면, 이 두 구절의 뒤에 부연한 구절을 덧보태 네 구절로 보면 됩니다.

"왕생하는 건 결정코 왕생하지만, 왕생하면서도 왕생함이 없으며,
떠나는 건 실제로는 떠나지 않지만, 떠나지 않으면서도 떠난다.
〔生則決定生 生而無生 去則實不去 不去而去〕."

비록 네 구절이 되었지만, 그 의미는 조금도 늘어남이 없으며; 또한 한 구절로 합쳐진다 해도, 그 의미는 조금도 줄어듦이 없습니다. 결국 구체적 사실과 추상적 이치가 원만하게 융합한 것은 매한가지입니다.

그렇지만 '떠나는 건 실제로는 떠나지 않는다'는 이치에 집착하는 것보다는, 차라리 '왕생하는 건 결정코 왕생한다'는 사실에 집착하는 게 훨씬 낫습니다. 왜냐하면 구체적 사실에 집착하여 추상적 이치에 좀 어둡기로서니, 오히려 구품연화에 오르는 공덕은 헛되이 날리지 않지만; 만약 추상적 이치에 집착하여 구체적 사실(나무 아미타불 명호 지송하는 칭명염불)을 아예 작파한다면, 이내 무기공(無記空)에 떨어지고 마는 허물을 피할 수 없기 때문입니다.

구체적 사실은 추상적 이치를 저절로 겸비하는 공덕이 있지만, 추상적 이치는 구체적 사실 없이는 홀로 설 능력이 없기 때문입니다.

왕생하는 걸 진짜 왕생하는 걸로 여기면 곧 상견(常見: 有見)에 떨어지고, 떠나지 않는 걸 진짜 떠나지 않는다고 여기면 곧 단견(斷見: 無見)에 떨어집니다. 단견과 상견은 비록 모두 똑같이 올바르지 못한 사견(邪見)에 속하지만, 그러나 단견의 허물과 폐단이 훨씬 크고 무겁습니다. 그래서 차라리 구체적 사실에 집착하는 것만 못하다고 하는 것입니다. 그렇지만 궁극에는 두 구절을 원만히 융합 회통하는 것이 가장 훌륭함은 말할 나위가 없습니다.

인과와 감응의 진리를 어찌 말로 다할 수 있으리요

🪷우리들 앞에 지금 당장 나타나는 한 생각[現前一念]은 중생(삶)의 연분에 따르면서도 본래 성품은 없으며[緣生無性], 또 본래 성품은 없으면서도

중생의 연분에 따릅니다[無性緣生]. 그러기에 부처님 세계에 생겨나지 않으면, 곧 보살 이하 육도 중생의 아홉 법계에 생겨납니다. 만약 중생의 연분에 따르면서도 본래 성품은 없다는 관점에서 말한다면, 중생과 부처님이 모두 평등하여 한결같이 텅 비었으며, 만약 본래 성품은 없으면서도 중생의 연분에 따른다는 관점에서 본다면, 부처님부터 지옥에 이르기까지 열 법계의 우열은 하늘과 땅 차이보다 더 현격히 다릅니다.

아기달왕(阿祈達王)은 임종에 한 시자가 부채로 파리를 쫓다가 그만 부채가 얼굴에 떨어지면서 심한 고통으로 한 생각 성내는 마음을 품은 까닭에, 마침내 축생에 떨어져 독사가 되었답니다. 반면 어떤 부인은 어린 아들을 데리고 강을 건너다가 실수로 손을 놓쳐 아들이 물 속에 빠지자, 아들을 건지려다 그만 함께 빠져 죽었는데, 그 자비심 때문에 천상에 올라갈 수 있었답니다.

무릇 한 생각의 자비심과 성냄 차이로 말미암아 마침내 천상과 축생으로 갈라지게 되었으니, 이처럼 임종에 부닥치는 중생의 연분에 따른 한 생각을 어찌 신중히 조심하지 않을 수 있겠습니까? 진실로 이러한 마음으로 아미타불을 생각하는 연분 따라 극락정토 왕생을 구한다면, 아미타불을 친견하면서 극락 왕생하지 않을 리가 있겠습니까?

그러나 이러한 임종의 한 생각은 결코 요행으로 얻어 올 수가 없습니다. 반드시 모름지기 정성으로 존속시키면서 평소에 늘상 꽉 붙잡고 있어야만 됩니다. 그러므로 우리들이 바로 이 (나무) 아미타불 한 구절의 성호를 천 번 만 번 염송하며, 그렇게 하루 종일 한평생 염불하는 까닭도, 바로 이 한 생각을 무르익게 하기 위한 목적밖에는 없는 것입니다. 과연 정말로 이 한 생각이 순수히 무르익는다면, 임종에 오직 이 한 생각만이 가득하고 그 밖의 다른 생각은 없게 됩니다.

그래서 지자(智者) 대사께서도 이렇게 말씀하셨습니다.

"임종에 선정에 (결정되어) 있는 마음이 곧 극락정토에 생겨나는 (왕생하는) 마음이니라〔臨終在定之心. 即淨土受生之心〕."

그렇다면 오직 이 한 생각만 있고 그 밖에 다른 생각은 없는 것〔唯此一念, 更無異念〕이 바로 선정에 (결정되어) 있는 마음이 아니겠습니까? 염불의 경지(수준)가 과연 이와 같다면, 아미타불을 뵙지 않고 그 밖의 어떤 사람을 뵈올 것이며, 또 극락정토에 왕생하지 않고 그 밖의 어느 곳에 생겨나겠습니까? 다만 우리들 스스로 믿음이 여기에 미치지 못할까 저어할 따름입니다.

🌀『관무량수경』에 보면, "이 마음이 부처를 이루고, 이 마음이 곧 부처다."라는 말씀이 있습니다. 이 두 구절을 분명히 말씀하셨으니, 문자 밖의 뜻을 음미해 보면, "이 마음이 부처를 이루지 않고, 이 마음이 부처가 아니다."는 말씀이나, "이 마음이 (보살 이하 지옥까지) 아홉 법계를 이루고, 이 마음이 곧 아홉 법계이다."는 말씀이나, 또는 "이 마음이 아홉 법계를 이루지 않고, 이 마음이 아홉 법계가 아니다."는 말씀 등의 이치가 모두 함께 훤히 드러납니다.

오호라, 정말로 이러한 이치를 분명히 알고서도 오히려 (여전히) 염불(부처님 생각) 하지 않는 이가 있다면, 그런 이는 나도 또한 어찌할 도리가 없지 않겠습니까? 『관무량수경』에 나오는 "이 마음이 부처를 이루고, 이 마음이 곧 부처다."라는 두 구절은, 단지 『관무량수경』이라는 한 경전의 총강(總綱)과 종지(宗旨)가 되는 법문 요체일 뿐만 아니라, 석가여래께서 한평생 펼치신 위대한 교화 법문의 총강과 종지입니다. 또한 단지 석가여래께서 한평생 펼치신 위대한 교화 법문의 총강과 종지일 뿐만 아니라,

진실로 시방삼세 일체 제불의 가르침 중에서도 핵심이 되는 총강과 종지입니다. 이 종지만 투철하다면, 그 어느 종지인들 투철하지 않을 것이며; 이 법문만 분명히 안다면, 그 어느 법문인들 분명히 알지 못하겠습니까? 그래서 흔히들 "배움이 비록 많지 않더라도 최상의 성현에 오를 수 있다"고 말하는 것입니다.

🏵 진리의 법은 본래 성품이 없으며〔眞法無性〕, 더러움〔오염〕과 깨끗함〔청정〕은 연분에 따를 뿐입니다〔染淨從緣〕. 하나의 진리를 높이 치켜올리면, 그 몸통〔전체〕이 바로 (부처부터 지옥까지) 열 법계를 이루며, 따라서 열 법계 전체가 곧 하나의 진리〔진여〕인 것입니다.

이러한 까닭에, 마음과 성품을 말하기 좋아하는 사람은 결코 인과(법칙)를 내버리거나 떠나는 법이 없으며, 거꾸로 인과(법칙)를 깊이 믿는 사람은 궁극에는 반드시 마음과 성품을 크게 밝히고야 맙니다. 이는 이치로나 대세로나 틀림없고 당연한 것입니다.

🏵 우리들이 지금 지니는 한 생각을 능히 생각하는 주체인 마음〔能念之心〕은 전체 진여〔실상, 본체〕가 고스란히 망상〔허망, 현상〕이 되고, 따라서 전체 망상 그대로가 바로 진여입니다. 망상으로 보면 하루 종일 바깥 사물의 연분 따라 변하지만, 진여로 보면 하루 종일 조금도 변하지 않습니다.

'나무 아미타불'이라는 한 구절 생각〔사념, 염송〕하는 바〔대상〕의 부처님은 온전한 덕으로 명호를 지으셨는지라, 덕 이외에는 명호가 없습니다. 또 거꾸로 명호로써 덕을 밝히는지라 명호 이외에는 덕이 없습니다.[26] 염불할 줄 아는 마음(주체) 바깥에 달리 염송의 대상이 되는 부처님(객체)이 있는 것도 아니며, 거꾸로 염송의 대상이 되는 부처님 바깥에 염불할 줄 아는 마음이 따로 있는 것도 아닙니다.

주체[能]와 객체[所]가 둘이 아니며, 중생과 부처님이 완연히 똑같습니다. 본래 네 구절을 떠나 있고[本離四句][27], 본래 온갖 시비를 끊었으며, 본래 일체 만유에 두루 퍼져 있으면서, 본래 일체 만유를 포함하고 있습니다. 절대적이며 원만하고 융합하여, 참으로 불가사의할 따름입니다. 연종(蓮宗: 淨土宗)의 염불 수행자들은 마땅히 이 말의 내면적 의미를 믿고 들어가야 합니다.

🐾 산 목숨을 죽이는 살생은 그 허물과 죄악이 지극히 크고 무겁습니다. 일체 중생이 모두 부처님 성품을 지니고 있는데, 산 목숨(중생)을 죽일 수 있겠습니까? 살기등등하니 방종하여 무거운 죄업을 짓고 깊은 원한을 맺으며, 결국 막대한 고통의 과보를 불러들이는 것은, 다 죽일 살(殺)자 하나로부터 비롯됩니다. 그렇게 해서 죽이려는 마음[殺心]이 점차 맹렬해지고 살생의 업장이 점차 깊어지면, 나중에는 점점 사람도 죽이고 일가친척

---

26) 이름, 개념과 실체, 실재가 완전히 일치하는 이른바 명실상부(名實相符)를 가리킴.

27) 본래 네 구절을 떠나다[本離四句]: 1. 사구분별(四句分別)로서, 유(有)와 공(空)으로 모든 법을 분별하는 네 가지 기준. ① 텅 비지 않고 있다[有而非空]는 유문(有門). ② 있지 않고 텅 비었다[空而非有]는 공문(空門). ③ 있기도 하고 텅 비기도 하다[亦有亦空]. ④ 있지도 않고 텅 비지도 않다[非有非空]. 있고 없고[有無]의 법문은 이 네 구절에 다 포함되고, 더 이상의 제5구는 없다. 어떠한 상대적 분별도 허용하지 않고 완전히 초월하는 절대 진리를 비유할 때, "본체는 온갖 시비를 끊고, 이치는 세 구절 분별을 초월한다.[體絶百非, 理超四句]" 식으로 표현한다.
　2. 사구추검(四句推檢)으로서 자인(自因: 내부 원인)·타인(他因: 외부 원인)·공인(共因: 내외 원인)·무인(無因: 원인 없음)의 네 구절로 위법을 추론하고 점검하여, 모든 법이 생기지도 않고 얻을 수도 없음을 증명함. 예컨대, 꿈에 호랑나비가 되었다고 하자. 이 꿈 속의 나비가 만약 스스로 생겼다고 치면, 꿈이 없어도 나비가 스스로 생겨야 하고; 만약 꿈이라는 타인(他因)으로 생겼다면, 꿈 속에선 항상 나비가 생겨야 하며; 만약 나비의 자인과 꿈의 타인이 함께 작용해 생겼다면, 나비와 꿈은 각자 단독으로는 생겨날 원인이 못 되는 것인데, 어떻게 서로 합쳐진다고 생겨날 수 있을 것인가? 만약 나비 자인이나 꿈 타인이 전혀 없이 생겨났다면, 허공 같은 존재로 자타가 없으므로 항상 나비를 생기게 해야 할 것이다. 이와 같이 추론해 보면, 모든 법은 곧 생기지도 않고 얻을 수도 없음을 알 수 있다.

도 죽이며, 심지어는 창칼을 휘두르는 전쟁까지 초래하는데, 어찌 끔찍스런 비극이 아니겠습니까?

이 모두가 살생을 금지(戒殺)할 줄 모르는 데서 말미암는 비극입니다. 진실로 산 목숨 죽이는 걸 금할 줄 안다면, 제물로 바칠 희생조차 차마 죽이지 못할 텐데, 하물며 사람을 죽이고 일가친척을 죽이겠습니까? 희생도 차마 죽이지 못하는데, 창칼 휘두르는 전쟁은 어디서 어떻게 일어나겠습니까?

"남의 부모를 죽이는 자는, 남이 또한 그의 부모를 죽이게 마련이고; 남의 형제를 죽이는 자는, 남이 또한 그의 형제를 죽이게 마련입니다."[28]

이 말씀은 남의 부모형제를 죽일 수 없다는 일반론으로, 그나마 점차 살생을 금지하는 길로 이끄는 훌륭한 가르침입니다. 그러나 애석하게도, 남의 부모형제를 죽이는 범죄가 바로 살생을 금지(戒殺: 채식)하지 않는 데서 비롯되는 줄은 모르고 있습니다.

✿ 사람들이 살생을 그만두지 않는 까닭은 인과응보의 이치를 잘 모르기 때문입니다. 인과란 감응입니다. 내가 나쁜 마음으로 남을 감동시키면, 남도 또한 나쁜 마음으로 반응해 옵니다. 거꾸로 내가 착한 마음으로 남을 감동시키면, 남도 또한 착한 마음으로 호응해 옵니다.

그런데 보통 사람들은 이러한 인과의 감응이 현생(금생)에만 나타나는 줄로 알 뿐, 인과의 감응이 전생 · 현생 · 내생의 삼세 윤회를 통하여도 나타나는 줄은 미처 모르고 있습니다. 또한 보통 사람들은 인과의 감응이 인간 세상에 나타나는 줄만 알 뿐, 이러한 인과의 감응이 천상 · 인간 · 아

---

28) 『맹자(孟子)』, 「진심(盡心)」 하(下)편에 나오는 말을 인용한 것임.

수라·축생·아귀·지옥의 육도 윤회를 통하여도 나타나는 줄은 미처 모르고 있습니다. 정말로 인과의 감응이 삼세와 육도의 윤회를 통하여 나타나는 줄 안다면, 육도 중의 중생이 모두 여러 생에 걸친 자기 부모형제들일 텐데, 살생을 그만두지 않을 수 있겠습니까?

또 사람들은 설령 인과의 감응이 육도 윤회를 통해서 나타나는 줄은 안다고 할지라도, 세간과 출세간의 수행을 통해서도 나타나는 줄은 미처 모르는 경우가 허다합니다. 내가 없다는 무아심으로 감동시키면(수행하면), 성문과 연각의 과위(果位)가 호응해 오고(얻어지고); 보리심의 육도만행(六度萬行)으로 감동시키면, 보살 법계가 과위로 호응해 오며, 모든 중생을 일미평등하고 일심동체로 대하는 대자비심으로 감동시키면, 부처님 법계가 과위로 호응해 오는 법입니다.

오호라! 인과와 감응의 진리(道)를 어찌 말로 다할 수 있겠습니까!

오직 부처님(唯佛)·마음(唯心)을 으뜸 종지로 삼는다

'아미타불(阿彌陀佛)' 성호 한 구절은 유심(唯心)을 으뜸 종지(宗旨)로 삼는 줄을 모름지기 알아야 합니다. 여기서 유심의 의미는 모름지기 세 가지 양(量: 관점·차원)으로 이해되어야 합니다. 그 세 가지 양이란 바로 현량(現量)·비량(比量)·성언량(聖言量)입니다.

첫째, 현량(現量)이란 그 진리를 몸소 증득하는 것을 일컫습니다. 예컨대, 구마라집(鳩摩羅什) 대사는 일곱 살 때 어머니를 따라 절에 들어갔다

128

가, 부처님 발우〔佛鉢〕를 보고 기뻐서 머리에 이었습니다. 그런데 조금 뒤 그의 마음에 '나는 나이가 아주 어리고 부처님 발우는 몹시 무거운데, 어떻게 내가 머리에 일 수 있을까?'라는 생각이 언뜻 스쳐지나 갔습니다. 이 생각이 들자마자 갑자기 외마디 소리를 지르며 발우를 내려놓으면서, 마침내 "모든 법이 오직 마음뿐이다〔萬法唯心〕."는 진리를 깨달았습니다.

또 신라 때 원효(元曉) 법사는 중국에 공부하러 오던 길에 밤에 무덤가에서 묵게 되었는데, 몹시 목이 타서 달빛 아래 보이는 맑은 물 한 움큼을 손으로 움켜 마셨습니다. 마실 때는 물이 몹시 향긋하고 맛있다고 느껴졌는데, 이튿날 새벽 깨어나서 그 물이 바로 무덤 속에서 흘러 나온 (해골 바가지에 담긴) 걸 보고는 속이 뒤집히며 구역질이 심하게 났습니다. 그래서 이내 모든 법이 오직 마음뿐임〔萬法唯心〕을 깨닫고, 본국으로 되돌아가 훌륭한 저술을 남겼습니다. 이것은 현량(現量)으로 자신이 몸소 체험으로 증득한 것입니다.

둘째, 비량(比量)이란 많은 현상〔衆相〕을 통하여 그 이치를 관찰하여 비유로써 아는 것입니다. 그러한 여러 비유 가운데 꿈의 비유〔夢喩〕가 가장 절실합니다. 예컨대, 꿈속에서 보는 산천이나 인간과 같은 삼라만상은 천차만별로 잡다하지만, 모두 다 나의 꿈꿀 수 있는 마음을 벗어나지 못합니다. 꿈꾸는 마음을 벗어나서는, 그 어떤 법(물건)도 얻을 수가 없습니다. 이러한 꿈의 허망한 모습으로 비유해 보면, 우리들 앞에 펼쳐져 있는 일체 모든 법이 오직 마음〔唯心〕의 표현일 뿐임을 알 수 있습니다.

셋째, 성언량(聖言量)이란 삼계가 오직 마음뿐이며〔三界唯心〕 모든 법이 오직 인식뿐이다〔萬法唯識〕는 진리를 팔만사천 대장경과 역대 모든 논장(論藏) 어록에서 한결같이 설하시는 것입니다.

지금까지 현량·비량·성언량의 세 관점에서 유심의 의미를 살펴보았는데, 이제 구체적 사실[事: 현상]과 추상적 이치[理: 본질]의 두 범주를 통해 도구(道具)와 조화(造化)의 관계를 밝혀 보겠습니다.

즉, 본질이라는 추상적 이치의 도구[理具]가 있기 때문에, 바야흐로 현상이라는 구체적 현상의 조화[事造]가 있게 됩니다. 만약 본질(추상적 이치)이 갖추어져 있지 않다면, 현상(구체적 사실)이 어떻게 만들어질(나타날) 수 있겠습니까?

그러므로 본질이 갖추어진[理具] 까닭은, 단지 현상의 조화(造化: 발현)를 갖추어 주는 도구일 따름입니다. 현상의 조화를 떠나서 달리 갖추어야 할 바는 없는 것입니다. 현상의 조화가 있음으로 말미암아, 바야흐로 본질의 도구가 훤히 드러나는 것입니다. 만약 현상이 조화로 나타나지 않는다면, 본질이 본디 갖추어져 있는 줄 어떻게 알 수 있겠습니까?

그러므로 거꾸로, 현상이 조화로 나타나는[事造] 까닭은, 단지 본질이 본래 갖추어져 있음을 조화로 나타내기 위함일 뿐입니다. 본질이 본래 갖추어져 있지 않고서는 달리 조화를 나타낼 수가 없는 것입니다.

단지 바로 이 한 생각 한 마음 가운데에 열 법계와 온갖 법[十界萬法]이 본래 갖추어져 있습니다. 바로 이 한 생각이 연분 따라[隨緣] 열 법계와 온갖 법을 지을 수 있습니다.

추상적 이치(본질)의 도구[理具]란, 비유하자면 금 속에 본래 갖추어져 있는, 온갖 기물을 이룰 수 있는 이치를 뜻하며, 구체적 사실(현상)의 조화[事造]란 기술자의 정교한 세공의 연분에 따라 다양한 용도와 형태의 기물을 만들어 내는 걸 가리킵니다. 또 이구(理具)란 밀가루 속에 본래 갖추어져 있는, 온갖 식품을 이룰 수 있는 이치를 뜻하며, 사조(事造)란 물과 불과 인공(요리사의 가공)의 연분이 합쳐져서 온갖 식품을 만들어 내는 것을 가리킵니다.

지금까지 구체적 사실과 추상적 이치를 통해 알아보았는데, 이제 다시 이름[名: 개념]과 실체[體: 본체]의 같고 다름을 가지고 진실[眞]과 허망[妄]을 분간해 보겠습니다. 부처님 가르침 가운데는 이름은 같지만 실체가 다른[名同體異] 것이 있기도 하고, 거꾸로 이름은 다르지만 실체가 같은[名異體同] 것이 있기도 합니다.

이름이 같지만 실체가 다른 것은, 예컨대 마음이라는 이름은 똑같이 하나인데도, 육단심(肉團心)도 있고 연려심(緣慮心)도 있으며, 집기심(集起心)도 있고 견실심(堅實心)도 있는 것과 같습니다.

육단심(肉團心)[29]은 바깥 사대(四大: 地水火風)와 같아서, 아는 것이 전혀 없습니다.

연려심(緣慮心)은 여덟 인식[八識]과 통하는데, 여덟 가지 인식(안식·이식·비식·설식·신식·의식·말나식·아뢰야식)은 모두 각자 맡은 바 경계의 연분 따라 사려를 통해 얻어지기 때문입니다. 이는 허망한 것입니다.

집기심(集起心)은 오직 제8식(아뢰야식)에 특정한 명칭인데, 모든 법의 종자를 모아 저장할 수 있고, 또한 모든 법이 드러나 행해지도록 일으킬 수 있다는 뜻에서 붙여졌습니다. 이 마음은 진실과 허망이 함께 어우러져 합쳐진 것입니다.

견실심(堅實心)은 곧 견고하고 진실한 성품으로서, 생각을 떠난 영명한 지각[離念靈知]이자, 순수하고 진실한 마음의 본체[純眞心體]입니다. 지금 여기서 말하는 '오직 마음뿐[唯心]'이라는 것은 바로 견고하고 진실하며 순수한 진리의 마음[堅實純眞之心]입니다.

---

29) 육심(肉心)이라고 하며, 고기 덩어리 마음이라는 뜻으로 심장을 가리킴. 범어로는 흘리타야(紇利陀耶)인데, 의근(意根)이 깃들어 있으며, 여덟 조각 고깃잎[肉葉]이 모여 연꽃을 이룬다고 밀교에서는 보았음.

이름은 다르지만 실체는 같은[名異體同] 것은, 예컨대 여러 경전에서 말하는 진여(眞如)·불성(佛性)·실상(實相)·법계(法界) 등과 같이 온갖 궁극을 가리키는 이름(명칭)이 대표적인데, 이들은 모두 견고하고 진실하며 순수한 진리의 마음입니다.

여기까지 이름과 실체를 가지고 진실과 허망을 분간해 보았으니, 이제 끝으로 본유(本有: 본래 가지고 있음)와 현전(現前: 눈앞에 나타냄)을 가지고 다시 한번 비교하여 지적해 보겠습니다.

여러 경전들에 보면, 시작도 없이 본래 지니고 있는 진실한 마음[無時本有眞心]이라는 말이 자주 나옵니다. 무릇 '본래 지니고 있다[本有]'고 말했다면, 지금 당장이라고 어찌 없을 수 있겠습니까? 그러니 지금 현재 있는 것[現有]은 곧 바로 본래 지니고 있는[本有] 것입니다. 만약 시작도 없음[無始]이 없다면, 눈앞에 나타남[現前]도 없을 것입니다. 만약 눈앞에 나타남을 떠난다면, 어떻게 시작도 없음이 있을 수 있겠습니까?

그러한 까닭에 반드시 본래 지니고 있는 것만 높이 떠받들고 시작도 없음은 멀리 밀쳐낼 필요는 없습니다. 다만 지금 눈앞에 나타나는 한 생각 마음의 자기 성품[現前一念心之自性]이 바로 본래 지니고 있는 진실한 마음일 뿐입니다. 왜냐하면, 지금 눈앞에 나타나는 한 생각이 바로 "전체 진여가 고스란히 망상이 되고[全眞成妄] 전체 망상 그대로가 곧 진여면서[全妄卽眞], 망상으로 보면 하루 종일 바깥 사물의 연분 따라 변하지만[終日隨緣], 진여로 보면 하루 종일 조금도 변하지 않기[終日不變]" 때문입니다. 바로 지금 눈앞에 나타나는 한 생각을 떠나서, 그 밖에 다른 어떤 진실한 마음과 자기 성품이 존재할 수 있겠습니까?

그래서 옛 고승대덕도 이렇게 말씀하셨습니다.

"위음왕불 저 언저리[威音那畔][30]도 지금 세상 문 앞을 떠나지 않네. 중생들이 지금 어리석음을 행하는 건, 바로 모든 부처님께서 지혜의 본체를 움직이지 않으심일세."

이 어찌 진리〔道〕에 가까운 말씀이 아니겠습니까?

이상 네 가지 이치〔三量, 理具와 事造, 名과 體, 本有와 現前〕로 유심〔唯心〕의 의미를 밝혀 보았습니다. 그래서 한결같이 오직 마음〔唯心〕을 으뜸〔宗旨〕으로 삼았습니다.

그런데 또 '아미타불' 한 구절로 보자면, '오직 부처님〔唯佛〕'을 으뜸 종지로 삼습니다. 일체 모든 법이 '오직 마음'으로 나타난 것이라면, 전체가 온통 '오직 마음'뿐일 것입니다. 마음은 피차의 구분도 없고, 마음은 과거·현재·미래의 시간 구분도 없습니다. 열 법계나 모든 법에서, 의보(依報)거나 정보(正報)거나, 또는 가짜 이름〔假名〕이나 진짜 법〔實法〕이나 할 것 없이, 그 어느 법 하나를 아무렇게나 들추어낸다고 해도, 그 모두가 바로 마음의 전체이며, 그 모두가 마음의 위대한 작용을 갖추고 있습니다.

마치 마음이 가로(공간상)로 시방세계에 두루 펼쳐져 있고, 세로(시간상)로 삼세에 길이 이어져 있듯이 말입니다.

'오직 마음뿐〔唯心〕'이라는 이치가 성립하기 때문에, '오직 빛깔뿐〔有色〕' '오직 소리뿐〔唯聲〕' '오직 냄새뿐〔唯香〕' '오직 맛뿐〔唯味〕' '오직 만짐뿐〔唯觸〕' '오직 법뿐〔唯法〕' '오직 티끌뿐〔唯微塵〕' '오직 겨자씨뿐〔唯芥子〕' 따위와 같은 일체 모든 '오직〔唯〕'의 이치가 다함께 성립하게 됩니다. 그

---

30) 위음왕불:공겁(空劫)에 맨처음 성불한 부처님으로, 그 전에 부처님이 없었음. 그래서 선종에서 향상본분(向上本分)을 가리켜 '위음나반(威音那畔)'이라 부름. '위음나반'은 위음왕불 출현 이전으로, '지극히 먼 옛날' 또는 '실제 진리의 자리〔實際理地〕'를 가리키고, '위음 이후'는 '향하(向下)의 불사문중(佛事門中)'을 비유함.

리고 이처럼 일체 모든 '오직'의 이치가 다함께 성립하기 때문에, 바야흐로 진실한 '오직 마음뿐〔唯心〕'의 이치가 성립하는 것입니다. 만약 일체모든 '오직'의 이치가 성립하지 않는다면, 단지 '오직 마음뿐〔唯心〕'이라는 텅빈 이름만 존재할 뿐, '오직 마음뿐〔唯心〕'이라는 진실한 이치는 전혀 없게 됩니다. 이치가 다 함께 성립하기 때문에, "법은 일정한 모습이 없으며, 연분 따라 곧 으뜸 종지가 된다〔法無定相, 遇緣卽宗〕."고 말하는 것입니다.

'오직 티끌뿐'이나 '오직 겨자씨뿐'도 오히려 으뜸 종지〔宗旨: 宗派·宗教〕로 삼을 수 있거늘, 8만 상호(相好)가 장엄하게 갖추어진 최상의 과보지위〔果地〕이신 아미타불만 도리어 으뜸 종지로 삼을 수 없단 말입니까? 그래서 '오직 부처님뿐〔唯佛〕'을 으뜸 종지(정토종)로 삼는 것입니다.

또한 '절대적인 원만 융합〔絶待圓融〕'을 으뜸 종지로 삼습니다. 열 법계의 모든 법 가운데 임의로 아무 법이나 하나 끄집어내든지, 그 어느 것 하나 바로 마음 전체가 아닌 게 없으며, 또 마음의 위대한 작용을 지니지 않은 게 없습니다.

가로로는 시방세계에 두루 펼쳐지며, 세로로는 과거·현재·미래의 삼세에 연이어 있습니다. 네 구절〔四句〕을 떠나 있으면서 어떠한 시비도 모두 끊었습니다. 오직 하나의 몸통 자체가 온전히 진여(진리) 덩어리면서, 더 이상 바깥이란 게 없습니다. 청정함으로 가득 차 있으면서, 그 속에 어느 것도 용납하지 않습니다. 한 법이 이러하거니와, 온갖 법이 또한 모두 그러합니다. 각각 모든 법이 고스란히 전체가 된다는 점에서는, 그 자체가 절대이며, 그밖에 다른 게 없습니다. 이것이 절대(絶待)의 의미입니다.

또 열 법계의 모든 법은, 하나하나가 각각 서로 온 허공에 두루 가득

차 있으면서, 각각이 서로 포함하고 있습니다. 하나하나가 서로 교차로 펼쳐져 있으면서, 하나하나가 철저하게 완비되어 있습니다. 그들 하나하나가 거침없고 막힘없으면서, 각각이 서로 해치지도 않고 뒤섞이지도 않습니다. 마치 높은 누대에 고풍스런 거울을 걸어 놓으면, 온갖 사물의 그림자가 겹겹이 비치는 것과 같습니다. 또한 제석천 인드라망(帝網)의 천만 구슬이 서로 되비추며 서로 머금는 것과도 같습니다. 이는 모든 법이 서로 번갈아가며 서로 비추는 차원을 말한 것으로, 이것이 곧 원만융합(圓融)의 의미입니다.

그런데 여기서는 지금 절대와 원만융합을 합쳐서 하나의 으뜸 종지(一宗)로 삼았습니다. 바로 절대일 때 곧 원만융합이 되고, 또 바로 원만융합일 때 곧 절대가 됩니다. 절대를 떠나서 달리 원만융합이 있는 것이 아니기에, 절대란 바로 그 원만융합을 절대화함을 뜻합니다. 또 원만융합을 떠나서 달리 절대가 있는 것이 아니기에, 원만융합이란 바로 그 절대를 원만히 융합함을 뜻합니다. 그러므로 절대와 원만융합은 각각이 모두 불가사의합니다. 그런데 지금 둘을 합쳐서 하나의 으뜸 종지로 삼았으니, 이는 불가사의 중의 불가사의인 것입니다.

마지막으로 또 감정을 초월하고 견해를 떠남(超情離見)을 으뜸 종지로 삼습니다. 위에서 말한 '모든 법이 절대이다(諸法絶待)'는 관점에서 보면, 이미 모든 허물을 떠나고 온갖 시비를 끊었으므로, 벌써 일체 중생의 감정과 망상과 집착은 물론, 성문·벽지불·보살의 세 성현 경지에서 서로 달리 나타나는 견해의 차별까지 훌쩍 초월해 있는 것입니다.

그리고 '모든 법이 원만히 융합한다(諸法圓融)'는 견지에서 보면, 네 구절(四句)을 원만히 완비하고, 온갖 시비를 모두 모아 융합하므로, 더더욱 범부 중생의 감정이나 성문·벽지불·보살의 세 성현들의 식견이 미칠 수 있는 바가 아닙니다. 그래서 감정을 초월하고 견해를 떠남〔超情離見〕을 함께 합쳐서 하나의 으뜸 종지로 삼았습니다.

맨 처음에는 '오직 마음뿐〔唯心〕'을 으뜸 종지로 삼았고, 다음에는 '오직 부처님뿐〔唯佛〕'을 으뜸 종지로 삼았으며, 그 다음으로 세 번째는 '절대적인 원만융합〔絶待圓融〕'을 으뜸 종지로 삼았고, 마지막으로 네 번째는 '감정을 초월하고 견해를 떠남〔超情離見〕'을 으뜸 종지로 삼았습니다.

그런데 이 네 겹(층)의 으뜸 종지를 총괄하여야만, 바야흐로 아미타불 한 구절의 정통 종지 중의 으뜸 종지가 됩니다. 그러니 아미타불 염불의 심오하고 미묘한 이치를 어찌 그렇게 쉽게 말할 수 있겠습니까?

부처님의 가르침 자체가 방대한 염불 법문이다

🏵️ 이 염불 법문은, 하늘이 만물을 고루 덮어 감싸듯, 땅이 만물을 두루 실어 떠받치듯, 어느 한 사람이나 어느 한 법도 그 안에 포함되지 않고 그 바깥으로 벗어날 수 있는 게 없습니다. 마치 한 부의 『화엄경(華嚴經)』전편이 비록 오주사분(五周四分)[31]의 차이는 있지만서도, '인과(因果)' 두 글자로 빠짐없이 망라할 수 있는 것과 비슷합니다. 즉 41위(位)의 원인 자리 마음〔因心〕[32]은 어느 하나 궁극의 과보인 깨달음〔果覺: 成佛〕을 향해 나아가지 않는 게 없으니, 그 41위에서 닦아가는 온갖 법문 수행이 어찌 모두다 염불 법문 수행이 아니겠습니까? 그런데 그 『화엄경』의 맨 끝에 이르면, 보현보살님께서 십대원왕(十大願王)을 가지고 모두 극락세계로 귀착

(왕생)하도록 인도하시는 게 경전 전편의 대단원을 마무리 짓는 핵심 경혈(經穴)이지 않습니까?

또 화엄(경)이란, 원인 자리 꽃〔因華〕이라 할 수 있는 온갖 수행〔萬行〕으로 궁극의 유일 차원인 부처님 과위〔一乘佛果〕를 장엄하게 성취하는 것일진대, 이러한 온갖 수행이 바로 염불 수행이 아니겠습니까?

화엄(경)에 보면, 바수밀녀(婆須密女)나 무염족왕(無厭足王)이나 승열바라문(勝熱婆羅門) 등과 같은 무량 법문이 갖추어져 있지만, 모두 비로자나 경계를 뚜렷이 보여 주고 있으니, 이러한 무량 법문도 또한 바로 염불 법문이 아니겠습니까?

『법화경(法華經)』으로 말하면, 처음부터 끝까지 부처님의 지견(知見)을 깨달아 들어가도록 열어보여 주고 계시는데, 이 또한 처음부터 끝까지 온통 유일한 염불 법문이 아니겠습니까?

『능엄경(楞嚴經)』은, 맨 처음에 여래장 성품을 뚜렷이 내보이셨으니, 부처가 될 수 있는 진짜 원인을 밝히신 것이며; 그 다음으로 원만하게 통달〔圓通〕하는 방법들을 엄선하셨으니, 부처가 되는 미묘한 수행을 보이신 것입니다. 그 뒤 60가지 성인 자리〔聖位〕를 거쳐 보리(菩提)를 원만히 이루고 더 이상 얻을 게 없는 경지로 되돌아가나니, 바로 부처님 자리라는 궁극

---

31) 오주사분(五周四分):『화엄경』전편의 법회를 신(信)·해(解)·행(行)·증(證)의 사분(四分)으로 나눔과 동시에, 소신인과주(所信因果周: 信分과 일치. 처음부터 비로자나품까지), 차별인과주(差別因果周: 解分 중 여래명호품부터 26품은 차별인에 해당하고, 佛不思議品부터 3품은 差別果에 해당), 평등인과주(平等因果周: 解分 중 보현행원품은 平等因에 해당하고, 여래출현품은 平等果에 해당), 성행인과주(成行因果周: 行分과 일치. 離世間品), 증입인과주(證入因果周: 證分과 일치. 入法界品)로 나누는 전체 구조분석법을 가리킴.

32) 41위인심(位因心):『화엄경』의 52위 가운데, 맨 위의 묘각(妙覺)은 궁극의 부처님 과위(果位)이고, 맨 처음 십신(十信)은 외범부(外凡夫) 자리로 제외하면, 십주(十住)·십행(十行)·십회향(十廻向)의 삼현(三賢)과 십지(十地)와 등각(等覺)보살의 성위(聖位)를 합쳐 41위 원인 자리〔因地: 佛果를 향해 수행하는 경지〕가 됨.

의 과보를 증득하는 것입니다. 이것을 등지면, 칠취(七趣: 육도에 神仙을 덧보 탠 중생계)에 빠져 허우적거리며; 이것을 향해 나아가면, 다섯 악마(五魔)가 뒤흔들어 어지럽힌다는 것입니다.

맨 마지막엔 말씀하시길, 사람 몸이 네 가지 중죄나 열 가지 바라이(十 婆羅夷)[33]를 짓게 되면, 눈 깜박할 사이에 금방 여기 세계와 다른 세계의 아 비지옥(阿鼻地獄)을 거칠 뿐만 아니라, 시방세계의 모든 무간(無間)지옥을 죄다 거치지 않는 게 없는데; 만약 일념(一念)으로 이 『능엄경』의 법문을 말겁(末劫: 말세) 중의 배우지 못한 중생들한테 알리고 일깨워 준다면, 이 사람의 죄악과 업장은 한 생각에 깨끗이 소멸되고, 지옥에 들어가 고통 받을 원인이 안락국토(극락정토)에 왕생할 원인으로 변화한다고 합니다. 그러니 이 또한 처음부터 끝까지 철저히 유일한 염불 법문이 아니겠습니 까?

부처님 한평생 설법 교화의 자취인 삼장십이부(三藏十二部) 경전을 통 틀어서 종합해 보아도, 반자교(半字教: 소승 성문)든 만자교(滿字教: 대승보 살)[34]든 임기방편(權)이든 불변실상(實)이든[35], 치우쳤든(偏) 원만하든(圓)[36], 단박이든(頓) 점차든(漸) 간에[37], 온갖 종류의 법문들이 어느 것 하나 유 심(唯心)과 자성(自性)을 뚜렷이 보여 주면서 더할 나위 없는 미묘한 깨달 음(無上妙覺)을 원만히 성취시켜 주지 않는 게 없으니, 부처님 가르침 전 체가 그 자체로 하나의 방대한 염불 법문이 아닐 수 있겠습니까?

그리고 선종(禪宗)으로 말할 것 같으면, 달마(達摩) 대사가 서쪽에서 오

---

33) 사중(四重)과 십바라이(十波羅夷): 네 가지 중죄는 첫째 음욕, 둘째 살생, 셋째 도둑질, 넷째 망어(거짓 말)이며, 여기에 술 마시는 것, 사부대중의 허물을 말하는 것, 자기 자랑하며 남을 헐뜯는 것, 자기 물 건은 아끼며 남의 물건을 훼손하는 것, 성내는 마음으로 남의 참회를 받아주지 않는 것, 삼보를 비방하 는 것을 합쳐 보살의 열 가지 중죄라고 부른다.

셔서, 단지 "곧장 사람 마음을 가리켜 본래 성품을 본다〔直指人心, 見性便了〕."고만 말씀하셨으면 그만이었을 텐데, 그러지 않고 (본래 성품을 보고) 부처가 된다〔成佛〕고까지 말씀하신 걸 보아도, 선종의 법문도 또한 결국엔 염불 법문이 아니겠습니까?

그래서 두 파〔二派〕의 다섯 종〔五宗〕에 걸쳐 쏟아진 천칠백 개 공안(公案: 話頭)은 모두 사람의 본래 근원 자리 마음 성품〔本源心性〕을 파헤쳐 일깨우면서, 우리가 본래부터 지니고 있는 청정법신(淸淨法身)을 뚜렷이 보여 주

---

34) 반만(半滿): 범서(梵書)의 반체자(半體字)를 소승에 비유하고 성자(成字)를 대승에 비유하여, 소승을 반자교(半字敎), 대승을 만자교(滿字敎)로 부르는 구분법.

35) 권실(權實): 일시적인 상황에 적합하여 잠시 사용했다가 그만두는 방편 법문을 권(權)이라 하고, 궁극 본체인 항상 불변의 법을 실(實)이라고 부른다. 천태종의 지관(止觀)에서는 권모(權謀)와 실록(實錄)이라고도 명명하는데, 조금 낯익은 표현으로는 권변(權變)·권의(權宜)와 실체(實體) 정도가 괜찮을 듯하다. 권실의 구분은 모든 법문과 종파에 두루 통용되지만, 특히 천태종에서 열 쌍과 세 종류의 권실을 상세히 체계화하여, 법문의 사리(事理)와 여래의 지혜 및 여래가 설한 교법(敎法) 등에 대해 권실을 따지는 이론이 가장 중요하다. 권법(權法)의 차별에 통달함이 여래의 권지(權智)이고, 그 실상(實相)의 일리(一理)에 통달함이 여래의 실지(實智)이다. 『금강경』에서 "일체 성현은 모두 무위법으로써 차별을 나툰다(一切賢聖, 皆以無爲法而有差別)."는 구절이 바로 이러한 의미 맥락이다.

여래가 처음에 권지(權智)로써 삼승(三乘)의 교화를 펼친 것이 권교(權敎)이고, 나중에 일승(一乘)의 이치를 보인 것이 실교(實敎)이다. 천태종의 4교로 보면, 장교(藏敎), 통교(通敎), 별교(別敎)가 권교에 해당하고, 원교(圓敎)는 실교에 속한다. 또 화엄종의 5교로 보면, 돈교(頓敎) 이하가 모두 권교에 해당한다.

한편, 권(權)은 일찍이 중국 고대 유가에서, 평상의 원칙과 정도(正道)를 변화 융통하여, 특별하고 긴급한 위기 상황에 대처하는 임기응변의 방편을 가리키는 개념으로 쓰였다. 예컨대, 『맹자(孟子)』에 따르면, 남녀간에는 수건조차 손으로 직접 주고 받지 않는〔男女有別〕 것이 원칙상의 예법(禮)이다. 하지만 형수가 물에 빠져 죽게 생긴 위기 상황에서는, 시동생이 손으로 직접 건져 살리는 것이 권(權)으로서, 인정(人情)과 천리(天理)에 모두 합당한 방편법이라고 강조된다. 권(權)의 상대어로는 보통 경(經)이 언급된다. 또 중국 철학상 본체(體)와 작용(用)이라는 범주도 실권(實權)에 상응한다.

36) 편원(偏圓): 교리의 우열을 판단하여, 공(空)이나 가(假)나 중(中)에 편협하게 치우친 걸 편(偏/偏), 원만하게 일체를 두루 갖춘 걸 원(圓)이라 구분하는데, 보통 소승을 편, 대승을 원이라고 부르나, 더 세분하면 대승 중에서도 화엄종이나 천태종에서 원교(圓敎)로 일컫는 것만 원이고 나머지는 편으로 구분하기도 함.

시는 것에 지나지 않습니다. 그 법신은 가로(공간)로나 세로(시간)로나 두루 꽉 차서, 존재하지 않는 곳과 때가 없으며, 참선하는 사람은 바로 이 법신이 어느 때건 항상 앞에 나타나고 어느 사물이건 도처에서 서로 들어 맞도록 공안을 들고 참구해야 합니다. 그러한 참선(공안)이 어디에 있기에 염불 법문이 아닐 수 있겠습니까?

그리고 "부처님[佛]이란 한 글자를 나는 듣기 좋아하지 않으니, 몽둥이 한 방에 때려 죽여, 개새끼한테 처먹으라고 주리라[佛之一字, 吾不喜聞, 一棒打殺, 與狗子喫]."는 따위의 말들은, 사실은 모두 법신과 궁극의 최상 경지[法身向上]를 뚜렷이 보여 주는 훌륭하고 미묘한 방편 법문으로서, 이것이 야말로 진짜 염불입니다.

이따금 무지(無知)한 무리들이 "선종 문중의 수행인들은 염불해서는 안 된다."고들 말하는데, 이는 단지 염불이 뭔지 모르는 것일 뿐만 아니라,

---

37) 돈교(頓教)와 점교(漸教)의 구분은 두 가지가 있다.

첫째는 부처의 설법 일대기를 획분하는 표준으로, 화엄종의 청량(淸京) 대사가 화엄경을 돈교, 법화경을 점돈교(漸頓教)라 부른 것이 이에 해당한다. 점오(漸悟) 보살은 먼저 소승을 익힌 뒤 마음을 크게 돌려 대승을 배우는데, 부처가 이러한 근기의 중생에게 설법한 경전은 모두 점교에 속한다. 녹야원 이하의 대소승 경전이 그것인데, 이 가운데 소승은 점교소승, 대승은 점교대승이라고 부른다. 돈오(頓悟)에 곧장 들어가는 보살은 곧바로 부처가 되기 위해 발심 수행하는데, 이러한 근기의 중생에게 설법한 대승경전이 돈교로 화엄경이 여기에 속한다. 법화경이나 열반경은 이러한 기준에 따르면 점교에 포함된다. 천태종에서 화의(化儀)상 법화 이전의 경전을 돈교와 점교로 나누는 것은 같은 맥락이다.

둘째는 천태종 특유의 화법(化法)상 구분으로, 지자(智者) 대사가 지관(止觀)을 판별하는 다섯 쌍의 범주 가운데 하나인데, 법문의 본체를 논한 것이다. 원교(圓教)는 단박에 족하고 단박에 지극한(頓足頓極) 성불의 법문이기 때문에 돈교라 부르고, 장교(藏教), 통교(通教), 별교(別教)의 세 가지는 점차로 성불에 진입하는 법문이므로 점교라고 부른다. 따라서 천태종의 입장에서 보면, 법화경만이 순수히 원만한 법문으로 유일하게 돈교라고 부를 수 있다. 화엄경은 화의(化儀)상으로는 비록 돈교이지만, 화법(化法)상으로는 원교와 별교를 아울러 말하기 때문에, 돈교로서 점교를 겸한다고 말할 수 있다. 반면 화엄종의 관점에서는, 화엄경이 교화한 중생의 근기도 돈(頓)이고, 설한 법문도 또한 돈(頓)이기 때문에, 돈교 중의 돈교(頓頓)가 된다. 법화경은 설한 법문이 돈(頓)이지만, 교화한 근기가 점(漸)이기 때문에, 점교 중의 돈교(漸頓)라고 할 수 있다.

선종이 뭔지도 진짜로 안다고 할 수 없습니다.

단지 선종과 교종의 두 법문만 이러한 것이 아니라, 온 천하의 사농공상과 제자백가의 어느 누구라도, 설령 염불을 하지 않으려고 하거나, 심지어 부처님을 전혀 모르는 자라 할지라도, 그 역시 염불 법문 밖으로 벗어날 수가 없습니다. 그들이 오고 가고 움직이고 고요히 있는 행위 하나하나가 모두 이 길에 따르고 있기 때문입니다. 다만 일반 백성(중생)들은 날마다 쓰면서도 그런 줄을 모르는 것뿐입니다. 정말이지 옛 시에서 읊은 그대로입니다.

一氣不言含有象   외마디 말하지 않고도 삼라만상 머금었으니,
萬靈何處謝無私   만물 영장 어느 곳(누구)에 공평무사함 감사할까?
夾路桃華風雨後   좌우로 복숭아꽃 즐비한 길에 비바람 친 뒤
馬蹄無地避殘紅   어느 말발굽 땅에 진 붉은 꽃잎 밟지 않고 지나리?

마땅히 부처님을 생각할지라

첫째, 진실로 생사(윤회 해탈)를 위해 보리심을 냄은 도를 배우는 공통된 길이고〔眞爲生死, 發菩提心, 是學道通途〕

둘째, 깊은 믿음과 간절한 서원으로 부처님 명호를 지송함은 정토 법문의 올바른 으뜸 가르침이며〔以深信願, 持佛名號, 爲淨土正宗〕

셋째, 마음을 추슬러 오롯이 한데 모아 염불함은 수행에 착수하는 좋

은 방편이고(以攝心專注而念, 下手方便).

넷째, 지금 꿈틀거리고 있는 번뇌망상을 휘어잡아 다스림은 마음을 닦는 요긴한 급선무며(以折伏現行煩惱, 爲修心要務).

다섯째, 네 가지 무거운 계율을 굳세게 지니고 지킴은 도에 들어가는 근본 바탕이고(以堅持四重戒法, 爲入道根本).

여섯째, 온갖 고통과 시련을 이겨 나감은 도를 닦는 보조 연분이며(以種種苦行, 爲修道助緣).

일곱째, 한 마음 흐트러짐 없음은 정토 수행의 궁극 귀착점이고(以一心不亂, 爲淨行歸宿).

여덟째, 가지가지 신령스러운 서기(瑞氣)는 극락 왕생을 확인하는 뚜렷한 증거입니다(以種種靈瑞, 爲往生證驗).

이상 여덟 가지 일은 각자 간절하고 철저히 강구해야 마땅하며, 정토 법문을 수행하는 사람들은 이를 몰라서는 아니 됩니다.

🌀 중생들이 수레바퀴처럼 돌고 도는 게 바로 육도 윤회(六道輪廻)인데, 다른 다섯 군데의 중생들은 놀라고 두려워하거나 화나고 성내거나 또는 괴로워하거나 즐거워하느라 정신이 팔려, 진리(道)를 향해 나아갈 겨를이 없습니다. 마음과 생각을 가다듬고 보리(菩提)를 향해 나아갈 수 있는 곳은, 오직 인간 세상(人道) 하나뿐입니다. 그렇지만 인간 몸을 잃는 자는 대지의 흙처럼 많고, 인간 몸을 얻는 이는 손톱 위의 티끌만큼 적습니다. 그러니 인간 몸을 어찌 쉽게 얻을 수 있겠습니까?

그런데 인간 세상의 중생들이 태어나서 자라고 늙어 죽을 때까지 눈으로 보고 귀로 듣는 것들은, 참으로 세속 홍진의 힘들고 고통스런 생사 윤회의 업장 인연이 아닌 게 없습니다. 그러니 부처님 가르침(佛法)을 어찌 쉽게 들을 수 있겠습니까?

사람 몸 받기도 이미 어렵거늘, 하물며 남자 몸을 받아 육근(六根)이 온전히 갖추어지기는 얼마나 어렵겠습니까? 그리고 부처님 가르침 듣기도 이미 어렵거늘, 하물며 아미타불 명호를 듣고 정토 법문을 알기는 또한 얼마나 어렵겠습니까? 그런데 우리는 얼마나 다행스럽게도 얻기 어려운 사람 몸을 얻었고, 또 얼마나 큰 복덕으로 듣기 어려운 부처님 가르침을 들었겠습니까? 그렇게 부처님 가르침을 듣고도 오히려 믿으려 하지 않거나, 믿어도 깊이 믿지 않는다면 얼마나 안타깝겠습니까?

믿지 않는 자들이야 우선 놔두고, 설사 믿는다 할지라도 믿기만 하고 (극락 왕생을) 발원하지 않으면 믿지 않는 것과 같으며, 발원만 하고 실제 염불 수행이 없으면 발원하지 않는 것과 같으며, 또 염불 수행을 하더라도 용맹스럽지 않으면 염불 수행을 하지 않는 것과 같습니다.

그런데 염불 수행이 용맹스럽지 못한 까닭은 발원이 간절하지 않기 때문이며, 발원이 간절하지 못한 까닭은 믿음이 진실하지 않기 때문입니다. 결론을 말하자면, 진실한 믿음을 내기가 그렇게 어렵습니다. 믿음이 진실하다면 발원은 저절로 간절해질 수 있으며, 발원이 간절하다면 염불 수행은 저절로 용맹스러워질 것입니다.

진실한 믿음과 간절한 발원에다 용맹스러운 수행력을 덧보탠다면, 틀림없이 극락정토에 왕생할 것이고, 틀림없이 아미타불을 친견할 것이며, 틀림없이 세 가지 불퇴전(三不退轉)을 증득할 것이고, 틀림없이 그 다음 생에 바로 부처님이 되는 후보 자리에 오를 것입니다.

일단 극락정토에 왕생하기만 한다면, 시작도 없는 무수한 겁(劫) 동안 지어온 생사 윤회의 업장 뿌리가 이로 말미암아 영원히 송두리째 뽑혀지며; 또 그 다음 생에 바로 부처님이 되는 후보 자리에 오르기만 한다면,

지극히 존귀하고 위없이 미묘한 깨달음〔至極尊貴無上妙覺〕도 곧장 원만히 이루어질 수 있습니다.

그러니 한 생각 진실한 믿음〔一念眞信〕과 관련된 일이 어찌 하찮다 하겠습니까? 진실로 오랜 세월 동안 선행 공덕의 뿌리를 심고 숙세의 인연과 근기가 깊고 두터워서, 진리를 가로막는 연분이 얇고 생사 윤회의 업장이 가벼운 사람이 아니라면, 어떻게 그러할 수가 있겠습니까?

그러나 우리들이 무량겁 동안 죽 지어온 업력(業力)의 무게나 선근(善根)의 깊이는 모두 알 수가 없습니다. 그러나 업력은 마음으로 되돌려 바꿀 수 있고, 선근은 사람이 북돋아 기르기에 달렸습니다. 이러한 까닭에 가르침을 펼치는 이는 훌륭하면서도 교묘한 방편으로 간절히 일깨워 주지 않으면 안 되고, 진리를 배우는 자는 혼신의 힘을 다해 분발하여 용맹스럽게 곧장 나아가지 않으면 안 됩니다. 단지 한 마디 말만 귀에 들어오고 한 찰나 생각만 마음에 움직여도, 모두 업력을 되돌려 바꿀 수가 있고, 또한 선근을 북돋아 기를 수도 있습니다.

하지만 비록 온갖 요긴하고 간절한 일깨움을 듣고도 한 마디 말도 귀에 들어오지 않거나, 또는 비록 온갖 거슬리거나 순조로운 경계를 당하면서도 결코 한 생각도 분발하는 마음을 내지 않는다면, 이는 정말로 업력이 몹시 깊고도 무거운 자이고, 진짜로 선근이 아주 가볍고 드문 자이니, 이러한 사람은 참으로 어찌할 수가 없습니다.

🌸 지금 우리가 지니고 있는 한 생각 심성〔一念心性〕은 본디 부처님과 똑같은 한 몸〔同體〕인데, 부처님은 이미 오래 전에 깨달으셨고, 우리는 아직도 헤매고 있는 게 다를 뿐입니다. 부처님께서 비록 오래 전에 이미 깨달으셨지만 조금도 불어난 게 없으며, 우리가 비록 아직도 헤매고 있지만

144

또한 조금도 줄어든 게 없습니다. 부처님께서는 비록 조금도 불어난 게 없지만, 본래 성품에 순응하신 까닭에 크나큰 진리의 즐거움(法樂)을 누리시며; 우리는 비록 조금도 줄어든 게 없지만, 본래 성품을 등진 까닭에 지극히 무거운 고통을 당하고 있습니다.

부처님께서는 우리와 한 몸이신 심성 가운데서 비록 진리의 즐거움을 누리시지만, 중생과 한 몸이라는 대비심(同體大悲)과 인연 없이도 베푸신다는 대자심(無緣大慈)으로, 생각생각마다 우리를 기억하고 염려하시며, 생각생각마다 우리를 거두어 감화시켜 주십니다.

반면 우리는 부처님과 한 몸인 심성 가운데서 비록 온갖 고통을 받으면서도, 부처님께 우러러 구할 줄도 모르며, 부처님을 기억하고 생각할 줄도 모르고 있습니다. 다만 오직 바깥 사물 경계에 정신을 팔면서 감정 내키는 대로 죄업을 지어 왔습니다. 시작도 없는 무량겁 동안 오역십악(五逆十惡)을 비롯한 온갖 죄업을 안 지은 게 어디 있으며, 삼도팔난(三途八難)을 포함한 온갖 고통을 안 받은 게 무엇이겠습니까? 말하자니 부끄럽기 짝이 없고, 생각만 해도 두렵기 그지없습니다. 그런데도 가령 지금 부처님 생각을 하지 않고, 예전처럼 온갖 죄업을 짓는 데 골몰하며, 예전처럼 온갖 고통을 당하는 데 파묻혀 있다면, 정말 부끄럽지 않고 정말 두렵지 않을 수 있겠습니까?

이제 부처님께서 대자대비심으로 생각생각마다 우리를 기억하고 염려하시며 거두어 교화하심을 알았다면, 우리는 이제 부처님 은혜에 몹시 감격하여서라도 마땅히 염불해야 합니다. 과거 무량겁 동안 줄곧 온갖 억울한 고통을 당해 왔으므로, 그러한 고통에서 벗어나기 위해서라도 마땅히 염불해야 합니다.

이미 지은 죄업도 어찌할 수가 없는데, 앞으로도 죄업을 더 이상 지을 수 있겠습니까? 부끄럽고 두려운 마음[慚愧心]이 들기 때문에라도 마땅히 염불해야 합니다. 부처님과 한 몸인 심성을 본래 가지고 있다면, 지금인들 어찌 없겠습니까? 다만 깨닫고 증명하지 못할 따름입니다.

그러니 그러한 심성을 깨닫기 위해서라도 마땅히 염불해야 합니다. 마음을 깨닫기 위해서 염불한다면 염불이 반드시 간절해질 것이며, 부끄럽고 두려운 마음으로 염불한다면 염불이 반드시 간절해질 것이며, 고통을 두려워하는 마음으로 염불한다면 염불이 반드시 간절해질 것이며, 부처님 은혜에 감사하는 마음으로 염불한다면 염불이 반드시 간절해질 것입니다.

우리가 부처님을 생각[念佛]하지 않아도, 부처님께서는 오히려 우리를 생각하시거늘; 우리가 부처님을 간절히 생각한다면, 부처님께서는 반드시 우리를 더욱 더 생각하실 것입니다. 그래서 대세지보살께서 이렇게 말씀하셨습니다.

"시방세계의 모든 부처님께서 중생을 불쌍히 생각하심은, 마치 어머니가 자식을 생각하는 것과 같습니다. 자식이 만약 달아난다면, 비록 어머니가 아무리 생각한들 무슨 소용이 있겠습니까? 만약 어머니가 자식 생각하듯이 자식이 어머니를 생각한다면, 어머니와 자식은 세세생생 서로 멀리 떨어지지 않을 것입니다.

마찬가지로, 만약 중생이 마음으로 부처님을 그리워하고 부처님을 생각한다면, 지금 당장이나 미래에 반드시 부처님을 친견하고 부처님과 멀리 떨어지지 않을 것이며, 어떤 방편도 빌릴 필요가 없이 저절로 마음이 활짝 열릴 것입니다."

이는 (수릉엄경 圓通章에서) 대세지보살님께서 몸소 증명하고 실제로 도달한 경계를 간과 쓸개까지 꺼내 보이듯이 허심탄회하게 고백하신 말씀입니다. 우리가 지금 부처님을 생각[念佛]하면, 반드시 부처님을 뵈올 수 있으며; 한번 부처님을 뵈오면, 곧 모든 고통을 벗어나고 깨달음도 기약할 수 있습니다. 과연 깨닫기만 한다면, 지금까지의 부끄러움과 두려움을 단번에 깨끗이 씻어버릴 수 있습니다. 그런데도 부처님을 생각[念佛]하지 않을 수 있겠습니까?

아미타불 염송 않고 또 누굴 염송할거나

☸ 모든 중생은 본래 부처님이신지라, 진실한 마음은 본디 있고 허망한 성품은 원래 텅 비었으며, 일체의 착한 법이 본래 성품에 저절로 갖추어져 있습니다. 다만 오래도록 미혹되고 오염된 연분에 휩쓸려 왔기에, 원래 텅 빈 허망한 성품을 끊지 못하고, 본디 있는 진실한 마음을 증명하지 못하고 있을 따름입니다. 그래서 착한 법이 본디 갖추어져 있는데도 닦지 아니하고, 부처님이 본디 우리 자신인데도 되지 못하고 있는 것입니다.

이제 원래 텅 빈 허망한 성품을 끊고 본디 있는 진실한 마음을 증명하며 본디 갖추어진 착한 법을 닦아 본래 자신인 부처님이 되기 위하여 깨달음의 청정한 연분을 따르려는 사람은, 아주 곧고 재빠르면서도 아주 통쾌하며 지극히 원만하고 곧장 단박에 성취하는 길(방법)을 찾게 마련인데, 그 방법으로는 '나무 아미타불' 명호를 지송하며 부처님을 생각하는 지명염불(持名念佛) 수행만한 것이 없습니다.

왜냐하면, 염불하는 주체인 마음[能念之心]은 본디 온전한 진실이 통째로 허망이 되었고[全眞成妄], 따라서 온전한 허망 그 자체가 곧바로 진실이며[全妄卽眞], 염불하는 대상(목표)인 부처님[所念之佛]도 또한 본디 온전한 덕성 그대로 명호를 붙이셨고[全德立名], 따라서 온전한 명호 그 자체가 곧바로 부처님 덕성이시기[全名卽德] 때문입니다.

염불하는 주체인 (중생의) 마음 밖에 따로 염불의 대상인 부처님이 계시는 것도 아니고, 거꾸로 염불의 목표인 부처님 밖에 따로 염불하는 주체인 (중생의) 마음이 있는 것도 아닙니다. 주체와 객체(대상) 둘 다 잊어버리고 마음과 부처님이 한결같아집니다.

그리하여 생각생각마다 다섯 근본번뇌[五住煩惱]³⁸⁾를 원만히 조복시키고 완전히 끊으며, 세 가지 잡다한 오염된 장애[三雜染障]³⁹⁾를 완전히 되돌려 원만히 소멸시키며, 오음(五陰)⁴⁰⁾을 완전히 깨뜨리고, 다섯 혼탁[五濁]⁴¹⁾을 원만히 초월하며, 네 국토[四土]⁴²⁾를 원만히 정화시키고, 세 몸[三身]⁴³⁾을 원만히 생각하며, 온갖 덕행[萬行]을 원만히 닦아, 본래 지닌 진리를 원만히 증득하고, 위없이 미묘한 깨달음[無上妙覺]을 원만히 성취하는 것입니다.

한 생각이 이와 같을 뿐만 아니라, 생각생각마다 모두 그러합니다. 단지 생각생각마다 그렇게 죽 이어진다면[念念相續], 조복시켜 끊어 버리고 닦아 증명함에 참으로 불가사의한 일이 있을 것입니다. 이러한 온전한 부처님의 마음[全佛之心]으로 온전한 마음의 부처님[全心之佛]을 생각하면, 진실로 자기 마음의 과보 자리에 계시는 부처님[自心果佛]께서 백퍼센트 온전한 공덕과 위신력으로 은밀한 가운데 뚜렷한 가피를 주실 것입니다.

'나무 아미타불' 한 구절의 부처님 명호에 다른 잡스런 연분(망상)만 끼어들지 않는다면, 단 열 번의 염불로도 공덕이 성취되어, 여러 겁(동안의 수행)을 단박에 뛰어넘을 수 있습니다. 이러한 염불의 이치도 믿지 않는다면 진짜로 나무나 돌과 같으며, 이러한 염불의 방법을 내버리고 다른 수행을 하는 사람은 미치광이가 아니면 바보 천치일 것이니, 다시 무슨 말을 하겠습니까?

❀ 시방세계에 모두 불국정토가 있는데, 어찌하여 오로지 서방 극락정 토만을 찬탄하며 거기에 왕생하길 발원하여야 하겠습니까?

---

38) 다섯 근본 번뇌(五住煩惱): 보통 '오주지(五住地)'라 부르는데, 온갖 미세한 지엽번뇌를 낳는 뿌리 번뇌 라는 뜻에서 '주지(住地)'라고 일컬음. ① 견일처주지(見一處住地): 삼계(三界)의 보는 미혹(見惑)으로, 진리를 보는(見道) 단계에 들어갈 때 한꺼번에 끊어짐. ② 욕애주지(欲愛住地): 욕계의 번뇌 가운데 견 혹(見惑)과 무명(無明)을 제외한 생각하는 미혹(思惑)으로, 애착의 허물이 가장 중대하기 때문에 '애 (愛)'자를 대표로 거명함. ③ 색애주지(色愛住地)와 ④ 유애주지(有愛住地)는 각각 색계(色界)와 무색계 (無色界)의 번뇌 가운데 견혹(見惑)과 무명(無明)을 제외한 사혹(思惑)으로, 역시 애착의 허물이 가장 중 대하기에 '애(愛)'자를 대표로 거명함. ⑤ 무명주지(無明住地): 삼계(三界)의 모든 무명으로, 모든 번뇌 의 근본이기에 별도로 독립시킴.

39) 세 가지 잡다한 오염된 장애(三雜染障): '장(障)'이란 '번뇌'의 다른 명칭으로, 부처님의 거룩한 진리(聖 道)를 가로막고 착한 마음을 해치기 때문에 '장'애라고 부르는데, ① 탐욕·성냄·어리석음 등과 같은 미혹의 번뇌장(煩惱障 또는 惑障), ② 오역(五逆)·십악(十惡)과 같은 죄업의 업장(業障), ③ 지옥·아귀· 축생과 같은 고통스런 과보의 보장(報障)을 가리킴. 이 밖에 아집(我執)인 번뇌장과 법집(法執)인 지장 (또는 所知障)의 이장(二障)이나, 번뇌장과 해탈(滅盡定의 다른 이름)장의 이장(二障), 또는 위의 삼장(三障) 에 견장(見障, 邪見)을 덧보탠 사장(四障)이나, 번뇌장·업장·생장(生障)·법장(法障)·소지장(所知障) 의 오장(五障) 등의 구분이 있음.

40) 오음(五陰): 오온(五蘊)이라고도 하는 색(色)·수(受)·상(想)·행(行)·식(識)의 다섯 무더기.

41) 다섯 혼탁(五濁): 겁탁(劫濁)·견탁(見濁)·번뇌탁(煩惱濁)·중생탁(衆生濁)·명탁(命濁)으로, 사바 고해를 가리킬 때 오탁악세(五濁惡世)로 일컬음.

42) 네 국토(四土): 천태종에서 세운 네 불국토. ① 범부 중생과 성문·연각 등 성현이 함께 거처하는 범성동거사(凡聖同居土), ② 견혹(見惑)과 사혹(思惑)을 끊고 삼계의 생사 윤회를 벗어난 사람이 거 처하는 방편유절토(方便有節土), ③ 그 위에 순전히 보살만 거처하는 실보무장애토(實報無障礙土), ④ 법신(法身)이 상주하는 상적광토(常寂光土).

43) 세 몸(三身): 천태종에서는 법신(法身)·보신(報身)·응신(應身), 법상종(法相宗)에서는 자성신(自 性身)·수용신(受用身)·변화신(變化身), 『최승왕경(最勝王經)』에서는 법신(法身)·보신(報身)·응 신(應身)으로 각각 나누는데, 대승과 소승에 공통되는 일반 구분은 법신(法身)·보신(報身)·응신 (應身)임. 이밖에 천태종에서 부처님의 색신(色身)·법문신(法門身)·실상신(實相身)의 삼신(三身) 을 일컫기도 함.

149

이는 일반 인간 스승의 뜻이 아닙니다. 바로 부처님께서 황금 입으로 진실한 말씀〔金口誠言〕을 설하시어 분명히 가리켜 주셨기 때문이며, 대승의 현교(顯敎)나 밀교(密敎)의 여러 경전에서 한결같이 귀결되는 궁극 목표이기 때문이며, 처음 마음을 낸 사람한테도 오롯이 한 경지에 정신 집중하여 삼매에 쉽게 이르게 하기 때문이며, 아미타부처님의 48대 서원을 연분으로 삼기에 그 연분이 강력한 때문이며, 열 번의 염불만으로도 원인이 되기에 그 원인이 수승한 때문이며, 부처님과 중생이 서로 연분이 얽혀 있기 때문입니다.

여기 사바세계의 중생들은 승가나 속가나, 남자나 여자나, 노인이나 어린애나, 착한 이나 악한 이나 할 것 없이, 아주 순조롭거나 몹시 거역스럽거나 매우 즐겁거나 극히 고통스런 상황에 당할 때면, 대부분은 자신도 모르게 염불 소리가 마음속에서부터 우러나와 입 밖으로 흘러나오곤 합니다.

그런데 염불을 하지 않으면 그만이지만, 무릇 염불을 하면 반드시 아미타불을 염송하게 됩니다. 이는 누가 시켜서 그러하겠습니까? 이는 대체로 우리 중생들이 오래도록 부처님의 교화를 받고 오래도록 부처님 은혜를 입어서, 부처님과 인연이 아주 깊기 때문입니다.

『아미타경』은 구마라집이 최초로 번역하여, 동림사(東林寺)의 혜원(慧遠) 조사께서 곧바로 123인과 함께 염불결사를 창설하여 염불하였는데, 123인이 차례로 입적하시면서 임종에 모두 상서로운 감응을 남기셨습니다. 앵무새나 뻐꾹새도 염불하면 죽을 때 모두 상서로운 모습을 보이는데, 이것이야말로 우리 중생이 부처님과 인연이 깊지 않다면 그 무엇이라고 말할 수 있겠습니까?

또 『무량수경』에 이르시기를, "미래 세계에 경전과 불도(佛道)가 모두 사라질 때, 내가 원력으로 특별히 이 경전을 백 년 동안 더 세상에 머물게 하여, 인연 있는 중생들을 널리 제도하겠노라."고 하셨습니다.

무릇 다른 경전은 남기지 않고 특별히 이 경전만 남기신다는 뜻은, 바로 이 염불 법문이 착수하기 쉬우면서 모든 근기의 중생들을 두루 포섭하고, 진리에 들어가기에 탄탄하면서 그 효과가 아주 빠르기 때문입니다. 이러한 까닭에, 시대가 후대로 내려올수록 이 염불 법문이 더욱 중생들 근기에 잘 들어맞는 줄 알아야 합니다.

세간 사람들은 화급한 재난이나 고통을 당할 때면 으레 아버지 어머니를 부르짖고, 천지신명을 찾곤 합니다. 그러나 이는 부모님이나 천왕(天王)들도 우리와 마찬가지로 생사 윤회 속에 있어서 우리를 생사 윤회에서 구해 줄 수 없다는 사실을 모르고, 그저 다급한 김에 울부짖는 외침일 따름입니다.

삼승(三乘)의 성인들은 비록 생사 윤회는 벗어나셨지만, 대자비심이 없어 우리한테 별 도움이 없으며; 여러 보살님들은 비록 대자비심이 있지만, 각자 마음에 증득한 정도가 유한하여, 모든 중생의 소원을 다 채워줄 만큼 두루 이익을 베푸실 수가 없습니다.

그리고 시방세계의 여러 부처님들은 비록 모두 궁극의 진리세계(法界)를 증득하셨지만, 우리 중생이 부처님을 감동시키기가 쉽지 않고, 설사 정성이 지극하여 감응이 나타날지라도, 잠시 고통을 떠날 뿐이지, 결코 궁극의 해탈은 아닙니다.

오직 아미타불만이 단지 한번 뵙기만 하면 곧장 생사 윤회를 벗어나 고통의 뿌리를 영원히 끊어버리게 됩니다. 오직 이 '나무 아미타불' 만이 우리가 마음을 다하고 혼신의 힘을 다해 염송해야 할 명호입니다. 그래서 제가 일찍이 "세간과 출세간을 두루 사유해 보아도, 아미타불을 염송 않고 또 누굴 염송할거나?〔世間出世思惟徧, 不念彌陀更念誰〕"라고 읊었던 것입니다.

그러나 염불은 어렵지 않으나, 변덕없이 꾸준히 지속하기가 어렵습니다. 정말로 쇠를 녹여 주물을 만들고 강철을 두들겨 연장을 만들 듯이, 혼연일체로 한 생각만 꾸준히 견지할 수 있다면, 마치 한 사람이 만 명을 대적하듯이, 천 분의 성인이 설득해도 가로막지 못하고, 만 마리의 소가 끌어당겨도 고개 돌리지 아니하고, 오로지 염불만 계속하면, 반드시 감응이 상통할 것입니다.

만약 이와 같은 마음으로 염불하지 못하면서, 부처님 말씀이 영험하지 않고 부처님 마음은 감응시키기 어렵다고만 불평한다면, 이 어찌 될 말씀입니까? 단지 한 생각 감응이 통하기만 하면, 단박에 생사 윤회를 벗어나 곧장 불퇴전의 경지에 오르고 부처님 과보도 확고부동하게 이루게 될 텐데, 이 어찌 쉬운 일이겠습니까?

오직 혼신의 힘을 다해 염불하는 일만 남았다

작은 것만 알고 큰 것은 모르며, 가까운 데만 보고 멀리는 못 보는 것이, 바로 보통 중생들의 평범한 식견입니다. 그래서 아미타부처님께서 우리 중생들한테 얼마나 큰 은덕을 베푸시는지를 중생들이 모릅니다. 아미타부처님께서는 무량겁 이전에 세자재왕불(世自在王佛)한테, 죄악 세계에서 고통 받는 모든 중생들을 위해서 48가지 커다란 서원을 다

짐하셨습니다.

그리고 그 서원에 따라 아주 오랜 겁의 세월 동안 보살행을 닦으시면서, 금륜왕(金輪王)의 자리를 비롯하여 나라·성곽·처자식과 심지어는 자신의 머리·눈·뇌·골수에 이르기까지, 그 수를 이루 헤아릴 수 없을 정도로 다 내버리셨습니다. 이는 보살 만행 가운데 단지 안팎으로 버리는 재물 보시의 수행 한 가지만 예를 든 것일 따름입니다.

이처럼 사람들이 참을 수 없는 것을 참으시고, 사람들이 행할 수 없는 것을 행하시어 만행(萬行)을 원만히 닦아, 그 수행력과 공덕이 지극히 순수해지자, 마침내 장엄한 불국정토를 이루시고 스스로 부처님이 되셨습니다.

그래서 한량없는 분신(分身)을 나토시어 온갖 방편으로 중생들을 맞아들이고 교화하여 그 극락국토에 왕생하도록 이끌고 계십니다. 그러한즉, 한 사람을 위하는 것처럼 뭇 중생한테도 마찬가지고, 또한 뭇 중생을 위하는 것처럼 한 사람한테도 마찬가지입니다.

만약 뭇 중생의 관점에서 본다면, 부처님께서는 일체 중생 모두를 두루 위하십니다. 그러나 만약 한 사람으로 말한다면, 부처님께서는 오직 나 한 사람을 위하십니다. 중생들의 성품에 맞갖는 커다란 서원은 바로 나를 위해 세우신 것이고, 오랜 겁에 걸친 위대한 수행은 바로 나를 위해 닦으신 것이며, 네 가지 정토는 바로 나를 위해 청정하게 장엄해 놓으신 것이고, 세 몸(三身)은 바로 나를 위해 원만히 이루신 것이며, 나아가 하나하나 몸을 나토어 중생을 맞아 극락으로 이끄시고 도처에서 온갖 상서로운 감응을 뚜렷이 내보이시는 등, 모두가 한결같이 나를 위하신 것입니다.

내가 죄업을 지을 때마다 부처님께서는 나를 경고하고 일깨우시며, 내가 고통을 받을 때면 부처님께서 나를 건져올려 주시며, 내가 목숨을 바쳐 부처님 가르침에 귀명(歸命)할 때는 부처님께서 나를 따뜻이 맞아 감싸 주시며, 내가 수행하는 동안에는 나를 자비 가피로 보호해 주십니다.

이처럼 여러 가지로 부처님께서 나를 위하시는 까닭은, 오직 내가 부처님을 생각〔念佛〕하길 바라시고, 내가 극락 왕생하길 바라시며, 내가 온갖 고통을 영원히 벗어나서 온갖 진리의 기쁨〔法樂〕을 맘껏 누리고 만끽하길 바라시며, 그래서 내가 이제는 부처님 가르침으로 일체 중생을 교화하고 제도하면서 마침내 다음 생에 부처님이 되는 일생보처(一生補處)의 자리에 오르길 기원하시는 것일 따름입니다.

오호라! 부처님의 깊은 은혜와 크나큰 공덕은 부모님께 비할 바가 결코 아니며, 비록 하늘과 땅이라 할지라도 부처님께 비유하기에는 오히려 턱없이 부족할 뿐입니다. 법문을 일깨움이 없다면 이러한 뜻을 어찌 알 것이며, 불경을 읽지 않으면 이러한 진리를 어찌 알겠습니까? 이제는 이러한 뜻과 이치를 잘 알았으니, 오직 혼신의 힘을 다해 정성껏 수행하고, 이 생명 다할 때까지 지성으로 귀의하면서, 목숨을 바쳐 부처님을 생각하며 염불하는 일만 남았습니다. 다시 더 이상 무슨 말이 필요하겠습니까?

🌀 모든 중생들은 날카롭거나 무딘 열 가지 차사(差使: 利鈍十使)⁴⁴한테 부림〔使役〕을 받아, 아주 오랜 겁의 세월 동안 생사 고해를 돌면서 커다란 고통과 번뇌를 당하고 있는데도, 거기서 벗어날 수가 없으니 정말로 슬픈 일입니다. 열 가지 차사〔十使〕가 무엇인 줄 아시오? 바로 신견(身見: 또는 我見) · 변견(邊見) · 사견(邪見) · 견취견(見取見)⁴⁵ · 계(금)취견〔戒(禁)取見〕⁴⁶은 가볍고 날렵하게 발동하기 때문에 다섯 가지 날카로운 차사〔五利使〕라 부르고, 탐욕(貪欲) · 진에(瞋恚: 성냄) · 우치(愚癡: 또는 無明, 어리석음) · 교만

154

〔慢〕・의심〔疑〕은 날카로운 차사에 의해 생겨나는지라, 상대적으로 더디기 때문에 다섯 가지 무딘 차사〔五鈍使〕라고 부릅니다.

이 십사(十使)를 우리 중생들은 많건 적건 각각 편중되게 지니고 있습니다. 이를 지닌 채 도를 닦는다면, 단지 사견과 번뇌를 더욱 키울 뿐, 수행에 상응하는 경지는 결코 기대할 수 없습니다. 욕망을 끊기가 진실로 어렵듯이, 이 십사(十使)라는 근본 번뇌는 사성제(四聖諦) 아래로, 삼계(三界)의 구지(九地)⁴⁷를 죽 거치면서 88사(使)라는 견혹(見惑)과 81품(品)의 사혹(思惑)⁴⁸으로 번창합니다.

단지 보는 미혹〔見惑〕만 끊기도 너비가 40리나 되는 큰 강물 줄기를 끊기만큼 어려운데, 하물며 생각하는 미혹〔思惑〕까지 끊자면 오죽하겠습니까? 그런데 만약 보고 생각하는 두 미혹〔見思惑〕이 터럭 끝만큼이라도 남아 있다면, 이 육신의 생사 윤회는 결코 벗어날 수가 없습니다. 이걸 일컬어 '위로 삼계를 벗어난다(豎出三界)'라 하는데, 몹시 어렵고도 또한 매우 어렵습니다. 그런데 이 열 가지 미혹〔十使〕을 총칭하여 중생의 지견이라고 합니다. 옛 고승대덕께서 말씀하시기를, 중생의 지견은 모름지기 부처님

---

44) 열 가지 차사〔十使〕: 사(使)란 번뇌(煩惱) 또는 미혹(迷惑)의 다른 명칭으로, 마치 차사(差使)가 백성을 부리거나〔使役〕 또는 죄인을 뒤쫓아 붙잡아 결박시키는 것처럼, 번뇌가 중생의 마음을 부리고 뒤쫓아 옴짝달싹 못하게 붙들어 맴으로써 삼계의 생사 윤회를 벗어나지 못하도록 결박시킨다는 상징적 비유로 붙여졌는데, 경론(經論) 상의 공식 개념은 아니라고 함. 오리사(五利使)와 오둔사(五鈍使)의 명칭은 천태종의 구분임.

45) 견취견(見取見): 오견(五見 또는 五利使), 십사(十使)의 하나로, 비열한 견해나 하찮은 것을 아주 수승하고 청정하다고 집착하는 사견을 가리킴.

46) 계(禁)취견(戒(禁)取見): 예컨대 외도(外道) 중에서, 닭처럼 한 발로 서 있는 걸〔鷄戒〕 배운다든지 개처럼 똥을 먹는다〔狗戒〕든지 하는 것을, 죽은 뒤 천상에 생겨나는 인연이나 해탈의 도를 이루는 청정한 계율 수행으로 여기는 미신(迷信)이 많은데, 합리적인 계가 못 되는 것〔邪戒〕을 진실한 계로 잘못 아는 견해를 가리킴. 나아가 합리적이지 못한 보시(布施)나 고행(苦行)을 청정한 해탈의 인연 또는 도(道)로 잘못 생각하는 미신도 계(禁)취견에 포함됨.

155

의 지견으로 다스려야 한다고 했습니다. 부처님 지견이란 바로 지금 당장 생각을 떠난 신령스런 지각(現前離念靈知)입니다.

그러나 이 신령스런 지각(靈知)이란 제 홀로 우뚝 설 수가 없으며, 반드시 인연 따라 일어나게 되어 있습니다. 부처님 세계(佛界)의 인연에 따르지 않는다면, 바로 보살 이하 지옥까지의 아홉 중생 세계의 연기법(緣起法)에 따릅니다. 이 열 세계를 떠나서는 그 밖의 다른 연기가 없기 때문입니다. 부처님 세계의 연기를 따르고자 한다면, 믿음과 발원의 마음으로 부처님 명호를 지송하는 것만한 게 없습니다. 다만 믿음은 독실한 게 중

---

47) 구지(九地): 구유(九有)라고도 하는데, 욕계(欲界)의 ① 오취지(五趣地), 색계(色界)의 ② 이생희락지(離生喜樂地) ③ 정생희락지(定生喜樂地) ④ 이희묘락지(離喜妙樂地) ⑤ 사념청정지(捨念清淨地), 무색계(無色界)의 ⑥ 공무변처지(空無邊處地) ⑦ 식무변처지(識無邊處地) ⑧ 무소유처지(無所有處地) ⑨ 비상비비상처지(非想非非想處地)를 가리킴.

48) 견사혹(見思惑): 삼계 번뇌의 통칭. 견혹이란 이치를 따져 삿된 분별심으로 일으키는 아견·변견 등의 망견(妄見) 미혹을 가리키고, 사혹이란 세간의 사물을 헤아려 일으키는 탐·진·치 등의 미혹된 감정을 가리키는데, 이는 소승(小乘) 구사론(俱舍論)의 법상(法相)에 따른 구분임. 대승 유식론(大乘唯識論)의 법상(法相)에 따르면, 후천적 분별로 일어나는 번뇌와 알음알이의 장애를 견혹(見惑)이라고 하고, 선천(태생)적으로 일어나는 번뇌와 알음알이를 사혹(思惑)이라고 구분함. 이 두 미혹을 끊어야 삼계의 생사 윤회를 벗어나는 바, 견혹과 사혹의 차례로 점차 끊어가는데, 견혹을 끊는 단계가 견도(見道), 사혹을 끊는 단계가 수도(修道), 견사혹을 완전히 끊은 경지가 무학도(無學道)임.

견혹은 앞의 십사(十使: 미혹 번뇌)가 욕계·색계·무색계마다 고·집·멸·도의 사성제로 나뉘어 배속되는데, 욕계에는 고제(苦諦)에 10혹(惑) 전부 따르고, 집(集)과 멸(滅)에 신(身)·변(邊)·계(戒)를 제외한 7혹(惑)씩 따르며, 도(道)에 신(身)과 변(邊)을 제외한 8혹(惑)이 따르므로, 모두 32혹이 된다. 그리고 색계와 무색계에는 똑같이 고집멸도 아래에 욕계의 해당 혹수(惑數)에서 진(瞋)을 뺀 수만큼씩, 즉 고(苦)에 9혹, 집과 멸에 6혹, 도(道)에 7혹이 따라 각각 28혹씩 된다. 그래서 삼계의 미혹 수를 전부 합하면 88견혹(見惑)이 된다.

사혹(思惑)은 앞의 구지(九地 또는 九有)마다 각각 上上, 上中 … 下中, 下下의 9품씩으로 세분되어 모두 9×9=81품이 된다. 88견혹을 모두 끊으면 예류(預流: 수다원)과(果)가 되고, 초지(初地)의 1품~5품의 사혹을 끊으면 일래(一來: 사다함)향(向), 초지의 6품 사혹을 끊으면 일래(사다함)과, 욕계 초지의 나머지 3품을 끊으면 불환(不還: 아나함)과, 그리고 색계와 무색계 8지의 72품 사혹을 점차 끊어가는 과정이 아라한(不生)향, 다 끊으면 아라한과를 이루어 생사 윤회를 벗어난다.

요하고, 발원은 간절한 게 중요하며, 명호 지송은 오롯한 마음과 근면한 실행이 중요합니다. 정말로 독실한 믿음과 간절한 발원으로 오롯이 마음 집중해서 근면하게 부처님 명호를 꾸준히 지송한다면, 바로 이것이 부처님 지견으로 우리 지견을 삼는 것이며, 또한 바로 이것이 생각생각마다 부처님 지견으로 중생의 지견을 다스리는 게 됩니다.

열 가지 번뇌 미혹이 치열하게 타오르는 마음 가운데, 단지 믿음과 발원으로 부처님 명호 지송하는 마음 하나 던져 놓기만 한다면, 바로 중생 세계의 연기를 되돌려 부처님 세계의 연기로 탈바꿈하게 됩니다. 이것이 도를 닦는 법문 가운데서, 쇠를 손대어 금으로 바꾸는(點鐵成金) 지극히 오묘한 방법입니다. 아무 것도 필요없이 단지 맨몸으로 나서 기꺼이 떠맡기만 하면 됩니다. 오래오래 바꾸지 않고 염불을 지속하기만 하면, 황금 좌대도 앉아서 기다릴 수 있으며, 보배 연화가 머지 않아 영접하러 올 것입니다. 이것이 바로 이 사바세계의 동거(同居: 성현과 범부가 함께 사는) 국토에서 저기 극락세계의 동거 정토로 왕생하는 지름길입니다. 이를 일컬어 '옆으로 삼계를 벗어난다(가로지른다)(橫出三界)'고 말하는데, 앞서 말한 위로 벗어나는(豎出) 수행법과 비교한다면, 그 얼마나 힘들지 않고 손쉬운 길입니까?

일심불란(一心不亂), 극락정토 왕생의 대문(大門)

한 구절 아미타불(阿彌陀佛) 성호(聖號)는 낫지 못하는 병이 없는 만병

통치약(阿伽陀藥)이고, 만족시키지 못하는 소원이 없는 여의주의 왕(如意珠王)이며, 건지지 못하는 고통이 없는 생사고해의 자비로운 항공모함(慈航)이고, 깨뜨리지 못하는 어둠이 없는 기나긴 한밤중의 지혜로운 등불입니다.

단지 한번 귓가에 스치기만 해도 인연이 있는 것이며, 단지 한 생각 믿음의 마음을 낼 수만 있어도 곧바로 감응을 일으킬 것이며, 신심이 과연 진실하다면 극락 왕생의 서원은 굳이 발하려 애쓰지 않아도 저절로 발해집니다.

따라서 단지 믿음과 발원이라는 이 두 법만 항상 마음에 간직해 두면 됩니다. 마치 충신이 성왕(聖王)의 은밀한 교지(敎旨)를 받들 듯이, 효자가 자부(慈父)의 엄명을 받들 듯이, 그렇게 마음에 항상 새겨 간직하고 잊지 않는 것이, 염불에서 가장 중요한 일입니다.

수시로 처하는 환경이 고요하거나 시끄럽거나 한가하거나 바쁘거나를 막론하고, 또 많이 염불하거나 적게 염불하거나 가리지 않고, 이 모두가 다 극락 왕생의 기본원인(正因)이 됩니다. 단지 두려워하고 경계할 일은 부지런함 속에 게으름이 끼여드는 것입니다.

우리들이 시작도 없는 기나긴 겁의 세월 동안 윤회를 되풀이해 오면서, 어찌 그 윤회를 벗어나려는 마음으로 진리(道)를 향한 수행이 전혀 없었을 리가 있겠습니까? 아마도 대부분은 구태의연한 인순(因循)에 그 믿음(마음)이 사그라지고, 미적거리는 게으름에 그 발원(열정)이 식어 버렸을 것입니다. 그래서 지금까지 줄곧 생사 윤회를 헤매면서 크나큰 고뇌를 당하고 있는 것입니다.

이제 아미타불 명호를 지송하는 간단명료하고 요긴한 염불 법문을 알아들었는데도, 또 다시 구태의연한 인순과 미적거리는 게으름 속에 안일하고 주저하는 전생의 전철을 되풀이할 것입니까? 만약 그런다면, 혈기라곤 조금도 없는, 참으로 한심한 녀석이라 불러 마땅할 것입니다.

🌸 이른바 부처님 명호를 꼭 붙들어 지닌다는 집지명호(執持名號)란 바로 중용에서 말한 대로 "두 손으로 꼬옥 받들어 가슴에 새기고 지키는〔拳拳服膺〕"걸 가리키며, 마음에 굳게 새기고 지녀 잠시도 잊지 않는다는 뜻입니다.

혹시 한 생각이라도 끊어진다면 집지(執持)가 아니며, 한 생각이라도 끼여들거나 섞인다면 또한 집지가 아닙니다. 한 생각도 끼여들거나 끊어짐 없이 생각생각 계속 이어져야〔念念相續〕 비로소 진실한 정진입니다.

그렇게 정진하기를 그치지 않으면, 점차 한 마음 흐트러지지 않는 일심불란(一心不亂)의 경지에 들어, 청정한 업〔淨業: 정토왕생의 수행〕이 원만히 이루어집니다. 만약 일심불란에 이르러서도 다시 계속해서 끊임없이 정진한다면, 장차 지혜가 열리고 변재(辯才)가 터지며 신통을 얻고, 나아가 염불삼매(念佛三昧)를 이루어 온갖 기이한 영험과 상서로운 조짐들이 두루 나타나게 될 것입니다.

마치 밀랍으로 만든 사람 모형을 불에 가까이 다가세우면, 가장 얇은 곳이 먼저 녹아 버리는 이치와 같습니다. 다만 효험을 바라는 마음만 미리 품지 않고서, 오직 일심불란에다 온 힘을 기울이기만 하면 됩니다.

일심불란이야말로 정토 수행의 궁극 귀향점이며, 극락정토 왕생의 대문(大門)입니다. 만약 이 문에 들어서지 못한다면, 극락 왕생이 끝내 안온하지 못할 터이니, 공부하는 사람들이 힘써 노력하지 않을 수 있겠습니까?

어떠한 법문을 배우고 닦아 익히더라도, 모두 그 으뜸 요지(宗旨)를 제대로 분명히 알아보는 게 가장 중요합니다. 지금 사람들은 단지 모든 법이 오직 마음뿐(萬法唯心)인 줄만 알지, 거꾸로 마음은 오직 모든 법뿐 (心唯萬法)인 줄은 미처 모릅니다.

또 단지 마음 밖에 부처가 없는(心外無佛) 줄만 알지, 거꾸로 부처님 밖에 마음이 없는(佛外無心) 줄은 모릅니다. 그리고 한량없는 수량이 하나(無量爲一)인 줄만 알지, 하나가 한량없는 수량(一爲無量)인 줄은 모릅니다. 마찬가지로 산하대지를 되돌려 자기한테 귀속시키는 줄만 알지, 거꾸로 자기를 되돌려 산하대지에 귀속시키는 줄은 미처 모릅니다.

그런데 마음이 오직 모든 법뿐(心唯萬法)이라는 이치를 모른다면, 어떻게 모든 법이 오직 마음뿐(萬法唯心)이라는 진리를 진실로 알 수가 있겠습니까? 그리고 부처님 밖에 마음이 없는(佛外無心) 소식을 모른다면, 또 어떻게 마음 밖에 부처가 없는(心外無佛) 소식인들 제대로 알겠습니까?

이른바 하나의 둥근 공을 칼로 한가운데 잘라 둘로 나눈 반구(半球)는, 서로 떼어 놓으면 둘다 망쳐 버리지만, 서로 합쳐 붙이면 둘다 아름답게 원만해지는 이치와 똑같습니다.

이러한 까닭에 염불이란 반드시 '오직 부처님(唯佛)'과 '오직 정토(唯土)'를 으뜸 종지로 삼아야 합니다. 만약 '오직 부처님(唯佛)'과 '오직 정토(唯土)'의 으뜸 종지(宗旨)를 분명히 알지 못한다면, 진짜 '오직 마음(唯心)'이라는 이치(의미)가 성립되지 않습니다.

진짜 '오직 마음(唯心)'이라는 이치에 투철하다면, '오직 부처님(唯佛)'과 '오직 정토(唯土)'라는 으뜸 종지는 저절로 성립합니다. 이러한 으뜸 종지가 성립하면, 곧 우리가 염송하는 한 구절 아미타불이나 우리가 왕생할 정토는, 온전한 몸통(본체) 그대로 커다란 쓰임(작용)이 되어(全體大用),

160

가로로 시방세계에 두루하고 세로로 삼세(三世)에 관통하며, 단독의 몸통 하나로도 온전한 진리가 되어〔獨體全眞〕, 우주 삼라만상을 하나도 빠짐없이 모조리 감싸게 됩니다.

염송하는 대상〔所念〕인 부처님과 정토가 이러할 뿐만 아니라, 염불하는 주체〔能念〕인 우리 중생도 또한 마찬가지로 그러합니다. 이것을 일컬어서, "실상의 마음으로 실상의 부처님을 염송하고〔以實相心, 念實相佛〕, 법계의 마음으로 법계의 부처님을 염송한다〔以法界心, 念法界佛〕."고 합니다.

생각생각마다 대상이 끊어지고〔念念絶待〕, 생각생각마다 원만하게 융통합니다〔念念圓融〕. 마주 대할 게 없으므로〔絶待〕, 일체의 법문을 고스란히 훌쩍 초월하여, 이와 더불어 짝할 게 없습니다. 또 원만하게 융통하므로, 일체의 법문을 모조리 포섭하여, 그 밖으로 빠져 나갈 게 없습니다.

이러한 걸 일컬어서, "법에는 일정한 모습이 없어, 인연 만나는 대로 곧 으뜸 종지가 되며, 커다란 쓰임(작용)이 번잡하게 일지만, 그 모두가 반드시 온전한 진리(본체)가 된다〔法無定相, 遇緣卽宗, 繁興大用, 擧必全眞〕."고 합니다. 한 구절 아미타불 명호는 모름지기 이와 같이 믿고 이와 같이 염송하여야 합니다. 그래야만 바야흐로 불가사의 중의 불가사의가 됩니다.

염불은 중단함 없이 오래 지속해야

중생과 부처님이 조금도 다름없이 평등하게 공유하는 것은, 오직 지금 당장 생각을 떠난 신령스런 지각〔現前離念靈知〕일 뿐입니다. 모든 부처님께서는 청정한 깨달음의 인연을 따라 깨닫고 또 깨달으시며, 정화시키고 또 정화시키시어, 지극히 청정한 깨달음의 경지에 이르신 것입니다.

그래서 그 신령스런 지각[靈知]이 가로로 시방세계에 두루하며, 세로로 삼세에 관통하여 광대무변합니다. 반면 우리 중생은 미혹되고 오염된 인연을 따라 미혹되고 또 미혹되며, 오염되고 또 오염되기만 되풀이하고 있습니다. 그래서 그 신령스런 지각이 좁게 갇히고 짧게 끊어지며, 미천하고 열악하기 짝이 없습니다.

그렇지만 이러한 중생의 좁게 갇힌 신령스런 지각도 모든 부처님의 광대무변한 신령스런 지각과 본바탕은 서로 다르지 않고, 터럭 끝만큼의 차이도 없습니다. 그래서 중생의 지각도 청정한 깨달음의 인연을 따라 업장이 다 녹아 없어지고 감정이 텅 비게 된다면, 이 좁게 갇힌 지각도 그 자리에서 광대무변한 신령스런 지각으로 단박에 탈바꿈하게 됩니다. 마치 별빛만한 불씨가 수만 평의 산과 들을 태울 수 있듯이.

그러나 지금 당장의 한 생각 신령스런 지각[現前一念靈知]은, 아는 대상인 경계로 말할 것 같으면, 사실은 넓고 비좁고, 훌륭하고 보잘것없는 차이가 분명히 있습니다. 물론 아는 주체인 지각으로 보면 전체가 조금도 다르지 않습니다. 마치 똑같은 불이지만, 전단(栴檀)을 사르면 향기롭고 똥을 태우면 구린내가 나듯이 태우는 물건은 비록 다르지만, 태울 수 있는 불은 둘이 아닌 것과 같습니다.

또한 같은 물이지만 맑고 흐림은 같지 않으며, 같은 거울이지만 어둠침침하고 선명함은 다른 것과도 같습니다. 물이 맑고 흐림은 비록 다를지라도 축축한 성질은 둘이 아니며, 거울이 어둠침침하고 선명함은 비록 다를지라도 비추는 본질은 같습니다.

물은 축축한 성질이 한 가지이므로 흐린 물도 정화시켜 맑게 할 수 있으며, 거울은 비추는 본질이 한 가지이므로, 어둠침침한 거울도 갈고 닦아 선명하게 할 수 있습니다. 거울의 빛이 어둠침침한 것은 때가 끼었기 때문일 따름입니다. 때는 비추는 게 아니고, 비춤은 거울의 본질입니다. 마찬가지로 물이 흐린 것은 먼지가 섞였기 때문일 따름입니다. 먼지는 축축한 게 아니고, 축축함은 물의 본성입니다.

이 한 생각의 신령스런 지각은 물의 축축함처럼, 거울의 비춤처럼, 불의 타는 속성처럼, 본체로 말하자면 조금도 서로 다름이 없습니다. 오직 본체상 다름없음으로 말미암아, 수도(修道)의 방편 법문 가운데 여러 가지의 서로 다른 문(門)이 있게 됩니다.

단지 뭇 성인들을 우러러 흠모하는 방법, 단지 자기의 심령을 존중하는 방법, 밖으로는 뭇 성인을 흠모하고 안으로는 자기의 심령을 존중하는 방법, 뭇 성인을 흠모하지도 않고 자기 심령을 존중하지도 않는 방법 등이 있습니다.

첫째, 단지 뭇 성인을 우러러 흠모하는 방법이란, 바로 우리 정토 법문으로 염불하는 사람과 같습니다. 뭇 성인들이 모두 우리보다 앞서 자아의 심령을 이미 증명하여, 말하거나 침묵하거나 움직이거나 고요하거나[語默動靜] 어느 때나 모두 모범이 될 만함을 우리는 알기 때문에, 만약 우리가 뭇 성인을 우러러 흠모하지 않는다면, 닦아 나아갈 길이 없게 됩니다.

그래서 더러는 오로지 부처님 명호를 지송하고, 더러는 부처님의 법음과 상호(相好)를 관상(觀想)하면서, 몸·입·뜻의 세 가지를 경건하게 가다듬고 하루 여섯 때에 정성스레 예경하되, 마음을 다 기울여 귀명(歸命)[49]

---

49) 귀명(歸命): '나무(南無)'의 번역어로서, ① 자기 생명을 부처님께 맡김과, ② 부처님 명하신 가르침에 귀순함과, ③ 생명의 뿌리가 한 마음 바탕 자리[一心本元]에 되돌아감의 세 가지 뜻을 함축하여, 신심이 아주 지극함을 나타내는 용어.

하며 금생에 타고난 몸이 다하도록 받들어 지킵니다. 때가 되고 인연이 무르익으면 감응(感應)[50]의 길이 서로 교차하면서, 마음 자리가 크게 열리고 심령의 빛이 저절로 쏟아져 나오게 됩니다. 그러면 나의 자아 심령도 원래 뭇 성인과 조금도 다름없이 평등함을 알게 되니, 이 또한 자신을 스스로 존중하지 않을 수 없게 되는 것입니다.

둘째, 단지 자기 심령만 존중하는 방법이란, 선종의 참선처럼 사람 마음을 곧장 가리켜[直指人心] 성품을 보고 부처가 되는[見性成佛] 것입니다. 그래서 오직 하루 12시(子~亥時) 내내 가거나 머물거나 앉거나 눕거나[行住坐臥] 모든 행위에서, 오로지 그 사람의 본래면목만을 드러내고 본 바탕 자리 기풍과 광채만을 받아 쓰면서, 마음과 성품 이외에는 터럭 끝만큼도 집착함이 없습니다. "이른바 남들이야 천 분 성인이 나토든 말든, 나한테는 자연 그대로의 진짜 부처님이 계시다[任他千聖現, 我有天眞佛]."는 심경입니다. 조예가 깊어지고 공부가 무르익어 깨달아 증명함이 지극한 경지에 이르면, 이윽고 일체의 성현들도 이미 오래 전에 바로 자아의 심령을 먼저 증명하셨음을 알게 될 터이니, 또한 그런 성인들을 우러러 흠모하지 않을 수 없게 됩니다.

셋째, 밖으로 뭇 성인을 흠모하고 안으로 자기 심령을 존중하는 방법이란 이렇습니다. 무릇 자기 심령을 존중하고자 하면, 반드시 뭇 성인을 우러러 흠모해야 합니다. 오직 뭇 성인을 우러러 흠모하는 것이 바로 자기 심령을 존중하는 것이기 때문입니다. 또 뭇 성인을 우러러 흠모하고자 하면, 반드시 자기 심령을 존중해야 합니다.

만약 자기 심령을 존중하지 않는다면, 어떻게 뭇 성인을 우러러 흠모

---

50) 감응(感應): 감(感)은 우리가 부처님을 감동시킴. 응(應)은 부처님이 우리 정성에 호응함.

할 수 있겠습니까? 이 방법은 안과 밖을 교차로 닦으면서 마음과 부처님을 똑같이 존중하므로, 어느 한쪽에 치우치거나 집착함이 없고 진리(道)에 나아감이 더욱 빨라집니다.

공부의 힘이 지극히 무르익어 전체가 고스란히 상응해 나타나면, "뭇 성인도 단지 나보다 앞서 자아의 심령을 증명한 것일 따름이니, 굳이 우러러 흠모할 필요가 없고; 또 나 자신의 심령도 또한 뭇 성인과 가지런히 평등할 따름이니, 어찌 힘들여 존중할 필요가 있겠는가?"라는 진리를 마침내 깨닫게 됩니다.

넷째, 뭇 성인을 흠모하지도 않고 자기 심령도 존중하지 않는 방법이란, 이른바 실오라기 하나 걸치지 아니하고 마음과 부처를 모두 잊어버려, 철저히 내팽개치고 조금도 기대거나 의지함이 없는 것입니다.

밖으로는 세상을 잊어버리고, 안으로는 몸과 마음을 벗어나서, 한 생각 일어나지 않고, 온갖 인연을 앉은 채로 끊어 버립니다. 오래오래 공부가 무르익어 원만하게 증명해 들어가면, 본래의 심령이 홀로 우뚝 드러나고, 뭇 성인이 문득 가지런히 나타나시어, 비록 뭇 성인을 애써 우러러 흠모하지 않더라도 바로 최선의 흠모가 되고, 비록 자기 심령을 존중하지 않더라도 도리어 진실한 존중이 됩니다.

이 네 가지 방법(길)은, 공부하는 사람이 스스로 자기 근기와 성품을 잘 헤아려, 각자 기호와 적성에 맞게 선택하면 됩니다.

단지 한 법문으로 깊숙이 들어가(一門深入) 오래 지속하면, 어느 길이나 모두 반드시 상통하는 감응이 있을 것입니다. 혹시라도 허망한 집착심을 내어 함부로 경박한 논란을 일으키고, 나가서는 찍소리도 못하면서 들어와서는 큰소리치며, 하나만 옳고 나머지는 모두 틀리다고 비난하는 따위는 절대로 해서는 안 됩니다. 이러한 짓들은 단지 미묘한 진리(妙道)에 어굿나고 장애가 될 뿐만 아니라, 혹시라도 위대한 법을 비방하여 커다란 죄업을 초래하게 될까 두렵습니다.

🌑 『능가경(楞伽經)』에 이르시기를, "뭇 성인들이 아시는 것을 서로 대물려 전수하신 바는, 망상이 본디 성품이 없음이다."라고 하셨고, 이조(二祖: 慧可)께서 말씀하시기를, "아무리 마음을 찾아 보아도 도대체 찾을 수가 없습니다."라고 하셨습니다.

또 『대승기신론』에는 "만약 중생이 무념(無念)을 관조할 수 있다면, 곧 부처님 지혜〔佛智〕를 지향하고 있기 때문이다."라고 하셨고, 『화엄합론(華嚴合論)』에는 "한 생각을 단박에 깨달아 연기(緣起)가 생기지 않음을 안다면, 삼승(三乘)의 방편 수행〔權學〕을 훨씬 초월한다."라고 하셨습니다.

이러한 불경의 가르침과 조사들의 말씀이나 보살 또는 선지식들의 논장(論藏)들은, 모두 지금 당장의 한 생각을 꼬집어 일깨우신 것으로, 망상의 성품이 본디 텅 비었음〔妄性本空〕을 밝히신 것입니다.

무릇 허망이 본디 텅 비었고 진여가 본디 있다면, 바로 부처님이 아니고 그 무엇이겠습니까? 다만 우리 중생들이 오래도록 더럽고 오염된 인연만을 따르느라, 본디 텅 빈 자리를 아직 회복하지 못하고 있을 따름입니다. 모름지기 맑고 깨끗한 인연으로 점차 바꾸어 나가야 합니다. 바로 부처님께서 수행하신 원인 자리와 똑같은 나의 마음을 가지고, 바로 마음 속에 갖춰진 과보(果報) 자리인 나의 부처님을 생각(염송)하는 것입니다.

원인과 결과가 종래부터 서로 통해 있으며, 마음과 부처님이 법(진리) 그대로 하나인 것입니다. 바로 마음 속에 갖춰진 과보 자리의 부처님은, 연분 없는 중생한테도 베푸시는 대자심〔無緣大慈〕과 모든 중생과 한 몸이시라는 대비심〔同體大悲〕으로, 본래 그 자체가 불가사의합니다. 또 바로 부처님께서 수행하신 원인 자리와 똑같은 나의 마음도, 깊은 믿음과 절실한 발원으로 오로지 간절하게 부처님 명호를 지송하므로, 이 또한 불가사의 합니다.

한 생각 한 생각 염불하는 가운데, 온갖 더러운 오염을 일제히 정화시켜, 본디 텅 빈 성품을 원만히 드러내고, 신령스런 바탕 자리에 딱 들어맞아, 부처님 과보의 바다에 곧장 뛰어들게 됩니다.

그러한즉, 맑고 깨끗한 인연으로 말하면 이보다 더 나은 게 없습니다. 다만 염불할 때에, 마땅히 온갖 연분을 몽땅 내려놓고 오직 한 생각만을 치켜 들되, 마치 머리카락에 붙은 불을 끄듯이 다급하게, 마치 부모님의 상(喪)을 치르듯이 애절하게, 마치 어미닭이 알을 품듯이 끈기 있게, 마치 용이 여의주를 머금듯이 평온하게 지속하여야만 합니다. 조그만 효험을 바라지 말고 재빠른 성취를 구하지 말며, 단지 오직 한 마음으로 늘상 이와 같이만 염불하면 됩니다.

이것을 더할 나위 없이 깊고 미묘한 참선 법문〔無上深妙禪門〕이라고 부릅니다. 이렇게 염불하면, 육근(六根)을 지닌 육신(肉身) 세계가 아주 은밀하게 그 마음을 따라 생각생각마다 섬세하게 변화하고 정화되어 가는데, 보통 범부 중생의 마음이나 육안으로는 거의 알아 볼 수 없는 지경입니다.

그러다가 금생의 업보가 다해 목숨이 그칠 때가 되면, 아미타여래 성중(聖衆)께서 홀연히 눈앞에 나타나시고, 더러는 기이한 향기와 미묘한 천상 음악이나 그 밖에 여러 가지 신령스럽고 상서로운 조짐들이 함께 어우러집니다. 그 때서야 세상 사람들은 바야흐로 '청정한 도업이 성취되었구나' 라고 말들 하지만, 청정한 도업 성취가 어찌 그때 비로소 이루어지는 것이겠습니까?

😊 염불은 마땅히 네 가지 마음으로 해야 합니다.

첫째, 시작도 없는 아득한 옛날부터 지금까지 죄업만 지어왔으니, 마땅히 참괴한 마음[慚愧心]을 내야 합니다.

둘째, 이 염불 법문을 들었으니, 마땅히 기뻐하는 마음[忻慶心]을 내야 합니다.

셋째, 시작도 없는 오랜 업장으로 이 법문을 만나기가 지극히 어려우니, 마땅히 비통한 마음[悲痛心]을 내야 합니다.

넷째, 부처님께서 이처럼 자비로우시니, 마땅히 감격스런 마음[感激心]을 내야 합니다.

이 네 가지 마음 중 하나만 있어도 정토 수행(청정한 도업)은 곧 성취할 수 있습니다.

그러나 염불은 중단함이 없이 오래 지속해야 합니다. 자꾸 중단하면 정토 수행 또한 성취할 수 없습니다. 그리고 오래 지속함에 피로와 권태를 모르고 용맹스럽게 정진해야 합니다. 피로와 권태를 느끼면 정토 수행 또한 성취할 수 없습니다. 오래 지속은 하면서 용맹스럽지 못하면 퇴보하게 마련이며, 용맹스럽기는 한데 오래 지속하지 못하면 진보가 없게 됩니다.

😊 염불할 때는 다른 생각을 해서는 안 됩니다. 다른 생각이 없으면, 이것이 바로 정지[止: 停止, 사마타]입니다. 그리고 염불할 때는 모름지기 또렷또렷 분명해야 합니다. 또렷또렷 분명하면, 이것이 바로 관조[觀: 觀達, 위빠사나]입니다.

한 생각[一念: 念佛] 가운데 지관(止觀)이 함께 갖춰지는 것이지, 따로 지관이 있는 것은 아닙니다. 지(止)는 선정[定]의 원인이며, 선정은 지(止)의 결과입니다. 또한 관(觀)은 지혜(慧)의 원인이며, 지혜는 관(觀)의 결과입니다. 한 생각 일지 않으면서 또렷또렷 분명함이 바로 고요하면서 비춤〔卽寂而照〕이고, 또렷또렷 분명하면서 한 생각도 일지 않음이 바로 비추면서 고요함〔卽照而寂〕입니다.

이와 같이만 할 수 있다면, 청정한 도업(정토 수행)이 틀림없이 이루어지며, 이처럼 이루어지면 모두 상품(上品) 연화에 왕생합니다. 한 사람부터 백천만억 사람에 이르기까지, 이와 같이 수행하기만 하면 모두 이와 같이 성취하게 됩니다. 그러니 염불하는 수행인이 삼가 조심하지 않을 수 있겠습니까?

철오선사어록 하

반야(般若)와 정토(淨土) 두 법문의 큰 뜻[大義]

반야(般若) 법문은 연기(緣起: 인연 따라 일어나는 有의 현상계)에 대해 성공 (性空: 성품이 텅 비었다는 空의 본질계)을 밝힌 것인데, 비록 본래 성품이 텅 비었다고 하나, 인연 따라 일어남을 파괴(부정)하지는 않으며; 정토(淨土) 법문은 성공(性空)에 대해 연기(緣起)를 밝힌 것인데, 비록 인연 따라 일어난다고 하나, 본래 성품이 텅 비었음을 방애(부정)하지는 않습니다. 이는 공(空)과 유(有)의 두 법문이 서로 걸리거나 가로막지 않음을 뜻합니다.

단지 그러할 뿐만 아니라, 나아가서 바로 인연 따라 일어나기[緣起] 때문에, 본래 성품이 텅 빈 것[性空]입니다. 만약 연기가 아니라면, 도대체 누구(무엇)의 성품이 텅 비었단 말입니까? 그러니 인연 따라 일어남은 바로 본디 성품이 텅 비었다는 반증입니다. 또 거꾸로 성품이 텅 비었기 때문에, 인연 따라 일어나는 것입니다. 만약 성품이 텅 비지 않았다면, 어떻게 인연 따라 일어날 수 있겠습니까? 그러니 본디 성품이 텅 빔은 바로 인연 따라 일어나는 이유입니다.

그러할진대, 공과 유의 두 법문은 단지 서로 걸림이 없을 뿐만 아니라,

170

나아가 서로 보완한다 할 것입니다. 바로 옛사람이 말한 그대로입니다.

"만물의 형상이 천하에 꽉 차 있으되, 바라보면 아무 빛깔 없고;
온갖 소리가 대지에 떠들썩하되, 들어보면 아무 소리도 없구나.
있으면 있을수록 더욱 텅 비고, 텅 비면 텅 빌수록 더욱 있는도다!"

무릇 연기와 성공이 동시에 존재한다면, 마음먹기에 따라 함께 사라지고 함께 나타나는 진면목을 곧장 지닙니다. 함께 사라지고 함께 나타남이 동시에 아무 걸림없이 이루어지니, 이야말로 바로 향상원융(向上圓融)이며 부사의제일의제(不思議第一義諦)입니다. 최상을 향한 원융과 불가사의한 제일의제는 바로 그 사람의 본래 근원 심성(本源心性)을 일컫는 다른 이름입니다.

그래서 우리는 부처님께서 설하신 갖가지 반야 법문이 바로 이 본래 근원 심성을 밝혀 주지 않는 게 없고, 또 부처님께서 설하신 갖가지 정토 법문도 바로 이 본래 근원 심성을 밝혀 주지 않는 게 없음을 알 수 있습니다. 이 본래 근원 심성으로부터 갖가지 반야·정토 법문이 흘러나오고, 또 갖가지 반야·정토 법문이 모두 다 본래 근원 심성으로 되돌아가는 것입니다. 이른바 "이 법계(法界)로부터 흘러나오지 않는 게 없고, 이 법계로 되돌아가지 않는 게 없구나." 입니다.

예전에 어떤 사람이 운서(雲棲) 대사께 "참선과 염불을 어떻게 해야 융합통달(融通)해 갈 수 있습니까?"라고 여쭙자, 대사께서는 "(참선과 염불이) 그대 말대로 두 물건이라면, 융합통달할 수 있겠지요!"라고 답하셨습니다.

아, 참으로 훌륭하신 말씀이시도다! 무릇 선(禪)이란 정토의 선이며,

정토란 선의 정토입니다. 본디 두 물건이 아닌데, 융합통달해서 뭐하겠습니까? 그런즉, 반야와 정토 두 법문은 오직 하나의 본래 근원 심성일 뿐이며, 나눌래야 나눌 수 없을 뿐만 아니라, 또한 합칠래야 합칠 수도 없습니다. 나누고 합침도 불가하거늘, 하물며 더구나 서로 걸리거나 서로 보완함을 논할 수 있겠습니까?

서방 정토가 있다는 뜻을 풀이함〔西有解〕

서유(西有)란 서방 정토가 분명히 있음을 말합니다. 다만 구체적 사실〔事〕이나 추상적 이치〔理〕나 텅 빈 본질〔空〕이나 유형의 현상〔有〕 등의 관점에 따라 갖가지 의미의 모습을 띨 뿐입니다.

만약 일정한 (서쪽)방향이 실제로 있어 바뀔 수 없다는 뜻으로 말한다면, 이는 범부 중생심이 집착하는 보통의 있음〔常有〕입니다. 또 만약 일체의 경계는 업(業)에 따라 나타나는 것이며, 그 나타나는 곳에서 그 자체가 온전히 텅 비었다고 말한다면, 이는 있지 않으면서 있고 있음이 곧 있지 않음을 뜻하니, 진짜 공〔眞空〕과 미묘하게 있음〔妙有〕의 두 진리〔諦〕가 서로 관통하고 있음입니다.

그런데 만약 서로 침탈하여 함께 없어져서 두 진리 모두 사라진다면, 이는 텅 비지도 않고 있지도 않는 있음〔非空非有之有〕입니다. 만약 서로 보완하여 둘다 성립하고 두 진리 모두 존재한다면, 이는 텅 비었으면서도 있는 있음〔卽空卽有之有〕입니다.

만약 바로 함께 사라질 때 곧 함께 존재하고, 바로 함께 존재할 때 곧 함께 사라진다면, 함께 사라짐과 함께 존재함이 동시에 성립하며 서로 걸림이 없는 있음〔雙泯雙存同時無礙之有〕입니다.

또 이 있음이, 인연 따라 일어나되 본디 성품은 텅 비었으나〔緣起性空〕, 있다는 구절(집착)에 떨어지지 않고; 본디 성품은 텅 비었으되 인연 따라 일어나나〔性空緣起〕, 텅 비었다는 구절(집착)에 떨어지지 않으며; 두 의미가 단지 하나의 법이 되지만, 있기도 하고 텅 비기도 하다는 구절(집착)에 떨어지지 않는다면; 이는 네 구절을 온전히 초월한 있음〔四句全超之有〕입니다.

그리고 이 있음이, 본디 성품은 텅 비었으되 인연 따라 일어남〔性空緣起〕이, 있다는 구절을 포괄하고; 인연 따라 일어나되 본디 성품은 텅 비었음〔緣起性空〕이 텅 비었다는 구절을 포괄하며; 두 진리가 함께 존재함〔二諦雙存〕은, 있기도 하고 텅 비기도 하다는 구절을 포괄하고, 두 진리가 함께 사라짐〔二諦俱泯〕은, 있지도 않고 텅 비지도 않다는 구절을 포괄한다면; 이는 네 구절을 온전히 포괄하는 있음〔四句全該之有〕입니다.

또한 오직 온전히 초월하기 때문에 온전히 포괄하므로, 가령 한 구절이라도 초월하지 못한다면, 또한 네 구절을 온전히 포괄할 수 없습니다. 마찬가지로 오직 온전히 포괄하기 때문에 온전히 초월하므로, 가령 한 구절이라도 포괄하지 못한다면, 또한 네 구절을 온전히 초월할 수 없습니다. 이것은 곧 원교의 있다는 법문에서 말하는 있음〔圓敎有門之有〕입니다.

또 서방 정토의 장엄한 정보(正報)와 의보(依報)가 모두 일체 중생의 성품에 본디 갖추어져 있는 바, 특별히 아미타불의 위대한 원력을 빌려 향상 증강의 연분〔增上緣〕으로 삼아, 자성(自性)이 한바탕 활짝 피어날 따름이지, 일찍이 한 조각 법인들 새로이 얻을 게 어디 있으랴! 이와 같이 말

173

한다면, 서유(西有)란 바로 자기성품이 본디 갖추고 있는 진실하고 선량한 묘유의 있음(自性本具眞善妙有之有)입니다.

그리고 있다는 구절(有句)은 진실로 있다는 구절이지만, 있다는 구절은 또한 텅 비었다는 구절(空句)이기도 하고, 또 있기도 하고 텅 비었기도 하다는 구절(亦有亦空句)이기도 하며, 또한 있지도 않고 텅 비지도 않았다는 구절(非有非空句)이기도 하므로, 한 구절이 곧 네 구절입니다. 한 구절이 곧 네 구절이니, 네 구절도 또한 한 구절입니다.

있다는 구절(有句)은 진실로 있다는 구절이지만, 텅 비었다는 구절(空句)도 또한 있다는 구절이고, 있기도 하고 텅 비었기도 하다는 구절(亦有亦空句)도 또한 있다는 구절이고, 있기도 하고 텅 비지도 않았다는 구절(非有非空句)도 또한 있다는 구절입니다. 하나가 온전히 곧바로 넷이며, 네 개가 온전히 곧바로 하나가 되어, 하나와 넷이 원만히 융통하니, 참으로 불가사의한 이치입니다.

그리고 또 있다거나 텅 비었다거나 따위의 네 구절은, 여기에 집착하면 곧장 네 가지 사견(邪見)이 되지만, 이를 통달하면 바로 네 가지 훌륭한 방편 법문이 됩니다. 집착하면 사견의 그물에 걸려 영원히 외도(外道)의 무리로 타락하지만, 통달하면 훌륭한 방편 법문이 되어 곧바로 성현의 경지에 드는 것입니다.

그래서 "반야는 큰 불기둥과 같아서, 닿는 족족 곧장 태워 버린다(般若如大火聚, 觸著便燒)."고 말하는데, 이는 네 변두리 어느 곳도 집착을 용납하지 않는다는 뜻입니다. 또 "반야는 맑고 시원한 연못과 같아서, 어느 방향에서나 들어갈 수 있다(般若如淸凉池, 隨方可入)."고도 말하는데, 이는 사방의 문 어디나 모두 진리(道)로 들어갈 수 있다는 뜻입니다.

그러나 큰 불기둥 전체가 고스란히 맑고 시원한 연못이지, 불기둥을 떠나 따로 시원한 연못이 존재하는 것은 아닙니다. 또한 거꾸로 맑고 시원한 연못 전체가 고스란히 큰 불기둥이지, 시원한 연못을 떠나 따로 불기둥이 존재하는 것도 아닙니다.

이른바 "터럭 끝만한 차이가 있으면 하늘과 땅처럼 현격히 갈라지지만, 터럭 끝만한 차이가 없어도 하늘과 땅처럼 현격히 갈라진다."는 것입니다.

화엄경의 핵심 요지

『대방광불화엄경』은 바로 비로자나여래께서 보리장(菩提場)[51]에서 처음 정각(正覺)을 이루시고, 일곱 곳 아홉 법회(七處九會)에서 한 목소리로 단박에 연설하신, 우리 불성에 딱 들어맞는 법문(稱性法門)입니다. 『서역기(西域記)』에 따르면, 이 경전은 세 판본이 있는데, 상과 중의 두 판본은 그 게송 품이 세계의 터럭 티끌 수로 논해져 있으며, 하본(下本)만이 그래도 10만 게송 48품으로 이루어져, 결집한 뒤 용궁에 수장(收藏)했다고 합니다. 상과 중의 두 판본은 우리 염부제 사람들의 심력(心力)으로 지송할 수 있는 것이 아닌 까닭에, 용수(龍樹) 보살(大士)께서 단지 용궁에서 이 판본을 옮겨 적어 온 것입니다.

---

51) 이 보리장(菩提場)이 바로 아인슈타인이 죽을 때까지 몽매에도 찾아 헤매던 통일장(統一場)이 아니었을까 하는 생각이 이 글의 번역을 시작하기 직전 전광석화(電光石火)처럼 필자의 뇌리를 스쳐 지나갔다.

이 경이 우리 땅에 전래되어 진(晉)과 당(唐)대에 두 번 번역되었는데, 불타발타라(佛陀跋陀羅)께서 번역하신 것은 60권 34품이고, 당(唐)대 실차난타(實叉難陀)께서 번역하신 것은 80권 39품으로, 바로 지금의 경전입니다. 그런데 이 경이 문장은 비록 (上·中本만큼) 완비되지는 못했지만, 의리(義理)는 이미 두루 원만히 갖추어져 있어, 정신으로 회통하면 그 사람 안에 발견할 수 있습니다.

경문은 전후에 걸쳐 모두 일곱 곳에서 아홉 번 법회를 여셨는데, 고승대덕이 오주사분(五周四分)으로 판별하여 정밀하고 상세히 연구하신 해석은, 예나 지금이나 정평 있게 통합니다. 제1법회는 비로자나여래께서 설하신 의보(依報)와 정보(正報)의 인과 법문으로, 경문은 모두 11권 6품인데, 4분(分)으로는 과보를 들어 즐거움을 권하여서 믿음을 내는 분〔擧果勸樂生信分〕이고, 5주(周)로는 소신인과주(所信因果周)입니다. (여기의 인과는 성인의 지위에서 수행으로 증득하는 원만한 원인과 미묘한 과보이지, 결코 일반 선악인과를 일컫는 게 아닙니다. 이하 같습니다.)

그 다음 여섯 법회는 십신(十信)·십주(十住)·십행(十行)·십회향(十回向)·등묘(等妙)의 이각(二覺) 법문들을 차례로 설하신 41권 31품인데, 4분으로는 원인을 닦아 과보에 계합하여서 해오를 하는 분〔修因契果生解分〕이고, 5주(周)로는 차별인과(差別因果)와 평등인과(平等因果)의 두 주(周)입니다.

제8법회는 세간을 벗어나는 법문 하나인데, 보혜(普慧)보살께서 이백 가지 질문을 구름 일 듯 던지시니, 보현(普賢)보살께서 이에 화답하여 이천 게송을 감로병 기울이듯 쏟으시어, 인과 수행의 모습을 거듭 밝힌 것입니다. 이는 모두 7권 1품인데, 4분(分)으로는 법문에 의탁하여 수행에 정진하여서 수행을 이루는 분〔託法進修成行分〕이고, 5주(周)로는 성행인과주(成行因果周)입니다.

제9법회 하나는 기본과 말미로 나누이집니다. 치옴에 여래께서 모습을 나투시고 빛을 발하시면서, 뭇 보살들께서 마음 속 생각으로 과보 바다(果海)의 사항에 관해 청한 30가지 질문에 일일이 답변하시어, 그들로 하여금 그 자리에서 증득하도록 하신 부분이 기본 법회(本會)입니다. 그리고 나중에 문수보살께서 복성(福城)의 동쪽 끝 큰 탑묘(塔廟) 앞에서 6천 비구들을 단박에 십신(十信)이 마음에 충만함을 증득하도록 하시고 나서, 선재동자(善財童子)로 하여금 남쪽으로 뭇 선지식을 참방하러 떠나도록 이끄신 부분이 말미법회(末會)입니다.

이는 모두 21권 1품인데, 4분으로는 (다른) 사람에 의지해 증득해 들어가 덕을 이루는 분(依人證入成德分)이고, 5주로는 증입인과주(證入因果周)입니다. 이전의 38품이 비록 법계의 인과를 널리 담론하였지만, 단지 믿음을 내고 해오를 열어 수행을 시작함으로써 정진하도록 이끈 것일 뿐이며, 여기에 이르러 비로소 증득해 들어간(證入) 것입니다. 정말로 이 증득이 없다면, 앞의 신심과 해오와 수행은 모두 허수아비가 되기 때문에, 증득으로 끝맺은 것입니다.

『화엄경』 전체의 대강 요지를 살피면, 오직 하나의 참 법계(唯一眞法界)로 통섭됩니다. 무릇 삼라만상으로 원만히 포괄하는 것은 오직 한 마음(一心)이니, 몸통(본체)을 보면 온전히 참이어서 서로 녹아 통하고 서로가 상대를 포섭합니다. 이것이 바로 뭇 부처님께서 증득하신 과보의 바다이자, 또한 중생들이 본디 지니고 있는 마음의 원천입니다.

그런데 법계는 형세상 네 겹을 함축하는데(理法界·事法界·理事無礙法界·事事無礙法界) 겹겹이 포개어져 끝이 없으며, 인과는 연분 따라 여섯 지위를 일으키는데(信·住·行·廻向·地·等覺과 妙覺) 지위 지위마다 원만하

게 융통합니다. 원융(圓融)은 항포(行布)에 걸림이 없으며, 원융 가운데 항포가 있습니다.[52]

차별은 평등을 떠나지 않으며, 평등은 바로 그 차별입니다. 처음에는 법계를 들어 인과를 온전히 이루어서 온갖 덕과 온갖 행이 분명해졌으며, 나중에 비로소 인과를 융합하여 법계와 하나로 뒤섞여서 한 터럭 한 티끌도 확연해졌습니다. 비록 네 겹과 여섯 지위가 서로 달라 열리고 닫힘과 은밀하고 현저함은 일정하지 않지만, 처음부터 끝까지 내내 해야 궁극에는 하나의 참 법계(一眞法界)를 떠나지 않습니다. 그러므로 "이 법계로부터 흘러나오지 않음이 없고, 이 법계로 되돌아가지 않음이 없다(無不從此法界流, 無不還歸此法界)."고 말합니다.

그래서 한 마음과 모든 법이 자유자재로 펼쳐졌다 모여들며, 시방과 삼세가 가로 세로로 걸림없이 통합니다. 열 세대의 과거 현재가 서로 나타나며(十世古今互現) 끝없는 국토 경계가 교차로 펼쳐짐은, 마치 제석천의 그물 모양(帝網) 구슬들이 서로 다른 구슬들의 빛을 머금는 것과 같고, 또한 바다(天池)의 물 한 방울이 온갖 강물의 맛을 죄다 지니는 것과 같습니다.

그러므로 세계는 화장(華藏)이라 일컬어 온갖 깨끗하고 더러운 것을 모두 녹여 합쳤음을 나타내고, 부처님은 비로자나로 불러 참(眞如)의 법신과 중생 인연 따라 나토는 응화신(應化身)이 둘이 아님을 곧장 보여줍니다. 5주(周) 4분(分)에 걸친 황금 같은 경문이 부처님의 설법 바다에서 파도처럼 넘실거리며, 6상(相)[53]과 10현(玄)[54]의 오묘한 뜻이 진리의 하늘에 별처

---

52) 항포(行布)와 원융(圓融): 화엄경에서 보살이 부처 원인 자리를 수행하는 길에서, 십신(十信) · 십주(十住(解)) · 십행(十行) · 십회향(十廻向) · 십지(十地)를 차례대로 하나하나 성취한 부처가 된다는 견해가 항포이고; 어느 한 위(位)에서도 전후의 모든 위가 함께 포섭되어, 어느 한 위만 원만히 성취하여도 서로 융통하여 바로 부처가 된다는 견해가 원융(圓融)이다.

럼 찬란합니다.

진짜로 가르침은 더할 나위 없는 원만한 종지를 여셨고, 법문은 지극히 심오한 진리의 글을 파헤치셨다[敎啓無上圓宗, 法窮甚深理窟]고 칭송할 만합니다.

그래서 듣거나 보기만 해도 문수보살의 지혜 거울이 자기 마음에서 원만해지고, 읊거나 지니기만 해도 보현보살의 행원 법문이 주변 법계에 두루 열릴 수 있습니다. 사람마다 금강의 곳집에 들어가고, 티끌마다 공덕의 수풀을 세우게 됩니다. 그렇게 한평생 할 일을 다 마치게 되면 내가 바로 선재동자요, 단지 법계의 행원만 두루 갖추어지도록 한다면 누군들 청정 도업이 원만해지지 않겠습니까?

경전에 이르기를, "이 경전은 일체의 다른 중생들 손에는 들어가지 못한다"고 하셨고, 논장에는 이르기를, "오직 최상의 큰 마음 가진 범부[最上大心凡夫]한테만 부족한다."고 하셨으니, 이 말씀이 어찌 뜻하는 바 없겠습니까? 그러므로 오랫동안 닦은 보살[開上]들을 물리치고, 덕 높은 성문

---

53) 6상(相): 총상(總相)·별상(別相)·동상(同相)·이상(異相)·성상(成相)·괴상(壞相). 범부가 보는 사물의 모습은 서로 막히고 구분되어 각각이나, 성인의 눈으로 보는 법의 본체 성품은 사물 모습 하나하나에 모두 이 여섯 상(相)이 원만히 융합되어 있다고 함. 화엄경 초지(初地)의 십대원(十大願) 중 제4원에 나옴.

54) 10현(玄): 십현문(十玄門) 또는 십현연기(十玄緣起)라고 하는데, 화엄종에서 4법계 중 사사무애법계(事事無礙法界)의 모습을 나타내는 법문으로, 이 이치를 터득하면 화엄경의 현묘한 진리 바다에 들어갈 수 있다는 뜻에서 붙여짐. 열 가지 법문이 서로 연분이 되어 다른 법문을 생기게 하므로 연기(緣起)라고도 부름.

　　① 동시구족상응문(同時具足相應門) ② 인다라망경계문(因陀羅網境界門). ③ 비밀은현구성문(秘密隱顯俱成門). ④ 미세상용안위문(微細相容安位門). ⑤ 십세격법구법문(十世隔法具法門). ⑥ 제장순잡구덕문(諸藏純雜具德門). ⑦ 일다상용부동문(一多相容不同門). ⑧ 제법상즉자재문(諸法相卽自在門). ⑨ 유심회전선성문(唯心回轉善成門). ⑩ 탁사현법생해문(託事顯法生解門).

　　지상(至相)존자 지엄(智儼)이 십현장(十玄章)에서 창설한 것으로, 현수(賢首)의 오교장(五敎章)에서는 차례가 다소 바뀜.

제자들을 눈귀 멀도록 하신 줄 알겠습니다. 이는 모두 권의(權宜: 방편)와 집착을 융합하여 대심범부(大心凡夫)들을 이끌기 위한 깊은 뜻입니다.

그러한즉, 금강을 조금만 먹어도 진실로 이미 성인의 씨를 심는 것이며, 위대한 경전을 터럭 끝만큼만 파헤쳐도 끝내 대지혜인(부처님)을 기대할 수 있습니다. 하물며, 한 글자 법문은 바다 같은 먹물로 써도 다할 수 없으며, 천 층의 누각이 손가락 튀기는 소리에 단박 열리는데, 더 말할 나위가 있겠습니까?

먹물과 종이로 풀어쓸 수 없는 진리를 어찌 대롱으로 하늘 쳐다보듯, 소라 껍질로 바닷물 헤아리듯 할 수 있으리요? 애써 큰 실마리만 적어 두어, 나중에 찾아 보는 이한테 조그만 참고나 되길 바랄 뿐입니다.

(만약 상세히 알고 싶은 분이 있다면,『화엄경』에 대한 청량(淸京) 관 국사(觀國師)의 소초(疏鈔)와 조백(棗柏) 리 장자(李長者)의 합론(合論)이 있으니, 참고하십시오. 소초는 정밀하고 심도 깊으면서도 넓게 두루 포괄하셨으며, 합론은 대강의 요체를 얻어 통쾌하면서도 솔직 명료합니다. 두 책을 함께 대조해서 보면,『화엄경』의 큰 요지는 더이상 빠뜨릴 게 없습니다.)

수릉엄경의 두 가지 결정적 핵심 의의

첫 번째 의의는, 무릇 육근(六根: 감각기관) 가운데 맑은 성품〔湛性〕이 진여의 원인(眞因)이니, 진여(眞如: 진리)의 원인을 얻은 다음에야 진여의 과위(果位)도 증득하길 기약할 수 있음을 보여 줌이요; 두 번째 의의는, 무릇 육근 가운데 맺힌 모습[結相]이 미혹의 근본[惑本]이니, 미혹의 근본을 밝힌 다음에야 미혹을 끊고 닦는 길에 요령을 얻을 수 있음을 일러 줍니다. 맑은 성품은 육근의 성품이요 변하지 않는 진여이며, 맺힌 모습은 육근의 모습이요 바깥 연분에 따르는 허망함입니다. 이러한즉, 오직 하나의 똑같은 육근이면서, 단지 모습은 허망하고 성품은 진여인 구별을 보이는 것입니다. 그 모습이 오직 허망하기 때문에 모름지기 이를 다 풀어 없애야 하는 것이며, 그 성품이 오직 진여이기 때문에 이에 의지해 원인으로 삼을 수 있습니다.

그러할진대, 진여가 본디 변하지 않는다면 허망함도 바로 본디 텅 비었음이요, 허망함이 바깥 연분 따라 일어나면 진여도 반드시 모조리 숨어 버립니다. 허망함이 바깥 연분 따라 일어나 진여가 모조리 숨어 버린다는 관점에서 보면, 수행의 덕[修德: 인간의 후천 도덕 수양]은 진실로 없어서는 안 될 필수 공부이고; 거꾸로 진여가 변함이 없으니 허망함이 본디 텅 비었다는 시각에서 보면, 성품의 덕[性德: 자연의 선천 도덕성]은 더욱이 마땅히 밝아야 할 것입니다. 성품의 덕은 진실로 수행의 덕을 밑천 삼아 밝게 드러나며, 수행의 덕은 성품의 덕에 의지하여 이루어집니다. 이 두 법문의 의미를 합쳐서 관찰한다면, 진여와 허망함이 서로 하나로 어우러지고, 성품과 수행이 나란히 신묘해지는 이치가 남김없이 망라됩니다.

그러할진대, 이러한 이치를 추론해 확대해 나간다면, 육근과 육신과 이 세계가 물건물건마다 중생중생마다 진여면서 허망함이며, 원만미려하고 활기발랄하니 혼연일체로 일정한 모습이 없음이요; 말하고 행하고 움직이는 것 모두가 마음마음마다 생각생각마다 성품이면서 수행이며, 청정쇄락하고 적나라하니 명료하여 일정한 집착이 없습니다. 이와 같을진대, 어떤 미혹인들 끊지 못하며, 어떠한 과위인들 이루지 못하겠습니까? 그러면서도 실제로는 끊음도 없고 끊지 않음도 없으며, 이룸도 없고 이루지 않음도 없습니다. 다만 미혹된 마음과 전도된 견해를 지닌 중생들한테 대해서 특별히 억지로 분별하는 것일 따름입니다.

【옮긴이 보충 해설】: 유교의 사서 중 『대학(大學)』의 첫 구절이 '대학지도(大學之道), 재명명덕(在明明德), 재친민(在親民), 재지어지선(在止於至善)'인데, 이는 "진실로 큰 배움(공부)의 길은 본디 밝은 성품의 덕을 수행의 덕으로 밝혀, 백성들한테 친근히 가르쳐 제도하고, 다 함께 지극한 선(진리·부처님)의 경지에 이르는 데 있다"는 뜻으로 이해되며, '명덕(明德)'은 바로 '불성(佛性)' '성덕(性德)'에 상응합니다. 또 이 법문 마지막 부분의 '무단무부단(無斷無不斷), 무성무불성(無成無不成)' 구절은 노자(老子) 『도덕경(道德經)』의 핵심 명제의 하나인 '무위이무불위(無爲而無不爲)'와 문장 구성상으로뿐만 아니라 실질적인 의미상으로도 상통하는 것으로, 불교의 반야공(般若空)과 도가의 무위자연(無爲自然)이 상통하는 도(道)임을 느끼게 해줍니다. 유불선(儒佛仙)의 삼위일체, 이른바 대도무문(大道無門)을 느낍니다.】

수릉엄경의 돈헐점수(頓歇漸修: 단박에 그치고 점차 닦음) 설

『수릉엄』(권4中)에 보면, 앞에서 (부처님께서 부루나한테) "너는 단지 (세간·業果·중생의) 세 가지가 서로 계속 이어짐에 따라 분별망상하는 짓만 안 하면 된다. 그러면 미쳐 날뛰는 성품이 저절로 그치며, 그치면 바로 곧 보리이다[狂性自歇, 歇卽菩提]. 어찌 구구하게 힘들이고 애써 수행하여 증득하려 든단 말이냐?"고 말씀하셨는데, 이는 한 순간 생각을 단박에 그치도록〔令一念頓歇〕 일깨우심인 듯합니다.

그리고 바로 뒤이어 여기서는 (아난한테) "보리와 열반은 아직도 까마득히 멀리 있으니, 네가 오랜 겁을 거치면서 괴롭게 부지런히 닦아 증득할 수 있는 게 아니다〔菩提涅槃, 尚在遙遠, 非汝歷劫, 辛勤修證〕. 네가 비록 (시방 여래의 12부 경전의 청정하고 미묘한 진리를) 죄다 들어 기억한다 하더라도, 단지 희론(戲論: 말장난)만 덧보탤 뿐이다."고 말씀하셨는데, 이는 오랜 겁을 거쳐 점차 닦도록〔歷劫漸修〕 타이르신 듯합니다.

아난(阿難)의 근기가 만자(滿慈: 富樓那彌多羅尼子의 漢文意譯 이름)보다 못하지 않고, 만자의 수행 과위(果位)가 아난보다 조금 나을 뿐인데, 어찌 두 분의 수행 증득의 난이도가 이처럼 서로 현격히 차이 난단 말입니까? 이는 아마도 세존께서 일념과 영겁이 둥글게 하나되는 이치〔念劫圓融之理〕와 단박과 점차가 둘이 아닌 종지〔頓漸不二之宗〕에 근거하여, 허망함이 본디 텅 비었음을 드러내어 (만자의) 법집(法執: 법문에 대한 집착)을 쳐부수고, 단지 법문 듣기만 좋아하는 걸 꾸짖어 (아난한테) 진실한 수행을 채찍질하시는 (待機說法의) 가르침일 것입니다.

바로 이른바 '구멍 보아 막대기 꽂고, 질병 따라 약 처방하심'입니다. 한번 생각해 봅시다. 일념에 미친 기를 그침은 '단박'인데, 그렇게 끝마치지 못하면 오랜 겁 동안 윤회로 이어집니다. 오랜 겁을 부지런히 닦음은 '점차'인데, 구경(究竟)에는 이 또한 일념을 떠나지 않습니다. 이 일념과 영겁, 단박과 점차는 비록 서로 현격히 차이 나는 것처럼 보이지만, 실은 조금도 떨어져 있지 않습니다. 하물며 일념의 성품〔念性〕이 본디 텅 비었고 시절(時節: 세월)이 본체가 없는데 오죽하겠습니까? 미혹되어 있을 때는 현격히 차이 나는 것 같지만, 깨달은 뒤에는 본디 스스로 원만하게 하나로 합쳐지는 것입니다. 일념이 본디 영겁과 다르지 아니하고, 영겁이 원래 일념일 따름입니다.

그러할진대, 일념과 영겁, 단박과 점차에 대해 더 이상 무얼 의심할 게 있겠습니까? 가령 만자가 허망한 원인을 찾아 실제 있다고 집착하지 않았다면, 그리고 아난이 많이 주워들음에 빠져 진실한 수행정진을 내팽개치지 않았다면, 그러면 세존의 '단박에 그치고 점차 닦는다[頓歇漸修]'는 가르침 또한 드러내 일깨울 여지도 없었을 것입니다.

금강경의 '실무유법발보리심(實無有法發菩提心)' 설

『금강경』(一體同觀分 제18)에서 다섯 가지 눈[五眼: 육안, 천안, 혜안, 법안, 불안]을 원만히 밝히고 세 가지 마음(三心: 과거심·현재심·미래심)을 훤히 꿰뚫은 단락은, 바로 윗 단락(究竟無我分 제17)에 나오는 "진실로 (아누다라삼먁삼)보리심을 낼 만한 법이 없다[實無有法發菩提心]."는 구절의 이치를 해설한 것입니다.

말하자면, 중생이 중생인 까닭은 허망한 마음을 지니고 있기 때문인데, (과거·현재·미래의) 세 마음을 죄다 얻을 수 없다면, 중생 또한 어찌 더 이상 얻을 수 있겠습니까? 중생을 얻을 수 없다면 누가 보리심을 낼 수 있는 사람(주체)이며, 세 마음을 얻을 수 없다면 무엇이 내는 바의 마음(대상)이겠습니까?

그래서 "진실로 보리심을 낼 만한 법이 없다."고 말씀하신 것입니다.

또 허망한 마음을 얻을 수 없다면 과연 허망함 전체가 고스란히 바로 진여며(全妄卽眞), 중생을 얻을 수 없다면 모든 중생이 온전히 바로 부처님입니다(全生卽佛). 과연 허망함 전체가 바로 진여며 모든 중생이 온전히 바로 부처님인 경지를 본다면, 이는 바로 보리심을 내지 않고서도 저절로 내며(不發而發), 본디 성품에 맞갖게 아누다라삼먁삼보리심을 개발하는 것입니다. 이처럼 마음을 낸다면, 더 이상 얻을 법이 어찌 있겠습니까? 그래서 "진실로 (아누다라삼먁삼)보리심을 낼 만한 법이 없다(實無有法發菩提心)." 고 말씀하신 것입니다.

수릉엄경 '지견무견(知見無見)' 설

『수릉엄경』(권5)의 '지견무견(知見無見)' 한 구절은 지극히 중요하고 오묘하여, 일체의 중요하고 미묘한 구절들을 모두 포섭합니다. 여기서 봄(見)이란 바로 봄을 떠나는(離見) 것과 같기 때문입니다.

그래서 화려한 집의 문(華屋之門)이고, 미친 마음이 단박에 그침(狂心頓歇)이며, 허깨비 아닌 게 없음을 취하지 않음(不取無不幻)이고, 눈엣가시를 통째로 뽑아냄이며, 더 이상 얻을 게 없는 곳에 되돌아감이고, 허망함이 사라진 걸 진여라 부름(滅妄名眞)이며, 수행 전체가 통째로 성품에 있음(全修在性)이고, 마음을 아무리 찾아도 결코 얻을 수 없음(覓心了不可得)이며, 마음이 텅 비어 (본디 자리에) 되돌아감에 이름(心空及第歸)이고, 아들이 몸을 돌려 아버지한테 다가감이며, 신하가 자리에서 물러나 임금을 알현함이고, 아버지와 아들이 의기투합함이며, 임금과 신하의 도가 합쳐짐이고, 조그만 방편으로 곧장 재빨리 성불에 이름이며, 인연 따라 일어남이 생기지 않음〔緣起無生〕입니다.

또한 '안다〔知〕'는 글자 하나가 모든 미묘한 진리의 문임이며, 찰나간에 정각에 오름이고, 무심의 도를 체득함이며, 쉼〔休〕이고, 뭇 성인께서 아신 바를 서로 대를 이어 전수하신 뜻은 번뇌망상에 본디 성품이 없다〔諸聖所知, 轉相傳授, 妄想無性〕는 것이고, "한 번 초월해 곧장 여래의 땅에 들어가서, 고개 돌려보니 예쁜 자손들이 부끄럽다〔一超直入如來地, 回頭慚愧好兒孫〕."는 것이며, "이때부터는 돌아가지 않아도 저절로 돌아감이 얻어지니, 고향의 바람과 달을 누가 감히 다툴까〔由是不歸歸便得, 故鄕風月有誰爭〕?"이고, "손을 뿌리치며 집에 당도하니 무엇과 비슷한가? 더 이상 존당께 바칠 물건이 하나도 없네〔撒手到家何所似, 更無一物獻尊堂〕."이며, "알면서도 앎이 없음이지, 정말 알지 못해 알지 못함을 얘기하는 게 아니다〔知而無知, 不是無知而說無知〕."이고, "바로 이 보고 들음은 실로 보고 들음이 아닌지라, 그대한테 보여줄 다른 빛깔과 소리가 없네〔卽此見聞非見聞, 無餘聲色可呈君〕."이며, "육근(주관, 감각기관)이 서지 않고, 육진(객관, 사물 대상)이 연분 닿지 아니하여, 육근과 육진이 모두 사라지니, 신령스런 빛이 홀로 비추이네〔根旣不立, 塵無所緣, 根塵兩亡, 靈光獨耀〕."입니다.

이러한 의미를 갖는 구절들은 이루 다 거론할 수 없는데, 오직 이 네 구절이면 남김없이 망라할 수 있습니다. 이른바 "긴요한 곳에서 부처님 법은 자식이 많지 않다〔緊要處佛法無多子〕[55]"는 격입니다. 과연 일념만 상응

---

55) 원문에 쓰인 '자식이 많지 않다〔無多子〕'는 혹시 '글자가 많지 않다〔無多字〕'의 오자(誤字)가 아닐까 생각도 드니, 참고하세요.

할 수 있다면, 이것이 바로 '진여가 경전 전체로 바뀌는〔眞轉全經〕' 것입니다. 자원명(慈圓明)·권대도(權大道)·서현순(棲賢舜)·광도자(廣道者) 등과 같은 여러 고승대덕들은 모두 도(진리)를 크게 본(깨달은) 뒤 이 공부를 한 분들입니다. 그것을 일컬어 "무심히 도를 체득한다〔無心體道〕."라고 하는데, 그것이 바로 고향으로 되돌아가는 요긴한 길〔還鄕要路〕이자, 진여로 돌아가는 비결〔歸眞秘訣〕이기 때문입니다.

【옮긴이 보충 해설】:『수릉엄경』권5에 부처님께서 아난한테 말씀하신 구절로, 한문 번역본 원문은 "汝今知見立知, 卽無明本; 知見無見, 斯卽涅槃無漏眞淨; 云何是中, 更容他物?"인데, 통상 해석은 "네가 지금 알아차림을 맡은 안의 의근〔意根(知)〕과 보고 듣고 맛보고 냄새 맡고 느끼는 바깥의 오근(五根, 見으로 대표)으로 알음알이를 세우는 것은 바로 무명의 근본이며, 의근과 오근에 알음알이가 없어야 이것이 바로 열반이며 번뇌 없는 진정한 청정이니라. 어떻게 이 가운데 또 다시 다른 물건을 용납한단 말이냐?"입니다.

그런데 천태 덕소(德韶) 국사한테 법을 이어받은 서록사(瑞鹿寺) 우안(遇安) 선사는 구두법(句讀法)을 바꿔 읽어, "(주관적) 알음알이와 식견이 서면 그 알음알이는 바로 무명의 근본이고, 알음알이와 식견이 없으면 보는 것마다 곧바로 열반이다. 〔汝今知見立, 知卽無明本; 知見無, 見斯卽涅槃無漏眞淨; 云何是中, 更容他物〕."로 해석했습니다. 어떤 사람이 구두법이 바뀌었다고 지적하자, 선사는 "이것이 내가 깨달은 곳이기에 평생 바꾸지 않겠다."고 대답했다고 합니다.[56]】

---

56) 『오등회원(五燈會元)』권제10, 『능엄관섭(楞嚴貫攝)』권5 참조.

일승결의론(一乘決疑論) 설

"무간지옥의 업보를 자초하지 않고 싶거든, 여래의 정법 수레바퀴를 비방하지 말지어다〔欲得不招無間業, 莫謗如來正法輪〕." 이는 고승대덕께서 대자비심에서 눈물을 흘리며 창자가 저미듯 설하신 법어입니다. 진실로 우리 석가모니여래께서는 중생들을 위하기 때문에, 무량겁 동안 이 법을 닦아 증득하시느라, 행하기 어려운 일체의 정법 수행에 정진하시면서, 사랑하는 나라와 처자식은 물론 자신의 머리·눈·뇌·골수까지 희사하시기를 몇 천만억 번이나 되풀이하셨는지 모릅니다. 불도가 이루어진 다음에도 대자비의 평등심으로 실단(悉壇)[57]의 이치에 따라 부연 설법하셨습니다. 그래서 한 구절 한 글자가 모두 무명의 긴 밤을 밝히는 보배로운 횃불이자, 생사의 고해를 건네주는 자비로운 배입니다. 무릇 생명이 있는 자라면 누가 그 이익을 받지 않겠습니까? 그런데 뭇 사람(諸子)이 의통(依通)[58]의 식견 따위로 말 나오는 대로 욕하고 비방하여, 정법의 광명을 뒤덮고 장래의 안목을 해치면서 중생들을 의심케 하고 잘못 인도하니, 그 죄악이 결코 소소(小小)하지 않습니다.

---

57) 실단(悉壇): 성취(成就)의 뜻. 부처님께서 중생을 성취시키는 방편의 도(道)라는 뜻으로, 12부경과 8만4천 법문 일체가 포섭됨. 그래서 '종(宗)'이나 '리(理)'로 해석하기도 하며, 남악(南岳)은 '실(悉)'은 한문으로 '모두, 다'의 뜻이고, '단(壇)'은 '단나(壇邪)'의 약어로 보시의 뜻이라고 보아, 부처님께서 중생들한테 널리 죄다 베풀어 주는 것으로 해석했음.

58) 의통(依通): 다섯 가지 통력(通力)의 하나. 첫째, 중도실상의 이치를 증오하여 얻는 도통(道通)으로 보살에 해당. 둘째, 심신(心神)을 응집하여 선정 수행으로 얻는 신통(神通)이며 아라한에 해당. 셋째, 단약(丹藥)이나 부적·주술에 의지해 얻는 의통(依通)으로 신선에 해당. 넷째, 숙세의 선근 과보로 저절로 얻는 보통(報通 또는 業通)으로 천룡팔부(天龍八部)에 해당. 다섯째, 요괴한 정령의 힘으로 얻는 요통(妖通)이고 늙은 여우나 고목의 정령에 해당.

그런데도 죄가 없다고 지껄여대니, 어찌 그 말이 사실이겠습니까? 이에 일승(一乘)의 이치로 뭇 대중의 의심을 시원히 풀어 버리니, 광명정대하고 솔직 통쾌함이 이루 말할 데 없습니다. 미혹의 구름을 불어 깨끗이 일소하고 부처의 햇빛을 비추어 광명을 되찾으니, 진실로 법문을 수호하는 장대하고 견고한 철옹성[金城湯池: 황금성 바깥 둘레에 끓는 물 연못을 에워싼 요새]입니다. 이쯤 되면 뭇 대중은 과연 천안이 이미 통하고 법집을 이미 잊어버려, 스스로 마음 속 깊이 수희찬탄이 생길 것입니다. 설사 법집을 잊지 못하고 천안을 통하지 못했다손 치더라도, 틀림없이 수승한 이익을 단박에 얻어야 마땅합니다.

그러므로 이 '일승결의론'의 작성은 단지 법문에만 보탬이 되는 게 아니라, 실제로 뭇 대중들한테도 보탬이 됩니다. 또 단지 뭇 대중들한테만 보탬이 되는 게 아니라, 천하 후세의 공부하는 사람들 모두한테도 크게 보탬이 될 것입니다. 그러니 곧바로 유통시켜 널리 법보시하기를 권청합니다.

'상상리상, 심심인심(相相離相, 心心印心)'의 간략한 해설

무릇 경계란 한 생각을 좇아 생겨나므로[境逐念生], 한 생각이 스러지면 모습모습마다 모습을 떠나고[相相離相]; 허망함은 진여(진리·참)에 의지해 일어나므로[妄依眞起], 진여에 통달하면 마음마음마다 마음에 아로새겨집니다[心心印心]. 오직 모습이 모습을 떠날 때에야 모습 있는 것들이 모두

참모습으로 되돌아가니〔有相皆歸實相〕, 이것이 바로 마음에 아로새겨지는 것입니다. 마음이 없음은 진실한 마음에 속하지 않습니다〔無心不屬眞心〕. 이러한 까닭에 모습에 얽매여 참을 놓치고 헤매면〔滯相迷眞〕 사사건건 막히고 걸리며〔頭頭障礙〕, 티끌(세속)을 등지고 깨달음에 합치하면〔背塵合覺〕 온갖 법마다 모두 원만히 통달합니다〔法法圓通〕. 마음과 모습의 큰 실마리에 대해 비좁은 소견을 위와 같이 간략히 밝히고, 더욱 정밀하고 상세한 해석은 견문이 많은 훌륭한 분을 기다리겠습니다.

정토진량(淨土津梁)의 발문(跋文: 後記)

을사년(乙巳年: 乾隆 50년. 1785) 중추(仲秋)에 연법(衍法) 지공화상(志公和尙)이 정토경론문집(淨土經論文集)을 편집하여, 판각(版刻)을 완성한 뒤 발문(跋文) 몇 마디를 부탁해 왔습니다. 그래서 제가 죽 펼쳐 보았는데, 정토 삼부경은 원인과 결과를 뚜렷이 밝혀 정토 왕생의 문을 활짝 열어 놓았고, 정토 삼론(三論: 天親 보살의 淨土往生論, 天台智者 대사의 淨土十疑論, 明나라 傳燈 화상의 淨土生無生論)은 명쾌한 이치로 미혹을 쳐부수고 유심정토(唯心淨土)의 요지를 정확히 제시하며, 『용서문(龍舒文)』은 초발심자들을 정토로 인도하며 정밀하고 상세하게 간곡히 안내하고, 『지귀집(指歸集)』은 많은 훌륭한 글을 발췌 편집하면서도 사리에 원만히 회통하였습니다. 또 『정토혹문(淨土或問)』 몇 쪽은 참선자들의 고루한 의심을 모아 시원히 풀어 주고, 「정토법어」 한 편은 수행인들이 저지르기 쉬운 인습과 고식적 폐단을 떨쳐 버리도록 역설하였으며, 운서 대사의「발원문」과「계살문(戒殺文)」·「방생문(放生文)」등 몇 편은 극락 왕생의 급선무이자 염불 수행의 긴요한 보문조법문이 아닌 게 없습니다.

그리고『연화세계시(蓮華世界詩)』는 비록 글이 문학의 유희 색채가 있지만 이치가 진실하고 원만하며, 더구나 연화세계 경지를 생생히 묘사하여 신묘함을 전함으로써 보는 사람의 마음을 끌어들여 몰입케 하니, 중생을 포섭하여 교화하는 법문으로 없어서는 안 될 것입니다.

착하고 훌륭하도다! 염불 법문이 이러한 여러 경론과 논설을 갖추었으니, 어느 근기의 중생도 혜택을 입지 않음이 없고, 어느 길인들 통하지 않음이 없으며, 온갖 법문의 물길을 하나로 통합하여 정토로 귀결케 하는지라, 진실로 정토 왕생의 요긴한 나루터(津)이자 큰 다리(梁)입니다. 그래서 책 제목을 '정토진량(淨土津梁)'이라 붙였습니다.

그런데 나루터와 다리는 비록 마련되었지만, 밟고 건너가는 것은 사람한테 달려 있습니다. 벌떡 일어나 곧장 간다면, 누구인들 정토 왕생의 몫이 없겠습니까? 귀중한 것은, 용기를 내어 먼저 정토에 올라 보배연화의 상품을 차지하고, 정토 왕생의 그윽한 관문을 곧장 통과하여 무생법인을 획득하는 것입니다.

그래서 부처님 수기를 일찌감치 받들어 법륜을 재빨리 굴리기를 발원하고, 제석천의 인드라망 같은 시방찰해(十方刹海)를 종횡무진 다니면서 중생을 교화하되, 미래겁이 다하도록 정토 왕생의 나루터와 다리를 전하고 또 전한다면, 고해에서 수고하는 중생들이 이로 말미암아 이익을 얻고 제도되는 자는 어찌 그 수를 다 헤아릴 수 있겠습니까?

만약 세파에 휩쓸려 되돌이킬 줄 모르고, 험난한 길에 들어서 구차한 안일을 누리면서, 더러는 정토의 나루터와 다리를 쳐다보기만 하고 나아

가지 않거나, 나루터와 다리를 지키는 걸로 스스로 만족하거나, 윤회의 고해에 빠져 혼자 허우적거리는 고통을 깜짝 놀라지도 않고, 끝내는 크고 안전한 다리를 묻기[問]만 하고 여전히 위험하고 불안한 뗏목을 연연해하는 비웃음거리나 산다면, 이 책을 편집한 분의 고심(苦心)을 어떻게 위로할 수 있겠습니까? 이러한 자들은 또 이 책의 이름으로 붙여진 '정토진량'이라는 제목의 큰 뜻도 전혀 모르는 것입니다.

　혹자는 이렇게 말할지도 모릅니다.

　"화상께서는 (경론의 문구에 의지하지 않고) 마음의 도장만 오로지 전하는[單傳心印] 선종을 이어 받아 조사의 도를 스스로 떠맡았으면, 마땅히 본분에 충실하게 사람들한테 곧장 뭔가를 보여 주어야 하지 않습니까? 무릇 유심정토(唯心淨土: 오직 마음이 정토)는 그 자리에서 현재 이루어지며[當處現成], 자성미타(自性彌陀: 자기 본래 성품이 아미타불)는 자기 몸과 조금도 떨어지지 않는데, 어찌하여 이 같이 '나루터와 다리'라는 설을 내세워서, 사람들한테 마음 밖에 법이 있고[心外有法] 오고 가며 취하고 버림이 있는[去來取捨] 잘못된 견해를 일으키십니까?"

　오호라! "그윽함으로 통하는 산봉우리, 인간 세상이 아니네[通玄峯頂, 不是人間]." "마음 밖에 법이 없으니, 눈에 온통 푸른 산뿐이네[心外無法, 滿目靑山]." 이러한 선사의 게송은 그렇다면 선종 본분에 맞는 직지인심(直指人心)이란 말이요, 아니면 오고가며 취하고 버리는 것이란 말이요? 이 선시(禪詩)에서 흑백을 분명히 가린다면, 그대가 진정 유심정토와 자성미타를 안다고 인정하겠지만, 혹시 그렇지 못하다면 잠꼬대 같은 소리는 지껄이지 않는 게 좋겠습니다.

덕전(德全) 선인(禪人)의
혈서 연화경(血書蓮華經)에 대한 발문

'나'가 없어[無我] 신령스러운 것이 부처님의 지견[佛知見]이요, '나'가 있어 몽매한 것이 중생의 지견입니다. 중생과 부처님의 지견은 다를 게 없지만, 단지 허망한 나 하나가 끼어든 차이뿐입니다. 무릇 큰 미혹의 근본은 나[我]에 있으며, 나 가운데 가장 애착하는 대상은 몸보다 더한 게 없습니다. 진실로 중생의 몸에 대한 식견[身見]이 사라지지 않고 나에 대한 집착[我執]이 깨뜨려지지 않는다면, 생사 윤회가 어찌 저절로 멈출 수 있겠습니까?

덕전 선인(德全禪人)이 구품정토 왕생을 은밀히 발원하여, 일곱 축(軸: 두루마리)의 연화경을 필사(筆寫)하였는데, 무정(無情)의 서릿발 같은 칼날로 흘리기 어려운 몸의 피를 찔러 내어, 열 손가락에 핏방울이 다 마르도록 한 마음 움직이지 않았으니, 참으로 위대한 일입니다. 참으로 끝없는 고해 가운데서 나라는 생각[我見]을 단박에 텅 비워 생사 윤회를 곧장 벗어난 용맹스런 장부입니다. 오호라, 덕전 선인이 이 생각을 처음 냈을 때는 바로 정토에 연화 씨를 심은 때요, 날마다 칼로 찔러 꾸준히 사경할 때는 연화가 자라는 때요, 일곱 권(卷)의 공덕이 원만해진 때는 연화에 빛과 향기가 함께 가득 찬 때입니다. 이러할진대 선인의 정토 왕생의 원인은 이미 이루어졌습니다.

다만, 앞으로 마땅히 본래 발원을 잊지 말고 마음을 모아 꾸준히 염불하여, 마침내 이 세간의 업보가 다하고 저 정토의 연화가 피어나면서 곧바로 부처님을 뵙고 설법을 들을 때에 이르러서야, 비로소 원인과 결과가

다 함께 원만히 성취되는 때임을 명심해야 할 것입니다. 비록 그러하지만, 이제 선인한테 한 가지 질문해 보겠습니다. 막 쇠칼로 살을 찔러 나온 피로 사경할 때, 그 고통을 알아차리면서 점과 획을 그은 자는 과연 신령스럽습니까, 몽매합니까? 나입니까, 나가 아닙니까? 부처님 지견입니까, 중생 지견입니까? 여기에 명료하면 불국토가 멀지 않고 보배 연화가 바로 피어날 것입니다. 하지만 혹시라도 그렇지 못하다면, 분명히 기억하고 새겼다가 여러 훌륭한 아미타불 제자들한테 여쭤 보기 바랍니다.

명초(明初) 선인(禪人)의 혈서 연화경에 대한 발문

쇠칼을 들지 않고 붓 대롱을 잡지 않고도, 시방세계 전체가 핏방울 흥건한 한 부의 『묘법연화경』입니다. 이 말을 철저히 알아본다면, 영산(靈山)법회가 아직 해산하지 않았다고 말해도 좋고, 영산법회가 본디 일찍이 회합한 적이 없었다고 말해도 괜찮으며, 당시 법회를 향해 해산하라고 소리쳐도 무방하고, 오늘 다시 회합하여도 또한 좋습니다. 큰 쓰임(작용)이 눈앞에 닥치면, 사소한 규칙은 있으나 마나입니다. 마치 임금의 보배로운 칼은 생살(生殺)의 권한이 임기응변에 맡겨지는 것과 같습니다. 이와 같이 피를 찔러 내고 이와 같이 사경을 한다면, 이것이 진짜 정진(眞精進)이고, 이것을 진짜 여래께 대한 법공양(眞法供養如來)이라고 부릅니다.

그러면 우리의 본래 스승(本師)이신 석가모니부처님께서 이 세상에 나오신 회포를 활짝 펼칠 수도 있고, 옛 부처님(古佛)께서 열반하신 뒤 사리를 모신 다보불탑도 모시도록 할 수 있습니다. 또한 곧장 열두 종류 중생들한테 칼날을 맞이하여 목숨의 뿌리가 단박에 끊어지도록 할 수도 있고, 끝없는 진리의 창고〔法藏〕로 하여금 붓끝에 점 찍혀 찬란한 무늬〔文彩〕가 오롯이 드러나도록 할 수도 있으니, 피 한 방울 한 방울마다 모두 근원으로 돌아가고, 말 한 마디 한 마디마다 죄다 골수를 얻지 않음이 없습니다. 어찌 찔러도 찌르는 자(주체)가 없고 글 써도 쓰는 바(객체·대상)가 없이, 비단 위에 아름다운 꽃을 펼치고 하늘 가의 밝은 달을 가리키는 경지에 그치겠습니까? 명초 선인은 나이가 아직 젊은데도 불도를 향한 정성이 오롯하여, 피를 찔러 내어 사경을 하면서 마음을 극락정토에 귀의하였습니다.

그런데 과연 이 말을 듣고서 놀라움이나 두려움이 생기지 않는다면, 그야말로 궁극의 제일의(第一義)를 이해하여 상품 왕생의 원인이라 하겠습니다. 만약 그렇지 않다면, 모름지기 곧바로 하루 12시(時: 子부터 亥까지를 가리킴. 요즘의 24시에 해당.) 동안 걷고 머무르고 앉고 눕는 행동거지〔威儀〕 모두에 걸쳐, 사경하는 생각으로 생각생각마다 바깥 연분을 잊고〔念念忘緣〕, 피를 찔러 내는 마음으로 마음마음마다 부처님을 그리워하여야〔心心憶佛〕 할 것입니다. 그러면 황금 연화대도 가만히 앉아서 기다릴 수 있고, 미묘한 진리〔妙諦〕도 머지않아 친히 들을 수 있음을 보증합니다.

그렇게 하지 않는다면, 틀림없이 내가 쓰는 주체이고 경전이 쓰는 대상이며, 언제가 피를 찔러 낸 때이고 어디가 피로 사경을 한 곳이라 지견을 가질 터인데, 이는 나고 죽는 마음〔生滅心〕으로 항상 불변의 실상법〔實相法〕을 취하는 것이며, 항상 남을 업신여기지 않는 수행〔不輕行〕을 도리어 제 잘난 아만의 깃발〔我慢幢〕로 타락시키는 꼴이 됩니다. 그렇게 되면, 단지 미묘한 법을 고스란히 잃고 헤매면서 부처님 마음을 멀리 저버리는 것이 될 뿐만 아니라, 또한 백 겁이나 천 번 생애에 걸쳐서도 쉽게 낼 수 없는 용맹스런 한 점의 청정 신앙심과 정토 왕생 발원을 크게 저버리게 될 것이니, 몹시도 애석할 것입니다. 선인(禪人)은 이 점을 명심하고 힘써 분발하기 바랍니다.

연화경 보문품(蓮華經普門品) 사경의 말미에

경의 제목을 '묘법(妙法)'이라 붙인 것은 무슨 법이며, 품의 이름을 '보문(普門)'이라 부르는 것은 무슨 문입니까? 사람들은 이렇게 말하겠지요.

"한 줄기 빛이 동쪽을 비추니 시방세계가 원만히 드러나고,

근기와 부류에 따라 (32相으로) 몸을 나토시니 염원대로 고통에서 벗어나네."

이 말이 맞지 않는 것은 아니지만, 이는 단지 그 말단지엽일 따름입니다.

모름지기 한 글자도 들어 올리기 이전에, 세존께서 입을 열 수 없는 곳과 대사(大士: 보살)께서 몸을 돌려 피할 수 없는 때를 향하여, 법이란 법이 모두 이 법이고 문이란 문이 모두 이 문이며, 바로 이 때에는 더불고 저 모임에는 더불지 않음을 친히 볼 수 있어야, 비로소 경전 보는 눈을 갖추었다고 할 것입니다. 그렇지 못하다면 바다에 들어가 모래알을 세고, 손가락을 붙들고 달이라 여기는 것이니, 단지 자기 영혼을 파묻고 밝은 안목을 애석하게 만들 뿐만 아니라, 장차 보문(普門)이 점점 닫히고 묘법(妙法)이 끝내 숨어 버리지나 않을까 두렵습니다.

196

묵초(默超) 거사가 여기에 식견이 있어서, 이 경전을 얻어 잘 정장(精裝)을 하면서 나한테 몇 마디 말을 덧붙여 달라고 부탁해 왔기에, 보고 듣고 함께 기뻐할 모든 이들을 두루 위하여, 독약 바른 북[塗毒鼓][50]을 울리고, 조그만 금강석 조각을 먹이는 바입니다. 그 뜻이 어찌 그렇게 얄팍하고 가볍겠습니까?

이유실(二有室: 두 가지가 있는 방)의 발문

『아미타경』에 이렇게 말씀하십니다.

"여기로부터 서쪽으로 십만억 불국토를 지나 한 세계가 있으니 그 이름이 '극락'이요, 그 곳에 한 부처님이 계시니 명호가 '아미타'이신데, 지금 바로 설법하고 계시니라〔從是西方過十萬億佛土, 有世界名曰極樂, 其土有佛號阿彌陀, 今現在說法〕."

이는 부처님께서 황금 입으로 설하신 진실한 말씀으로 분명히 가리켜 주고 계시는데, 세간의 몽매한 자들은 오히려 '유심정토(唯心淨土)'에 편

---

50) 독고(毒鼓): 독약을 바른 북의 소리는 비록 무심히 들어도 이 소리를 듣는 중생을 모두 죽게 한다고 하는데, 대승 대열반경의 불성상주(佛性常住) 법문은 대승의 극치로, 이를 듣는 중생들의 탐진치를 모두 소멸시키며, 설사 무심히 생각만 해도 대열반의 인연력으로 번뇌를 소멸시키고 결사(結使)가 저절로 소멸되며, 오역십악(五逆十惡)의 중죄를 범한 중생도 이 경전을 들으면, 역시 무상보리(無上菩提)의 인연을 맺어 점차 번뇌를 끊는다고 한다는 비유.

보통 북은 둘로 나뉜다. 첫째, 5승(乘)의 근기에 따라 각각 5승의 가르침을 설하여, 각각 신앙수행으로 과위를 증득케 하는 천고(天鼓)와; 둘째, 오역십악의 중생은 불성상주의 대승극치를 들으면, 믿지 못하고 도리어 비방을 일으켜 무간지옥에 떨어진다는 독고(毒鼓)의 비유가 있다.

197

협하게 집착하여, 이로 말미암아 온갖 이의(異議)가 어지러이 횡행하니, 슬프기 그지없습니다. 그래서 특별히 이 구절을 써 붙이고 제 방의 이름으로 삼았으니, 경각심으로 성찰하고자 할 따름입니다.

제가 '이유(二有)'를 방 이름으로 삼자, 더러 이를 하찮게 여기는가 봅니다. 오호라! 이들은 오히려 '공에 즉한 있음(卽空之有)'과 '있으면서 있지 아니함(有而非有)'도 제대로 모르거늘, 하물며 둘 다 사라지고 둘 다 존재하며(雙泯雙存) 네 구절을 초월하면서(超四句) 네 구절을 포괄하는(該四句) 원교(圓敎)의 '있음 법문의 있음(有門之有)'과, 성품이 갖추고 있는 '본디 있음의 있음(本有之有)'을 어떻게 알겠습니까? 그들이 하찮다고 말하는 것은 오히려 당연하니, 옳거니 그르거니 따질 필요도 없습니다.

선인이 능엄경 혈서로 정토를 장엄케 한 용맹에 덧붙여
(跋禪人勇健血書楞嚴經莊嚴淨土)

수릉엄(首楞嚴)이란 본래 성품에 맞갖는(딱 들어맞는) 위대한 선정(禪定)의 명칭입니다. 여래장의 마음으로 본체 성품을 삼고, 귀로 소리 듣는 원통(耳根圓通)으로 입문하여, 궁극의 성인 과위를 구경의 목표로 삼습니다. 이는 여래장 성품의 이치에 의지하여, 성품에 딱 들어맞는 수행으로 한 바퀴 돌아, 다시 여래장 성품의 전체로 증득해 들어가는 것입니다. 이 경의 전체 대의 요지는 여기에 다 있습니다. 그래서 문수보살이 여기서 결론으로 경의 명칭을 여쭙는 것입니다.

그 후에 중생들이 이러한 요지를 잘 몰라 7취(七趣: 六道에 仙이 보태짐) 윤회를 면하기 어렵기 때문에, 이 수릉엄을 닦아 다섯 부류 마구니의 농간과 교란을 방지하여야 함을 다시 덧붙여 밝히신 것입니다. 그러나 이는 어디까지나 정통 종지를 안에서 떠받쳐 주며, 주요한 급선무를 보충해 주는 것일 따름입니다. 이 경 가운데 정토를 함께 밝힌 곳은 네 군데입니다.

첫 번째는, 대세지 법왕자께서 초일월광불(超日月光佛)한테서 염불 법문 배워 수행한 내용을 친히 석가모니부처님께 여쭙는 곳입니다. 여기서 진술한 염불 법문은 지극히 절실하고 긴요합니다. 대사(大士: 보살)께서 원인을 닦아 결과에 계합하고(修因契果) 자기를 이롭게 하고 남도 이롭게 함은, 오직 염불 하나로 모두 원만히 갖추어졌습니다.

두 번째는, 간혜지(乾慧地) 가운데, "눈앞에 남은 바탕이 더 이상 생겨나지 않는다(現前殘質, 不復續生)."고 말씀하신 곳입니다. 무릇 간혜지란 비록 오주(五住) 번뇌를 원만히 조복했지만, 보는 미혹과 생각하는 미혹(見思惑)은 오히려 아직 끊기지 못한 경지인데, 어떻게 바로 더 이상 생겨나지 않을 수 있겠습니까? 이는 성인과 중생이 함께 거주하는 사바 예토(同居穢土)를 초탈하여 곧장 동거정토(同居淨土)에 왕생하기 때문인데, 지자(智者) 대사가 그 분명한 증인입니다.

세 번째는, '감정과 이상이 오르내리는(情想升沈)' 단락 가운데, "감정이 전혀 없고 순수한 이상만 가득하면 곧장 날아올라 반드시 천상에 생겨난다. 만약 날아오르는 마음이 복덕과 지혜를 함께 갖추고 청정한 발원까지 지녔다면, 저절로 마음이 열리면서 시방세계 부처님을 뵙고 청정한 불국토에 원력 따라 왕생한다."고 말씀하신 곳입니다. 앞의 간혜지는 오히려 성현의 지위에 속하지만, 여기서는 일반 범부 중생이라도 순전히 이상으로 가득 찬 마음이면 곧 정토 왕생의 자격이 있다는 말씀입니다. 이는 우리 석가모니부처님께서 대자비심으로, 치성한 윤회의 불길 속에서 이처럼 삼계(三界)를 가로질러 벗어나는 요긴한 방도를 특별히 들어 보이신 것일 따름입니다. 예로부터 지금까지 성인의 과위에 들지 못한 숱한 중생들이 임종에 왕생하신 사례들이 그 증거입니다.

네 번째는, 마지막 유통분(流通分) 가운데, 만약 어떤 사람이 몸소 중죄를 져서 시방세계의 무간지옥을 영겁토록 거쳐야 하는 운명일지라도, 일념으로 이 법문을 펼쳐 전한다면, 지옥 고통을 받을 원인이 안락국토의 원인으로 바뀐다고 말씀하신 곳입니다. 중죄도 오히려 그러하거늘, 하물며 경미한 죄나 죄 없는 자는 오죽하겠습니까? 복덕 없는 자도 오히려 그러하거늘, 하물며 복덕 있는 자는 오죽하겠습니까? 한 순간 염불해도 오히려 그러하거늘, 하물며 오랫 동안 염불하거나 일년 내내, 나아가 한평생 종신토록 염불하면 오죽하겠습니까? 그러한 사람들의 왕생은 중품이나 하품이 아닐 것입니다. 고금에 불법을 널리 펼친 여러 대사들께서 임종에 뚜렷한 모습을 나토시며 왕생하신 사례들이 그 증거입니다.

무릇 염불 법문은 시방세계의 모든 중생을 끌어들이며 상·중·하 세 근기 모두 자비로운 은택을 입습니다. 반면 귀로 소리 듣는 원통 법문은 오로지 이 사바세계 중생만 끌어들이며, 그 중에서도 오직 상근기한테만 이롭습니다. 이 원통 법문은 아난한테 고향 집에 되돌아갈 길을 가리켜 주기 위하여 문수 대사께서 곡진하게 선택하신 것이지, 오직 귀로 소리 듣는 법문만이 수승하고 염불 법문은 졸렬하다는 말씀은 결코 아닙니다. 경전을 독송하는 분은 바로 이 점을 잘 알지 않으면 안 됩니다.

선인(禪人)이 이『수릉엄경』을 혈서로 써서 큰 법을 널리 펼치는 일은, 참으로 있기 드물고 행하기 어려운 수행입니다. 그는 당연히 극락 왕생의 자격을 이미 갖추었음에 틀림없습니다.

200

향엄(香嚴) 거사에 대한 답신

이 달 29일 존귀한 서신을 받고, 일체 그간 사정을 다 알게 되어 한없이 기쁘고 위안이 됩니다. 서신 안에 "염불기도가 삼칠(21)일이 지나도록 아직껏 부처님 상호를 뵙지 못했습니다."는 구절이 있습다. 이처럼 간절히 마음 쓰고 용맹스럽게 수행 정진하시는 걸 보면, 이번 백일 기한 내에 반드시 불가사의한 큰 성취가 있을 것입니다. 그러나 지금 수행하는 이 때는 어떤 효험을 기대하는 마음을 미리 간직해서는 안 됩니다. 그런 마음을 간직하면 조급한 설레임만 증폭시켜 도리어 장애가 됩니다. 이는 수행 법문 가운데 아주 미세한 마음의 병폐인지라, 잘 알지 않으면 안 됩니다.

모름지기 곧장 "마음 밖에 부처가 없고 부처 밖에 마음이 없으며, 온 마음이 바로 부처이고 온 부처가 바로 마음이며, 한 생각이 앞에 나타나면 곧 한 생각이 상응하고, 생각생각마다 앞에 나타나면 곧 생각생각마다 상응한다(心外無佛, 佛外無心, 全心卽佛, 全佛卽心, 一念現前, 卽一念相應, 念念現前, 卽念念相應)."는 진리를 깊이 믿고 철저히 알아차리기만 하면 됩니다.

다만 이 생각이 늘상 바로 지금 앞에 나타나기만 하면, 이것이 바로 진실한 효험입니다. 이 생각을 떠나서 밖에서 따로 효험을 구한다면, 이것이 바로 중간에 끊김(間斷)이며, 곧 절실하지 않음이고, 바로 샛길로 빠지는 것입니다. 경전에 "이 마음으로 부처가 되고 이 마음이 곧 부처이다(是心作佛, 是心是佛)."라고 하신 말씀은 바로 이를 일컬은 것입니다. 고루한 제 소견은 이러합니다만, 거사님의 생각은 어떠하신지 모르겠습니다.

장수(長水) 자예(子璿) 강사(講師)의 질문과 낭야(琅琊) 혜각(慧覺) 선사의 답변에 대해서인즉, 그 예봉(銳鋒)이 솔직하고 간단 명료하여 더 이상 사족(蛇足)을 달 수가 없습니다. 과연 이 문답에서 올바른 안목(正眼)이 확 트일 수 있다면, 낭야를 한눈에 깨뜨리고(看破) 장수를 한 손에 때려 눕힐(捉敗) 것이며, 『능엄경』의 대의 요지를 거의 대부분 깨달은 것입니다. 그러나 비록 이와 같다 할지라도, 바로 다른 세계를 향해 힘껏 내팽개쳐 버리고서, 스스로 일심으로 염불에 매진하는 것이 좋겠습니다. 만약 조그만 이해의 길이나 열겠다고 말씀하신다면, 더 이상 수고롭게 거론할 필요가 없겠습니다. 『시자록(柴紫錄)』은 그 이름은 들은 지 오래되었으나, 아직 그 책을 본 적이 없어서, 근거 없이 함부로 판단 평가를 내릴 수가 없습니다.

절 안(寺中)은 요즘 유일하게 가원(嘉園) 거사가 20일 만에 더러 한 번씩 올 뿐, 그 밖의 다른 손님의 자취는 없습니다. 불혜(不慧: 지혜롭지 못한 이, 자기 겸칭)는 매일같이 여러 납자(衲子: 스님)들과 먼지나 휘날리며 경전을 담론하고, 그게 끝나면 향을 사르고 편안히 좌선에 듭니다. 더러 『화엄경』을 교정하기도 하고, 더러 『정토진량(淨土津梁)』을 검열하기도 하는데, 그 밖에 다른 일은 없습니다.

『수릉엄경』은 이미 6권까지 강론을 마쳤는데, 대략 다음 7월까지는 전부 강론을 원만히 마칠 것 같습니다. 그래서 생각하건대, 반년 안에 이 경전을 두 번 마치는 일도, 또한 우리 염부제 인생의 일대(一大) 통쾌한 일 같습니다. 그러나 오직 한 줄 한 줄 따라가며 먹물 흔적이나 헤아린 것일 뿐, 한 글자도 새로 얻은 것은 없습니다. 답신 말미에 덧붙여 한바탕 웃음거리나 선사하고자 합니다.

강남(江南) 팽이림(彭二林) 거사에 대한 답신

거사님을 우러러보건대, 정토종에 깊숙이 입문하여 법보시를 널리 행하면서, 자신과 타인을 함께 이롭게 하고 이해와 행실이 다같이 원만하오니, 거사의 몸을 나토어 보살도를 수행하면서 본래 서원에 어긋나지 않고 부처님의 부촉을 잊지 않는 분이라고 일컬을 만합니다. 지난번에 『삼경신론(三經新論)』을 받아 망령되이 주제넘은 평론을 가하고서도 죄책을 받지 아니하였으니, 이미 분수 밖으로 벗어난 일입니다. 이번에 다시 몇 가지 새로 판각(版刻: 인쇄)한 글을 보내어 논평을 부탁하시니, 더욱 낯부끄러워짐을 느낍니다.

산승은 오직 대승불교의 대강 요지만 배우고 향방만 어렴풋이 알 뿐, 어려서 배울 기회도 잃어서 지껄이는 말이 문장도 제대로 이루지 못하는 형편입니다. 그래서 두 곳에서 20여 년간 주지(住持)하면서도, 외호(外護) 대중과 시주들한테 한 글자도 써 보낸 적이 없습니다. 그런데 지금 거사께서 허심탄회하게 불법을 위한 정성으로 먼 곳에서 질문해 오셨으니, 이에 응하여 고루함도 단박에 잊어버리고 제가 아는 바를 드러내어 솔직한 말로 답변드리겠습니다. 말의 옳고 그름과 취사선택은 오로지 고명하신 식견으로 스스로 판단 재량하시길 바랍니다.

'염불결의(念佛決疑)'의 두 편 논설은 모두 앞 사람들이 미처 생각지 못한 바를 펼친 것으로, 하나는 지혜의 해오(解悟)가 아주 탁월함이 돋보이고, 또 하나는 불도(佛道)를 호위하는 진지함과 간절함이 두드러집니다. 또한 한량없는 대인 기품(沒量大人)에 틀을 벗어난 작용(出格作用)은 속장경에 포함하여 영구히 유통시킬 만합니다. 서문과 발문도 모두 정밀하고 온

당합니다. 간혹 좀더 생각해 볼 곳이 있으나, 이는 나중에 간단히 밝히도록 하겠습니다.

서일(瑞一) 리 거사(李居士)한테 부치는 서신

　여러 차례 서신이 왔음에도 한 번도 답장하지 못했는데, 현인(賢人)의 거울 같은 마음으로 비추어보고 저를 의심함 없이 양해하시기 바랍니다. 현인께서 남쪽(南中)에서 힘을 다해 공무를 처리하면서, 마음을 다해 불법을 보호하고, 수행에 그침이나 쉼없이 중생을 은근히 권유하고 인도하신다고 듣고 있습니다. 이는 스스로 수행하며 남을 교화하여 둘 다 함께 이롭게 함이요, 세간법과 불법을 한꺼번에 나란히 수행함입니다. 더러 서신을 때때로 통하고, 더러는 입으로 전해지는 소문을 통하여, 매번 소식을 보고 들을 적마다 한편으로는 위로가 되고 한편으로는 기쁩니다.
　진리란 있지 않은 곳이 없음(道無不在)을 생각한다면, 어찌 조정과 재야의 구분이 있겠습니까마는, 그러나 수행 증득의 차원에서는 진실로 쉽고 어려움이 있게 마련입니다. 도 닦는 것(修道: 진리의 수행)을 적확히 논하자면 출가도 오히려 쉽지 않거늘, 하물며 재가 수행이 쉽겠습니까? 집에 거처함(居家)도 이미 어렵거늘, 하물며 조정 관직에 거처함(居官)은 오죽 어렵겠습니까? 그래서 홍진의 수고로움에 맞부딪쳐 부처님 일을 행하며(卽塵勞爲佛事) 뜨거운 번뇌를 승화시켜 맑고 서늘히 만드는(化熱惱作淸凉) 일은, 진실로 무생법인을 증득하고 불퇴전의 지위에 올라 여래의 방 안 깊

204

숙이 들어선 다음 중생 제도를 위해 짐짓 권의(權宜) 방편으로 재관(宰官: 재상이나 관원)의 몸을 나툰 대승보살이 아니시라면, 끝내는 홍진의 인연에 점차 감염되어 구도의 신념(道念)이 날로 희미해짐을 피하지 못할까 저어합니다.

지금 현인께서 이 도에 신심이 계합(契合)한 지 얼마 안 되어서, 바로 번잡한 관직 생활에서도 용맹스럽고 간절할 수 있을 것입니다. 숙세의 선근(善根)의 힘이 아니라면, 그 무엇 때문이라고 말하겠습니까? 비록 그러하지만 그래도 모름지기 삼계가 편안치 아니하고(三界無安), 육신은 고뇌에 가득 찼으며(肉身苦惱), 생사 윤회의 길은 험난하고(生死路險), 사람 목숨은 덧없다(人命無常)는 사실을 통절히 명심해야 합니다. 다행히 부처님 법문 듣고 더욱이 믿는 마음까지 내었으니, 허깨비 경계나 허깨비 인연을 한눈에 단박 간파해 버리고, 부처님 마음과 부처님 수행을 맨몸으로 고스란히 떠맡아야 마땅할 것입니다.

청정한 업은 닦을 수 있는 대로 최대한 닦아 나가면서, 벼슬자리는 놓을 수 있는 대로 곧장 놓아 버리십시오. 조금도 유보나 미련을 내지 말고, 잠시도 광음(光陰: 세월)을 헛되이 보내지 마십시오. 이번 한평생 할 일을 다하여 상품 연화에 피어나도록 힘써 기약합시다. 그래야 자신이 여러 생에 걸쳐 훈습해온 선근 원력과 우리 부처님께서 오랜 겁토록 호념해 주신 자비 은혜를 헛되이 저버리지 않으며, 한 생에 출세간의 용맹스런 대장부가 될 수 있을 것입니다.

정토 왕생 염불 법문의 열 가지 믿음

첫째, 산 자는 반드시 죽음을 믿는다. 〔信生必有死: 온 천하에 예로부터 지금까지 한 사람도 죽음을 피한 자가 없다.〕

둘째, 사람 목숨 덧없음을 믿는다. 〔信人命無常: 날숨이 비록 있다고 해도, 들숨은 보장할 수 없다. 숨 한 번 들어오지 않으면 바로 다음 세상이 된다.〕

셋째, 윤회의 길 험난함을 믿는다. 〔信輪回路險: 한 순간 생각 차이로 곧장 삼악도에 떨어진다. 사람 몸 얻기는 손톱 위의 흙과 같고, 사람 몸 잃기는 대지의 흙과 같다.〕

넷째, 악도의 고통은 시간이 깊을 믿는다. 〔信苦趣時長: 삼악도는 한 번의 과보가 5천 겁이나 되니, 다시 머리 들고 나올 때가 그 언제런가?〕

다섯째, 부처님 말씀은 헛되지 않음을 믿는다. 〔信佛語不虛: 하늘의 해와 달을 떨어뜨릴 수 있고, 신비한 고산을 떠들썩하게 뒤엎을 수 있을지 몰라도, 모든 부처님의 말씀은 결코 다름이 없다.〕

여섯째, 진실로 극락정토가 있음을 믿는다. 〔信實有淨土: 지금 사바세계가 존재하는 것처럼, 정토도 명명백백히 현실로 존재한다.〕

일곱째, 왕생을 원하면 곧장 왕생함을 믿는다. 〔信願生卽生: 이미 발원했거나 지금 발원하거나 앞으로 발원한다면, 이미 왕생했거나 지금 왕생하거나 앞으로 왕생할 것이라고, 경전에 명문(明文)으로 나와 있으니, 어찌 나를 속이겠는가?〕

여덟째, 왕생하면 결코 후퇴하지 않음을 믿는다. 〔信生卽不退: 경계가 수승하고 연분이 강력하여, 후퇴하는 마음이 일어나지 않는다.〕

아홉째, 한 번의 생애에 부처님이 됨을 믿는다. 〔信一生成佛: 수명이 한량없으니, 무슨 일인들 하지 못하겠는가?〕

열째, 법문의 근본은 오직 마음임을 믿는다. 〔信法本唯心: '오직 마음(唯心)'에는 갖추어져 있음과 이루어감의 두 가지 의미가 모두 있다. 이상의 모든 법은 모두 내 마음 안에 본디 갖추어져 있고(我心具), 내 마음이 짓는다(我心造).〕

부처님 말씀을 믿기 때문에 뒤의 네 가지를 지었고, 부처님 말씀을 믿지 않는다면 단지 앞의 네 가지만 짓는다. 그러므로 부처님 말씀을 깊이 믿는다 함은 바로 자기 마음을 깊이 믿는 것이다. 정토 법문을 수행하는 사람이 이 열 가지 신심(信心)만 갖출 수 있다면, 극락정토에 왕생함은 마치 현물 보관증을 가지고 맡겨 놓은 자기 물건을 되찾는 것과 같다. 도대체 무슨 어려움이 있겠는가?

갑자(甲子: 淸 乾隆 9년, 1744)년 7월 눌당도인(訥堂道人) 씀.

권염불문 정토법어 여지대사 · 전은대사

염불절요 권발보리심문 함산대사 · 성암대사

권염불문(勸念佛文)

우리 모두 염불하여 극락정토에 왕생합시다

무릇 불도를 배우는 이는, 아무리 장엄한 모습과 자취를 갖추었다고 할지라도, 오직 진실한 수행〔眞實修行〕을 귀하게 여길 따름입니다.

집에 있는 거사〔在家居士〕는, 반드시 잿빛 법복이나 도포를 입어야 할 필요는 없습니다. 머리를 기른 속세의 사람은 평상복 차림으로 염불하면 되고, 꼭 목탁이나 북을 쳐야 할 필요도 없습니다.

고요함을 좋아하는 사람은 혼자 차분하게 조용히 염불하면 되고, 반드시 대중과 함께 모여 법회를 이루어야 하는 것도 아닙니다. 번잡한 일을 싫어하는 사람은 홀로 집안에서 문을 닫고 염불해도 됩니다.

꼭 절에 나가 경전 강의나 설법을 들어야 하는 것도 아닙니다. 글자를 아는 사람은 스스로 경전의 가르침에 따라 염불하면 됩니다.

천리 먼 길 찾아가 향을 사르는 일도 편안히 집안에 앉아 염불하는 것만 못할 수 있습니다. 삿된 스승〔邪師〕을 섬기는 것은, 부모에게 효도하면서 홀로 염불하는 것만 못합니다.

악마 같은 친구(魔友)를 널리 사귀는 것은 홀로 청정하게 염불하는 것만 못합니다. 내생(來生)을 믿고 기대하는 것은 현세에 복덕을 지으며 염불하는 것만 못합니다.

발원을 하며 재앙 해소를 기도하는 것은 스스로 잘못을 뉘우치고 새롭게 태어나며 염불하는 것만 못합니다. 쓸데없는 잡다한 글이나 기예를 배우는 것은 한 글자도 모르는 까막눈으로 지성스럽게 염불하는 것만 못합니다.

제대로 알지도 못하면서 참선의 이치(禪理)를 함부로 지껄이는 것은 착실하게 계율을 지키며 염불하는 것만 못합니다. 요정과 귀신의 영험스런 신통을 바라는 것은 인과응보의 법칙을 올바로 믿으며 염불하는 것만 못합니다.

요컨대, 마음을 단정히 갖고 죄악을 소멸시켜(端心滅惡) 염불하는 이를 착한 사람(善人)이라 일컫고, 마음을 추스려 산만을 제거하고(攝心除散) 염불하는 이를 어진 사람(賢人)이라 부르며, 마음을 깨달아 미혹을 끊고(悟心斷惑) 염불하는 이를 거룩한 사람(聖人)이라 이릅니다.

지극히 한가한 사람들에게 염불을 권하노니, 자녀들 시집 장가 모두 마쳐 집안 평안히 다져 놓고 한가하게 별 일 없으니, 정말 마음과 힘을 다해 염불하기 좋지 않습니까? 매일 몇 천 번부터 몇 만 번까지 지성으로 염불하십시오.

반쯤 바쁘고 반쯤 한가한 사람들에게 염불을 권하노니, 반쯤 끝낸 듯 완전히 끝나지는 않아 비록 아주 한가한 것은 아니지만, 바쁠 때는 바쁜 대로 일 보고 한가한 틈을 타서 염불해도 좋습니다. 매일 몇 백 번부터 몇 천 번까지 형편 닿는 대로 염불하십시오.

지극히 바쁜 사람들에게도 염불을 권하노니, 국사(國事)나 공무(公務)에 부지런히 종사하고 집안 일까지 분주히 돌보느라 비록 한가할 겨를이 없겠지만, 바쁜 가운데도 한가한 틈을 엿보아 염불을 꾸준히 해야 되지 않겠습니까? 매일 이른 아침 단 열 번의 염불이나, 또는 일과 중에 몇 백 번의 염불이라도 끊이지 말고 계속하십시오.

발등에 불 떨어진 것처럼…

『아미타경(阿彌陀經)』에는 "만약 사람이 염불하면 수명이 다할 때에 반드시 그 나라(극락정토)에 나게 된다."고 말씀하였습니다. 또 『관무량수경(觀無量壽經)』에는 "염불하는 사람이 그 나라(극락정토)에 나게 되는 연화(蓮花)는 아홉 품계(九品)로 나뉜다."고 말씀하였습니다.

이는 염불 법문이 남녀노소나 빈부귀천을 가리지 않을 뿐만 아니라, 출가 승려와 속세 거사, 그리고 현명한 자와 어리석은 자를 묻지 않고, 누구나 쉽게 수행할 수 있음을 뜻합니다.

단지 한 마음 흐트러지지 않고(一心不亂) 염불을 계속하면, 수행 공덕의 크고 작음에 따라, 각자 아홉 품계의 연화에 나뉘어 왕생하게 됩니다. 그래서 세상에 어느 누구 한 사람도 염불하지 못할 리가 없습니다.

부귀한 사람은 쓰고 지낼 재산이 넉넉히 갖추어져 먹고 살 걱정이 없으니 염불하기에 정말 좋고, 가난한 사람은 집안이 단출하여 신경 쓸 일이 적으니 염불하기에 정말 좋습니다.

또한 자식을 이미 둔 사람은 조상 제사와 가문을 맡길 수 있으니 염불하기에 정말 좋고, 자식이 없는 사람은 홀몸으로 자유자재로우니 염불하기에 정말 좋으며, 자식이 효성스러운 사람은 편안히 봉양 받을 수 있으니 염불하기에 정말 좋고, 자식이 불효 막심하면 낳아 길러준 은애(恩愛)를 떨칠 수 있으니 염불하기에 정말 좋습니다.

아무 질병도 없는 사람은 몸이 건강하니 염불하기에 정말 좋고, 몸에 질병이 많은 사람은 덧없음(無常: 죽음)이 절박할 테니 염불하기에 정말 좋습니다.

나이가 많이 든 노인은 남은 세월이 얼마 남지 않았으니 염불하기에 정말 좋고, 나이가 적은 젊은이는 정신이 맑고 기력이 넘치니 염불하기에 정말 좋습니다.

한가롭게 여유 있는 사람은 마음을 흐트러뜨릴 일이 없으니 염불하기에 정말 좋고, 바빠서 정신 없는 사람은 바쁜 가운데 틈을 내어 염불하기에 정말 좋습니다.

출가 수행하는 사람은 세속 만물 밖에 소요유(逍遙遊)하니 염불하기에 정말 좋고, 집에 있는 거사는 세속 집안이 불타는 집(火宅)인 줄 알아 염불하기에 정말 좋습니다.

총명한 사람은 정토 법문을 훤히 통달하여 염불하기에 정말 좋고, 어리석은 사람은 달리 특별한 재능이 없으니 염불하기에 정말 좋습니다.

계율을 지니고 수행하는 사람은 계율이 곧 부처님의 법도이니 염불하기에 정말 좋고, 경전을 보며 수행하는 사람은 경전이 곧 부처님의 설법이니 염불하기에 정말 좋으며, 참선을 하며 수행하는 사람은 참선이 곧 부처님의 마음이니 염불하기에 정말 좋고, 도를 이미 깨달은 사람은 깨달음이 곧 부처님의 증명이니 염불하기에 정말 좋습니다.

그래서 우리 모두에게 두루 염불을 권하오니, 발등에 불 떨어진 것처럼 시급히 염불하여 아홉 품계의 연화에 왕생합시다. 연화가 피어나면 부처님을 뵈올 수 있고, 부처님을 뵈오면 법문을 들을 수 있으며, 마침내는 궁극의 불도를 이루어 자기 마음이 본래 부처임을 비로소 알게 될 것입니다.

불교 문중에서 숭상한 덕행 실록의 서문
(緇門崇行錄序: 치문숭행록서)

한 스님이 내게 물었소.
"사문은 무얼 일삼습니까?"
내가 대답했다오.
"도를 일삼지요〔事道〕."
"도를 일삼는 데 무엇이 근본이 됩니까?"
"덕행이 근본이 되지요〔德行爲本〕."
그러자 그 스님이 이렇게 말했소."
"당신의 고루함은 몹시 심합니다. 타고난 근기가 예리하고 총명한 사람은 지혜로 곧장 들어가고, 우둔하고 평범한 중생이나 복덕으로 닦아가는 법입니다〔利以慧入 鈍以福修〕. 따라서 우리 사문은 지혜를 가지면 충분한데, 덕행은 또 뭐하러 닦습니까?"
그래서 내가 다음과 같이 대답했다오.

"옛 사람들은 덕행이 모든 것의 근본이라고 말씀하셨지요. 또 선비가 멀리 크게 나아가려면, 먼저 그릇과 식견을 갖춘다는 말씀도 남겼지요. 하물며 더할 나위 없는 깨달음〔無上菩提〕의 미묘한 도를, 그 그릇도 제대로 갖추지 못한 자들이 닦아 이룰 수 있겠습니까?

사자의 젖은 유리병에 저장하지 않으면 새어 흘러 나오고, 십만 근(斤: 본문은 萬鈞으로, 1균이 30근이니까, 30만 근에 해당함)의 솥을 가랑잎 같은 배에 실으면 금세 기울어 가라앉지 않을 리가 없지요. 요즘 스님들은 재주가 조금만 예민하고 발랄하면, 그만 경전의 자구 해석이나 하는 훈고학(訓詁學)에 전념하거나, 유생들처럼 글쓰기를 일삼습니다.

또 조금 낫다는 스님들은, 고승대덕들이 수행하고 설법한 기연(機緣)의 고사 토막을 주워 모아, 소리를 흉내내고 그림자를 붙잡는 일에 몰두하고 있습니다. 그러니 정말 밝은 지혜의 눈을 지닌 분들에게 비웃음이나 사기에 딱 알맞습니다. 그들의 말을 들어 보면 부처님이나 역대 조사(祖師)들을 크게 앞지르지만, 그들의 행실을 살펴보면 평범하고 어리석은 속인보다 훨씬 뒤처져 있습니다. 말법시대 수행의 폐단이 이처럼 극심합니다.

나는 이러한 폐단이 두려워, 옛 사람들의 훌륭한 수행(善行)을 모아 그 주요 내용을 열 편의 주제로 분류 편집하기로 하였다오. 그 구체적인 순서는 이러하지요.

세속의 오염을 떠난 자를 스님이라고 부르기에, 청소(淸素: 맑고 깨끗함. 素는 본디 희다는 뜻임)편을 맨 첫머리에 두기로 하였소.

맑기만 하고 엄정(嚴正)하지 않으면, 이는 미치광이 선비〔狂士〕 같은 청렴에 그치게 되오. 몸과 입과 생각의 삼업(三業)을 잘 추스리는 수행이 모든 부처님의 공통된 가르침이기에, 엄정(嚴正: 엄숙하고 단정함)편을 그 다음에 두었소.

엄정함은 스승의 가르침으로 말미암아 이루어지는데, 스승이란 사람들의 모범이기 때문에, 존사(尊師: 스승을 존경함)편으로 그 뒤를 이었지요.

어버이가 낳아 길러 준 다음에 스승의 가르침을 받는 것이 순서이므로, 어버이를 내버린다면 이는 근본을 잊는 것이오. 그래서 계율과 선행이 비록 만 가지나 될지라도, 모두 효도를 으뜸으로 꼽기 때문에, 효친(孝親: 어버이께 효도함)편을 그 뒤에 두었소.

그런데 충성과 효도는 본디 서로 다른 두 가지 도리(二理)가 아니오, 어버이가 계신 줄만 알고 군주(국가 민족)가 있는 줄은 모른다면, 이는 개인의 사사로운 이기주의에 지나지 않소. 나라의 최고 통치자 한 사람이 현명하고 훌륭하게 다스려야, 우리 또한 산중에서 숲 속과 샘 가를 거닐며 평안히 수행할 수 있지요. 이렇듯 군주(국가 민족)의 은혜가 막대하기에, 충군(忠君: 국가 민족에 대한 충성)편을 그 다음에 이었소.

위로만 충성을 다하고, 아래로 일반 중생들에게 베푸는 은혜가 보잘것없게 되면, 이는 위아래를 두루 제도하는 평등자비의 도(道)가 온전하지 못하기 때문에, 자물(慈物: 만물에 자비로움)편을 그 뒤에 두었소.

그러나 자비는 애정에 제법 가까우며, 애정은 집착을 낳아 세속을 벗어나는 수행에 장애가 되기 때문에, 고상(高尚)편으로 그 뒤를 이었소.

그렇지만 고상은 자신만 깨끗하게 지키기를 고집하여 중생을 내버리는 것이 결코 아니라, 고상함이 두텁게 쌓여 마침내 큰 빛을 발하고자 바라는 것이라오. 그래서 지중(遲重: 더디고 중후함)편을 그 다음에 두었소.

더디고 중후함을 추구한다고, 단정히 앉아서 아무 일도 하지 않는 것은 정말 안 되오. 그러기에 간고(艱苦: 곤궁과 고난)편이 그 뒤에 이어지오.

그런데 수고롭기만 하고 공적이 없게 되면, 사람들이 고난을 싫어하여 물러나게 마련이오. 그래서 인과응보의 법칙이 결코 헛되지 않음을 밝히기 위하여, 맨 마지막을 감응(感應: 인간의 정성이 하늘이나 불보살을 감동시켜 그 응답으로 얻는 신비나 기적)편으로 매듭지었소.

이 열 가지 수행으로 덕이 두루 갖추어진 사람이라야, 정법을 맡아 전할 만한 훌륭한 그릇이 된다오. 토질이 비옥한 땅이라야 좋은 열매를 거둘 수 있듯, 마음이 순수한 사람이어야 지극한 말씀을 받아들이는 법이오. 그러한 그릇이라야 더할 나위 없는 깨달음(無上菩提) 얻기를 바랄 수 있지요.

그렇지 못한 사람은 한낱 보잘것없는 범부에 지나지 않소. 인간의 도리도 온전히 닦지 못하면서, 무슨 부처님의 도를 안단 말이오? 그러한 자는 설사 근기가 예리하고 지혜가 풍부하다고 할지라도, 지혜가 많을수록 업장도 더욱 무거워질 따름이니, 장차 어디에 쓰겠소?'

그러자 그 스님이 물었소.

"우리 불법에는 한 티끌도 세우지 않거늘, 열 가지 수행을 어찌 내세웁니까?'

그래서 내가 이렇게 반문했지요.

"오온(五蘊 : 色, 受, 想, 行, 識)이 어지럽게 뒤엉키고, 사대(四大: 地, 水, 火, 風)가 다발처럼 무성하거늘, 어찌하여 한 티끌도 없다고 말하시오?'

이에 그 스님이 또 이렇게 대꾸합디다.

"사대는 본디 텅 비었고, 오온도 또한 있는 것이 아닙니다."

그래서 내가 한 손바닥을 내 주면서(손바닥으로 따귀를 한 번 때린다는 뜻으로 해석되나, 뒷 내용과 연결시켜 보면, 흙먼지를 한 줌 뿌려 주었다는 의미가 더 적절할 듯도 함.) 말했소.

"말이나 배우는 무리들이야 깨알처럼 잘고 좁쌀처럼 많지만, 도를 이어 가지는 못하는 법이오."

218

이에 그 스님이 아무 대답도 없더니, 낯빛을 불그락거리며 그만 자리에서 일어서더이다. 그래서 내가 웃으며 타일렀지요.

"얼굴을 온통 뒤덮은 티끌 먼지를, 그대는 어찌하여 털어내지 않으시오? 조심하고 신중하시오! 교만심을 높이 부리지도 말고, 열등감에 깊이 빠지지도 마시오. 반야(般若: 지혜)를 함부로 지껄여 스스로 허물과 재앙을 부르지도 말며, 헛된 명예(虛名)에 도취하지 말고, 덕이나 잘 닦으시오.

정성을 다하여 도를 닦는 데에 힘쓰다 보면, 노력이 극도에 이르는 순간 마음이 확 트이게 될 것이오. 그러한 다음에라야, 만 가지 수행을 내팽개치지 않으면서도 티끌 하나 받지 않으며, 온종일 텅 비지 않으면서도 또한 온종일 가진 게 하나도 없다는 이치(경지)를 알 수 있소. 이것이 진짜 지혜라오. 원컨대, 그대는 마음을 잘 참구(參究)해 보시오!"

내가 도(道)도 듣지 못하고, 게다가 덕(德)도 보잘것없는 주제에, 지금 이러한 글을 감히 쓰는 까닭은, 오직 현재 말법시대의 수행 폐단을 구제하는 데에 힘써, 부처님의 은혜에 조금이나마 보답하고자 하는 마음 때문일 따름이오. 바라건대, 현명하고 확 트인 선비들이여, 정말로 나 같은 사람이 보잘것 없다는 이유만으로, 이러한 말까지 거들떠보지도 않은 채 내팽개치지는 마시오.

부디 서로서로 전하여, 참선 수행하는 분들께도 일러 드린다면, 천만다행이겠소이다.

자지록서(自知錄序)

　　매일 자신의 공덕과 과오를 기록하라.

　　내가 어렸을 때, 태미선군(太微仙君: 道敎의 중요한 신선)의 공과격(功過格: 공덕과 죄과를 기록하는 표)을 보고는 몹시 기뻐한 나머지, 곧장 인쇄하여 보시한 적이 있었다. 그리고 세속을 떠나 출가 수행하기 시작하면서, 훌륭하다는 선지식들을 참방(參訪)하여 가르침을 청하느라 분주히도 돌아다녔다.

　　긴 참방의 여행에서 돌아와 깊은 계곡에 은둔하면서, 비로소 선정(禪定) 수행에 전념하여 딴 생각을 할 겨를이 없었다. 이제 늘그막한 나이가 되어, 어지럽게 쟁여진 옛 서적 보퉁이를 뒤적이다가, 그 때 공과격이 예전 모습 그대로 보관되어 있는 것을 다시 찾아내었다.

　　이에 기쁜 나머지, 그 내용을 더러 약간 빼기도 하고, 더러 부족한 점을 덧보태기도 하여, 새로 인쇄하게 되었다.

　　예전에 태미선군은 이렇게 말씀하셨다.

　　"무릇 사람들은 마땅히 이 공과격을 침대 머리맡에 놓아 두고, 매일 저녁 불을 끄고 잠자리에 들기 전에, 하루 동안의 공덕(선행)과 과오(죄악)를 기록해야 한다. 날이 감에 따라 달이 차고, 달이 감에 따라 해가 차면서, 더러는 공덕으로 과오를 맞춰 보고, 더러는 과오로 공덕을 견주어 본다. 그렇게 많고 적음을 서로 대비해 보면, 복을 받을지 벌을 당할지는, 점괘의 길흉에 물어 볼 필요도 없이 스스로 알게 된다."

　　지극하시도다, 이 말씀이여! 또 옛 성현은 이런 말씀을 남기셨다.

　　"사람은 스스로를 알지 못하는 게 가장 불쌍하다. 스스로를 아는 자는,

220

자기가 나쁜 줄 알면 두려워 그치고, 자기가 착한 줄 알면 기뻐 더욱 힘쓰게 된다. 그러나 스스로 알지 못하는 자는, 감정과 욕망에 따라 제멋대로 방자히 굴면서 다투어 짐승처럼 타락한다. 그러면서도 자기가 짐승인 줄은 깨닫지 못한다."

이렇게 마음을 움직여 붓을 들고 기록하게 되면, 신령스런 마음자리[靈臺]를 속일 수 없으며, 삿되고 간특한 것과 올바르고 착한 것이, 마치 맑은 거울로 모습을 비추듯 훤히 드러나게 된다.

그러면 스승이 아니라도 근엄하고, 벗이 아니라도 다투어 충고하며, 상과 벌이 아니라도 권선징악하고, 시초(蓍草)나 거북의 등가죽으로 점을 치지 않아도 화를 피해 복으로 나아가며, 천당과 지옥이 아니라도 올라가거나 가라앉을 것이 저절로 드러난다.

이렇듯이 익숙하게 길들여 나간다면, 도(道)를 닦는 데 무슨 어려움이 있겠는가? 그리하여 공과격(功過格)이라는 종래의 이름을 자지록(自知錄: 스스로 아는 기록)으로 바꾸게 되었다.

이 자지록은 낮은 근기의 어리석은 중생[下士]이 얻으면, 크게 비웃고 거들떠보지도 않을 터이니, 어떻게 매일 기록하기까지 바라겠는가? 그러나 보통 평범한 중생[中士]이 이를 얻으면, 반드시 부지런히 기록하며 지킬 것이다.

그리고 최상 근기의 지혜로운 사람[上士]이 이를 얻으면, 단지 스스로 어떠한 죄악도 짓지 않고 뭇 선행을 받들어 행하는[諸惡莫作, 衆善奉行] 경지에 노닐면서, 기록은 해도 좋고 하지 않아도 그만이다. 왜 그러한가? 선행은 본디 마땅히 행해야 할 일이며, 복을 구하기 위해서 행하는 것이 아니다. 마찬가지로 죄악은 본디 마땅히 짓지 않아야 할 일이며, 단지 벌을 두려워하기 때문에 안 짓는 것이 아니다.

온종일 죄악을 멈추고, 온종일 선행을 닦으면서, 밖으로는 선행과 죄악의 이름이나 모습조차 보지 못하고, 안으로는 죄악을 멈추고 선행을 닦는 마음까지 보지 않는다. 복조차 받지 않고, 죄악 또한 본성이 텅 비어 있으니, 이러한 경지에 이른 사람이야 선악을 굳이 기록하여 무슨 소용이 있겠는가? 하물며 두 부서의 동자와 육재일(六齋日: 음력 매월 8, 14, 15, 23, 29, 30)의 제천(諸天)이, 세간에서 말하는 삼태성(三台星) 및 팽조(彭祖)와 함께 밤낮으로 유람하며, 인간의 화복과 운수를 주고 뺏으며, 삼원(三元: 음력 정월 15일의 上元, 7월 15일의 中元, 10월 15일의 下元을 가리킴)이나 명절과 섣달 그믐 등에 우리 앞뒤와 좌우에 삼엄하게 늘어서서 두 눈을 부릅뜨고 우리를 지켜봄에랴!

설사 우리가 자신의 공덕과 죄과를 기록하지 않더라도, 저들 신명이 기록하는 내용만으로도, 정말로 누에고치 실보다 더 빽빽하고, 가을 터럭〔秋毫〕보다 더 세밀하기 짝이 없다.

비록 그렇다고 할지라도, 천하 사람이 모두 최상의 지혜로운 선비는 아니다. 가령 최상의 지혜로운 선비가 스스로 알고서 기록하지 않는다면, 군자로서 아무 허물이 없을 것이다.

하지만 설사 최상의 지혜로운 선비라고 할지라도, 만약 스스로 알지 못하면서도 기록하지 않는다면, 이는 우둔하고 무지한 자가 아니면 제 말만 앞세우는 외고집쟁이일 따름이다. 그러니 인간 세상에 이 자지록(공과격)이 없어도 과연 괜찮겠는가?

이러한 까닭에, 유교에서는 사단(四端)과 백 가지 행실〔百行〕을 주장하고, 불교에서는 육도(六度: 육바라밀)와 만 가지 수행〔萬行〕을 가르치며, 도교에서는 삼천 가지 공덕〔三千功〕과 팔백 가지 선행〔八百行〕을 권장하는데, 이들은 모두 적선(積善)의 원리와 방법이다.

인연을 내팽개치고 의기소침하여 제멋대로 구는 자들은 말할 것도 없다. 그러나 만약 선과 악이 모두 일정한 과보가 있다고 생각할 수는 없다는 구실로, 남들이 자지록(공과격)에 따라 선악을 부지런히 기록하는 걸 보고는, 어찌 이렇게 째째한 것에 번거롭게 마음을 쓴단 말이냐고 오만무례하게 지껄인다면, 그 과실은 결코 작지 않다.

오호라! 세상 사람들이여! 오욕의 세속에서는 진땀 뻘뻘 흘리고 정신이 피곤하도록 온갖 잡념 망상 다하면서도, 종신토록 조금도 번거롭게 여기지 않는도다. 그러면서 유독 잠자리에 잠깐 마음을 내어 언행을 반성하고 생각을 가다듬는 일이 그토록 귀찮단 말인가? 그 미혹은 어찌할고?

증자(曾子)는 매일 세 번(또는 세 가지로) 자신을 반성했고, 송(宋)나라 때 조열도(趙閱道)는 밤에 반드시 향을 사르고 하늘(上帝)에 보고 올렸으며, 또 어떤 이는 검은 콩과 흰 콩으로 선악을 헤아렸다. 이러한 수행을 현명하고 지혜로운 옛 사람들도 버리지 않고 몸소 실천했거늘, 하물며 우리가 자지록을 기록해서 손해볼 게 뭐가 있겠는가?

【옮긴이: 공과격(功過格)은 명(明)나라 때 원황(袁黃)이 남긴『요범사훈(了凡四訓)』(불광출판부에서『운명을 뛰어넘는 길』로 번역 출판됨)에도 자세히 나와 있다.】

대중을 경책하는 여덟 조목〔警衆八條〕

1. 저는 출가할 때, 어질지 못하고〔不仁〕의롭지 못하고〔不義〕버릇없고〔無禮〕지혜롭지 못한〔無智〕일에 대해서는, 설사 남들이 저더러 하라고 끌

223

어들여도, 저는 스스로 수치스럽고 부끄럽게 여기면서 터럭 끝만치도 절대 하지 않으려고 했습니다.

그 까닭이 무엇이겠습니까? 이는 진실로 제가 전생에 착하고 좋은 사람들을 친하게 가까이하여, 제8식(八識: 아뢰야식·무의식)의 밭 가운데 착하고 좋은 말들만 받아들여 저장해 두었기 때문입니다. 그래서 금생에 자연스럽게 죄악을 보면 부끄러워하며 한사코 하지 않으려는 것입니다.

여러분도 착하고 좋은 사람들을 착실히 가까이하며, 아침 저녁 발원할 적에 앞으로도 세세생생 선지식(善知識)을 친하게 가까이하길 간절히 발원하십시오.

2. 저는 출가한 뒤, 사방 곳곳을 두루 참방(參訪)하였습니다. 당시 편융(偏融) 법사님 문중이 크게 명망을 떨치고 있었는데, 저도 서울(京師)까지 일부러 찾아가 머리를 조아려 예를 올리고, 다시 무릎을 꿇은 채 앞으로 나아가 경외(敬畏)하는 마음으로 가르침을 청했습니다. 그러자 편융 법사님께서 이렇게 일깨워 주셨습니다.

"그대는 본분(本分: 자기 본래 분수)이나 잘 지키고, 명예를 탐하거나 이익을 좇아 나다니지 말며, 또한 바깥 사물의 인연에 끄달려 한눈팔지도 말게나. 오직 인과 법칙을 분명히 알고 한 마음으로 염불하게나(因果分明, 一心念佛)."

제가 그 가르침을 받잡고 나오자, 함께 동행했던 사람들이 크게 비웃었습니다. 그들 생각으로는, "이런 몇 마디 말이야 어떤 사람인들 못 지껄인담? 천리 길을 멀다 않고 찾아왔으니, 그래도 몹시 고상하고 미묘한 법문이라도 설해 줄 줄 알았더니 알고 보니 고작 반 푼어치도 안 되는 시시한 말이잖아?"라는 빈정거림이었습니다. 그래서 제가 말했습니다.

"이 법문이 바로 그 분의 좋은(훌륭한) 점을 보여 줍니다. 우리가 애타게 우러르고 사모하는 마음으로 먼길을 걸어 여기까지 왔는데, 그 분께서는 무슨 현묘한 설법으로 우리를 압도하시지 않고, 오직 당신께서 스스로 체험하고 몸소 깨우치신, 절실하면서도 쉽고 가까운 정확한 공부(수행) 방법을 성실하고 착실하게 간곡히 일깨워 주신 것입니다. 그래서 이 법문은 그분의 훌륭하심을 보여 줍니다."

저는 지금까지 그 가르침을 착실하게 준수해 오고 있으며, 일찍이 내팽개치거나 잊어본 적이 없습니다.

3. 시방의 승가대중〔十方僧衆〕은 성현들이 출몰(出沒)하기 때문에, 저는 일찍이 공경하지 않은 적이 없습니다. 상대방이 무릎을 꿇기 전에 제가 먼저 무릎을 꿇었고, 상대방이 절을 하기 전에 제가 먼저 절을 하곤 했습니다. 전에 방상(方上)에 한 스님이 계셨는데, 사람들은 모두 그가 못생기고 지저분하며 허름한 옷을 입었다고 업신여기고 깔보지 않는 이가 없었습니다. 그런데 그 스님이 저를 보더니만, 이내 『능엄경(楞嚴經)』의 현묘한 이치를 아주 깊이 논하는 것이었습니다. 그러니 여러분, 절대로 남을 업신여기거나 깔보지 마십시오. 절대 명심하고, 또 명심하십시오.[60]

4. 도(덕)에 들어가는 중요한 문으로는 믿음〔信〕이 첫째 제일입니다. 나쁜 일〔惡事〕도 믿음이 없으면 오히려 이룰 수 없거늘, 하물며 착한 일〔善事〕이야 오죽하겠습니까? 비유하자면, 세간의 도적들도 때로 들통 나서 관

---

[60] 우리 속담에 '빛 좋은 개살구'라는 속담도 있지만, 노자(老子) 『도덕경(道德經)』에는 "성인은 허름한 누더기를 걸치고 소중한 보옥〔道德〕을 품고 있다〔聖人被褐懷玉〕."는 말씀이 있습니다. 도를 닦고 부처님 공부를 하는 분들은 절대로 겉모습 가지고 남을 평가하거나 판단해서는 안 될 줄로 압니다.

청(국가)에 붙잡혀 극형에 처해지는데, 다행히 나중에 풀려나게 되면 뉘우칠 줄 모르고 여전히 나쁜 짓을 합니다. 왜냐하면, 그는 이 길(도덕)이 밑천 한 푼 없이도 헤아릴 수 없는 막대한 이익을 얻는다고 철석같이 믿기 때문입니다. 그래서 온갖 고통과 위험을 무릅쓰고서, 결코 뉘우치거나 물러서지 않는 것입니다.

지금 사람들이 염불(念佛)에 더 이상 진실하고 간절하게 공들이려 하지 않는 까닭은, 단지 일찍이 (염불이 어떤 법문인지) 깊이 생각하거나 굳게 믿어 보지 못했기 때문입니다. 극락정토를 믿지 않는다고 말할 것도 없이, 단지 사람 목숨이 숨 들이쉬고 내쉬는(呼吸) 사이에 있다는 세존의 설법만 믿어 보십시오. 이 한 구절 말씀이야 의미상 이해하기 어려운 건 없지만, 여러분이 눈으로 직접 보고 귀로 들으면서 수많은 모범(실례)들을 거쳐 왔으면서도, 지금까지 여러분이 이 한 구절 말씀 믿도록 할 수가 없단 말입니까?

여러분이 만약 이 한 구절 말씀만 진실로 믿을 수 있다면, 염불 법문은 제가 이렇게 혼신의 기력을 다해 천만 번 간곡하게 당부할 필요도 없이, 여러분 스스로 냇물이 골짜기를 쏟아져 내리듯 세차게 쫓아갈 것이니, 만 마리의 소(牛)라도 붙들어 말릴 수 없을 것입니다. 바로 며칠 전 입적하신 스님을 떠나 보낼 때, 여러분은 이 모범(실례)을 보고 마땅히 수심에 차 찌푸린 모습으로 서로 절실하게 경책했어야 옳습니다.

"대중들이여! 여러분과 저는 오늘 아무개 스님을 떠나 보냈지만, 내일 어느 스님을 떠나 보내고, 자신도 모르게 언제 내 차례가 돌아올 줄 알겠습니까? 그 때는 후회해도 이미 늦을 테니, 우리 한시바삐 서둘러 염불합시다. 이 소중한 시간 어영부영 보내지 않아야 하겠습니다."

그런데 제가 여러분 하는 모습을 보니, 자신한테도 참 안됐다고 말하고, 남한테도 참 안됐다고 말하면서, 입적하신 스님의 유물을 대중이 모인 가운데 값을 매겨 경매에 부친 뒤, 예나 다름없이 태연하게 웃으며 말합니다. 그러나 여러분은 사람 목숨이 숨 한번 들이쉬고 내쉬는[呼吸] 사이에 있다는 법문도 안 믿는 것입니다.

5. 제가 이제 새로 공부하는 후학 스님들을 보니, 이제 막 '나무 아미타불' 명호 한 구절을 마음속에 들여 놓자 한가한 생각과 잡념 망상이 갈수록 더 들끓는 것처럼 느껴지는 걸 가지고, 염불 공부는 마음을 추슬러 모을 수 없다고들 투덜댑니다. 여러분이 한량없는 겁(劫) 동안 심어온 생사(生死)의 뿌리가 어떻게 그렇게 금방 딱 끊어질 수 있겠습니까?

그리고 천만 갈래 잡념 망상이 어지러이 일어날 때가 바로 공부하기 좋은 시절인 줄 알아야 합니다. 금방 추스르면 다시 금세 흩어지고, 그렇게 금세 흩어지면 다시 금방 추스르는 겁니다. 이렇게 오랫동안 되풀이하면서 염불 공부가 순수하게 무르익으면, 자연히 잡념 망상이 더 이상 일지 않게 됩니다.

또 여러분이 잡념 망상이 너무 많이 일어난다고 알아차릴 수 있는 것 자체도, 바로 이 '나무 아미타불' 명호 덕택일 따름입니다. 만약 염불하지 않을 때 같으면, 한 찰나도 멈추지 않고 온갖 잡념 망상이 들끓어 오르는 것을 자신이 어떻게 알아차릴 수 있겠습니까?[61]

6. 칭명(稱名) 염불하는 방법에는, 묵송[默持]이 있고 고성염송[高聲持]이

---

61) 이러한 원리를 보아도, 참선과 염불은 공부의 본래 바탕 자리가 서로 같음을 알 수 있습니다.

있고 금강염송〔金剛持〕이 있습니다. 그런데 고성염송은 힘이 너무 많이 드는 것 같고, 묵송은 쉽게 혼침(昏沈)에 빠집니다. 오직 남한테 들릴락 말락 나지막한 소리로 은밀하고 면면히 이어지도록 입술과 이〔齒〕 사이에 소리를 내는 염불을 금강염송이라고 합니다.

그러나 염불하는 방법은 일정하게 집착할 수 없습니다. 더러 너무 힘든다 싶으면 묵송해도 괜찮고, 또 더러 꾸벅꾸벅 졸음이 온다 싶으면 큰 소리로 염불해도 좋습니다. 그런데 요즘 염불하는 사람들을 보면, 단지 손으로 목탁을 치고 입으로 고함을 지르기 때문에, 실제 이익을 별로 못 얻습니다.

반드시 '나무 아미타불' 명호가 한 구절 한 구절씩 또렷이 입에서 나와 귀로 들어가면서, 소리소리마다 절절히 자기 마음을 불러 일깨워야 합니다. 비유하자면, 마치 한 사람이 깊이 잠들었는데, 다른 한 사람이 아무개야 하고 부르면, 그 사람이 곧장 깨어나는 것과 같습니다. 그래서 염불이 마음을 가장 잘 일깨우고 추스려 모을 수 있습니다.

7. 요즘 사람들이 염불하려 들지 않는 것은 단지 서방 정토를 얕잡아 보기 때문입니다. 서방 극락정토에 왕생하는 것은 바로 가장 큰 덕과 복과 지혜를 두루 갖춘 위대한 성현만이 가능한 일이며, 사바세계를 정토로 바꾸는 길로서, 조그마한 복덕의 인연과 결코 같지 않음을 모르기 때문입니다.

여러분들 이 성(城: 예컨대 서울시) 안에서 하루 밤낮 사이에 죽어가는 사람이 얼마나 되는지 한번 보기나 하십시오. 극락 왕생은 말할 필요로 없고, 천상에 올라가는 사람도 백천만 명 가운데 하나도 없을 정도입니다. 스스로 수행을 했다고 자부하는 사람도, 고작해야 사람 몸〔人身〕 잃지 않고 다시 태어나는 것일 따름입니다.

　그래서 우리 석가모니세존께서 대자대비로 이 염불 법문을 가르쳐 주셨으니, 그 공덕은 천지(天地)보다 훨씬 크고, 그 은혜는 부모님보다 더 막중하여, 이 몸을 다 박살 내고 뼈를 죄다 빻아도 보답할 길이 없는 것입니다.

　8. 저도 어렸을 적에는 염불할 줄 몰랐습니다. 그런데 이웃집 한 할머니께서 매일 꼬박꼬박 수천 번씩 염불하시는 걸 보고서, 왜 그렇게 하시는지 이유를 여쭈어 보았습니다. 그랬더니 그 할머니께서 이렇게 대답하시는 것이었습니다.

　"전에 남편이 돌아가실 때 염불을 하셨는데, 아주 편안하게 잘 가셔서, 나도 이렇게 염불한다오. 남편이 돌아가실 때는 아무런 별다른 질병도 없었고, 단지 다른 사람을 한번 불러 보더니 작별하셨다오."

　그런데 출가 스님들이 어찌하여 염불하지 않는단 말입니까?

연지 대사(蓮池大師:1535~1615): 휘(諱:본명)는 주굉(袾宏), 자(字)는 불혜(佛慧), 연지(蓮池)는 별호(別號)이며, 속성은 심(沈)씨이고, 항주(杭州)의 인화(仁和) 출신이다. 명나라 가정(嘉靖) 14년 태어나 32세 때(嘉靖 45년: 1566) 출가하고, 구족계를 받은 뒤 혼자 지팡이를 끌고 제방(諸方)을 유람하며 선지식을 두루 참방하다가, 융경(隆慶: 穆宗의 년호) 5년(1571) 항주의 오운산(五雲山)에 이르러 암자를 짓고 운서(雲棲)라 이름 붙였다. 여기는 본디 북송(北宋) 건덕(乾德) 중에 오월(吳越)의 전(錢)씨가 지봉(志逢) 스님을 위해 운서사(雲棲寺)를 창건했던 곳인데, 연지 대사가 복고(復古)하여 중창한 것이라고 한다. 처음에는 초가집 몇 칸으로 시작했는데, 점차 규모가 크게 확장되어 도량을 이루고 마침내 명찰이 되었다.

여기서는 대부분 정토 염불을 위주로 하고, 겨울에는 좌선에 전념하며, 대사가 경론을 함께 강송(講誦)했는데, 매일 과정(課程)과 매월 점검과 매년 평가가 착실히 이루어져, 무뢰배들은 아예 얼씬도 못했다. 평생 소박과 진실을 숭상하고 허식과 과장을 멀리했으며, 곤궁 속에 검약을 생활화하고 명리(名利)를 부끄럽게 여겼다. 총림에 든 지 50년 가까이 1전도 함부로 쓴 적이 없었다. 도덕 명망이 날로 높아감에 따라 시방의 납자(衲子)들이 구름처럼 몰려들었고, 대사마 송응창(宋應昌)·태재(太宰) 류광조(陸光祖)·궁유(宮諭) 장원변(張元忭) 등 명공 고관들도 찾아와 스승으로 모셨다.

덕청(德淸) 함산(憨山: 흔히 '감산'으로 잘못 읽음) 대사는 연지 대사를 일컬어, "재주는 세상을 경륜하기에 충분하고, 깨달음은 마음을 전하기에 충분하며, 가르침은 근기에 딱 들어맞기에 충분하고, 계율은 불법을 수호하기에 충분하며, 지조는 세상을 격려하기에 충분하고, 규범은 폐단을 구제하기에 충분하"여, "불법(佛法) 문중의 주공(周公)이나 공자(孔子)"라고 칭송했다. 대사는 명나라 만력(萬曆) 43년(1615) 세수 81세로 입적했는데, 후인들이 연종(蓮宗: 정토종)의 8대 조사로 추앙했다.

저술로는, 계소발은(戒疏發隱)·미타소초(彌陀疏鈔)·유교절요(遺教節要) 등 경전 주석 3종과, 제경일송(諸經日誦)·구계편몽(具戒便蒙)·선관책진(禪關策進: 불광출판부에서 번역되었음.) · 왕생집(往生集)·자지록(自知錄) 등 편집서 16종과, 죽창수필(竹窓隨筆: 불광출판부에서 번역되었음.) · 정와집(正訛集)·계살방생문(誡殺放生文)·산방잡록(山房雜錄) 등 저작 11종이 운서법휘(雲棲法彙)라는 전집에 전해진다. 정토염불을 선양한 법문으로는 특히 답정토사십팔문(答淨土四十八問: 정토에 관한 48 의문에 대한 답변)과 정토의변(淨土疑辯: 정토에 관한 의심을 밝힘)이 유명하다.

정토법어(淨土法語)

명(明) 천태산(天台山) 유계사문(幽溪沙門) 전등(傳燈)

무릇 수행 법문이란 여래께서 중생들의 질병에 처방을 내리신 좋은 약〔良藥〕입니다. 약 처방이 질병에 따라 많아지다 보니, 그 수가 갠지스 강 모래알보다 많은 형편입니다. 하지만 그 가운데 가장 간단명료하고 종요(宗要)로우면서 지극히 빠른 지름길은, 극락정토 왕생을 구하는 염불 법문보다 더 훌륭한 게 없습니다. 정토 법문은 정말로 생사 윤회를 재빨리 벗어나는 현묘한 관문〔玄關〕이자, 깨달음의 도를 신속히 성취하는 비결(秘訣)이라고 할 수 있습니다.

대개 일반 수행으로 생사 윤회를 벗어남에는 모름지기 세 가지 힘에 의지해야 합니다. 첫째는 자력(自力)이오, 둘째는 타력(他力)이며, 셋째는 본래 지닌 공덕력〔本有功德之力〕입니다. 가령, 오직 자기 수행에 힘써서 마음 자리를 훤히 깨달아 밝히고 어리석음〔無明〕의 그물을 찢어 없애며, 애욕의 강물을 벗어나서 부처가 되고 군자가 되는 수행 같으면, 자력이라고 부릅니다. 이러한 사람은 정말 한량없이 훌륭한 사나이며 진짜 대장부이

231

니, 예컨대 석가모니부처님 생존 시 및 정법(正法)시대 동안에 출현하셨던 수많은 대보살님들과 성문·연각 및 여러 위대한 조사(祖師)들이 그러한 분들입니다.

그러나 그 뒤 상법(像法)과 말법(末法)시대로 내려오면서는, 옛 정법으로부터 멀리 떨어진데다가 중생들의 근기도 형편없이 나빠져서, 비록 수행은 하더라도 깨닫지 못하거나, 또는 깨닫더라도 정통(精通)하지 못한 경우가 대부분입니다. 자기 혼자 안으로 관조해 보면 해탈한 듯도 한데, 바깥 사물 경계에 부딪치면 형편없이 깨져 여전히 미혹에 빠지기 일쑤입니다. 설사 미혹되지는 않는다고 할지라도, 마치 진흙으로 빚은 그릇처럼 굽기 전에 비를 맞으면 흐물흐물 풀어지고 맙니다.

그래서 보살도 한번 중음(윤회)을 거치면 더 어두워지고, 초과(初果: 수다원)를 얻은 수행인도 다시 모태(母胎)에 들어가면 어리석어진다고 합니다. 하물며 티끌같은 범부 중생 주제에 어떻게 윤회의 물살에 휩쓸리지 않을 수 있겠습니까? 이처럼 자력 수행은 별 공덕이 없고 홍진의 윤회를 벗어나는 효험도 거의 없습니다. 한번 길을 잘못 들면 천만 번 잘못을 되풀이하게 되나니, 정말로 한심(寒心)하기 짝이 없습니다.

그러한 까닭에 여러 불보살님들께서 다른 방편을 곡진하게 마련해 놓으셨으니, 바로 타력에 의지하는 법문이 열린 것입니다. 이러한 법문은 경전과 논장(經論)에서 직접 밝혀 놓으신 것만도 그 품계(品階)가 많습니다. 그 가운데 불보살님께서 입 아프게 자세히 되풀이하면서 지극한 말씀으로 칭송 찬탄하셨으며, 또 역대 조사들께서 깊이 통달하여 널리 펼치시어 사람들이 마음으로 높이 받들어 행하는 법문으로는, 오직 극락세계 왕생하는 염불 법문이 최고 제일입니다. 말씀말씀마다 유심정토(唯心淨土)의 핵심 종지를 밝히셨고, 구절구절마다 본성미타(本性彌陀)의 미묘법문을 연설하셨습니다.

이 법문을 깨닫는 자는, 중생의 마음과 부처님 마음이 평등하며, 마음의 정토와 부처님 정토가 조금도 다르지 않음을 통달하게 됩니다. 또 이 법문을 수행하는 자는, 미묘한 관조(妙觀)와 미묘한 경계(妙境)가 서로 딱 들어맞고, 자력과 타력이 함께 나란히 갖추어짐을 체득하게 됩니다. 하물며 본래 지닌 공덕력까지 어우러져, 시작도 없는(無始) 본래 성품이 갖춘 공덕이 이(염불수행)로 말미암아 온전히 드러나고, 영겁토록 쌓아온 공덕이 이를 계기로 단박에 펼쳐지면 오죽하겠습니까?

그런 까닭에 사바세계의 과보가 다 차면, 정토가 눈앞에 나타나 연꽃봉오리에 홀연히 생겨나고(蓮華化生), 더 이상 생사 윤회의 음계에 미혹되지 않습니다. 한번 극락정토(佛道)에 들게 되면 영원히 들게 되어 다시는 물러나거나 타락함이 없습니다. 그래서 『아미타경』에 "극락세계에 왕생하는 중생들은 모두가 아비발치(阿鞞跋致: 不退轉)에 드는데, 그 수가 몹시 많다."고 하셨습니다.

여기에 비하면, 사바세계에서 (자력으로) 도를 닦아 들어가기가 얼마나 어렵습니까? 온갖 거칠고 거센 홍진의 경계를 거치면서, 험난한 악도(惡道)가 도처에 없는 곳이 없으니, 정말로 비할 수가 없습니다. 그러나 말하기는 어렵지 않으나 행하기가 더 어려우며, 또 행하기가 어려운 게 아니라 마음의 요령(心要)이 더더욱 어렵습니다. 이는 옛 사람들이 한결같이 경계한 바이니, 우리들도 마땅히 따라 지켜야 합니다.

그 가운데 우리를 위해 정말 진실하게 훈계하고 간절히 일깨우는 가르침으로는, 양차공(楊次公)이 말씀하신 두 구절보다 더 요긴한 것이 없을 것입니다. 바로 "애욕(애착)이 무겁지 않으면 사바세계에 (다시) 태어나지 아니하고, 염불(생각)이 한결같지 못하면 극락정토에 왕생하지 못한다(愛

233

不重, 不生娑婆; 念不一, 不生極樂)."는 경책(警策)입니다.[62]

무릇 염불로 자기 마음을 오롯이 하나로 모으고, 부처님 명호를 간절히 지송(持誦)하여 뜻을 흐트러뜨림 없이 집중 전념하는 일이, 우리가 마땅히 마음을 다해야 할 공부입니다. 그런데 더러 잊어버리고 (마음을 놓고) 염불할 수 없거나, 또는 염불하더라도 한 마음으로 집중할 수 없는 것은, 다름이 아니라 바로 감정과 애착에 이끌리기 때문입니다.

또한 애착을 가볍게 덜어 잡념 망상을 막고 감정의 뿌리를 싹둑 잘라 애욕의 그물에서 벗어나는 일이, 우리들이 마땅히 마음을 다해야 할 수행입니다. 그런데 더러 염불은 하면서도 애착을 놓지 못하거나, 또는 애착을 놓더라도 철저히 다할 수 없는 것은, 다름이 아니라 바로 염불하는 마음이 오롯이 집중(통일)되지 못하기 때문입니다.

그러므로 극락정토 왕생을 발원하여 염불 수행을 하는 사람들은 늘상 이렇게 자신을 일깨워야 합니다.

"사바세계에서 한 애착이라도 훌훌 털어 버리지 못하면, 임종에 이 애착에 이끌려 극락 왕생할 수 없을 텐데, 하물며 애착이 많으면 오죽할까? 또 극락정토는 한 생각이라도 오롯이 집중(통일)하지 못하면, 임종에 이 생각에 얽매여 왕생할 수 없을 텐데, 하물며 생각(잡념망상)이 많으면 오죽할까?"

무릇 극락 왕생의 걸림돌이 되는 애착은, 가벼운 것도 있고 무거운 것도 있으며, 두터운 것도 있고 얇은 것도 있으며, 자신의 몸과 마음 같은 정보(正報)도 있고 세간 사물(환경) 같은 의보(依報)도 있습니다. 구체적인

---

[62] 송나라 때 무위자(無爲子) 양결(楊傑) 거사가 천태지자(天台智者) 대사의 『정토십의론(淨土十疑論)』에 쓴 서문(序文)에서 맨 처음 토한 사자후(獅子吼)임. 본 책의 앞 부분에 실린 「정토십의론서」를 참조.

예를 들자면, 부모 · 처자식 · 형제 · 친구 · 부귀 · 공명 · 문장 · 재주 · 도술 · 기예 · 의복 · 음식 · 가옥 · 전답 · 산림 · 화초 · 보석 · 골동품 등, 온갖 미묘하고 좋은 물건들을 일일이 셀 수 없습니다. 크게는 태산보다도 무겁고, 작게는 새털보다 가볍습니다.

요컨대, 한 물건이라도 마음에서 잊지 못하는 것이 바로 애착이고, 한 생각이라도 마음에서 놓지 못하는 것이 또한 애착입니다. 한 가지 애착이라도 마음속에 품으면 생각(염불)이 하나로 오롯이 집중되지 못하고, 한 생각이라도 오롯이 일념으로 집중되지 못하면 극락 왕생할 수 없습니다.

오호라! "애착(애욕)이 무겁지 않으면 사바세계에 태어나지 아니하고, 염불(생각)이 한결같지 못하면 극락정토에 왕생하지 못한다〔愛不重, 不生娑婆: 念不一 不生極樂〕." 이 두 구절의 말씀은 정말로 눈 속의 가시를 뽑아내는 황금 핀이고, 급소의 불치병을 고치는 거룩한 약입니다.

무릇 극락정토에 왕생하려고 뜻을 가진 사람이라면, 마땅히 이 말씀을 벽에다 써 붙이고 자기 살갗(마음)에다 새겨 두고서, 때때로 장엄하게 염송하며 생각생각마다 스스로 일깨워야 할 것입니다. 그래서 사바세계의 애착일랑 날마다 덜어 나가려고 힘쓰고, 극락세계의 생각(염불)일랑 날마다 오롯이 집중하도록 애써야 합니다. 애착을 덜고 또 덜어 나가 점차 전혀 없는 무〔無: 空〕의 단계까지 이르며, 생각을 하나로 집중하고 또 집중해서 점차 지극한 경지〔一心不亂: 無念無想〕까지 다가가야 할 것입니다.

진실로 이와 같이 수행하기만 한다면, 그런 사람은 비록 사바세계를 단박에 벗어나지 못한다고 할지라도 사바 고해에 오래 머물 나그네는 결코 아니며, 비록 극락정토에 당장 왕생하지는 않을지라도 이미 극락 정토에 초대 받은 훌륭한 귀빈이 분명합니다. 그래서 임종에 올바른 생각〔正念〕이 앞에 나타나며 극락 왕생할 것이 틀림없습니다.

질문: "애착을 가볍게 덜어 내는〔輕愛〕 데 특별한 도(효과적인 방법)가 있습니까?"

답변: "애착을 가볍게 덜어 내는 데는 생각을 통일〔一念〕하는 것보다 중요한 길(방법)이 없습니다."

질문: "그러면 생각을 통일하는 데는 무슨 특별한 도가 있습니까?"

답변: "생각을 통일하는 데는 애착을 가볍게 덜어 내는 것보다 중요한 길이 없습니다."

그러자 질문자가 빙그레 웃으며 이렇게 말하였습니다.

질문: "스승님의 말씀은 이치에 맞지 않습니다. 앞뒤가 서로 꼬리를 물고 순환하니, 어느 것이 옳은지 주된 핵심이 없는 것 같아, 저희 후학들이 어떻게 이해하고 따라야 할지를 모르겠습니다."

답변: "앞뒤가 맞지 않는 게 아니라, 생각을 통일하는 방법과 원리를 밝히려고 한 것입니다. 무릇 생각이 하나로 통일될 수 없는 까닭은 대체로 마음을 산만하게 흐트러뜨리는 이상한 연분이 다가와서 뒤흔들기 때문입니다. 또 마음을 산만하게 흐트리는 이상한 연분은 마음이 바깥 경계를 좇아 어지럽게 내닫기 때문에 그렇습니다.

그러한 까닭에, 우리 사바세계에 한 경계가 있으면 우리 중생에게 한 마음이 있게 되고, 우리 중생에게 한 마음이 있으면 사바세계에 한 경계가 있게 됩니다. 그래서 『능엄경』에서 "마음이 생기기 때문에 온갖 법이 생겨나고, 법이 생기기 때문에 온갖 마음이 생겨난다."고 말씀하셨습니다. 연분이 모여들어 안으로 (마음을) 흔들어 대면, (마음이) 밖으로 향해 정신없이 치닫게 됩니다. 마음과 경계가 서로 뒤얽혀 치달리는 현상은 티끌처럼 수없이 많습니다. 그러니 진실로 애착을 놓지 않고서 생각을 하나로 통일할 수 있겠습니까? 그러므로 생각을 하나로 통일하려면 애착을 가볍게 덜어 내는 게 가장 좋고, (거꾸로) 애착을 가볍게 덜어 내려면 생각을 하나로 통일하는 게 가장 좋습니다.

그런데 마음을 하나로 통일하는 방법은 바깥 경계를 막는 것보다 좋은 게 없습니다. 바깥의 모든 경계가 텅 비면 온갖 연분(萬緣)이 죄다 고요해지고, 온갖 연분이 죄다 고요해지면 일념(一念)이 저절로 이루어지며, 일념이 이루어질 것 같으면 애착과 연분이 다 함께 다하고(사라지고) 맙니다. 그래서 '생각을 하나로 통일하려면 애착을 가볍게 덜어 내는 게 가장 좋다.'고 말하는 것입니다. 무릇 애착과 생각(염불)은 서로 양립할 수 없는 관계에 놓여 있습니다. 마치 해와 달이 서로 갈마들어(교대로) 운행하면서, 밝음과 어둠이 서로 등지고 번갈아 찾아드는 것과 같습니다."

질문: "그러면 바깥 경계를 막는 데(杜境) 특별한 도가 있습니까?"

답변: "내가 '바깥 경계를 막는다.'고 말하는 것이, 만물의 존재(萬有)를 깡그리 없애 버린다거나, 또는 눈을 감아 버리고 아무것도 보지 않는다는 뜻은 결코 아닙니다. 그것은 바깥 경계에 부딪쳐서도 그것이 (본성상) 텅 빈 줄을 깨달으며, 근본 바탕 자리(성품)를 체득해 말단지엽적인 현상을 텅 비운다는 뜻입니다. 이는 곧 '온갖 법이 본래 스스로 있지 아니하나니, 있는 것(만법을 있게 하는 것)은 감정(情)이다(萬法本自不有, 有之者情).'는 이치 때문입니다. 그러므로 (인간이) 감정이 있어서 바깥 사물이 있는 것이며, 감정이 텅 비면 바깥 사물도 텅 비게 됩니다. 사물이 텅 비게 되면 본래 성품이 나타나게 되고, 본래 성품이 나타나면 온갖 법이 텅 비게 되며, 온갖 법(本性)이 텅 비면 감정 생각(情念)이 스러지게 됩니다. 자연스럽게 저절로 그리 되는 것이지(自然而然), 억지로 애써 시켜서 되는 게 아닙니다.

그래서 『능엄경』에서 이렇게 말씀하셨습니다.

見與見緣   봄(見)과 보는 연분(色)은

竝所想相   생각하는 바 모습과 아울러

如虛空花   모두 허공의 꽃 같아

本無所有   본디 있는 것이 아니다.

여기서 보는 것(見)과 연분(色)은 본디 미묘하고 청정하며 밝은 보리(진리)의 광명체(菩提妙淨明體)인데, 어떻게 그 가운데 옳고 그름이 있겠습니까? 그러므로 바깥 경계를 막으려면 만물이 본디 텅 비었음을 체득하는 게 가장 좋습니다. 만물이 본디 텅 빈 줄 체득하면 감정이 저절로 끊어질 것이며, 감정이 저절로 끊어지면 애착이 생겨나지 않고, 오직 마음만이 드러나면서 생각이 하나로 통일될 것입니다.

그래서 『원각경』에서 이렇게 말씀하셨습니다.

知幻卽離   (만약 사물이) 허깨비인 줄 안다면 즉각 떠나게 되니,

不作方便   특별한 방편을 지을 필요도 없다.

離幻卽覺   그 허깨비(사물)를 떠나면 곧장 깨닫게 되니,

亦無漸次   또한 차례대로 점진할 필요도 없다.

一去一留   한 번 떠나가고 한 번 머무름에

不容轉則   몸 뒤척여 돌릴 틈도 용납하지 않으니,

功效之速   공덕 효험이 나타나는 빠르기는

有若桴鼓   마치 북채로 북 치는 순간 소리 울리듯 하리.

도를 닦는 (진리를 배우는) 선비들은 마땅히 이 점에 마음을 다해야 할

238

것입니다."

질문: "그러면 애착을 가볍게 덜어 내는 것〔輕愛〕과 생각을 하나로 통일
하는 것〔一念〕은 도대체 같습니까?"

답변: "사바세계의 애착을 가볍게 덜 수 있다고 해서, 반드시 극락세계
의 생각을 하나로 통일할 수 있는 것은 아닙니다. 그러나 극락정토의 생
각을 하나로 통일할 수 있으면, 반드시 사바세계의 애착을 가볍게 덜 수
있습니다. 이는 대체로 뜻이 있고〔有志〕 없고〔無志〕 차이를 두고 말하는 것
입니다. 만약 뜻이 없는 경우를 제쳐두고 오직 뜻이 있는 사람만을 말한
다면, 생각이 하나로 통일되지 않으면 애착은 버릴 수 없으며, 마찬가지
로 애착을 버리지 않으면 생각은 하나로 통일되지 않습니다. 이 두 가지
수행 공부 사이에는 애시당초 조금도 틈(차이)이 없습니다."

【옮긴이 보충 해설: 기독교식의 흔한 비유로, 사람이 세간에서 죄를 짓지 않고 착
하게 산다고 해서 반드시 하늘나라에 갈 수 있는 것은 아니지만, 하늘나라에 갈
사람은 반드시 죄를 짓지 않고 착하게 삽니다. 또 착하게 살아도 예수님을 믿고
하늘나라에 가고 싶다는 소망을 품어야만 하늘나라에 갈 수 있고, 본인이 원하
지 않으면 갈 수 없는 것입니다.

다만, 믿음과 소망(발원)을 지닌 사람에 한정해서 말한다면, 하늘나라에 가려
는 생각이 철저하지 않으면 죄를 안 짓고 좋은 일만 하는 착한 사람이 될 수 없
고, 반대로 세간에서 죄를 안 짓고 좋은 일만 하는 착한 사람이 아니고서는 결코
하늘나라에 갈 수 없다는 이치와 똑같습니다. 그래서 믿음〔信〕과 소망〔願〕과 사
랑의 실천은 셋이 하나로 어우러져야 합니다. 착한 심성과 극락 왕생은 뗄래야
뗄 수가 없는 혼연일체의 상호 인과관계를 지니고 있습니다.】

질문: "애착을 가볍게 덜어 내는 법문은 이제 잘 들었습니다. 그러면 생

각을 하나로 통일하는 것은 어떻게 해야 합니까?"

답변: "생각을 하나로 통일하는 방법은 세 가지가 있습니다.

첫째가 믿음[信]이고, 둘째가 수행[行]이며, 셋째가 발원[願]입니다.

첫째로, 믿음입니다.

무릇 의심하지 않는 것을 가리켜 믿음이라고 합니다. 만약 정말로 의심이 있다면, 마음이 하나로 통일될 수 없습니다. 그런 까닭에 극락 왕생을 구하는 사람은 모름지기 돈독한 믿음으로 시작하는 게 중요합니다.

그러기 위해서는 반드시 여러 대승경전을 두루 읽고 뭇 조사들의 가르침을 널리 배워야 합니다. 극락정토의 법문을 밝히고 찬양하는 글들은 모두 하나하나 깊이 참구하여, 극락이 바깥에 있는 다른 국토가 아니라 원래 오직 내 마음 속의 정토[我唯心之淨土]임을 깨닫고, 아미타불 또한 바깥에 있는 다른 부처님이 아니라 원래 내 본성 안의 아미타불[我本性之彌陀]임을 알아차리는 것입니다.

그러한 방법으로 가장 중요한 것은 크게 두 가지가 있습니다. 하나는 미묘한 존재[妙有]는 온 법계에 두루 퍼져 있고 빠진 것 없이 두루 갖추어져 있음을 깨달아, 극락정토를 믿고 흔연히 기뻐하는 (극락왕생 발원의) 근본으로 삼는 것입니다. 다른 하나는 진짜 텅 빔[眞空]은 원만히 벗어나고 원만히 해탈함을 깨달아, 사바 고해[穢土]를 싫어하고 기꺼이 내버리는 원천으로 삼는 것입니다.

둘째로, 수행(修行)입니다.

앞의 첫 번째 돈독한 믿음이 눈으로 보는[目視] 것이라면, 이제 수행은 발로 길을 가는[足行] 것입니다. 믿기만 하고 수행하지 아니하면, 이는 눈만 있고 발은 없는 것과 같습니다. 반대로 수행은 하는데 믿지 아니하면, 이는 발만 있고 눈은 없는 것과 같습니다.

이러한 까닭에 믿음과 이해(信解)가 일단 갖추어지면, 그에 상응하여 염불 수행을 하여야 마땅합니다. 마치 눈과 발이 함께 어우러진 다음에라야 비로소 청량한 연못(凉池)에 다다를 수 있는 것과 같습니다. 그래서 믿음 다음에 수행을 말하는 것입니다.

그러한 수행의 법문(길: 行門)에는 두 가지가 있습니다. 하나는 기본 수행(正行)이고, 다른 하나는 보조 수행(助行)입니다. 기본 수행에는 다시 두 가지가 있는데, '나무 아미타불'이라는 부처님 명호를 부르는 칭명염불(稱名念佛)과 부처님의 모습이나 공덕을 마음속으로 생각하는 관상염불(觀想念佛)입니다.

우선, 칭명염불이란, 『불설아미타경』에 나오듯이 '이레 동안 부처님 명호를 지송하여 한 마음 흐트러지지 않는(七日持名, 一心不亂)' 것을 가리키는데, 구체적인 '사일심(事一心)'과 추상적인 '이일심(理一心)'이 있습니다.

입으로 부처님 명호(나무 아미타불)를 부르면서 마음을 한 곳에 묶어 두면, 염불 소리가 하나하나 서로 이어지며, 순간순간의 마음이 흐트러짐 없이 통일됩니다. 그러다가 마음이 더러 바깥 경계에 끌려 흩어지려고 하면, 바로 추스려 되돌아오게 합니다. 이러한 염불에는 모름지기 흔들림 없는(확고부동한) 결정심(決定心)을 내고, 뒤돌아보는 (앞날을 걱정하는) 후제심(後際心)을 끊으며, 온갖 세속 일을 내팽개쳐 버리고, 바깥 사물에 연연하는 마음을 놓아 버려야 합니다.

이러한 염불심(念心)을 점점 길게 증가시켜 가다 보면, 처음에는 잠깐 동안에 머물다가 나중에는 오랫동안 지속되는데, 하루·이틀 나아가다 이레에 이르기까지 결국에는 한 마음 흐트러지지 않는 일심불란(一心不亂)을 성취하여야 합니다. 이것이 구체적인 칭명염불을 통해 얻는 '사일심'입니다. 정말로 이러한 '한 마음(一心)'을 얻으면, 극락정토의 청정한 원인이 성취되어 임종 때 틀림없이 정념을 유지합니다. 몸에 아무런 질병이나 고통 없이, 어떠한 죄악의 업장에도 얽매이지 않고, 갈 때가 오는 것을 미리 알아 몸과 마음 모두 환희에 가득 차서 더러는 앉은 채〔坐脫〕로 더러는 선 채〔立亡〕로 편안하고 상서롭게 떠나갑니다. 그때 아미타부처님께서 몸소 광명을 나타내 극락 왕생을 맞이하여 인도하심을 친견하게 됩니다.

'이일심(理一心: 추상적 이치로 깨닫는 한 마음)' 이란 특별히 다른 법문이 있는 게 아니라, 바로 구체적인 '사일심' 가운데서 한 생각 한 생각마다, 염불하는 주체인 마음과 염불의 대상인 부처의 본질(본래 성품)을 훤히 통달하는 것입니다. 즉, 과거 · 현재 · 미래의 삼세가 평등하고 시방 세계가 서로 융합하며, 텅 빈 것도 아니고 뭔가 존재하는 것도 아니며, 자기도 아니고 남도 아니며 (자기와 남이 따로 구별되지 아니하며), 감도 없고 옴도 없으며, 생겨남도 없고 사라짐도 없으니, 지금 앞에 나타나는 한 생각의 마음〔一念之心〕이 곧바로 미래 극락정토의 시절〔淨土之際〕이 되는 것입니다. 그래서 염불하면서도 염불함(염불한다는 생각)이 없고〔念而無念〕, 염불함(염불한다는 생각)이 없이도 염불하며〔無念而念〕, 생겨남(왕생)이 없이 생겨나고〔無生而生〕 생겨나면서도 생겨남이 없으니〔生而無生〕, 염불할 만한 게 없는 가운데 치열하게 염불하고, 생겨남(왕생)이 없는 가운데 간절하게 생겨남(극락왕생)을 구해야 합니다. 이것이 구체적인 '사일심' 가운데서 추상적인 '이일심' 을 훤히 깨닫는 것입니다.

다음으로 관상염불은 『관무량수불경(觀無量壽佛經)』에서 자세히 설해 놓으신 바와 같습니다. 관상의 대상은 16경계가 있지만, 그 중 부처님 관상〔觀佛〕이 가장 중요합니다. 아미타부처님께서 한 길 여섯 자〔丈六: 16尺〕의 키에 온통 자마황금(紫磨黃金) 빛을 띤 모습으로 칠보 연꽃의 연못 위에 서시어 손을 드리우고 우리를 맞이하시는 형상을 관상(觀想)하는 것입니다. 그 아미타부처님 몸에는 32가지 대인의 상(大人相)이 있고, 각 상마다 80가지 수형호(隨形好)가 있습니다. 이러한 관상염불에도 구체적인 사물과 추상적인 이치에 의한 두 가지 일심이 있습니다. 구체적인 사일심은 마음으로 부처님을 묶어 두고 부처님으로 마음을 묶어 두는 방법인데, 처음에는 향합의 밑바닥처럼 편평한 부처님 발바닥을 관상하고, 다음에는 천 개의 바큇살을 지닌 바퀴의 모습을 관상하며, 이와 같은 순서로 거슬러 올라가 정수리 가운데 있는 육계(肉髻)까지 이릅니다.

그리고 나서 다시 정수리 육계로부터 차례대로 발바닥까지 내려오면서, 하나하나 뚜렷하고 분명하게 관상하면서 조금도 생각이 흩어져서는 안 됩니다.

'이일심'이란 경전에 나오는 다음 말씀과 같습니다.

> 모든 부처님은 법계의 몸으로서
> 일체 중생의 마음 생각 속에 들어가 계시니,
> 그래서 너희들이 마음으로 부처님을 생각할 때
> 이 마음이 곧 32상 80종호니라.
> 이 마음으로 부처님이 되고 이 마음이 곧 부처님이니,
> 모든 부처님의 올바른 깨달음과
> 원만한 지혜의 바다는
> 마음속 생각에서 생겨난다.
> 그러므로 너희들은 마땅히
> 저 여래 · 응공 · 정변지 등으로 불리는 공덕 원만한 부처님을
> 마음속 깊이 생각하여야 하느니라.
> 諸佛如來, 是法界身,

入一切衆生心想中.

是故汝等心想佛時,

是心卽是三十二相八十種好.

是心作佛, 是心是佛,

諸佛如來正徧知海, 從心想生.

是故汝等應當繫念彼佛

多陀阿伽度阿羅訶三藐三佛陀

　　이러한 이치에 미묘한 세 관법[微妙三觀]이 모두 밝혀져 있는데, 더 구체적인 내용은 (송나라 때 지례(知禮) 스님이 쓴) 『관(무량수불)경소묘종초(觀無量壽佛經疏妙宗抄)』 가운데 자세히 해설되어 있습니다.

　　그런데 칭명염불과 관상염불의 두 가지 기본 수행은 함께 어우러져 상호 보완적으로 병행되어야 마땅합니다. 평소 다니고 머물고 잠들고 누울[行住睡臥] 때에는 한 마음으로 나무 아미타불을 지송하는 칭명염불을 하고, 또 방석에 가부좌로 앉을 때에는 마음마음마다 관상염불을 하는 것입니다. 돌아다니며 칭명염불하는 게 귀찮아지면 조용히 가부좌로 앉아 관상염불하고, 좌석에서 일어나면 경행(經行)하며 칭명염불을 합니다. 이렇듯 다니거나 머물거나 앉거나 눕거나 하는 일상의 행동 가운데서 끊임없이 염불 수행을 하면 틀림없이 서방 정토에 왕생합니다.

　　또 보조 수행[助行]에도 또한 두 가지가 있습니다. 하나는 세간의 수행으로, 부모님께 공손히 효도하고 세상에 인자(仁慈)함을 힘써 베풀며, 자비로운 마음에서 산 목숨을 죽이지 않는 등, 모든 계율을 잘 지키는 것들입니다. 무릇 중생에게 이익이 되는 일은 모두 그 공덕을 서방 정토에 회향하면, 어느 것 하나 도덕 수행의 보조 아닌 게 없습니다.

다른 하나는 출세간(出世間)의 수행으로, 육도만행(六度萬行: 보시·지계·인욕·정진·선정·지혜의 육바라밀을 통한 모든 수행)의 온갖 공덕이나, 대승경전 독송과 참회 예불 수행의 공덕들도, 모름지기 또한 회향하는 마음으로 닦아간다면, 어느 것 하나 극락정토 왕생의 보조 수행 아닌 게 없습니다.

그런데 또 한 가지 더욱 미묘한 보조 수행이 있습니다. 연분에 따라 부딪치는 바깥 경계에 대해서, 어느 곳 어느 때이든지 상대방한테 마음을 잘 쓰는 것입니다. 예컨대 가족들을 볼 때는, 서방 정토의 불법 가족[法眷]으로 생각하여 정토 법문으로 잘 일깨우고 가르쳐 줌으로써, 세속 사물에 대한 애착을 가볍게 덜고 생각(염불)을 하나로 통일하여 장래 영원히 무생법인의 가족[無生眷屬]이 되도록 이끌어 줍니다. 또 만약 은혜나 애정[恩愛]의 생각이 일어날 때면, "극락정토의 가족(도반·법우)들은 사랑의 감정[情愛]이 없다는데, 어떻게 해야 이 애욕의 고통을 멀리 떠나 극락정토에 왕생할 것인가?"를 생각해야 할 것입니다.

그리고 성이 나고 화가 치밀[瞋恚] 때에는, "극락정토의 가족들은 촉감이나 번뇌가 없다는데, 어떻게 해야 이 분노의 고통을 벗어나서 극락정토에 왕생할 것인가?"를 생각해야 합니다. 또 고통을 당할 때면, 극락정토에는 어떠한 고통도 없고 오직 온갖 즐거움만 누림을 마땅히 생각할 것입니다. 그리고 즐거움을 누릴 때면, 극락정토의 즐거움은 더할 나위 없고 비할 데 없이 무궁무진함을 마땅히 생각할 것입니다. 무릇 자신이 부닥치는 온갖 연분과 경계에 대하여 모두 이와 같은 이치로 미루어 생각해 나간다면, 어느 때 어느 곳에서든지 어느 것 하나 정토 왕생을 위한 보조 수행 아닌 것이 없습니다.

셋째로, 발원[願]입니다.

무릇 극락정토에 왕생하는 반야선[般若舟: 지혜의 배]은, 모름지기 믿음

〔信〕으로 뱃머리를 삼아 앞의 물길을 더듬고 물살을 헤치며, 염불 수행〔行〕으로 돛을 달고 노를 저어 나아가면서, 발원〔願〕으로 뱃전의 키를 삼아 방향을 올바로 잡아 주어야 합니다. 뱃머리의 물길 탐색이 없으면 물길의 깊이와 암초를 알 수가 없고, 돛과 노의 추진력이 없으면 목적지에 도달할 수 없으며, 키의 방향 조정이 없으면 목적지를 향한 항로 통제를 할 수 없습니다. 그래서 염불 수행 다음에 발원을 설명하는 것입니다.

그런데 발원에는 공통 발원과 개별 발원이 있고, 넓은(큰) 발원과 좁은(작은) 발원이 있으며, 보편적인 발원과 국부적인 발원이 있습니다. 공통 발원이란 장기간 참회 예불 독송 시 읽혀 온 옛날 고승대덕의 회향 발원문과 같은 것이고, 개별 발원이란 각자 자기 생각과 소원에 따라 회향하는 것입니다. 넓은(큰) 발원은 사홍서원(四弘誓願)과 같이 위로 부처님 도를 구하여 아래로 중생을 교화하겠다는 발원이고, 좁은(작은) 발원은 스스로 닦고 스스로 제도하여 금생에 결정코 극락 왕생하겠다는 뜻을 세우는 것입니다. 국부적인 발원은 예불이나 독송 시 대중과 함께 낭독하는 발원이고, 보편적인 발원은 어느 때건 수시(항시)로 발원하고 어느 곳이든 도처에서 마음을 표시하는 발원입니다. 요컨대, 모름지기 사홍서원의 정신에 부합해야 하며, 자기 마음대로 엉뚱하게 세워서는 안 됩니다.

그리고 대체로 발원은 개별 발원이 적합하고 공통 발원은 피하는 게 좋습니다. 공통 발원은 사람들 말에 따라 하다 보면 자기 나름의 생생한 기준이 없는데, 개별 발원은 자기 마음을 스스로 표시하며 강한 의지로 적극 진취적이기 때문입니다. 그러나 만약 공통 발원문을 따라 하면서도 자신의 결연한 의지를 낼 수 있다면, 형식은 비록 공통이지만 실질상 개별 발원이 됩니다. 반대로 개별 발원문이라도 오래 계속하면서 건성으로 산만하게 읽고 넘어간다면, 이는 형식만 개별이지 사실상 공통 발원처럼 되고 맙니다.

또 발원은 넓게(크게) 해야지, 좁게(작게) 해서는 안 됩니다. 발원이 넓으면 그에 따라 내는 마음도 커지고 얻는 과보도 수승지만, 발원이 좁으면 마음도 좁아지고 얻는 과보도 보잘것없습니다.

그리고 발원은 보편적으로 해야지, 국부적으로 해서는 안 됩니다. 국부적인 발원은 마음 표시가 한정되기 때문에, 마음을 기약함(일깨움)이 자주 끊기곤 합니다. 반면 보편적인 발원은 생각생각마다 마음을 내어야 하기에, 시시각각으로 극락정토를 원만히 성취해 갑니다.

위와 같은 믿음(信)·수행(行)·발원(願)의 세 가지 법문은 극락정토에 왕생하는 삼대 강령이자, 아미타부처님을 알현(친견)하는 보배로운 뗏목입니다. 일체의 정토 법문은 모두 여기에서 벗어나지 않습니다."

전등(傳燈) 대사: 명나라 만력(萬曆)부터 천계(天啓) 사이에 생존한 천태종의 중흥조인데, 정토사상을 크게 선양하였다. 천태산(天台山) 유계(幽溪)에 있는 고명사(高明寺)에 주석하여 유계(幽溪) 대사로도 불린다. 유마경(維摩經)·능엄경(楞嚴經)·법화경 등에 대해 주소(註疏)를 달고, 천태전불심인기주(天台傳佛心印記注)와 성선악론(性善惡論)을 썼다. 뿐만 아니라, 우익(藕益) 대사가 선정한 정토십요(淨土十要)에 아홉 번째로 실린 정토생무생론(淨土生無生論)을 지었는데, 이 법문을 신창(新昌) 석성사(石城寺)에서 처음 강설할 때 매번 법좌에 오를 적마다 공중에 천상음악(天樂)이 가득 울려 퍼져 법회에 동참한 대중이 모두 함께 들었던 걸로 유명하다.

청화 큰스님께서 친히 부촉·격려해 주신 자비 은혜에 힘입어 「金輪」지에 「정토법어」를 번역 소개한 글입니다.

염불절요(念佛切要)

염불에서 가장 요긴한 것

염불 수행으로 극락정토에 왕생하길 구하는 법문은, 원래 생사 윤회를 끝마치려는 큰 사업[大事]입니다. 그래서 "염불로 생사 윤회를 끝마친다 [念佛了生死]"고 말합니다. 지금 사람들이 마음을 내는 것[發心]도, 생사 윤회를 끝마치기 위하여 바야흐로 염불하려는 것입니다.

그런데 단지 부처님께서 (염불이) 생사 윤회를 끝마쳐 주실 수 있다고만 말할 뿐, 도대체 생사 윤회의 뿌리를 알지 못한다면, 결국 어느 곳을 향해 염불한단 말입니까? 그리고 만약 염불하는 마음이 생사 윤회의 뿌리를 끊어 버리지 못한다면, 어떻게 생사 윤회를 끝마칠 수 있겠습니까?

그러면 도대체 어떤 게 생사 윤회의 뿌리란 말입니까? 옛 사람께서 말씀하시길, "업장이 무겁지 않으면 사바고해에 태어나지 아니하고, 애욕 (애착)이 끊어지지 않으면 극락정토에 왕생하지 못한다[業不重不生娑婆, 愛不斷不生淨土]."고 하셨습니다.

그래서 애욕의 뿌리(愛根)가 생사 윤회의 뿌리임을 알 수 있습니다. 일체 중생이 생사 윤회의 고통을 받는 것은 모두 애욕의 허물(대가)일 따름입니다. 그런데 이 애욕의 뿌리를 더듬어 올라가 보면, 금생에 비로소 생긴 것도 아니고, 과거 한두 생이나 서너 생 전부터 있었던 것도 아닙니다. 이는 시작도 없는(無始) 까마득한 옛날에 최초로 생사가 있는 때부터 줄곧 세세생생(世世生生) 끝없이 몸을 받았다가 다시 버리기를 되풀이해 온 것으로, 이 모두가 애욕 때문에 돌고 또 돌아 오늘에까지 이른 것입니다.

그러니 이전 일을 곰곰이 생각해 본다면, 지금까지 어느 한 순간이라도 이 애욕의 뿌리를 떠난 염두가 있었겠습니까? 이와 같이 애욕의 뿌리와 종자가 한없는 세월 동안 줄곧 깊어지고 두터워졌기 때문에, 생사 윤회도 끝이 없이 되풀이되는 것입니다.

그런데 오늘에사 바야흐로 염불 좀 하겠다고 마음을 내면서, 단지 부질없이 서방 정토에 왕생하기만을 기원하며, 애욕이 생사 윤회의 뿌리라는 말조차 모른다면, 어떻게 한 순간이라도 그 뿌리를 끊을 수 있겠습니까? 그리고 생사 윤회의 뿌리를 모른다면, 한쪽에서는 열심히 한답시고 염불하더라도, 다른 한쪽에서는 생사 윤회의 뿌리가 계속 자라나게 됩니다.

이와 같이 염불하는 것은 생사 윤회와 서로 아무 상관도 없으며, 이러한 염불은 여러분이 어떻게 하시든지 간에, 임종 때까지 꾸준히 염불하더라도, 임종 때에 눈앞에 나타나는 것은 단지 생사 윤회하는 애욕의 뿌리일 것입니다. 그때사 비로소 염불에 아무런 힘도 얻지 못함을 알게 되고, 부처님이 전혀 영험하지 않다고 원망해 봤자, 그때는 후회해도 늦을 것입니다. 그래서 제가 권하노니, 이제 염불하는 사람들은 먼저 애욕이 생사 윤회의 근본임을 알고, 지금부터는 염불할 때 일념일념마다 이 애욕의 뿌리를 끊어 나가십시오. 지금 당장부터 눈앞에서 바로 해 보십시오.

집에서 염불하는 재가불자들한테는, 눈에 보이는 자녀·손자·재산 등 어느 것 하나 사랑(애착)스럽지 않은 게 없습니다. 그러한즉, 어느 한 가지 일이나 어느 한 순간도 생사 윤회에 대한 산 교훈이 아닌 게 없습니다. 마치 온몸이 불구덩이 속에 떨어져 타오르는 것처럼!

보통사람들은 염불하는 순간에도 마음속에 있는 애욕의 뿌리를 한 순간도 염두에서 놓아 버린 적이 없는 줄조차 모릅니다. 그러한 염불은 하더라도 절실하지 못한 염불이라고밖에 말할 수가 없습니다. 그런 염불은 겉보기에만 염불일 따름이며, 실질상 애욕이 주된 알맹이입니다. 단지 입으로만 염불한다고 할 뿐, 생각으로는 애욕이 자꾸 자라나는 것입니다.

가령 염불할 때 자녀들에 대한 애정이 눈앞(마음 속)에 나타나거든, 마음의 빛(지혜광명)으로 스스로 되돌이켜 보면서, 이렇게 물어 보십시오.

"이 염불 소리가 과연 이 애정을 이겨낼 수 있을까? 과연 이 애정을 끊어 버릴 수 있을까? 만약 이 애정을 끊어 버리지 못한다면, 도대체 어떻게 생사 윤회를 끝마칠 수 있을까?"

애정의 인연은 대부분 아주 익숙하고 친한데, 우리의 염불 공부는 이제 마음을 내어 몹시 낯설고 어설프며 또 절실하지 못하기 때문에, 아직 힘을 얻을 수가 없습니다. 지금 눈앞에 있는 애정(애착·애욕)의 경계가 나의 마음을 흔들어 대며 주인 노릇을 할 수 없어야만, 임종 때에도 그러한 애욕이 끝내 우리의 극락 왕생을 방해하지 못하는 것입니다.

그래서 제가 다시 한 번 당부하노니, 염불하는 사람들은 제일 먼저 생사 윤회 때문에 염불한다는 마음(동기·목적)이 간절해야 되고, 생사 윤회를 끊겠다는 마음이 간절해야 합니다.

그래서 생사 윤회의 뿌리를 일념일념마다 싹둑싹둑 잘라간다면, 이 한 순간 한 순간의 염불이 바로 생사 윤회를 끝마치는 때가 됩니다! 어찌 꼭 섣달 그믐날(임종 때)이 되길 기다려서 바야흐로 생사 윤회를 끝마친단 말입니까? 그러면 이미 때가 늦고도 아주 늦을 것입니다. 그래서 흔히들 "눈앞에 모두 생사 윤회의 일들이니, 눈앞에서 생사 윤회를 깨끗이 끝마치세〔目前都是生死事, 目前了得生死空〕."라고 하지 않습니까? 이렇듯이 일념 일념마다 진실하고 간절하게 염불하여, 한칼한칼마다 섬뜩이는 피를 봅시다. 이렇게 마음을 써서 염불을 하는데도 만약 생사 윤회를 벗어나지 못할 것 같으면, 모든 부처님들이 거짓말〔妄言〕 죄의 구덩이에 떨어질 것입니다. 그러므로 재가불자나 출가스님을 막론하고, 단지 생사 윤회의 마음만 제대로 안다면, 그게 바로 생사 윤회를 벗어나는 시절이 됩니다. 어찌 그밖에 달리 특별하고 미묘한 법문이 있겠습니까?

함산(憨山) 대사(1546~1623): 휘(諱: 본명)는 덕청(德淸), 자(字)는 징인(澄印), 함산(憨山: 흔히 '감산' 으로 잘못 읽음)은 별호이며, 속가의 성은 채(蔡)씨이고 전초〔全椒: 현재 안휘(安徽)성에 속함〕 출신이다. 명나라 가정(嘉靖) 25년에 태어나, 9세 때 절에서 글공부하다가 스님이 관음경(관세음보살보문품) 의 "능구세간고(能救世間苦; 능히 세간의 괴로움을 구제하시며)" 구절을 독송하는 걸 듣고는 기뻐서 경을 얻어 암송했다. 19세 때 출가하여 각처를 유람하다가, 동해(東海) 로산(勞山: 牢山)에 거주하였다.

36세 때(만력 9년, 1581) 오대산에서 황태자의 탄생을 기원하는 무차법회(無遮法會)를 열어 500 명 스님을 초청하여, 산중 대중과 함께 1천여 명이 일주일간 일사불란하게 성황리에 봉행하였다. 황실과 인연을 맺고 호국불교를 내세워 불사를 크게 일으키다가 마침내 모함을 받아, 만력 23년 (1595) 사사로이 사찰을 건립한 죄로 광동(廣東) 뢰주(雷州)에 유배 가서 충군(充軍)되었다가 10여 년 만에 풀려났는데, 광동에 있는 동안 조계(曹溪) 보림사(寶林寺)에 주석하여 선종을 크게 부흥시켰다.

천계(天啓) 3년에 세수 78, 승랍 59로 좌탈(坐脫) 입적했는데, 오래 지난 뒤에도 살아 계신 듯하여, 육조 혜능 대사처럼 육신상으로 보존되어 전해진다. 지욱(智旭) 대사는 "함산(憨山) 덕청(德淸) 대사는 조계의 조사 터전을 크게 부흥시켰으며, 만년에는 문을 걸어 잠그고 염불하여 밤낮으로 매일 6만 성(聲)씩 염송하셨다. … 마침내 육조와 마찬가지로 육신상을 남겨 인간과 천상의 숭앙을 받으시니, 애시당초 연종(蓮宗: 정토종)의 조사에 들지 않으신단 말인가?"라고 칭송했다.

저서에 법화통의(法華通義)·능가필기(楞伽筆記)와 노자(老子)·장자(莊子)·중용(中庸)에 대한 주해서 등이 있으며, 몽유집(夢遊集) 55권과 함산어록(憨山語錄) 20권이 전해진다. 근래 함산노인 자서연보실록(憨山老人自序年譜實錄)이 '감산자전'이란 제목으로 번역 소개되었다.

251

권발보리심문(勸發菩提心文)

고항(古杭) 범천사(梵天寺) 사문 실현(實賢)

진정 보리심을 냅시다 !

　불초(不肖)하고 어리석으며 낮고 평범한 중 실현(實賢: 진실로 현명하다는
뜻의 법명)은 피눈물을 흘리며 이마를 조아려 눈앞의 대중과 현세의 모든
정신남(淨信男: 淸信男ㆍ우바새)ㆍ정신녀(淨信女: 淸信女ㆍ우바이)들께 구슬피
말씀드립니다. 오직 자비로이 조금만 귀 기울여 듣고 살펴 주시길 원합니
다.
　일찍이 듣잡건대, 도(道: 진리)에 들어가는 중요한 문은 마음을 내는 것
〔發心〕이 으뜸이고, 수행에 시급한 일은 서원을 세우는 것〔立願〕이 우선이
라고 합니다. 서원이 서면 중생을 제도할 수 있으며, 마음이 나면 부처님
의 도〔佛道〕를 이룰 수 있기 때문입니다.
　진실로 커다란 마음을 내지 않고 견고한 서원을 세우지 않으면, 설령

우주의 모든 티끌 수만큼의 겁(劫)이 지나더라도 여전히 생사 윤회를 헤매며, 비록 제 아무리 수행에 정진할지라도 결국 보람 없는 헛수고에 지나지 않습니다.

그래서 『화엄경(華嚴經)』에 이르기를, 보리심(菩提心)[63]을 잊거나 잃어버리면, 온갖 착한 법(善法)을 닦아도 악마의 업(魔業)이 되고 만다고 하였습니다. 잊거나 잃어버려도 오히려 그와 같거늘, 하물며 보리심을 아예 내지도 않은 경우야 오죽하겠습니까? 그런 까닭에 여래승(如來乘: 佛乘)[64]을 배우려면, 반드시 먼저 보살의 서원을 지체 없이 발해야 합니다.

그런데 마음과 서원은 서로 차별이 있고, 그 모습이 다양합니다. 그러니 구체적으로 가리켜 알려 주지 않으면, 도대체 어디로 향하여 나아가겠습니까? 이제 대중들을 위해 대략 말씀드릴까 합니다.

마음과 서원의 모습에는 여덟 가지가 있습니다. 이른바 삿되고(邪) 올바른(正) 것, 진실하고(眞) 거짓된(僞) 것, 크고(大) 작은(小) 것, 편협하고(偏) 원만한(圓) 것이 그것입니다. 삿되고 올바르며, 진실하고 거짓되며, 크고 작으며, 편협하고 원만하다는 명칭은 무슨 뜻이겠습니까?

세상에는 수행한다고 하면서도 자기 마음(自心)은 참구하지 않고 단지 바깥 일에만 정신 파는 사람들이 있습니다. 더러는 이익이나 공양 얻기만 구하고, 더러는 명성이나 평판을 좋아하며, 더러는 현세의 욕망과 쾌락에 탐착하고, 더러는 미래(세)의 좋은 과보(果報)를 바랍니다. 이와 같이 마음

---

63) 보리심: 보리(菩提)는 도(道) 또는 깨달음(覺)으로 번역되는데, 진실한 도를 구하는 마음 또는 올바른 깨달음(正覺)을 구하는 마음을 보리심이라고 한다.

64) 여래승(如來乘): 보통 불승(佛乘)이라 하는데, 대체로 두 가지 뜻이 있다. 『화엄경』에서 일체 중생이 모두 성불할 수 있다는 도를 설한 교법(敎法)으로, 유일한 성불의 법이기에 유일승(唯一乘)이라고도 한다. 또 삼승(三乘) 가운데, 보살승을 성문승 및 연각(벽지불)승에 대해 불승으로 일컫기도 한다.

을 내면 삿된 발심이라고 합니다.

반대로, 이익이나 공양이나 명성이나 평판을 전혀 구하지 않고, 또 현세의 욕망 · 쾌락이나 미래의 과보에도 탐착하지 않으며, 오직 생사(生死) 해탈을 위해서, 보리(菩提: 道 · 깨달음)를 위해서 마음을 내어야, 올바른 발심이 됩니다.

생각생각마다 위로 불도(佛道)를 추구하고, 마음마음마다 아래로 중생을 교화하면서, 불도(부처님 길)가 멀고 험한 줄 듣고도 겁내어 물러서지 않고, 중생을 제도하기가 정말 힘든 줄 보고서도 싫증이나 짜증을 내지 않으며, 마치 만 길 높은 산을 오르는 것처럼 반드시 정상을 밟고야 말고, 구 층 가파른 탑을 오르는 것처럼 기필코 꼭대기에 올라서겠다는 수행자가 있습니다. 이와 같이 마음을 내어야 진실한 발심이라고 일컫습니다.

그렇지 못하고, 죄악이 있어도 참회할 줄 모르고, 허물이 있어도 제거하지 않으며, 속으로는 혼탁하면서도 겉으로는 청정한 척하고, 처음에는 부지런 떨다가 나중에는 게을러지며, 설사 좋은 마음을 품더라도 대부분 명예나 이익을 꾀하는 불순한 생각에 뒤섞이고, 비록 선량한 법이 있더라도 흔히 죄악과 업장에 오염되기 일쑤인 사람이 많습니다. 이와 같이 마음을 내면 거짓 발심이라고 합니다.

중생계(衆生界)가 다해야 바야흐로 나의 서원이 다하고, 보리도(菩提道)가 이루어져야 비로소 나의 서원이 이루어진다고, 그렇게 마음을 내어야 정말 큰 발심입니다.

그렇지 않고, 시방 삼계(十方三界)가 견고한 감옥과 같은 줄 알고, 생사 윤회를 악독스런 원수처럼 여기면서, 단지 자기만 해탈하길 꾀하고 남을 제도하려고 하지 않는 수행자가 있습니다. 이와 같이 마음을 내면 작은 발심이라고 합니다.

만약 마음 밖에 따로 중생과 불도가 있는 걸로 보고, 그 중생을 제도하고 그 불도를 이루려고 발원하면서, 그 공덕을 잊지 못하고 알음알이 지견(知見)이 스러지지 않는다면, 그러한 발심은 편협한 것이 됩니다.

반대로, 만약 자기 성품(自性)이 중생인 줄 알고 제도·해탈시키길 발원하며, 또 그 자기 성품이 바로 불도인 줄로 알아 성취하길 발원하면서, 어떠한 한 법도 마음을 떠나서는 따로 있을 수 없음을 알아차리고, 허공 같은 마음으로 허공 같은 서원을 발하고 허공 같은 수행을 행하여 허공 같은 과보를 증득(證得)하면서도, 또한 허공이라는 모습조차 얻을 수 없는 경지에 이른다면, 이와 같은 발심이 바로 원만한 것입니다.

이상의 여덟 가지 차별을 알아야 잘 살펴볼(審察) 줄 아는 것이고, 잘 살펴볼 줄 알아야 제대로 취사선택할 수 있으며, 제대로 취사선택할 수 있어야 비로소 마음을 낼(發心) 수 있습니다.

잘 살펴본다(審察) 함은, 내가 내는 마음이 이상의 여덟 가지 가운데, 삿된 것인지 올바른 것인지, 진실한 것인지 거짓된 것인지, 큰 것인지 작은 것인지, 편협한 것인지 원만한 것인지를 알아보는 일입니다.

또 취사선택이라 함은, 삿되고 거짓되고 작고 편협한 마음을 내버리고, 올바르고 진실되고 크고 원만한 마음을 내세우는 걸 가리킵니다. 이와 같이 마음을 내어야만, 비로소 진정(眞正) 보리심을 낸다고 할 수 있습니다.

이 보리심은 모든 선(善) 중의 왕인지라, 반드시 특별한 인연이 있어야 바야흐로 일으켜 세울 수 있습니다. 이제 그러한 인연을 대략 열 가지로 추려 볼까 합니다. 어떻게 열 가지가 되는가 하면, 바로 다음과 같습니다.

첫째는 부처님의 크신 은혜를 생각하기 때문이고, 둘째는 부모님의 은혜를 생각하기 때문이며, 셋째는 스승과 웃어른(師長)의 은혜를 생각하기 때문이고, 넷째는 시주(施主)의 은혜를 생각하기 때문이며, 다섯째는 중생의 은혜를 생각하기 때문이고, 여섯째는 생사 윤회의 고통을 생각하기 때문이며, 일곱째는 자기의 영혼(己靈)을 존중하기 때문이고, 여덟째는 죄악 업장을 참회하기 때문이며, 아홉째는 극락정토에 왕생하길 구하기 때문이고, 열째는 정법(正法)이 세상에 오래 머물 수 있길 생각하기 때문입니다.

첫째, 부처님의 크신 은혜를 생각함은 이렇습니다.

우리 석가모니여래께서 맨 처음 보리심을 내시고, 우리들을 위해서 보살도를 행하면서 무량겁에 걸쳐 온갖 고통을 다 받으셨습니다. 우리가 죄업을 지을 때, 부처님께서는 불쌍히 여기시고 슬퍼하며 온갖 방편으로 교화하셨건만, 우리가 멍청하고 어리석어 그 가르침을 믿고 받아들일 줄 몰랐습니다.

그러니까 우리가 지옥에 떨어지면, 부처님께서는 더욱 비통(悲痛)한 마음으로 우리의 고통을 대신 받고자 하셨으나, 우리의 죄업이 하도 크고 무거워 도대체 건져내 구할 수가 없었습니다. 다행히 우리가 인간 세상(人道)에 태어나자, 부처님께서는 방편 법문으로 우리에게 착한 뿌리(善根)를 심도록 이끄시면서, 세세생생에 걸쳐 우리 곁을 따라다니며 잠시도 마음을 놓지 않으셨습니다.

부처님께서 처음 세상에 나셨을 때는, 우리가 아직 악도(惡道)에 빠져 허우적거리느라 친견할 수 없었고, 이제 우리가 다행히 인간 몸을 받고 태어나자 부처님께서는 이미 열반에 드시어 또 친견할 수가 없습니다. 무슨 죄악으로 말법(末法)시대에 태어나고, 그나마 무슨 복덕으로 출가 수행자(부처님 정법을 듣고서 믿는 불자)가 되었겠습니까? 또 무슨 업장으로 부처님의 황금 신체(金身)를 친견하지 못하고, 그나마 무슨 행운으로 부처님 사리(舍利)나마 몸소 만날 수 있었겠습니까?

이와 같이 사유해 본다면, 가령 우리가 당초 착한 뿌리를 전혀 심지 않았다면, 어떻게 부처님 법을 들을 수 있었겠습니까? 또 부처님 법을 듣지 못했다면, 어떻게 우리가 항상 부처님 은혜를 받고 있는 줄 알기나 하겠습니까? 이러한 은혜와 공덕은 태산으로도 비유하기가 어렵습니다. 만약 스스로 커다란 마음을 내고 보살도를 행하여 부처님 법을 우뚝 세우고 중생을 제도하지 않는다면, 설사 몸을 부수고 뼈를 빻을지라도, 그 은혜와 공덕을 어떻게 다 보답할 수 있겠습니까?

이것이 보리심을 내게 되는 첫 번째 인연입니다.

둘째 , 부모님의 은혜를 생각함은 이렇습니다.

애처롭고 구슬프신 부모님께서 우리를 낳아 기르신 노고가 어찌 한량 있겠습니까? 열 달을 임신하고 삼 년을 젖 먹이시며, 젖은 자리 걷어 내고 마른 옷을 갈아 입히며, 쓴 것은 당신께서 삼키시고 단 것을 뱉어 우리 입에 넣어 주시어, 가까스로 사람이 될 수 있었습니다. 그러면서 우리에게 기대한 유일한 희망은, 집안의 대를 잘 이어 조상들의 제사를 받들어 지내는 일이었습니다.

그런데 지금 우리들은 이미 출가하여, 외람되이 석자(釋子: 석가모니부처님의 제자)라고 일컬으면서 사문(沙門)이라는 칭호를 붙이고 있습니다. 달고 기름진 음식을 공양 올리지도 못하고, 제사와 성묘도 하지 못합니다. 부모님 살아 생전에는 입(음식)과 옥체(의복)도 봉양할 수 없는데, 돌아가신 뒤에 정신 영혼(神靈)마저 좋은 데로 인도할 수 없다면 어찌되겠습니까? 세간의 윤리를 크게 손상시킬 뿐만 아니라, 출세간(출가)의 도덕에도 전혀 실질 이익이 없게 될 터이니, 두 길 모두 잃고 맙니다. 그 무거운 죄를 어떻게 피할 수 있겠습니까?

이와 같이 사유해 본다면, 오직 백겁(百劫) 천생(千生) 동안 항상 부처님

도를 수행하며, 시방 삼세의 모든 중생을 두루 제도하는 길밖에 없습니다. 그러면 금생 한 번의 부모님뿐만 아니라, 과거 모든 전생의 부모님들이 다 함께 제도 받을 수 있으며, 또 단지 나 한 사람의 부모님만이 아니라, 모든 사람의 부모님들이 죄다 좋은 곳에 올라가실 수 있습니다.

이것이 보리심을 내게 되는 두 번째 인연입니다.

셋째, 스승과 웃어른의 은혜를 생각함은 이렇습니다.

부모님께서 비록 우리 몸을 낳아 길러 주셨지만, 만약 세간의 스승과 웃어른이 안 계셨더라면 예의(禮義)를 몰랐을 것이며, 출세간의 스승과 웃어른이 아니었다면 부처님 법을 이해하지 못했을 것입니다. 예의를 모르면 짐승과 같게 되며, 부처님 법을 알지 못하면 세속 사람들과 다를 게 전혀 없습니다.

지금 우리들은 거칠게나마 예의를 알고, 간략하게나마 부처님 법을 이해하여, 가사(袈裟)를 몸에 걸치고 계품(戒品)을 받아 지녔습니다. 이러한 크나큰 은혜는 모두 스승과 웃어른으로부터 받은 것입니다. 만약 조그만 과위(果位)를 추구한다면, 단지 자신만 이롭게 할 수 있습니다.

그러나 지금 대승(大乘)을 지향하여 모든 사람들을 두루 이롭게 하려고 발원하면, 세간과 출세간의 두 종류 스승과 웃어른들이 다 함께 그 이익을 받을 수 있습니다.

이것이 보리심을 내게 되는 세 번째 인연입니다.

넷째, 시주(施主)의 은혜를 생각함은 이렇습니다.

우리들이 지금 매일같이 쓰는 온갖 물자와 비용은 하나도 자기 소유가 아닙니다. 아침 점심 두 끼니의 죽과 밥은 말할 것도 없고, 사계절의 의복이나 질병에 필요한 의약이나 몸과 입에 들어가는 것 등, 이 모두가 남들의 노력에서 나오는 것을 우리가 얻어다 쓰고 있습니다. 저들은 뼈빠지게 힘을 다해 농사 짓고도 오히려 입에 풀칠하기조차 어려운데, 우리는 편안히 앉아서 받아 먹고 있으면서 도리어 마음에 맞지 않는다고 투덜거립니다. 저들은 쉴새없이 베를 짜면서도 오히려 옷을 제대로 못 입어 헐벗기 일쑤인데, 우리는 넉넉히 남아돌 만큼 따뜻하게 입으면서 도리어 아낄 줄도 모릅니다. 저들은 사립문에 초가지붕 밑에서 한평생 정신없이 바쁘게 살아가는데, 우리는 고래등 같은 기와집의 널찍한 방사(房舍)에서 일년 내내 한가롭고 여유롭게 지냅니다.

저들의 수고로움으로 우리의 안락함이 얻어지는데, 마음이 편안하겠습니까? 남들의 이익을 가져다가 우리 몸을 윤택하게 공양하니, 이치에 순조롭겠습니까? 스스로 자비와 지혜를 함께 나란히 운용하고 복덕과 지혜를 장엄하게 갖추지는 못하고서, 단지 시주의 신심 있는 은혜를 입고 중생들의 공양을 받기만 한다면, 쌀 한 톨이나 실 한 올도 모두 되돌려 갚아야 할 빚이 되고 마니, 죄악의 과보를 피하기가 어렵습니다.

이것이 보리심을 내게 되는 네 번째 인연입니다.

다섯째, 중생의 은혜를 생각함은 이렇습니다.

나와 중생은 시작도 없는 아득한 과거세부터 대대로 매 생애마다 서로 부모 자식이 되어 왔기에, 피차간에 은정(恩情)이 두텁습니다. 지금은 비록 전생(前生)이라는 벽에 가로막혀 혼미를 거듭하기 때문에 서로 잘 알아보지 못하지만, 이치로 미루어 생각해 본다면 어찌 그 은혜를 보답하지 않을 수 있겠습니까?

지금 털가죽을 뒤집어쓰고 뿔이 달린 짐승들이 예전에 우리 자녀가 아니었다고 어찌 장담할 수 있겠습니까? 또 지금 꿈틀꿈틀 기어다니고 파닥파닥 날아다니는 곤충들이 일찍이 우리 부모님이 아니었다고 어떻게 단정할 수 있겠습니까?

흔히 어릴 때 부모 곁을 떠난 사람들을 보면, 커서는 부모님의 얼굴 모습조차 깡그리 잊고 마는 자가 허다합니다. 그런데 하물며 숙세의 친족 인연을 맺었던 분들이 지금 김씨인지 이씨인지 기억할 수야 있겠습니까? 그러한 숙세의 친족들이 지금 지옥 속에서 울부짖거나 아귀(餓鬼) 가운데 나뒹군다고 해도, 그 고통을 누가 알아 주며, 그 굶주림을 어디에 하소연 하겠습니까?

우리가 비록 그 모습을 못 보고 그 소리를 못 듣는다고 할지라도, 저들은 틀림없이 건져 주고 구제해 주길 애타게 바라고 있을 것입니다. 경전이 아니면 이런 사실을 기술할 수도 없거니와, 부처님이 아니시면 이런 말씀을 설하실 수도 없습니다. 다른 온갖 사견(邪見)에 빠진 자들이 어떻게 이러한 사실을 알기나 하겠습니까?

이러한 까닭에 보살은 개미를 보더라도, 모두 과거의 부모님이자 미래의 부처님으로 여기면서, 항상 그들을 이롭고 유익하게 도와주어 그 은혜에 보답하기만을 생각한답니다.

이것이 보리심을 내게 되는 다섯 번째 인연입니다.

여섯째, 생사 윤회의 고통을 생각함은 이렇습니다.

나와 중생은 모두 시작도 없는 아득한 과거세부터 항상 생사 윤회를 벗어나지 못하고 있습니다. 인간과 천상, 이 세계와 저 세상에 나타났다 사라지기를 수없이 되풀이하면서, 잠시도 가만히 있지 못하고 향상과 타락을 반복해 왔습니다. 금방 천상에 있는가 하면, 어느새 사람이 되기도 하고, 또 어느새 지옥·축생·아귀에 떨어지기도 했습니다.

암흑의 문(黑門)을 아침에 나섰다가 다시 저녁에 되돌아 들어가기도 하고, 철벽의 굴(鐵窟)을 잠시 떠났다가 또 끌려 들어가기도 합니다. 칼날의 산(刀山)에 오르면 온몸에 성한 살갗이 하나도 없고, 칼날의 나무(劍樹)를 타다 보면 한 치의 살점도 성한 데 없이 베이어 갈라집니다. 달군 쇠〔熱鐵〕는 굶주림을 채워 주지도 못하면서, 삼키면 오장육부가 다 문드러지고; 끓는 구리쇳물〔烊銅〕은 목마름을 풀어 주지는 못하면서, 마시면 살과 뼈까지 모두 녹아 버립니다.

날카로운 톱이 쓸고 가면 끊어졌다 다시 이어지고, 교묘한 바람이 불고 지나면 죽었다가 다시 살아납니다. 맹렬한 불길이 타오르는 성(城) 안에서 새어 나오는 처절하게 울부짖는 소리를 차마 들어야 하고, 지지고 볶는 가마솥 안에서 흘러 나오는 오직 고통스럽게 신음하는 소리를 들어야 합니다.

얼음이 막 얼어 엉길 때면, 그 모습이 마치 청련(青蓮)의 꽃봉오리가 벙그는 듯하며; 살이 터지고 피가 흘러 나올 때면, 그 몸은 마치 붉은 연꽃이 활짝 피어나는 것 같습니다. 하룻밤 사이에 죽었다 살아나는 게 지하에서는 매양 만 번을 되풀이하고, 하루아침 고통 속에 시달려도 인간 세상에서는 이미 백 년이 훌쩍 지나고 맙니다.

번번이 옥졸(獄卒)을 귀찮고 피로하게 만들면서도, 누가 염라대왕의 훈계와 경고를 믿을 것입니까? 지옥에서 벌을 받을 때면 고통스러운 줄 알지만, 아무리 후회하고 한탄해도 어떻게 되돌이킬 수 있겠습니까? 그러다가 지옥을 벗어나면 곧장 도로 잊기 일쑤이니, 또 다시 죄업을 짓기가 예전과 다름없고 맙니다.

당나귀를 채찍질하여 피가 흥건히 흐른다 해도, 누가 우리 어머니의 비참한 모습인 줄 알겠으며; 돼지를 끌어당겨 도살장에 들어가면서도, 어떻게 그대 아버지의 고통스런 마음일랑 알아볼 수 있겠습니까? 자기 자식을 먹으면서도 자식인 줄 모른 것은 문왕(文王) 같은 성인도 그러했거늘, 부모인 줄 알아채지 못하는 것은 모든 중생이 다 그러합니다.

261

그 당시 은혜와 애정을 주고받았던 사이가 지금은 원수 집안을 맺기 일쑤이고, 옛날 원수 척졌던 관계가 지금은 혈육을 나눈 친족이 되기 십상입니다. 옛날 어머니였던 분이 지금 아내가 되기도 하고, 예전에 시아버지였던 분이 지금 남편이 되기도 합니다. 숙명통(宿命通)으로 안다면 정말 낯뜨겁고 부끄러운 짓이며, 천안(天眼)으로 본다면 진짜 우스꽝스럽고 불쌍한 꼴입니다.

더러운 똥오줌 무더기 속에서 열 달간 갇혀 지내기도 정말 어렵지만, 피고름 뒤범벅된 통로에서 한 순간에 거꾸로 빠져 나오는 것도 진짜 불쌍합니다. 어렸을 적에는 동쪽과 서쪽도 구분 못하는데 무얼 알겠습니까? 커서 철이 들기 시작하면 곧장 탐욕이 생겨나고, 그러다가 잠깐 사이에 늙음과 질병이 잇달아 찾아오며, 다시 눈 깜짝할 사이에 덧없음[無常; 죽음]이 닥쳐 옵니다.

바람[風: 寒氣]과 불[火: 熱氣]이 번갈아 볶아대면, 그 가운데 우리 신식(神識: 정신. 영혼)은 무너져 내려 어지러워지고, 정기(精氣)와 피[血]가 밭아 가면 피부와 살이 안팎에서 바싹 메말라 붙습니다. 그러면 어느 터럭 하나 바늘로 찌르는 듯하지 않음이 없고, 어느 구멍 하나 칼날로 도려내는 듯하지 않음이 없습니다.

거북을 삶아 요리할 때 그 등가죽을 산 채로 벗기기는 오히려 쉬워도, 우리 수명이 다하여 죽을 때 그 신식(神識)이 몸을 떠나가기는 그보다 배이상 어렵답니다.

마음은 항상스런 주체가 없는지라 장사꾼처럼 도처에 분주히 나돌아 다니고, 몸은 일정한 형상이 없는지라 집이나 방처럼 빈번히 옮겨 다닙니다. 그래서 삼천대천세계(三千大千世界)의 모든 티끌 수로도 우리가 그렇게 들락날락 옮겨 다닌 몸을 다 헤아리기 어려우며, 사해(四海)의 바닷물로도 우리가 그렇게 헤어지면서 흘린 눈물을 셈할 수가 없습니다. 하늘을 찌를 듯이 높다랗게 쌓인 뼈 무더기는 태산보다 훨씬 높고, 사방 천지에 널려 있는 시체들은 대지(大地)보다 훨씬 많습니다.

가령 우리가 애당초 부처님 말씀을 못 들었다면, 이러한 사실을 누가 보고 누가 들을 수 있으며; 또 부처님 경전을 보지 않았다면, 이러한 이치를 어떻게 알고 어떻게 깨달을 수 있겠습니까? 아마도 여전히 탐욕에 연연하며 예전처럼 어리석음에 빠져 있을 것입니다. 그러면 오직 천만겁의 생애가 지나도록 한 번 잘못이 천만 번 잘못으로 이어질까 두렵습니다.

사람 몸은 받기는 어려우면서도 잃기는 매우 쉬우며, 좋은 시절은 쏜살같이 지나가 버려 뒤쫓을 수가 없습니다. 갈 길은 아득하고 어둑어둑한데, 이별은 끝도 없이 길기만 합니다. 삼악도(三惡道: 지옥·아귀·축생)의 고통스런 과보가 자신에게 닥치면 스스로 받아야 하는데, 그토록 말할 수 없이 엄청난 고통을 누가 대신 받을 수 있겠습니까? 여기까지 말하는데도, 마음이 오싹 춥지 않은 사람이 있을 것입니까?

이러한 까닭에 마땅히 생사 윤회의 흐름을 끊어 버리고 애욕(愛欲)의 바다에서 벗어나야 합니다. 그래서 자신과 남들을 다 함께 건져 내어 피안(彼岸: 열반 언덕)에 나란히 올라가야 합니다. 시작도 없는 아득한 과거 이래로 가장 큰 특별한 공훈이 바로 이 한 가지 수행에 있습니다.

이것이 보리심을 내게 되는 여섯 번째 인연입니다.

일곱째, 자기 영혼을 존중함은 이렇습니다.

우리의 현재 한 마음〔一心〕도 지금 있는 그대로 석가여래와 전혀 둘이 아니고 다름도 없습니다. 그런데 어찌하여 석가세존(世尊)께서는 무량겁(無量劫) 이래로 일찌감치 올바른 깨달음〔正覺〕을 이루셨으며, 우리는 아직도 여전히 뒤죽박죽 혼미(昏迷)를 거듭하는 평범한 중생 노릇을 하고 있습니까?

또 부처님 세존께서는 무한한 신통력과 지혜를 두루 갖추어 공덕이 장엄하신데, 우리는 단지 무한한 업장과 번뇌에 사로잡히고 생사 윤회에 얽매여 옴짝달싹도 못합니다.

마음과 성품(心性)은 부처님과 우리 중생이 하나로되, 미혹과 깨달음은 하늘과 땅 차이입니다. 그러니 차분히 생각해 보면, 어찌 부끄럽지 않을 수 있겠습니까? 비유하자면, 값으로 칠 수 없는(無價) 보배로운 구슬이 진흙탕 속에 묻혀 있어, 마치 흔한 자갈처럼 여기고 전혀 애지중지하지 않는 것과 같습니다.

이러한 까닭에, 마땅히 한량없이 많은 착한 방법(善法)으로 번뇌망상을 마주 대하여 다스려야 합니다. 후천적인 수행의 덕(修德)의 공부가 쌓여야, 선천적인 성품의 덕(性德)이 비로소 뚜렷이 드러나게 됩니다. 마치 진흙탕 속에 묻혀 있던 보배로운 구슬을 건져 깨끗이 씻은 다음 높다란 깃대 위에 걸어 놓으면, 그 눈부신 광명이 찬란히 빛나며 모든 사물을 뒤덮어 버리는 것과 같습니다. 그래야만 비로소 부처님의 교화가 헛되지 않고, 자기 영혼도 저버리지 않는 게 됩니다.

이것이 보리심을 내게 되는 일곱 번째 인연입니다.

여덟째, 업장(業障)을 참회(懺悔)함은 이렇습니다.

경전에 말씀하시기를, 한 길라(吉羅)[65]를 범해도 사천왕(四天王) 수명으로 5백 년 동안 지옥(地獄)[66]에 떨어진다고 합니다. 한 길라 같은 자그만 죄도 오히려 이처럼 엄청난 악보(惡報)를 받거늘, 하물며 무거운 죄의 과

---

[65] 길라(吉羅): 돌길라(突吉羅)의 준말로, 계율을 범하는 죄 · 나쁜 짓 · 나쁜 말을 가리킴
[66] 지옥(地獄): '니리(泥梨)'의 번역으로, 즐거움이 전혀 없다, 갈 곳이 없다는 뜻이라고 함.

보는 이루 다 말할 수도 없습니다.

그런데 지금 우리들이 일상 생활 가운데 하는 말 한 마디나 몸짓 하나도 늘상 계율에 어긋나고, 또 밥 한 숟갈 물 한 모금도 모두 빈번히 시라(尸羅)[67]를 범하고 있습니다. 하루 동안 범하는 계율만으로도 그 죄악 한량없이 많을 것인데, 하물며 종신토록 지은 죄와 무량겁 동안 전생에 쌓아온 업장은 더욱이 말할 필요도 없습니다.

또 재가불자의 기본 오계(五戒)로만 말해도, 열 사람 가운데 아홉은 계율을 범하고, 또 잘못을 드러내는 이는 적고 감추는 자가 훨씬 많습니다. 오계는 우바새(優婆塞)의 계율로 두루 갖춰진 것[具足]이 아닙니다. 하물며 사미(沙彌)나 비구(比丘)나 보살(菩薩) 등의 계율이야 말할 필요가 있겠습니까?

이름(신분)을 물으면, '나는 비구다'라고 자부심을 갖고 말하는데, 실질(수행)을 물으면 오히려 우바새에도 턱없이 못 미치곤 합니다. 그러니 어찌 부끄럽지 않을 수 있겠습니까? 부처님 계율은 받지 않으면 그만이지만, 일단 받으면 깨뜨리거나 어김이 없이 단단히 지녀야 합니다. 또 받은 계율은 깨뜨리거나 어김이 없으면 그만이지만, 깨뜨리거나 어기면 끝내는 틀림없이 (나쁜 곳에) 타락하고 맙니다.

그러니 마땅히 자신을 불쌍히 여기고 남들도 불쌍히 여기며, 자신을 마음 아파하고 남들도 마음 아파하며, 입으로나 몸으로나 다 함께 간절하게 소리도 내고 눈물도 흘리면서, 모든 중생과 두루 함께 애처롭게 참회해야 합니다. 만약 그렇게 하지 않는다면, 천만 겁의 생애가 지나도록 죄악의 과보를 피하기가 어렵습니다.

---

67) 시라(尸羅): '청량(淸凉)' 또는 '계(戒)'로 번역되며, 몸·입·뜻으로 지은 잘못 때문에 뜨겁게 타오르는 불길을 막아 시원히 식혀 준다는 뜻이라고 함.

이것이 보리심을 내게 되는 여덟 번째 인연입니다.

아홉째, 극락정토에 왕생하길 구함(발원함)은 이렇습니다.

이 사바세계에서 수행함에도 도(道)에 정진하기가 정말 어렵습니다. 그런데 저 극락정토에 왕생하면 부처님 되기가 진짜 쉽습니다. 거기에서는 부처 되기도 쉽기 때문에 단 한 번의 생애에 뜻을 이룰 수 있지만, 여기서는 정진하기도 어려운 까닭에 오랜 겁토록 도를 이루지 못합니다.

이러한 까닭에 우리보다 앞서 오신 성현들께서 누구나 한결같이 극락정토를 향해 가셨으며, 천 가지 경전과 만 가지 논설(論說)이 모두 다 도처에서 극락 왕생을 가리키고 있습니다. 말세(末世)의 수행으로는 이보다 나은 법문이 결코 없습니다.

그런데 경전(佛說阿彌陀經)에 보면, 적은 선행 가지고는 왕생하지 못하고, 많은 복덕을 갖추어야 비로소 갈 수 있다고 말씀하셨습니다. 많은 복덕으로 말하자면 '나무 아미타불'의 거룩한 명호를 꼭 지니고 염송하는 것보다 뛰어난 게 없으며, 많은 선행으로 말하자면 넓고 큰 마음〔廣大心〕을 내는 것보다 훌륭한 게 없습니다. 그래서 잠시 동안이나마 '나무 아미타불'의 거룩한 명호를 지니고 염송하는 것이 백 년 동안 보시하는 것보다 훨씬 뛰어나며, 한 번 큰 마음을 내는 것이 오랜 겁 동안 수행하는 것을 크게 앞지릅니다.

무릇 염불(念佛)이란 본디 부처가 되기 위해서 하는 것인데, 큰 마음을 내지 않는다면, 비록 입으로 염불한다고 하더라도 무슨 소용이 있겠습니까? 또 마음을 내는 것〔發心〕은 원래 수행하기 위함인데, 극락정토에 왕생하지 않는다면, 비록 큰 마음을 낸다 하더라도 쉽게 물러나고 맙니다.

그러한즉, 보리(심)의 씨앗을 뿌린 뒤 염불이라는 보습으로 가꾸어 주면, 도의 열매〔道果〕가 자연스럽게 저절로 자라게 될 것입니다. 여기다 큰

266

원력의 배(大願船)에 올라 타 정토 법문의 바다에 들어간다면, 서방 극락 세계는 틀림없이 왕생하게 됩니다.

이것이 보리심을 내게 되는 아홉 번째 인연입니다.

열째, 정법(正法: 진리)이 오래 머물도록 함은 이렇습니다.

우리 세존께서 무량겁 이래로 우리 중생들을 위해서 보리도(菩提道)를 닦으시면서, 수행하기 어려운 걸 능히 수행하시고 참기 어려운 걸 능히 참으시어, 원인 자리와 과보 지위를 다 함께 원만히 갖추심으로써, 마침 내 도를 이루고 부처님이 되셨습니다.

그렇게 부처님이 되신 다음 인연 있는 중생들을 두루 다 교화하시고 나서 열반에 드셨습니다. 그렇게 해서 정법(正法)·상법(像法)은 모두 이 미 다 사라져 버렸고, 지금은 겨우 말법(末法)만 남아 있을 뿐입니다.[68]

그래서 가르침의 이름만 겨우 있을 뿐, 진실로 수행하여 증득하는 사 람은 없으니, 삿된 이단과 정통이 뚜렷이 구별되지 못하고, 시비 선악을 분간할 수도 없습니다. 누구나 나와 남을 나누어 앞 다투기 일쑤이고, 죄 다 명예와 이익을 좇기에 혈안이 되어 있습니다. 눈을 들어 살펴보면, 천 하의 도도한 흐름이 모두 다 이러합니다.

---

[68] 정법(正法)은, 비록 부처님께서 세상을 떠나셨지만, 부처님 당시처럼 가르침(敎)과 수행(行)이 이 루어져 과위(果位)를 증득하는 시기로, 정(正)은 증(證)의 뜻이다. 상법(像法)은 부처님 법이 점차 와전(訛傳)되고 본래 진면목이 변질되어, 가르침(敎)과 수행(行)은 이루어지지만 과위를 증득하지 는 못하는 시기로, 상(像)은 사(似: 비슷함)의 뜻이다. 말법(末法)은 부처님 법이 말단지엽으로 흐르 고 아주 희미해져, 가르침(敎)의 이름만 겨우 명맥을 이을 뿐, 진실한 수행이나 증득은 더이상 존 재하지 않는 시기로, 말(末)은 미(微)의 뜻이다.

　세 법의 시기에 관해서는, 말법은 대비경(大悲經)에서 말한 1만 년 하나뿐인데, 정법과 상법의 시기는 ① 각각 1천 년, ② 각각 5백 년, ③ 정법 1천 년 상법 5백 년, ④ 정법 5백 년 상법 1천년 의 네 설로 나뉜다. 예로부터 고승대덕들이 주로 취한 다수설은 정법 5백 년 상법 1천 년이다. 어 쨌든 지금은 말법시대가 분명하다.

부처님이 어떤 분이고, 법[法]이 무슨 뜻이며, 스님[僧]이 무슨 말인지도 잘 모릅니다. 불법의 쇠퇴가 이 지경까지 이르렀으니, 더 이상 차마 무슨 말을 하겠습니까? 매번 생각이 여기까지 미치면, 자기도 모르게 절로 눈물이 흘러 내리곤 합니다.

저는 부처님 제자[佛子]로서 그 은혜에 보답할 수도 없습니다. 안으로는 자기에게도 이익됨이 없고, 밖으로는 남들에게도 이익을 줌이 없으며; 살아서는 현세에 이익됨이 없고, 죽어서는 후손들에게 이익을 줌도 없습니다. 하늘이 비록 높다 한들 나를 덮어 감싸 줄 수도 없으며, 땅이 비록 두텁다 한들 나를 안전히 실어 줄 수도 없습니다. 지극히 중대한 죄인이 나 말고 또 누가 있겠습니까? 그래서 참을 수 없는 비통함을 머금고, 빠져 나갈 궁리가 없음을 생각해 보니, 문득 내 자신이 비천하고 고루한 것조차 까맣게 잊고서, 갑자기 큰 마음을 내게 되었습니다. 비록 이 시대의 말법 운수를 완전히 돌이켜 세우지는 못할지라도, 다가올 후세에 정법이 이어질 수 있도록 보호해야겠다는 의지는 결연해졌습니다.

그리하여 여러 착한 벗들과 함께 도량에 모여 참회를 고백하고 이 법회를 열게 되었습니다. 48개의 큰 서원을 발하여 한 서원 한 서원마다 모두 중생을 제도하기로 했으며, 백천 겁의 깊은 마음을 기약하여 마음마음마다 부처를 이루기로 하였습니다.

오늘부터 미래세가 다하도록, 이 한 몸 다 마치면 안양(安養: 극락) 국토에 돌아가길 서원합니다. 극락정토의 구품 연화(九品蓮華)에 오른 다음, 다시 이 사바세계에 되돌아와 부처님의 햇살[佛日]이 새롭게 빛나고 법문(法門)이 다시 드날릴 수 있도록 하겠습니다.

이 사바세계에서 승가 대중이 맑고 깨끗해져, 우리 동방에서 인민 중생이 교화의 혜택을 입으며, 그로 말미암아 재앙의 운수가 바뀌거나 연기

되고, 올바른 법[正法]이 오래도록 머물러 유지될 수 있기를 발원합니다. 이는 비록 하찮고 보잘것없지만, 진실하고 간절한 저의 고심(苦心)입니다.

이것이 보리심을 내게 되는 열 번째 인연입니다.

이와 같이 열 가지 인연을 모두 인식하고 여덟 가지 방법[마음 내는 모습]을 두루 알면, 어느 방향으로 나갈지 문이 보이고 무엇을 어떻게 닦아 펼쳐야 할지 길이 열리게 됩니다.

우리는 모두 다 함께 이렇게 사람 몸을 받아, 부처님 법이 전해지는 문화의 중심지에 살면서, 육근(六根: 눈·코·귀·혀·몸·뜻의 여섯 감각 기관)이 탈없이 두루 갖춰지고 사대(四大)[69]가 가뿐하니 편안하며, 신심(信心)도 굳게 지녀 다행히 특별한 마장(魔障)도 없습니다.

더구나 지금 우리들은 출가(出家)도 하고 구족계(具足戒: 비구·비구니계)까지 들었으며, 또 다시 부처님 사리를 친견하고 참회의 법문까지 닦고 있으며, 게다가 착한 친구[善友·道伴]들을 만나는 등, 훌륭한 인연들이 두루 갖추어졌습니다. 그런데도 지금 이러한 큰 마음을 내지 않는다면, 또 어느 날을 기다리겠습니까? 오직 원하옵건대, 여러 대중께서는 저의 우직한 정성을 어여삐 여기고, 저의 고뇌스런 뜻을 불쌍히 여기시어, 다 함께 이러한 서원을 세우고, 다 함께 이러한 마음을 내십시다. 그래서 아직 내지 않은 분은 지금 내고, 이미 낸 분은 더욱 키워 가며, 이미 키운 분은

---

69) 사대(四大): 우선 진짜[實]와 가짜[假]로 나뉘는데, 흔히 말하는 지수화풍(地水火風)은 가짜 사대이다. 진짜 사대는, 첫째 땅은 만물을 떠받쳐 주는 단단한 성질, 둘째 물은 만물을 윤택하게 거두어들이는 축축한 성질, 셋째 불은 만물을 뜨겁게 달구는 따뜻한 성질, 넷째 바람은 만물을 낳아 길러주는 움직이는 성질을 각각 가리킨다.

또한 안과 밖으로 나뉘기도 한다. 우리 중생이 기본 과보[正報]로 받는 사람 몸[人身]을 안의 사대 또는 의식 있는[有識] 사대라 하고, 부수 과보[依報]로 받는 주변 환경[諸色]을 밖의 사대 또는 의식 없는[無識] 사대라고 한다. 여기서는 사람 몸을 가리키는 안의 사대 또는 의식 있는 사대이다.

지금 더욱 굳건히 하여, 앞으로 계속 이어가도록 합시다.

험난함을 두려워하여 겁먹고 물러나지는 말며, 쉽다고 가볍게 보아 붕들뜨지도 말고, 성급하게 욕심 내어 덤비다가 꾸준히 오래하지 못하지도 말며, 게으름과 늑장 부리느라 용맹정진을 안 하지도 말고, 유들유들 맥없이 늘어져 정신을 분발하지 않지도 말며, 구태의연한 습관에 얽매여 더이상 미루며 기대하지도 말고, 어리석고 둔하다고 줄곧 목석(木石)처럼 무심(無心)하지도 말며, 근기가 얕고 보잘것없었다고 열등감에 빠져 스스로 자격 없다고 포기하지도 맙시다.

원을 세우고 마음을 내는 것은, 예컨대 나무 심는 일에 비유하자면, 처음에는 뿌리가 얕아도 시일이 오래 지날수록 날로 뿌리가 깊고 단단히 활착(活着)하는 것과 같습니다. 또 칼을 숫돌에 가는 일에 비유하자면, 처음에는 무딘(鈍) 칼날도 오래 갈다 보면 점차 날카롭게 서는 것과 같습니다. 어찌 처음에 나무 뿌리가 얕다는 이유로 아예 심지도 않고 말라 죽게 놔두며, 또 어찌 칼날이 무디다고 숫돌에 갈아 보지도 않고 쓸모없이 내버릴 수 있겠습니까?

그리고 또 만약 수행을 괴로움으로 여긴다면, 이는 게으름 피우는 게 더욱 큰 괴로움인 줄 모르기 때문입니다. 수행이란 잠시(인생 몇 십년) 수고롭게 닦아 영원토록 편안하고 즐거운 것인 반면, 게으름 피우면 금생의 몇십 년 구차하게 편안을 누리는 듯하지만, 내세에 오랜 생애 동안 고통을 받게 됩니다.

【옮긴이 보충 해설: 그래서 "지혜로운 이는 고행하고, 어리석은 자는 고생한다〔智者苦行, 愚者苦生〕."고 말하고 싶습니다.】

하물며 극락정토를 항공모함으로 삼으면, 어찌 물살에 휩쓸려 밀려날 근심이 있겠습니까? 또 무생법인(無生法忍)으로 법력을 얻는다면, 무엇이 힘들고 어려울까 염려되겠습니까? 지금 지옥에 갇혀 있는 죄인도 과거 겁(劫)에는 일찍이 보리심을 낸 분들입니다. 그런데 하물며 인류 도덕을 갖춘 우리 부처님 제자들이 금생에 큰 원을 세우지 않을 수 있겠습니까?

시작도 없는 전생부터 혼미를 계속해 왔지만, 이미 지나간 과거는 따지거나 타이를 수도 없습니다. 또 지금 당장 깨닫고 뉘우친다면 앞으로 다가올 미래는 아직 새롭게 쫓아갈 수가 있습니다. 그렇지만 여전히 미혹되어 깨닫지 못한다면, 정말 슬프고 불쌍한 일입니다. 또 알아차리고서도 수행하지 않는다면, 이는 더더욱 비통하고 안타까운 일입니다.

만약 지옥의 고통을 두려워한다면, 용맹스런 정진(精進)이 저절로 일어날 것입니다. 또 만약 덧없음〔無常: 죽음〕이 아주 신속히 닥칠 것을 생각한다면, 게으름이 생겨나지 못할 것입니다. 그러므로 모름지기 부처님 법으로 채찍을 삼고 착한 벗〔도반〕들과 서로 손잡고 도와, 잠깐 동안도 떠나지 않고 한평생토록 믿고 의지해야 합니다. 그렇다면 보리심이 물러나거나 사라질 염려는 없을 것입니다.

일념(一念: 한 순간 생각)이 보잘것없이 가볍고 미세하다고 말하지 마십시오. 또 마음으로만 내는 빈 서원〔虛願〕은 별 이익이 없다고 속단하지 마십시오. 마음이 진실하면 일도 실제로 이루어지며, 서원이 크고 넓으면 수행도 깊어지는 법입니다. 허공이 큰 게 아니라 마음의 왕〔心王〕이 진짜 크며, 금강(金剛: 다이아몬드)이 굳센 게 아니라 원력(願力)이 가장 굳셉니다.

이 자리에 모이신 대중 여러분께서 정말로 제 말씀을 내팽개치지 않으신다면, 보리(菩提)에 딸린 사람〔도반〕들이 지금부터 모두 한 가족이 되어 연화정토결사(蓮華淨土結社)를 이루고 돈독한 우호 관계 속에 튼실하게 수행해 나갈 수 있습니다.

오직 원하는 바는, 우리 모두 다 함께 극락정토에 왕생하여, 다 함께 아미타불을 친견하고, 다 같이 중생들을 교화하여, 똑같이 바른 깨달음 [正覺]을 이루자는 것입니다. 그러면 미래세에 우리가 얻게 될 부처님의 32상(相)과 온갖 복덕 장엄이, 바로 오늘 우리가 마음을 내고 서원을 세우는 데서 비롯된다고 할 수 있지 않겠습니까?

원컨대, 대중들이 다 함께 힘써 나아갑시다. 그러면 더할 나위 없이 큰 다행이겠습니다.

성암(省庵) 대사(?~1734) 휘(諱: 본명)는 실현(實賢)이고, 자(字)는 사제(思齊)이며, 성암(省庵)은 호(號)이다. 〔옮긴이: 어진 이를 보면 그와 가지런해질 것을 생각하고, 어질지 못한 자를 보면 (자기는 그러지 않은지) 안으로 스스로를 살핀다(見賢思齊焉, 見不賢而內省也: 論語 里仁 편).'라는 공자 말씀에 본명과 자와 호가 모두 담겨 있음이 특히 눈에 띈다]. 강소성(江蘇省) 상숙현(常熟縣)의 시(時)씨 아들로 태어났는데, 대대로 유교(儒敎)를 공부한 집안이었다. 어려서 출가하여 엄격하게 비니(毘尼: 毘奈耶, 계율)를 배웠고, 곧 강연(講筵: 강원)에 들어가 법성(法性)과 법상(法相)의 학문을 연구하셨다. "염불하는 자가 누구인가〔念佛者是誰〕?"라는 화두를 참구하다가, 넉달이 지나면서 홀연이 크게 깨닫고, "나는 꿈에서 깨어났다."고 말씀하셨다.

이때부터 지혜 근기(根機)가 발랄하고 날카롭게 번득였으며, 변론 재주가 막힘없이 종횡무진하셨다. 낮에는 대장경을 열람하고, 날이 저물면 부처님 명호를 지송(持誦)하셨다. 아육왕산(阿育王山: 절강성 寧波시 동쪽 소재, 東晉 때 慧達 스님이 창건한 아육왕사가 유명함)의 부처님 앞에서 손가락을 불사르며〔燃指〕 48대원(大願)을 세우시자, 그에 대한 감응으로 부처님의 사리가 찬란한 빛을 내셨다〔放光〕.

이에 「권발보리심문(勸發菩提心文)」을 지어 사부대중을 격려하셨는데, 독송하는 이마다 감동하여 눈물을 흘렸다.

청나라 옹정(雍正: 世宗 연호, 1723~35 재위) 12년(1734) 4월 14일 서쪽을 향해 고요히 입적하셨다. 장례를 모시러 대중들이 몰려 들자, 갑자기 눈을 뜨고 이렇게 말씀하셨다.

"나는 갔다가 곧 다시 온다. 생사(生死) 해탈은 아주 큰 일인데, 각자 스스로 마음을 맑히고 염불만 하면 된다."

그리고는 두 손을 합장한 채, 계속 '나무 아미타불' 명호를 염송하며 가셨다.

대사를 찬탄하는 게송에 이르기를:

"자비로운 마음 크고 넓으시어 보리심 내기 권하는 글을 쓰시고,

48가지 서원을 세우시니 그 원력 크고도 깊어라.

수행과 깨달음 모두 진실하여 상서로운 감응이 특별히 뛰어나시니,

연화 정토종의 법맥이 대사의 은덕으로 길이 전해지네."

인광대사

편지설법

●인광 대사(印光大師)

편지설법

양종신(楊宗愼) 거사에 대한 답신

종신(宗愼) 거사 보시오.

보내 온 서신은 잘 받아 보았소.

세간의 어리석은 사람들은 인과(因果) 법칙을 잘 모르기에, 착한 일[善]을 하고도 화(禍)를 당하는 걸 보면 곧 착한 일은 할 것이 못 된다고 말하는가 하면, 나쁜 짓[惡]을 저지르고도 복(福)을 얻는 걸 보면 곧 나쁜 짓도 굳이 멀리할 필요가 없다고 일컫는구려.

이는 화와 복의 결과가 더러는 금방 들이닥치고 더러는 오랜 뒤에 나타나는 줄을 모르기 때문이오. 닥치는 시기가 이르고 늦음은 일정한 기준이 없어서, 빨리는 모든 사람이 함께 지켜보도록 드러나고, 늦게는 한 생(生: 생명윤회)을 거치거나 또는 여러 생을 지난 다음에야 비로소 나타난다오. 그래서 숙명통(宿命通)의 안목을 지닌 자가 아니면 알아볼 수 없단 말이오.

이제 사람들이 쉽게 알 수 있도록 한 비유를 들자면, 착한 일을 하거나 나쁜 짓을 저지르는 것은 마치 곡식을 심는 일과 같소. 어떤 사람이 비록 아무리 착하다고 할지라도, 전생에 지은 행위가 전혀 잘못이 없을 수는 없기 때문에, 금생(今生)에 받는 과보(果報)도 역경(逆境)이 없을 수는 없겠지요.

금생에 타고난 이 몸은 보신(報身)이라고 하는데, 이는 금생에 남자가 되거나 여자가 되거나, 또는 아름답거나 추악하거나, 또는 장수와 요절, 가난과 부유, 총명과 우매, 건강과 질병 따위를 타고나는 것은 모두 전생에 짓고 저지른 행위에 따라 받는 과보이기 때문이오. 따라서 이 몸을 보신이라고 하는 것은, 곧 그것이 전생에 지은 행위의 과보로 받은 몸임을 일컫지요. 즉 전생의 원인이 금생의 결과가 되는 것이라오.

금생에 비록 몹시 착하다고 할지라도, 전생의 업장(業障)이 너무 무거우면 금생의 착한 일에 대한 보답을 곧장 받을 수는 없으며, 먼저 전생의 나쁜 짓에 대한 앙갚음을 받아야 하는 것이오. 이는 마치 농부가 작년에 씨앗을 뿌리지 않았다면, 설령 올해 제 아무리 부지런히 농사 짓는다고 할지라도, 가을걷이 전에는 먹을 양식이 없는 것과 같소.

지금 양식이 없는 것은, 올해 부지런히 농사 짓더라도 아무 수확이 없다는 말이 아니오. 지금 양식이 없는 것은, 바로 작년에 씨앗을 뿌리지 않은 원인으로 말미암아 받는 결과라는 뜻이잖소? 물론 올해 부지런히 경작하면, 가을걷이 이후와 내년에는 먹을 양식이 있을 것이 분명하오.

마찬가지로, 나쁜 짓을 저지르는 자들이 아직 벌[禍]을 받지 않은 것은, (전생에 지어 놓은) 복이 아직 다 떨어지지 않고 남아 있기 때문이오. 마치 작년에 부지런히 씨 뿌려서 수확한 농부는, 설령 올해 농사 짓지 않아도 아직은 굶주림에까지 이르지는 않는 것과 같소. 그러나 작년에 남은 양식을 다 먹고 나면, 올해는 씨앗도 뿌리지 않았으므로 장차 곡간이 바닥날 것은 뻔하오.

착한 사람이 나쁜 과보를 받는다고 해서 만약 착한 일을 아예 안 한다면 장차 그 나쁜 과보는 더욱 심해질 것인데, 그나마 착한 일을 열심히 해서 나쁜 과보가 그만큼 가볍게 줄어든다는 이치를 우리는 반드시 알아야 되지요. 마찬가지로, 나쁜 사람이 좋은 과보를 누리는 경우, 만약 나쁜 짓을 안 한다면 그 좋은 과보가 더욱 커질 텐데, 안타깝게도 그가 나쁜 짓을 저지르기 때문에 그의 좋은 과보가 그만큼 줄어들고 말겠지요.

세상 사람들은 의식주와 같이 몸뚱아리에 바치는 물건에 대해서도, 모두 넉넉히 갖추어 두고 행여 다 떨어져 곤란을 당하는 일이 생길세라 자나깨나 걱정할 줄 알지요. 그런데 정작 육신과 심성(心性) 및 생명 자체의 중대한 일에 대해서는, 스스로 미리 닦아(預修) 둘 줄 모를 뿐만 아니라, 남들이 미리 닦아 준비하는 것조차 도리어 어리석다고 비웃고, 자신은 제 멋과 기분 내키는 대로 살상과 음욕을 자행(恣行)하면서도, 복 있고 지혜로운 것으로 착각한단 말이오.

그러나 세상에 그 많은 봉사와 귀머거리와 벙어리, 또는 심한 불구와 장애로 의지할 곳도 없는 사람들이나, 마소나 양·돼지와 같이 사람들에게 고되게 부림 당하고 심지어 도살되어 사람들의 입과 뱃속을 채우고 마는 온갖 축생들이, 모두 전생에 스스로 복 있고 지혜롭다고 착각하면서 나쁜 짓을 자행하던 그런 사람들이 자칭 복과 지혜의 결과로 받은 정말 좋은 과보인 줄을 누가 알 것이오?

수행(修行)을 하는 사람은 모름지기 결연하면서도 강렬한 마음(決烈之心)을 가지고, 그러한 자들의 비웃음이나 비방에 아랑곳하지 않으며, '나는 어떠한 경우에도 끄떡없고 결코 의심 걱정 안 한다'는 태도를 지켜야 하오. 만약 남의 비웃음이나 비방을 듣고서 곧 물러설 마음을 품는다면, 이러한 사람 또한 전생에 심은 착한 뿌리〔善根〕가 너무 얕거나 들떠 있기 때문에 초래된 과보라오.

부처님의 설법에 귀의하지 아니하고 범부(凡夫)나 어리석은 아낙네〔愚婦〕가 지껄이는 말에 의지한다면, 이러한 사람은 진실로 오랜 세월 동안 생사 윤회(生死輪廻)를 거치면서 영구히 삼악도(三惡道)의 고통을 받게 될 것이오. 인간이나 천상의 몸을 받는 일도 오히려 몹시 어렵거늘, 하물며 생사를 해탈하고 평범을 초월하여 성현의 경지에 들어서며〔超凡入聖〕마침내 성불(成佛)하는 커다란 이익인들 꿈에라도 바랄 수 있으리요?

정토(淨土)의 법문은 진실한 믿음〔眞信〕과 간절한 서원〔切願〕과 부처를 염송하는 행동〔念佛〕으로 서방 극락세계에 결정코 왕생하겠다는 것이 그 핵심 요지지요. 만약 염불하는 사람이 서방 정토에 왕생하기를 바라지 않는다면, 이는 부처님의 가르침에 어긋나게 되오.

한 가지 비유를 들어 봅시다. 가령 어떤 왕자가 다른 나라를 떠돌아다니면서 자신이 왕자라는 사실을 믿지도 않고, 다만 하루 동안 음식을 빌어 먹을 수 있기만 바랄 뿐, 굶어 죽지 않는 것으로 기뻐하고 만족한다면, 그 식견이 너무 낮고 졸렬하여, 사람들이 그를 불쌍하고 가엾게 여기지 않을 수 있겠소?

그런데 왕고씨(王高氏: 자신은 高씨이고 남편의 성이 王씨인 어떤 부인을 일컬음)가 불교 경전을 훤히 잘 알면서도, '감히 서방 극락세계에 왕생할 망상(妄想)을 할 수 없다'고 말한다니, 그 마음과 뜻이 어찌 그처럼 지극히 낮고 졸렬한 정도에까지 이르렀단 말이오? 그가 평소에 가까이 한 스승이 또한 눈먼 수련〔盲修瞎煉〕이나 하는 무리임에 틀림없소이다. 만약 그 스승이 정토의 법문을 안다면, 어떻게 그가 이토록 오래 이런 생각에 잠겨 있겠소?

278

그에게 대신 말해 주기 바라오. 만약 서방 정토에 왕생하려고 발원하지 않는다면, 나도 그냥 귀의를 허락하여 나 자신의 명예를 망가뜨리는 일은 결코 없을 것이라고! 기꺼이 서방 정토에 왕생하려고 열망하는 경우에만 귀의를 허락하며, 지금 바로 그에게 종신(宗信)이라는 법명(法名)을 지어 보내오. 부처님 말씀을 깊이 믿고 감히 어기지 않으며, 스스로 청정한 행위[淨業]를 닦아 나가라는 의미요.

물론 자녀와 며느리·손자들도 가르치고 일깨워, 가족 모두 함께 인륜을 돈독히 하고 직분을 다하며[敦倫盡分], 간사함을 막고 정성을 간직하며[閑邪存誠], 어떠한 나쁜 짓도 저지르지 말고 온갖 착한 일을 받들어 행하며[諸惡莫作, 衆善奉行], 살상을 끊고 산 목숨을 보호하며[戒殺護生], 아미타불과 관세음보살의 성호(聖號)를 염송하여, 금생에 업장이 소멸하고 복록이 증대되며, 임종에 서방 정토에 왕생할 수 있도록 닦아 나가야 할 것이외다.

이와 같이 스스로 수행하면서, 아울러 가정과 친척·친구들에게까지 그 감화를 미친다면, 반드시 소원대로 극락 왕생하리다.

부처님께서 정토의 법문을 열어 놓으신 까닭은 중생들에게 극락 왕생을 바라도록 가르치기 위함인데, 그대들이 어떤 사람이길래 감히 부처님 말씀을 옳다고 여기지 않고, 각자 제 멋과 뜻에 맡기려 한단 말인가? 그러므로 모름지기 한결같이 부처님 말씀을 으뜸가는 주체와 근본[宗主宗本]으로 삼아, 이를 굳게 믿고 받들어 행하면서 한 생각이라도 감히 어긋나지 않으려고 힘써야만, 바야흐로 종신(宗信)이라는 법명을 일컬을 수 있겠소이다.

그의 딸 호왕씨(胡王氏: 아버지 성이 王씨이고 남편 성은 胡씨인 부녀)는 법명을 종정(宗淨)이라고 지어 보내오. 세간의 부부와 자녀 가족은 모두 전생에

맺은 업장의 인연(業緣)이 아닌 게 없소이다. 그의 남편은 일찍 사망하고 아들 또한 장가도 못 들고 요절하였으며, 딸은 시집갔으나 청상과부가 되었다고 하니, 일반 세속의 인정(人情)으로 말한다면, 몹시 불행한 운명이라고 탄식하겠죠? 그렇지만 만약 이러한 운명으로 말미암아 세상의 모든 현상이 덧없는 줄 깨닫고 수행에 전념할 수 있다면, 이러한 모든 고난의 상황이야말로 진실로 생사고해(生死苦海)를 벗어나도록 채찍질하는 훌륭한 안내자가 되기도 한다오.

저기 부귀한 자들을 보시오. 부모 자녀 온 가족이 둥그렇게 모여 앉아 온통 먹고 지껄이며, 시집 장가 들고 자식 손자 낳는 데에 정신을 쏟느라, 눈코 뜰 새 없이 바쁘지 않소? 그들은 설령 한 마음(一心)으로 염불하고 싶어도, 결국 뜻대로 이룰 수 없는 운명이오.

그(王高氏)가 이러한 생각을 하면서 자기 딸에게도 한 마음으로 염불하도록 가르쳐 준다면, (이미 세상을 떠난) 그의 남편과 아들과 사위가 모두 그의 도업(道業)을 도와 주는 착한 인연으로 바뀔 것이외다. 또한 그가 정말로 극락 왕생에 전념한다면, 그의 남편과 아들과 사위도 또한 그의 수행 공덕을 인연으로 함께 서방 정토에 왕생할 수 있소이다.

바로 이러한 인연을 두고 일컬어, "금은 제련할수록 정밀해지고(金以煉精) 칼날은 갈수록 날카로워진다(刀以磨利)."고 하는 게요. 또 "한 철 뼛속 스미는 추위를 겪지 않으면, 그윽한 매화 향기가 어떻게 콧속을 후빌 수 있겠는가(不經一番寒徹骨, 爭得梅花撲鼻香)?"라고 일깨우는 격언도 있잖소?

하늘이 사람을 성취시키는 데에는 역경(逆境)이 있고 순경(順境)이 있기 마련이오. 사람이 운명을 깨닫고 하늘을 즐겨 따른다(樂天知命)면 역경이 도리어 순경도 될 수 있지요. 그렇게 하지 않는다면 물론 순탄한 운명도 오히려 역경으로 뒤바뀌게 되나니, 이 모든 것은 사람이 마음을 잘 쓰느냐 잘못 쓰느냐에 달려 있을 따름이오.

또한 지금은 세상의 도덕이 몹시 어지러운 환난의 시대라오. 총칼이나 물불 · 전염병 · 독충의 재앙들과, 각종 원한의 업장(怨業)으로 말미암아 현대 의약으로도 고칠 수 없는 질환들이 얼마나 많소? 그러나 이들도 만약 아미타부처님과 관세음보살을 기꺼이 지성(志誠)으로 염송한다면, 흉악한 재난을 당해서도 틀림없이 평안무사하게 풀어지게 된다오.

또 임산부가 아이를 낳으려는 순간에 반드시 소리를 내어 '나무 관세음보살(南無觀世音菩薩)' 을 염송한다면, 결코 난산(難産)은 없을 것이오. 설령 난산하여 금방 죽을 지경이라도, 그 임산부에게 '나무 관세음보살' 을 일념으로 낭송하도록 시키면, 즉각 평안히 몸을 풀 수 있게 되오. 이 방법을 모든 사람에게 말해 주어 알고 실행하도록 한다면, 세상에는 난산이나 난산으로 말미암아 산모와 아이가 함께 죽는 불행한 일이 곧 없어지겠지요.

해산(解産)의 경우에는 알몸을 드러내어 정결하지 못하기 때문에, 소리내어 염송하는 것이 혹시 불보살께 죄가 될까 두렵다는 식의 말은 일절 꺼내서도 안 되오. 왜냐하면, 이러한 때에는 산모와 아기의 목숨이 바로 경각에 달려 있어 달리 어찌할 수 없는 긴박한 상황이기 때문에, 평상시 염불처럼 공경과 정결을 갖추어야 한다고 견주어 말할 수 없는 것이오.

또 이 때에는 반드시 낭랑히 소리내어 염송해야 하지, 마음속으로만 묵송(默誦)해서는 안 된다는 사실을 알아야 하오. 마음속으로만 묵송하면 불보살의 감응력(感應力)이 작을 뿐만 아니라, 온 힘을 다 써서 아이를 내보내야 하는 마당에 마음속으로만 묵송하다가는 자칫 병을 초래할 수도 있기 때문이오. 물론 방 안에서 출산을 보살펴 주는 사람도 큰 소리로 염송하여 그를 도와주고, 방 밖에 있는 가족 친지들도 또한 소리내어 염불하여 산모를 정신상으로 지원해 주면 더욱 좋겠지요.

여자들이 어려서부터 염불하는 버릇을 길들이면, 나중에 이러한 고통은 결코 생기지 않으며, 장차 임종 시에는 극락왕생할 수도 있소. 그러나 그렇지 못한 경우라도 임신을 한 때부터 염송하거나, 혹은 출산하기 사나흘 전부터라도 지성으로 하면 모두 되오.

그런데 세상 사람들은 남의 착한 생각[善念]을 가로막기 일쑤지요. 예컨대, 산모가 아이를 낳으려고 할 때, 모두가 이를 두려운 일로 여기고, 산모 자신이 감히 염불할 엄두를 내지 못할 뿐만 아니라, 그 시어머니나 친정어머니조차도 며느리나 딸이 애 낳을 때가 되면, 미리 이를 피해 밖으로 달아났다가 한 달쯤 지난 뒤에야 바야흐로 되돌아올 생각을 한단 말이오. 이러한 것은 모두 외도(外道)의 영향을 받아, 단지 평상시 공경을 다해야 한다는 원칙의 도리만 알고, 특수한 사정에 따라 시의(時宜) 적절히 대응하는 변통의 방법은 모르기 때문이오. 그로 말미암아 세상의 얼마나 많은 여인들이 극심한 고통을 받거나 심지어 사망하였겠소? 그러니 슬퍼하지 않을 수 있겠소? 그래서 이러한 내용을 함께 적어 세상 사람들을 조금이나마 이롭게 하길 바라는 마음이라오.

주진혜정(周陳慧淨)[70] 여사에 대한 답신

친서를 받고, 수행에 정진하며 서원이 광대한 줄을 알게 되니, 몹시 기

---

70) 앞의 주(周)는 남편의 성이고 진(陳)이 본성(本姓)인데, 혜정(慧淨)은 법명(法名)인 듯함.

쓰고 안심되는 구료. 이른바 남을 교화하는 일은, 모름지기 자신이 불법(佛法) 대로 힘써 수행하는 데에 그 중점을 두어야 하지, 오로지 입으로 말하는 데에 의지해서는 안 될 줄 아오. 일체의 법은 모두 자신을 근본으로 삼기 때문이오.

예컨대, 자기의 친부모님이나 시부모님을 섬김에 효성을 다하고, 형제자매나 시누이·올케들을 대함에는 모두 부드럽고 온화하게 우애를 다하며, 착한 일은 서로 권장하고 잘못은 서로 바로잡아 주는 것이오. 자기 남편과 더불음에는 반드시 서로 공경하며 좋은 점은 권하고 나쁜 점은 지적하되, 예절이나 법도를 조심스럽게 지켜야 할 것이오. 부부 사이가 아주 친밀하다고 해서 허물없이 예절과 법도를 지키지 않아, 자녀들이 본받을 것이 없도록 집안 규율이 해이해져서는 결코 안 되오.

또 자녀나 손자들은 절대로 제멋대로 내맡겨서는 안 되오. 철이 들기 시작하면서부터는 그들에게 효도·우애·충실·신의·예의·염치 같은 사람된 도리와 인과응보의 법칙들을 말해 주어야 하오. 어려서부터 이러한 도리를 알게 된다면, 커서 무례하고 분수에 넘치게 나쁜 짓은 하지 않겠지요.

지금 세상의 도덕이 이처럼 타락하고 혼란스러운 것은, 결국 세상의 어머니들이 단지 아들딸을 귀여워할 줄만 알았지, 그들에게 어질고 착하도록 가르칠 줄은 몰랐기 때문이 아니겠소? 그래서 아들딸을 잘 가르치는 공덕은 지극히 크고, 반대로 아들딸을 가르치지 않는 죄악도 그만큼 지극히 큰 것이오. 여인들이 집안에서 남편에게 내조를 잘하고 아이들을 잘 가르친다면, 천하가 태평스러워지고 온 백성이 안락할 수 있소. 그렇기 때문에, 여인들의 책임이 매우 무겁다오.

그대가 정말로 이와 같이 진실하게 행해 나간다면, 그대를 아는 모든 부녀자들이 자연히 보고 듣고 훌륭하게 여길 것이오. 그때 그들에게 부처님께서 말씀하신 가장 간편하고 효험 빠른 정토 법문에 따라 서로 권장하면, 그들이 저절로 마음에서 감동하여 그대의 말을 들으리라. 물론 그들에게 불법을 믿도록 하려면, 반드시 먼저 그들에게 인간의 윤리와 도리를 다하자고 권장해야 할 것이오.

여인에게는 일생에 중대한 고통이 있으니, 바로 출산이지요. 모름지기 그들에게 살생을 금하고 채식을 하도록 권장할 일이오. 만약 자신이 마음대로 할 수 없는 상황이라면, 되도록 고기를 적게 먹되, 행여라도 어차피 채식을 할 수 없다는 구실로 실컷 먹어서는 안 되오.

매일 아침저녁으로 자기 처지에 따라 부처님 앞에 예배를 올리고 부처님 성호(聖號)를 얼마간 염송하되, 만약 불당(佛堂)이 없으면 그냥 서쪽을 향해 예배드려도 괜찮겠지요. 젊은 여인들은 집안에서 자유 권한이 없기 때문에 편한 대로 잘 염불하고, 매일 관세음보살 성호도 다소간 염송하면 좋겠소. 다만 지성으로 염송하면 되고, 외모나 형식에 굳이 신경 쓸 필요는 없소이다.

정말 이와 같이 실행한다면. 숙세(宿世)의 업장이나 금생의 업장이 모두 소멸될 수 있으며, 아이를 낳을 때 결코 고통을 받지 않을 것이오. 만약 임신할 때부터 항상 착한 마음을 품고 부처님 성호를 염송하며 고기나 비린 것들을 먹지 않으면, 자연히 어질고 착한 아이를 낳게 된다오.

그리고 출산에 임박해서는 더욱이 지성으로 관세음보살 성호를 염송해야 하오. 무릇 방 안에서 산모를 보살피거나 돕는 사람들도 모두 그를 위해 염송하면, 출산이 결코 고통스럽지 않으며, 자기들이나 태어난 아이 모두 커다란 착한 뿌리〔大善根〕를 심는 결과가 되오.

더러 이치를 잘 모르는 자들은, 출산 시 벌거벗고 정결하지 못한 상황에서 염송하면 도리어 보살께 죄를 얻지나 않을까 두렵다고 말하는데, 이는 판에 박힌 이치(원칙)에만 집착하여, 특수한 상황에 따른 임시변통의 도리를 모르는 편견일 따름이외다.

부처님이나 보살들이 중생을 보는 것은, 부모가 자녀들을 보는 것보다 훨씬 더 절친하다는 사실을 알아야 하오. 예컨대, 자녀가 물이나 불속에 휩싸여 구원을 요청하면, 부모는 곧장 뛰어들어가 구해 낼 것이오. 그런데 이때 어느 부모가 자식의 옷차림이 단정하지 못하고 몸이 지저분하다는 이유로 구제하지 않고 내버려 두겠소?

나는 이미 폐관(閉關: 結制) 수행에 들어가서 외부의 편지에 대해 일절 답장하지 않고 있소. 그러나 그대가 사람들을 제도하려는 마음을 가지고 있음이 가상하기도 하고, 또 혹시라도 그 핵심 요체를 잘 알지 못해서 사람들이 잘 받아들이지 않게 될까 걱정스러워, 특별히 가장 중요하고 여인들의 신심을 가장 잘 불러일으킬 수 있는 사항 몇 가지를 그대에게 말해 주니, 사람들에게 채식과 염불을 권장하는 데에 참고하기 바라오.

그리고 지금은 세상이 환난(患難)의 시대요. 그렇지만 평소에 지성으로 염불하면, 눈에 보이지 않는 가운데 반드시 부처님의 그윽한 가피를 받아 위험을 당하지 않으리라. 무릇 질병에 걸리거나 흉악한 재앙을 만나거나 또는 자식을 얻기 바라는 경우에는, 모두 지성으로 염불하면 틀림없이 소원대로 이룰 것이외다.

그대의 수행 공부는 그대의 형편에 따라 스스로 정하면 되고, 나도 어떻게 지시해 줄 수 없는 법이오. 다만 지성과 공경을 근본으로 삼되, 모름지기 진실한 신심을 내고 간절한 서원을 세워 염불을 실행함으로써, 서방 극락 왕생을 추구하는 것일 따름이오. '나무 아미타불(南無阿彌陀佛)'이 여섯 글자를 염송하는 것 이외에는 어떠한 생각도 마음속에 두지 마시오. 염불은 모름지기 한 글자 한 글자 또렷이 염송하면서 귀로 또렷이 듣는 것이 중요한데, 오랫동안 계속하면 마음과 부처님이 서로 감응할 수 있지요.

그대가 말하는 '자심작불(自心作佛)' 이란 부처님 마음(佛心)으로 자기 마음(自心)을 제도하여, 자기가 곧 부처이고 부처가 마음이며 마음이 곧 부처라는 것이지요. 그러나 이러한 종류의 이야기는 지혜로운 상근기(上根器)의 사람들이나 이익을 얻을 수 있을 뿐, 평범하고 어리석은 중·하근기의 사람들은 도리어 병폐만 입기 쉬우니, 이러한 데에 치중해서는 안될 줄 아오. 만약 이러한 데에 치중하면, 어리석은 중생들에게 '내가 곧 부처인데 무슨 염불할 필요가 있느냐?' 하는 대아만심(大我慢心)을 불러 일으킬 우려가 크기 때문이외다.

물론 우리 마음이 곧 부처이기 때문에, 부처님께서 우리들에게 부처를 염송(念佛)하도록 가르쳤지요. 만약 우리 마음이 전혀 부처와 들어맞지 않는다면, 이는 얼음을 화로에 넣어 끓이거나 담금질할 수 없는 이치와 같을 것이오. 오직 우리 마음의 본체가 부처와 둘이 아니기 때문에, 부처님께서 우리에게 염불을 시키신 것이리다.[71]

부처님의 위신 공덕과 신통력의 지혜로운 불길(火)을 가지고, 번뇌망상과 미혹 업장에 가리고 뒤섞인 중생의 불심(佛心)을 끓이고 담금질하여, 그 번뇌망상과 미혹 업장은 모두 사방으로 녹아 흘러내리고, 오직 청정하고 순진한 마음만 남아 있도록 수련했을 때에, 바야흐로 '마음이 곧 부처이고 부처가 곧 마음이다' 고 말할 수 있는 것이오. 이러한 경지에 다다르지 못한 경우의 말은, 단지 그 본체의 속성을 가리킬 따름이오. 만약 구체적인 형상(相)과 작용(用)으로 말한다면, 전혀 그렇지 못함을 알아야 되오.

---

71) 현대 과학으로 말하면 곧 공명(共鳴)이나 동조(同調)의 원리에 비유될 수 있겠다.

비유하자면, 부처의 마음은 금광에서 캐어내 제련한 순금과 같고, 우리 중생의 마음은 아직 금광 속에 파묻혀 있는 금 조각과 다름 없소. 비록 금의 본질적인 속성[本性]은 갖추고 있지만, 아직 금의 공덕과 기능은 발휘할 수 없는 것이오. 바로 이러한 까닭에, 자기 마음이 곧 부처인 줄 알고 더욱 진지하게 염불하여 극락 왕생을 기원해야 되는 것이지요.

어리석은 사람들은 이러한 이치를 잘 모르기 때문에, 부처는 쳐다볼 수도 없는 성인의 경지로 밀쳐 놓고 자신은 우매한 범부로 자처하거나, 아니면 관념상의 이치에만 집착하고 실제상의 수행은 하지 않으면서, 이미 불도를 증득했다고 망언하기 일쑤라오. 그대의 학문 수행도 아직은 아주 통달한 것 같지 않으니, 『가언록(嘉言錄)』[72]에 따라 수행하면, 마장(魔障)이나 외도(外道)에 떨어지는 불상사는 없을 것이오.

나는 이미 일흔이 넘어 앞날이 별로 많지 않기 때문에, 지금 외부와 일체 인연을 물리치고 특별히 폐관 수행을 하고 있소. 이번에 그대 편지에 답장하는 것은 특별한 예외에 속하는 방편 법문이오. 앞으로는 단지 『가언록』과 『문초(文鈔: 인광 대사 문집)』 및 지금 말한 내용에 따라 진실하게 수행해 나가면 그만이고, 다시 편지 보낼 필요는 없겠소. 『가언록』 안의 수행 법칙 가운데 이미 정토 법문의 전문 수행 방법을 모두 설명하였는데, 하필 또 다시 말해 달라고 거듭 청할 필요가 있겠소이까? 설령 청하여 답한다고 할지라도, 그 내용은 이 책에서 말한 것을 벗어나지 않을 것이니, 지혜롭게 살펴 주길 바라오.

---

72) 『가언록(嘉言錄)』: 인광 대사(印光大師) 서신과 설법 중 중요한 내용만 간추려 놓은 책으로, 불광출판부에서 『화두 놓고 염불하세』로 번역 출판하였음.

당도용(唐陶鎔) 여사에 대한 답신

당도용(唐陶鎔) 여사 보시오.

그대의 남편이 폐병으로 죽으면서 게다가 실명(失明)까지 했다니, 아마도 병중에도 동침(房事)을 끊지 않았기 때문인 듯하오. 어떠한 질병에 걸리든 간에 모두, 우선 동침을 끊는 것이 근본 치료법의 필수 요건이오. 그렇지 않으면 신의(神醫)라도 별 효험을 보기 어려울 것이오.

그대가 의술을 펼친다면, 질병이 완전히 치유되어 건강을 회복하기 전에는 절대로 동침하지 않는 것을 제일 절실하고 중요한 급선무로 삼아야 하지 않겠소? 더구나 폐병은 조용히 요양(靜養)하고, 무엇보다도 늘 관세음보살 성호(聖號)를 염송하여야만 빨리 나을 수 있을 텐데…. 그대의 남편도 의술을 직업으로 가졌으면서, 병중에도 염불을 일삼지 않은 채, 그럭저럭 한가하게 시간만 보내는 사람처럼 진실한 신심조차 없었단 말이오?

그래서 결국 한 집안 식구가 하루아침에 그대가 아니면 생계조차 꾸려나갈 수 없는 형편에 이르고 말았구료! 그대 남편이 아마도 진짜 염불 법문을 아는 사람을 만나지 못하여, 안타깝게도 그저 일심으로 참선만 일삼았던 것 같소. 가령 한 마음으로 염불에 전념했더라면, 폐병도 낫지 않고 게다가 실명까지 되는 최악의 사태는 벌어지지 않았을 것이오. 그대마저 남편을 따라 죽는다면, 식구가 모두 살아갈 수 없을 테니, 그 허물이 무척 크게 되오.

이제 유룡(由龍) 거사의 인도로 그대가 불도(佛道)에 진정으로 들어오게 되었으니, 마땅히 주위 사람들을 이끌어 삿된 짓을 고쳐 바른 길로 되돌

288

아 오도록[改邪歸正] 힘써야 할 것이오. 그리하여 염불로 극락 왕생을 기원하도록 일러 주는 것이 부처님의 은혜와 선지식의 은혜에 보답하는 길이오. 정토 법문을 닦아 극락 왕생하는 길이 제일 중요한 일이오.

그대는 『문초(文鈔)』의 내용에 따라 수행하면 될텐데, 어찌 굳이 위험을 무릅쓰고 먼 길을 찾아와 나를 꼭 보려고 하시오? 나를 보아 봤자 역시 문초 안의 내용을 말할 뿐인데. 불법(佛法) 가운데는 절대로 비밀스럽게 감추고 전해 주지 않는 내용은 없소. 또한 반드시 친히 입으로 말해 주고 마음으로 전수해 주어야 할 일도 없소. 혹시 삿된 외도(外道) 가운데, 근본상의 도리는 없으면서 은밀히 감추고 전해 주지 않은 채, 사람들에게 그 도(道) 안에 들어와야 가르쳐 준다고 꾀는 일이 있을지도 모르오. 만약 숨김없이 공개한다면, 사람들이 모두 그 도가 별볼일 없는 줄 알고 따라 들어가지 않을까 두려워하기 때문이겠지요.

그대는 마땅히 의술 펼치는 일에 전념하고, 남들 가르치는 것을 겸직하지는 마시오. 정말로 의술에 마음을 다하자면 오히려 한시가 부족할 판인데, 어느 겨를에 또 남들을 가르칠 수 있단 말이오? 착실하고 진지하게 하자면, 모름지기 정신을 쏟아야 하는 법이오. 그러지 않다가는 남의 귀한 자녀들을 그르치기 쉽소. 그러니 내 말을 듣고 한 가지 일만 전문으로 하기 바라오.

그리고 모름지기 염불에 열심히 치중해야 되오. 그러면 부처님의 자비 가피로 의도(醫道)가 반드시 크게 펼쳐지게 될 것이오. 단지 남을 이롭게 하겠다는 뜻만 굳게 지키고, 행여라도 큰돈 벌기를 바라는 마음일랑 품지 말아야 하리다. 그리하여 그대가 행하는 의도(醫道)에 잘못이나 실수가 없게 되면, 사람들이 모두 그대를 믿고 따를 것이 아니겠소? 그때 사람들에게 채식하면서 염불하라고 일러 준다면, 사람들이 틀림없이 그대의 가르침에 따라 즐겨 실행할 것이외다. 이러한 의술이 바로 예술[藝]이고, 또 도(道)에 가깝게 나아가는 것이오. 이것이 의술로써 불법을 널리 펼치는 올바른 길이자 기본 규칙이라오.

어떠한 질병이 걸린 사람이건 모두 일 년간만 동침을 끊도록 타이른다면, 얼마나 많은 목숨이 죽음을 면하게 될지 정말 모르오. 그렇게 중생의 목숨을 건진 공덕은 오직 부처님만 알 수 있다오. 이 점 지혜롭게 살피길 기원하오.

또 여인이 해산할 때, '관세음보살' 성호를 염송하면 결코 고통이 없을 것이오. 설사 난산으로 죽을 지경이라도, 일념으로 염송하면 평안히 몸을 풀 수 있소. 하물며 어려서부터 늘 염송하면 오죽하겠소? 그리고 여자는 어려서부터 부모가 화내지 못하도록 가르쳐서 부드럽고 온화하며 자애롭고 선량한 성질을 길들여야 하오. 그러면 한평생 받는 유익함은 이루 다 말할 수 없다오.

그렇지 않아 성질이 거칠고 급하면, 시집가기 전에도 비록 많지는 않지만 괴로운 일이 있게 되오. 월경 때 크게 화를 내면 월경이 멈추거나 하혈(下血: 血崩)할 염려가 있지요. 또 시집간 뒤 큰 화를 내면, 낙태(유산)하거나 태아의 성격이 거칠고 급하게 물들 수 있다오. 애를 낳은 후 젖 먹이면서 화를 크게 내면, 아이가 그 젖을 먹고 즉사하거나 하루 이틀 지난 뒤 죽을 수도 있고, 죽지 않으면 병치레를 자주 할 것이오.

이 점은 중국의 고금 명의들이 전혀 언급한 적이 없는데, 근래에 알려진 이치이니, 모든 사람들에게 널리 알려 미리 생명을 구제하도록 힘써야 하겠소. 의사들은 특별히 주의할 필요가 있소. 그 공덕이 막대하리다.

장조각(張朝覺) 여사에 대한 답신 1

조각(朝覺) 여사 보시오.

서(徐)씨 노부인이 향잿물(香灰水)을 마시고 위독한 병세가 다소 안정될 기미를 보인다니, 이는 그 가족들의 정성스런 마음이 가져온 감응이리다. 하덕목(何德牧) 거사가 시(詩)나 말하기 좋아하고 염불에 마음 쏟지 않는 것은, 업장의 힘에 이끌려 무엇이 중요하고 무엇이 하찮은지 모르기 때문이오. 가령 어린애에게 동전을 주면 좋아하며 받겠지만, 만약 마니보주(摩尼寶珠)를 준다면 그게 뭔지도 모르기 때문에 받지도 않을 것이오.

거지가 남의 돈 몇 푼을 속여 빼앗기 위해서라도, 염불을 하기만 하면 몹시 커다란 착한 뿌리(善根)를 심는다는 거 아닌가요? 청(清)나라 광서(光緒: 마지막 황제의 연호) 18년(1892년) 내가 북경 부성문(阜城門) 밖의 원광사(圓廣寺)에 묵을 때였소. 하루는 한 스님과 함께 절의 서쪽 바깥에서 절로 되돌아가는데, 열댓 살 남짓 된 한 거지 아이가 별로 굶주린 낯빛도 아닌데 동냥을 달라고 계속 뒤따라오는 거였소.

그래서 내가 염불 한 번 하면 1전(錢)을 주겠다고 제안했다오. 그러나 그가 염불하지 않기에 내가 다시 염불 열 번 하면 10전을 주겠노라고 말했지요. 그래도 염불하지 않기에, 내가 대략 4백전 남짓 들어 있는 돈주머니를 꺼내어 그에게 보여 주면서 이렇게 말했소.

"네가 염불 한 번 하면 1전을 주마. 그리고 네가 계속 염불하기만 한다면, 이 돈주머니의 돈이 바닥날 때까지 1전씩 더 주마."

그런데도 이 거지는 안타깝게 여전히 염불을 하지 않는 거요. 그래서 내가 끝내 울음이 터져 나오길래, 그냥 1전짜리 하나 내던져 주고 떠났소. 이 거지 아이는 정말로 착한 뿌리라곤 털끝만큼도 없었던 게요. 돈을 동냥하기 위해서조차도 염불을 하려 하지는 않았으니 말이오. 그 거지가 정말 착한 마음으로 염불을 했다면 매우 큰 이익을 얻었을 것이며, 설사 돈 몇 푼 동냥 얻기 위해서라도 염불만 했다면 역시 커다란 착한 뿌리를 심었을 것이오.

나는 예전에는 대비주(大悲呪)를 지송(持誦)하지 않았소. 그러다가 민국 (民國) 21년(1932년) 소주(蘇州)의 보국사(報國寺)에서 폐관(閉關: 結制, 安居) 할 때였소. 오항손(吳亘蓀) 거사는 그때 북경에 있었는데, 그의 어머니 병세가 갑자가 위독해지자, 그의 아내가 급히 북경에 전보를 쳐서 그에게 돌아오라고 알린 뒤, 사람을 보국사에 보내어 나한테 대비주를 염송하여 관세음보살 자비 감로를 가피 받은 대비수(大悲水)를 마련해 달라고 간청하는 것이었소.

이에 내가 대비주를 세 번 염송한 뒤 가지고 가게 했는데, 그 물을 마시고 금방 위급한 숨을 돌리고 안정되었다는 거요. 그래서 항손이 안절부절 할까봐 다시 급히 전보를 쳐서, 병세가 더 이상 위급하지 않게 되었으니 돌아올 필요가 없다고 알렸다오.

그런데 또 그의 아홉 살 난 어린애가 태어난 지 두 달도 채 못 되어 온몸에 작은 종기가 돋기 시작했다오. 봄철만 되면 유난히 더욱 극성을 부리는데, 해가 갈수록 끊이지 않고 되풀이하며, 아무리 약을 써도 별 효험이 없었다는 게요. 그래서 다시 대비수(大悲水)를 간청하길래 해 주었더니, 마시고 또 금방 나았다오.

이렇게 하여 금세 소문이 퍼지고, 사람들이 계속 대비수를 청해 와 매일 몇 번씩 대비주를 염송하게 되었소. 나중에는 요청하는 사람들이 하도 많길래, 큰 그릇을 쓰지 않으면 안 되었소. 그러다가 재작년에 령암사(靈

292

岩寺)로 피난 왔는데, 주지가 대비수를 계속 가피해 주어야 하겠다고 말해요. 그래 내가 "지금은 병을 살 수도 없고, 또한 병 살 돈도 없으니 쌀로 대신합시다"고 대답했다오.

향재(香灰)는 전에 보국사에서도 함께 썼소. 먼 길에 물은 부칠 수 없어도, 향의 재는 전혀 구애 받을 필요가 없기 때문이오. 물론 가까운 곳이라면 재를 쓰지 아니하오.

무석(無錫)에 아주 나쁜 사람이 하나 있었는데, 그는 일찍이 원세개(袁世凱) 총통 아래서 친위병을 하면서 성질이 아주 못되게 길든 모양이오. 술 마시고 노름하며 온갖 나쁜 짓은 다 했는데, 담배 인도 몹시 심하게 박였다오. 나이 쉰일곱, 여덟이 되어 금방 밥도 굶을 형편에 눈마저 보이지 않게 되었다지 뭐요.

마침 그의 형이 죽자, 진효로가 조문 간 길에 그가 몹시 고생하는 걸 보고, 아주 적극적으로 그를 훈계하고 타일렀다오. 그래서 그가 그 날로 술 담배와 고기를 완전히 끊고 매일같이 늘 염불하기 시작했는데, 눈도 금세 다시 좋아지고 완전히 새 사람으로 탈바꿈한 거요. 그 뒤 염불을 적극 제창하고 나섰는데, 동네 사람들이 모두 그를 무서워하여 감히 가까이 할 엄두도 안 냈다오.

그러던 중 학질(말라리아)이 크게 번졌는데, 이 사람이 이 학질 처방으로 동네 환자들을 하나하나 치료해 주어 모두 나았다오. 그때부터 사람들이 모두 그를 따르고 의지하게 되었소. 그래서 지난 4월에는 그가 여나믄 명을 직접 데리고 와서 귀의하기도 하였는데, 과연 어엿하고 노숙한 한 재가 수행인이 되어 있었소. 이 사람 성씨는 화(華)이고 이름은 관천(貫千)인데, 나이가 이미 예순너댓 살이나 되었다오. 이 사람 같으면 정말 용감하게 개과천선했다고 말할 수 있겠소.

이번에 향재(香灰) 한 포를 함께 부치니, 이웃 사람들한테 필요한 경우에 쓰기 바라오. 또 『학생수양덕목』 5권을 보내니, 어린애들에게 읽게 하시오. 『상례 제례 때 알아야 할 사항』(喪祭須知)도 2권 보내오. 그대의 시부모와 고모, 하덕목의 어머니, 그리고 서씨 노부인들이 모두 연로하기 때문에, 언제라도 일이 닥치면 이 책으로 인연 따라 잘 일깨우고 이끌어 주라는 뜻이오. 절대로 세속의 풍습에 따라, 부모나 친지에게 죄악과 허물만 덧보태 주는 어리석음을 저지르지는 못하게 하시오.

요즘 세상은 옛날 예법이 모두 스러지고 없어서, 상중(喪中)에도 술과 고기를 먹고 심지어 노래 부르고 춤까지 추니, 정말 체통이 말이 아니오. 듣건대, 어떤 상인 한 사람은 자기 어머니가 돌아가시자, 대렴(大殮) 때 큰 효자 노릇 한답시고, 찾아온 조문객과 함께 술 마시고 소란스럽게 주먹질 하며 즐겼다는구려. 그 마음이 이미 다 죽고 없는 게지요. 만에 하나 타고 난 착한 성품이 조금이라도 남아 있다면, 결코 그렇게까지 하지는 않았을 것이외다. 정말로 인간 짐승이 다 된 거지요. 하지만 토끼가 죽으면 여우가 슬퍼한다(兎死狐悲)는 속담도 있지 않소? 그들은 오히려 이런 짐승만도 못한 것이오.

장조각 여사에 대한 답신 2

조각(朝覺) 여사 보시오.

15일 편지를 받고 서씨 노부인의 병이 크게 호전된 것을 알았소. 무릇 죽음에 임박한 사람의 정신의식이 혼미한 경우, 대비주(大悲呪)를 염송하여 관음보살의 자비력을 가피 받은 물(大悲水)이나 향잿물(大悲香灰水)이나 쌀뜨물(大悲米水)을 마시게 하면, 모두 밝게 정신을 되찾을 수 있다오. 또 주위에서 염불로 도와 주면, 본인 스스로 염불하면서 갈 수가 있소. 최근 일이 년 사이에 벌써 세 사람이나 그렇게 하였다오.

염불공부로 금생에 이익을 얻고자 한다면, 반드시 지성으로 간절히 늘 염송해야 하오. 그러나 단지 내생의 착한 뿌리만 심기로 한다면, 비록 장난이나 억지로 한 번 염불한 것도, 후세에 반드시 수행할 수 있도록 착한 인연의 싹을 틔우게 되지요. 사실 옛 사람들이 사찰이나 탑을 크게 세운 것도 알고 보면, 모든 사람들이 이들을 한 번 쳐다본 인연 공덕으로 착한 뿌리를 심게 되길 바랐던 마음에서라오. 이 한 구절의 염불 소리가 제8식인 아뢰야식(阿賴耶識)의 터전 가운데 심어져 영원히 사라지지 않기 때문이지요.

석가모니부처님께서 세상에 살아 계실 때 어떤 노인이 부처님께 귀의하여 출가 수행하려 했다오. 그런데 오백 명의 성중(聖衆: 아라한과를 증득한 부처님의 성문 제자들)이 혜안(慧眼)으로 그 노인을 살펴보니 8만 겁(劫) 동안 어떠한 착한 뿌리도 심은 것이 없길래, 출가 수행할 수 없을 것이라고 여긴 뒤 그를 받아주지 않고 돌려보냈다오. 그래 그 노인이 기수급고독원(祇樹給孤獨園)의 바깥에서 크게 소리내어 울었소. 이 소리를 들은 부처님께서 그를 불러들여 설법해 주시니, 그도 곧 아라한과를 증득했다오. 당연히 오백 성중은 어찌된 까닭인지 어리둥절하여 부처님께 여쭈었소. 이에 부처님께서는 이렇게 대답하셨다오.

"이 사람은 무량겁 이전에 호랑이에게 쫓기다가 급한 김에 나무 위로 기어올랐는데, 그때 엉겹결에 '나무불(南無佛)' 한 구절 염송한 공덕으로 지금 나를 만나 도(道)를 증득한 것이다. 너희들 성문 대중의 도안(道眼)으로 알아볼 수 있는 인연이 결코 아니란다."

이걸 보면 스스로 염불하기만 하면 정말로 좋다는 것을 알 수 있소. 그러나 본인이 염불하려고 하지 않는 경우에도, 그 사람에게 염불 소리를 듣게 해 주기만 하면 역시 착한 뿌리를 심게 된다오. 오랫동안 계속해서 들으면 그 공덕은 정말 커지오.

무석(無錫) 지방에 요즘 염불하는 사람이 부쩍 늘었다오. 어떤 사람이 채식 요리를 잘하여, 7일 간의 염불법회(佛七)를 열 때마다 으레이 그를 불러다가 요리를 시켰지요. 그래 그 사람이 매일같이 염불 소리를 귀에 박히도록 들었는데, 나중에 그의 아들이 금방 죽게 되자, 아버지에게 이렇게 말했다는 거요.

"아무래도 제가 죽을 것 같은데, 공덕이 없어 좋은 데도 갈 수가 없습니다. 그러니 아버지께서 아버지의 부처님을 저에게 좀 주시면, 제가 곧 좋은 데로 갈 수 있겠습니다."

그러자 그 아버지가 대답하였소.

"나는 염불도 하지 않는 사람인데, 어디에 부처님이 있겠냐?"

아들이 다시 말했다오.

"아버지의 부처님은 많기도 매우 많습니다. 아버지께서 단지 '그러마'고 한 마디만 말씀하시면, 저는 곧 좋은 데로 갈 수 있는 걸요."

그러자 아버지가 응락했다오.

"그렇다면 네가 필요한 만큼 부처님을 가져 가거라."

그리고 나서 그 아들이 죽었다오.

자신은 본디 염불하지 않기 때문에 어떻게 부처님이 있겠느냐고 말하지만, 아는 사람이 보면 다르오. 요리할 때 부엌이 염불하는 곳에서 멀리 떨어져 있지 않아, 날마다 많은 사람들이 함께 염불하는 소리를 늘상 듣기 때문에, 그 공덕만도 그만큼 매우 크다는 거요. 이는 무심코 듣는 사람의 이야기인데, 만약 유심히 듣는다면 그 공덕이 얼마나 더 크겠소? 독경 소리 같으면 구절이 반복되지 않기 때문에, 한 글자 한 글자 분명히 알아들을 수는 없지요. 설사 유심히 듣는다고 하더라도 뚜렷하기 어려울 텐데, 하물며 무심코 귓가에 스치는 독경 소리를 얼마나 알아 듣겠소? 그래서 염불의 공덕이 특히 뛰어나다고 하는 거라오.

곽혜융(郭慧融) 거사에 대한 답신

혜융(慧融) 거사 보시오.

지금 서양에는 전쟁이 치열한 모양인데, 만약 금방 끝나지 않는다면, 중국에까지 번져올까 걱정되오. 동서양 여러 나라가 국력의 강약이 서로 다르지만, 전쟁으로 받는 피해는 정말 모두 똑같소이다. 전쟁에 진 나라만 피해를 보는 것이 아니라, 이겨서 당장 이익을 보는 나라도 실은 반드시 그렇지만도 않다오.

남에게 피살된 사람이 불쌍할 것은 말할 필요도 없지만, 일부러 사람 죽이기를 일삼는 자들은 더욱 불쌍하기 짝이 없다오. 그들은 우선 눈앞만 쳐다보기 때문에 전쟁에 이긴 나라가 이익을 보는 것 같지요. 그러나 그들이 내생과 후세에 받을 과보까지 합쳐서 전체로 살펴본다면, 사람을 죽인 자는 피살된 사람보다 그 고통이 만 배나 훨씬 넘는다오. 안타깝게도 세상 사람들이 모두 이러한 이치에 깜깜할 뿐이라오.

강소성(江蘇省)의 청량산 역사를 기록한 「청량산지(淸京山志)」에는 이런 이야기가 실려 있소.

수(隋)나라 때 조량상(趙良相)이라는 대갑부가 있었다오. 두 아들을 낳아 큰애는 영(盈)이라고 이름 짓고 작은애는 맹(孟)이라고 불렀는데, 영은 강하고 맹은 아주 약했소. 그가 죽을 때 가산(家産)을 둘로 나누어 주었는데, 맹에게 나은 몫을 주었소. 그런데 아버지가 죽자, 큰아들 영이 맹의 가산까지 독차지하고, 맹에게는 집과 텃밭만 주었소. 그래서 맹은 품팔이로 겨우 살아갈 정도였다오.

그런데 머지않아 영이 죽어 아우 집의 아들로 태어나 환(環)이라 불렀는데, 또 얼마 안 되어 맹도 죽어 형 집의 손자로 태어나 선(先)이라고 불렀소. 환은 영의 집안에서 머슴살이를 하였는데, 한 번은 선이 오대산(五臺山)에 행차하면서 환에게 자기를 따라 시중들도록 분부했지요. 환은 큰아버지가 자기 집안 재산을 모두 독차지한 일을 알고 있었기 때문에, 그 손자인 선을 죽이려고 벼르던 참에, 마침 기회가 왔다고 생각했소.

행차가 오대산의 어느 외진 곳에 이르렀을 때, 환은 숨겨 두었던 칼을 갑자기 꺼내 들고 선을 위협했소.

"너의 할아버지가 우리 가산을 모두 독차지하여, 우리는 집안 대대로 몹시 곤궁하다. 그러니 나는 지금 너를 죽여 집안의 원한을 풀어야겠다."

선이 깜짝 놀라 부랴부랴 달아나자 환이, 그 뒤를 쫓아갔소. 그러다 마침 어느 초가집으로 들어갔는데, 한 늙은 스님이 나와 말리는 거였소.

"이곳에서는 끔찍한 일을 저지르면 안 되오."

그러자 환이 자기는 원수를 죽이려고 할 따름이라고 대답했다오. 이 말을 들은 늙은 스님이 두 사람을 자리에 앉히고 나서, 차 한 잔씩을 따라 주며 마시게 했어요. 어찌된 일인지, 두 사람이 차를 받아 마시고 나더니, 모두가 금방 전생의 일을 훤히 알아보고는 서로 통곡을 하는 거였소. 마침내 두 사람 모두 그 산속에서 출가하였다오.

만약 지금 전쟁하는 나라들이 모두 전생과 후세의 일을 알아본다면, 그래도 오로지 살육을 자행하여 강대국의 자리를 차지하려고 들겠소?

산사의 문은 이치상 세 문을 세워야 할 것이오. 삼해탈문(三解脫門)이 바로 그것인데, 한 문으로 세 가지 뜻을 함께 지니는 것이오. 첫째는 공해탈문(空解脫門)이고, 둘째는 무상해탈문(無相解脫門)이며, 셋째는 무원해탈무(無願解脫門)이오. 이 삼해탈문을 거쳐 곧장 열반의 대웅보전에 들어가게 되오. 공(空)하기 때문에 무상(無相)이고, 무상하기 때문에 무원이라오. 모든 법은 그 본체가 바로 텅 빈 공이오. 공은 이름 붙일 수 없으므로 형상이 없는 무상이고, 형상이 없기 때문에 없다는 공에 집착하거나 있다는 유(有)에 집착하려는 마음이 없게 되는 거요.

어제 그대가 있는 감숙성(甘肅省)의 불교회로부터 항공서신을 받고 나서, 감숙 지방의 가뭄이 섬서(陝西) 지방과 별로 다르지 않은 걸 알게 되어, 몹시 마음 아프기 짝이 없소. 그대 불교회가 21일 간의 기우법회(祈雨法會)를 이미 마쳤는데도 아직 비 소식이 없다고 하면서, 위혜자(魏慧滋) 거사가 령암산(靈岩山) 스님들의 지원을 요청하더군요. 령암산 스님들이 진실한 수행자이기 때문에 감응이 있을 것이라고 믿는 모양이오. 그러나 가뭄 재해의 상황이 워낙 막대하여, 스님들이 특별히 마음을 다해 기도해 드릴 수는 있지만, 흡족한 비가 내릴 수 있는지는 미리 장담할 수가 없구려.

내가 항공서신을 받은 즉시 령암사에 편지를 써서, 스님 스무 분께 7일 동안 관세음보살 성호를 염송하여 모든 가뭄 지역에 두루 단비가 내리도록 회향 기도해 달라고 요청하였소. 스무 분의 7일 염불법회에는 통상 2백 원이 드는데, 내가 그대의 불교회를 대신하여 지출하였으니, 별도로 송금할 필요는 없소이다. 단지 그대의 불교회는 현지의 주민들에게 널리 이 사실을 알리고, 주민 모두가 함께 '나무 관세음보살' 성호를 지성으로 염송하도록 협력해 주기만 바라오. 특별히 무슨 법회의식을 갖출 필요는 없소. 다만 보살 성호를 염송하는 공덕으로, 산과 강의 신령님들이 위력과 복덕을 크게 얻고, 주변의 모든 외로운 영혼들이 극락 왕생하도록 회향 기도하면, 가장 바람직스럽겠소. 혹시라도 신령님들께 제사를 올리는 경우에는 절대로 고기를 써서는 안 되오. 모든 일마다 정성과 공경이 가장 중요한 근본이며, 남들 보기 좋은 의식에 겉치레할 필요는 없소.

말세에 불법을 배울 때 치중해야 할 것은 인과법칙을 알고 정토 법문을 닦는 일이오. 인과법칙을 알면, 감히 자기를 속이면서 남을 속이고, 나아가 하늘을 거스르고 섭리를 어기며, 남에게 손해를 입히고 자기의 잇속만 챙기는 짓은 안 할 것이오. 또 정토 법문을 닦으면, 비록 평범한 지아비와 아낙이라 할지라도, 부처님 자비 가피력에 기대어 극락 왕생할 수 있기 때문이오.

그 밖의 다른 법문들은 모두 번뇌가 완전히 끊어져야 바야흐로 생사 윤회를 끝마칠 수 있다오. 그렇지 못하면 설령 확철대오하여 제아무리 위대한 지혜와 말 재주를 얻는다 할지라도, 과거가 흘러갈 대로 흘러가고 미래가 다가올 대로 다가오도록 생사 윤회를 벗어날 기약이 없소. 하물며 번뇌망상에 가득 찬 범부들이야 더 말할 나위가 있겠소? 명심하기 바라오.

혜화(慧華) 거사에 대한 답신

혜화(慧華) 보시오.

보내온 편지는 잘 받았소.

지금 온 나라가 내우외환(內憂外患)에 시달리고 민생은 불안하기 짝이 없소. 사납고 거친 자들을 제거하고 선량한 백성을 편안히 보호하며 지방의 치안을 유지한다는 정성스런 마음만 지닌다면, 군대 경찰의 일(軍事)도 곧바로 부처님 일(佛事)이며, 자신에게나 남에게 모두 크게 유익하게 되오. 나아가 모름지기 이러한 뜻을 다른 부하 군인들에게도 단단히 타일러, 남들을 자신처럼 여기고 안락하게 해 주려 생각하도록 이끌어야 할 것이오. 남의 어려움과 슬픔을 보면 마치 자신의 어려움과 슬픔처럼 여기고, 남의 부모를 자기 부모처럼 편안하게 해드리고 싶으며, 남의 아내와 딸들을 보면 자기 아내와 딸들처럼 생각하여 조금도 삿된 생각(邪念)을 일으키지 않아야 하오.

인생이 세상에 머무는 시간은 길어야 수십 년에 지나지 않소. 만약 자기 멋대로 함부로 행동하면, 영겁(永劫)토록 다시는 사람 몸을 받을 수가 없으리다. 또한 항상 관세음보살 성호를 염송하여 보살의 그윽한 보우(保祐)를 빌어야 할 것이오. 군인이 정말로 늘 착한 마음을 품고, 노략질이나 간음 따위의 나쁜 짓을 전혀 하지 않으면서, 게다가 늘 관세음보살을 염송한다면, 설령 수풀처럼 빽빽한 포탄 사이와 빗발치는 총알 속에 들어간다고 할지라도, 큰 위험에 빠지는 일은 없을 것이오. 만약 노략질이나 간음 따위의 나쁜 짓을 서슴지 않는다면, 보살의 가피를 받기는 분명히 어려우리다. 이를 모든 형제 장병들에게 말해 주기 바라오.

이번에 『정토십요(淨土十要)』[73] 세 부를 보내니, 한 부는 그대가 보존하고 나머지 두 부는 믿음이 두텁고 문리(文理)가 트인 사람 가운데 경전을 공경스럽게 대할 이에게 보시하기 바라오. 이 책은 정토 법문(淨土法門) 가운데 가장 중요한 책이라오. 내가 쓴 서문을 보면 저절로 알 것이오.

그대가 이미 믿음을 가졌다면 나의 『문초』를 바탕으로 수행해 나가면 되오. 『문초』가 혹시 부족하다고 생각된다면, 『정토십요』는 여러 부처님과 조사(祖師)들이 일제히 찬탄하고 널리 선양한 법문들이니, 마땅히 믿고 따라 실행할 수 있으리다. 마치 충신이 현명한 성왕(聖王)의 명령을 받들어 행하고, 효자가 자애로운 어버이의 유언을 받들어 지키는 듯한 마음으로 대하여야 하오. 행여라도 색다른 법문을 보거나 듣고 그리로 옮겨갈 생각일랑 품어서는 절대 안 되오.

지금 세상에는 거창한 말로 중생들을 속이는 사람들이 참으로 많소. 단지 오직 아름다운 아내와 예쁜 첩에 연연할 뿐만 아니라, 술과 고기를 실컷 먹고 쾌락을 맘껏 누리면서, 방자하고 거리낌없는 말투로 자기가 무슨 보살의 화신으로 내려와 크게 도통한 위인이라고 자처하는 게요. 게다가 채식하면서 계율을 엄하게 지키는 수행인들을 소승(小乘)이라고 헐뜯으며, 도처에서 미친 듯이 날뛰는 망언(妄言)과 사견(邪見)은, 정말 눈으로 보고 귀로 들어 주기 어려울 정도라오. 이러한 말들이 현허(玄虛)하고 기묘하다고 생각하는 수많은 어리석은 대중이 맹목적으로 따르며 부화뇌동(附和雷同)하기까지 하니, 정말로 소경이 장님을 이끌고 함께 불구덩이 속으로 뛰어들어 가는 격이 아닐 수 없소. 그러니 어찌 슬프지 않겠소? 그대는 지혜롭게 살펴, 혹시라도 그들에게 미혹되는 일이 없길 간절히 바라오.

---

73) 『정토십요(淨土十要)』: 명말(明末)·청초(淸初)에 우익 지욱(藕益智旭) 스님이 편집한 열 가지 중요한 염불정토 법문.

명성 대사(明性大師)에 대한 답신

명성 대사(明性大師) 보시오.

보내 주신 서신은 잘 받았소. 나를 지나치게 칭찬하여 몸둘 바를 모르겠소. 나는 타고난 성격이 마음은 곧바르고 입은 명쾌하여, 남을 지나치게 칭찬할 줄도 모르고, 남의 칭찬도 받기를 꺼리는 사람이오. 나이는 비록 여든이나 되었지만, 하나도 아는 것 없이 그저 염불(念佛)로써 내 자신이나 잘 끝마치고 싶은 바람뿐이오.

비록 업장이 무거워 얻은 것은 전혀 없지만, 그러나 60여 년 동안 보고 겪은 것들이 있어, 내가 말하는 것이 사람들을 잘못 이끌거나 크게 그르치지는 않을 것이오. 귀하가 나의 『문초』를 쓸데없는 헛소리로 내팽개쳐 버리지 않았다면, 거기서 말한 내용에 따라 수행해도 결코 그대의 큰일〔大事〕을 그르치지는 않을 것이오.

내가 있는 산중에까지 찾아오겠다는 생각은 정말로 그럴 필요가 없는 일이오. 정토 법문(淨土法門)은 입으로 직접 말하거나 마음으로 전해주는 일이 절대로 아니오. 사람들이 각자 경전의 가르침이나 조사들의 저술을 보고 스스로 이해하고 깨달으면 얻지 못할 자가 하나도 없기 때문이오. 연종(蓮宗: 정토종)의 아홉 조사는 모두 각각 일일이 친히 전해 주고 전해 받은 것이 아니오. 다만 후세 사람들이 정토 법문을 깊이 닦아 널리 펼친 고승대덕들을 시대순으로 뽑아 대를 이은 조사로 일컫는 것뿐이오. 사실 연종(정토종)의 조사가 아홉 분에 그치는 것은 아니오.

나는 출가한 이래, 제자나 대중을 받지 않고, 사원의 주지(住持)를 맡지 않으며, 설법하는 강사(講師)가 되지 않고, 또한 사람들을 접촉하지 않겠다고 발원하였소. 당(唐)이나 송(宋)나라 때에는 아직 그래도 부처님의 마음 도장(佛心印)을 직접 찍어 전해 주는 법문이 남아 있었지만, 지금은 단지 역대 조사들의 근원과 계보만이 전해 올 따름이오. 말이 법문이지 사실은 너무 초라하여 가련할 뿐이오.

연종은 절대 이런 일이 없소. 산중에 찾아오는 것이 혼자 책 보고 깨닫는 것보다 결코 더 낫지 않소. 옛 사람들도 "얼굴 보는 것이 이름 듣는 것만 못하다(見面不如聞名)."고 말하지 않았소? 설사 찾아온다고 할지라도, 귀하에게 말해 줄 것은 결국 『문초』안에 있는 내용일 뿐이오. 어찌 특별히 오묘하고 신비스러운 법문이 별도로 있겠소?

10여 년 전에 오벽화(吳璧華) 거사에게 편지 쓰면서, 맨 끝에 "유일한 비결이 있으니, 사람들에게 간곡하게 알려 주시오. 정성을 다하고 공경을 다하는 것이 묘하고 묘하며 묘하고 또 묘하도다(竭誠盡敬, 妙妙妙妙)."라고 말한 적이 있소. 또 『능엄경(楞嚴經)』을 보면 대세지보살(大勢至菩薩)의 원통(圓通) 문단의 맨 끝에, "부처님께서 원통(圓通)을 물으셨는데, 저는 별다른 선택이 없습니다. '육근(六根: 눈·귀·코·혀·몸·뜻)을 모두 추스려 깨끗한 생각이 서로 이어지면 곧 삼매(三昧)를 얻게 되니, 이것이 바로 제일입니다(都攝六根, 淨念相繼, 得三摩地, 斯爲第一).'"라는 구절이 나오지요.

별다른 선택이 없다는 것은 모든 감각기관(六根)과 감각대상(六塵, 六境: 빛·소리·냄새·맛·감촉·생각)과 감각(六識)을 총동원하여 염불에 전념한다는 뜻이오. 염불은 부처님의 힘(佛力)에 의지하여 생사를 해탈하는 법문이고, 참선은 자신의 힘(自力)에 의지하여 생사를 초월하는 법문이오. 지금 수행자들은 깨달은(悟) 자도 오히려 그리 많지 않은데, 하물며 4과(四果: 수다원·사다함·아나함·아라한)나 7신(七信)의 경지를 증득(證得)한 뒤 스스로 생사 윤회를 벗어날 수 있는 이가 몇이나 되겠소?

304

육근을 모두 추스르는 방법의 핵심 관건은 바로 듣는 데에 있소. 큰 소리로 염불하든 작은 소리로 염불하든, 아니면 입을 열지 않고 마음속으로 묵송하든 간에, 모두 한 글자 한 글자를 또렷이 들어야 하오. 이것이 바로 염불의 비결이오. 믿음(信)과 발원(願)과 염불 수행(行), 이 세 가지가 정토 법문의 3대 요강이고, 육근을 모두 추스르는 것이 염불의 비결이라오. 이 두 가지만 알면 다시 더 물을 것이 없소.

장덕전(張德田) 거사에 대한 답신

덕전(德田) 거사 보시오.

자식을 구하는 길을 사람들은 대부분 거꾸로 가고 있소. 그대가 몸이 건장하며 성품이 어질고 착하면서 복록과 지혜와 수명 세 가지를 모두 갖춘 자식을 얻고자 한다면, 모름지기 내가 알려 주는 대로 따라 하여야 뜻을 이룰 수 있소.

세상 사람들은 자식이 없으면, 대부분 첩이나 소실을 거느리고 정력강장제를 끊이지 않고 먹으면서 동침(房事)을 일삼지요. 그러나 이는 일찍 죽는 첩경일 뿐, 결코 자식을 구하는 올바른 방도가 아니라오. 요행히 자식을 얻는다고 할지라도, 마치 쭉정이 나락을 씨 뿌리는 것과 같아서 싹이 제대로 나지도 않거나, 싹이 튼다고 할지라도 제대로 자라서 익기 어렵소.

제일 중요한 것은, 우선 반년이나 적어도 백 일 이상 동침을 끊는 일이오. 물론 그 기간은 길수록 더욱 좋소. 이 사실을 아내에게 잘 설명해 주고, 서로 이러한 관념으로 각기 다른 방에 별거하는 거요. 만약 방이 많지 않으면 반드시 별도의 침대를 사용하시오. 평소에 아내를 절대로 아내로 생각하지 말고 누이로 여기며, 한 순간의 삿된 생각도 감히 일으키지 않아야 할 것이오.

몸을 충분히 보양한 뒤, 아내가 월경이 깨끗해지기를 기다렸다가, 모름지기 날씨가 맑고 밝으며〔淸明〕길하고 상서로운〔吉祥〕날짜를 택해 밤에 한 번 동침하면 반드시 임신하게 될 것이오. 그 뒤로는 완전히 동침을 끊어야 하오. 적어도 아기를 낳은 뒤 백 일은 지나고서야 바야흐로 다시 동침할 수 있소.

아내가 아기를 가진 뒤, 한 번 동침을 할 때마다, 아기보〔胞〕가 한 번씩 더 두터워지고, 태독(胎毒)도 한 차례씩 더 무거워지는 법이오. 게다가 자궁이 자주 열리기 때문에, 낙태나 유산을 초래할 수도 있소. 이러한 금기(禁忌)는 사람들이 대부분 잘 모르고, 설령 아는 사람이 있다손 치더라도 이를 잘 따르려 하지 않는다오. 그래서 더러는 아이를 낳지도 못하거나, 낳더라도 아이가 제대로 자라지 못하고 허약하게 시름거리다가 요절하는 경우가 많소. 자기가 마음을 잘 쓰지 못하는 줄은 모르고, 도리어 운명이 좋지 못하다고 투덜거리며, 또 다시 동침을 항다반사로 일삼는 게요. 매일같이 동침하면 죽지 않는 것만도 천만 다행으로 알아야 해요.

또 마음을 자비롭고 선량하게 지니며, 남을 이롭게 하고 만물을 이롭게 하여야 하오. 남과 만물을 이롭게 하는 데에 반드시 돈을 들여야 하는 것은 아니오. 좋은 마음을 품고 좋은 말을 하여 좋은 일을 하는 것으로 충분하오. 무릇 이익이 되지 않는 마음과 말과 일은, 한결같이 품지도 말고 입 밖에 내지도 말며 몸으로 행하지도 않는 거요. 온몸이 모두 태평스럽고 온화한 원기(太和之氣)로 가득하면, 저절로 생기(生機)가 발랄하게 피어오르나는 법이라오.

또 모름지기 지성으로 '나무 관세음보살'을 염송하는 버릇을 들여야 하오. 많이 염송할수록 더욱 좋겠지요. 아침저녁으로 보살상 앞에 예배(禮拜) 드리면서 어느 정도 염송하고, 그밖에 다니고 머물고 앉고 눕는 모든 생활 속에서도 수시로 잘 염송하는 거요. 잠들 때까지도 염송하는 것은 좋지만, 마음에 공경을 잘 간직해야 함은 물론이오. 속옷은 차려 입어 알몸을 드러내는 일이 없어야 하고, 이때는 소리를 내지 않고 묵송하는 것이 좋겠소. 묵송할 때 만약 글자가 너무 많아 잘 염송하기 어려우면 '나무' 두 글자는 생략하고 '관세음보살' 다섯 글자만 염송해도 괜찮소. 백의주(白衣呪)는 염송해도 좋고 염송하지 않아도 무방하오.

그대 자신이 이와 같이 마음을 가지고 일을 하며 염송함은 물론, 그대의 아내에게도 이와 같이 마음을 가지고 일을 하며 염송하도록 일러야 하오. 아이를 낳을 때까지 이렇게 계속하는데, 출산 때에는 속으로 묵송해서는 안 되고 소리 내어 염송하여야 되오. 옆에서 돌보는 사람들도 함께 큰 소리로 염송하여 힘껏 도와주면, 고통이나 난산이 없는 분만을 보장할 수 있소. 특히 해산 때에는 묵송해서는 안 되는 것이, 아기를 힘껏 몸 밖으로 내보내는데 속으로 염송하다가는 자칫 호흡조절 잘못으로 병을 얻을 염려가 있기 때문이오.

그리고 여인은 일단 아기를 가지게 되면 화를 내서는 안 되오. 화를 크게 내면 낙태될 수도 있고, 그렇지 않더라도 난폭한 분노(忿怒)의 기운이 태아에게 물들어 자식의 심성이 흉악해지기 쉽소. 또 아이에게 젖을 먹일 때에는 반드시 심기(心氣)가 평화로워야 하오. 만약 화를 크게 내면 젖이 독으로 변하여 심하면 즉사하거나, 반나절이나 하루 만에 죽게 만들 것이

307

오. 화를 적게 내면 독도 약해 비록 죽기까지는 않지만, 병에 걸리기 쉽소. 그래서 화 내기 좋아하는 여인의 아이들은 죽는 경우도 많고 병치레 하는 경우도 많다오. 이는 자기가 몸소 젖을 먹이거나 유모를 들여 대신 먹이거나 모두 한가지요.

혹시라도 크게 화를 낸 경우에는, 절대로 젖을 아이에게 물려서는 안 되오. 반드시 그 자리에서 바로 모든 것을 놓아 버리고 마음과 기분을 차분하고 온화하게 가라앉힌 뒤, 적어도 반나절은 지난 다음에 젖을 주어야 하오. 젖을 물릴 때에도 먼저 젖을 반 잔 이상은 짜내 버리고, 젖꼭지를 깨끗이 씻은 뒤 젖을 주어야 별 탈이 없게 되오. 만약 마음속에 아직도 화가 들끓고 있다면, 하루 동안 젖을 먹여서는 안 되오. 그냥 젖을 물리는 경우에는, 죽지 않으면 큰 병에 걸릴 것이오.

이러한 사정은 고금의 의약 서적들이 전혀 밝히지 못한 내용인데, 최근에야 보고 들어 비로소 그 재앙을 알게 되었소. 여자는 모름지기 어려서부터 부드럽고 온화하며 겸손하도록 배우고 익혀야 하오. 그래야 나중에 아이를 낳을 때 낳기도 쉽고 낳은 아이가 반드시 착하며, 또 죽거나 병들지 않고 잘 자라게 되기 때문이오. 무릇 아이들이 어려서 죽거나 병드는 것은 절반 이상이 모두 그 어머니가 화를 내기 때문이고, 나머지 절반 이하는 자기가 전생 업장으로 운명이 나쁘게 타고난 때문이라오. 동서고금을 막론하고 젖이 독으로 변해 죽인 아이들이 갠지스 강(恒河)의 모래알 수보다 몇 배나 더 많은지 모르겠소. 그러니 슬프지 않겠소?

그대가 어버이를 기쁘게 해 드리려고 하기 때문에, 내가 그대에게 자세히 이야기해 주는 거요. 그대 어머님께 채식하며 염불하여 극락 왕생을 발원하도록 권해 드리고, 그대와 그대 아내도 또한 그렇게 행하여야 할 것이오. 지혜롭게 살피길 바라오.

개생(開生) · 녕생(寧生) 형제 보시오 1

어제 그대들의 편지를 받고 아버님의 병환이 몹시 위독한 줄 알게 되었소. 그러나 세속의 어리석은 마음으로 헛된 생각을 해서는 결코 안 되며, 마땅히 불법에 따라 아버님을 위해 나무 아미타불을 염송해 드려 자식으로서 조력을 다해야 하오. 수명이 이미 다했다면 빨리 아미타불의 자비광명 가피력을 입어 극락 왕생의 길에 순조롭게 오르고, 아직 수명이 다하지 않았다면 한시 바삐 쾌유하도록 회향 기도하는 것이오.

그대 아버님은 이미 70세가 넘으셨고 세상 또한 위험하기 짝이 없는 시대인지라, 정말로 전 가족이 모두 일심으로 염불하여 부처님의 끌어올려 주심(接引)을 기도할 일이외다. 만약 세간 수명이 다하지 않았으면, 염불 조력(助念)의 공덕으로 쾌유할 수 있을 것이오. 그러나 단지 병이 낫기만을 바라고 극락 왕생을 기도하지 않아서는 결코 안 되오. 만일 수명이 다한 상태라면, 정말 일생에서 가장 중대한 일을 그르칠 수도 있기 때문이오.

그대들이 아버님을 위해 한 마음으로 염불 조력하면서, 당신도 염불할 수 있으면 따라서 하되, 할 수 없으면 그대들의 염불 소리를 한 마음으로 귀 기울여 듣도록 하시오. 요긴한 일들은 일찌감치 다 물어 확인해 두고, 그밖에 별로 중요하지 않은 사항은 일절 언급하지 마시오.

만약 정성스럽고 간절한 거사가 있거든, 몇 사람 청하여 그대들과 함께 조를 짜서 번갈아 가며 끊임없이 염불 조력을 하면 더욱 좋겠소. 숨이 끊어진 후에도 마찬가지로 계속 염불하여 3시간은 지난 뒤에야 비로소 그치는 것이 바람직하오.

또 아직 수명이 다하기 전이나 막 숨이 끊어진 직후에, 몸을 씻기고 옷을 갈아 입히며 슬퍼하거나 통곡해서는 결코 안 되오. 이러한 행위는 모두 그 분을 바닷속으로 밀쳐넣는 짓이기 때문이오. 세간 사람들은 대부분 이러한 행위를 효도로 잘못 알고 있지만, 임종 순간의 바른 생각[正念]을 파괴하여 극락 왕생하지 못하고 도리어 타락하도록 만들기에, 그 죄가 부모를 직접 살해하는 것과 같이 중대하니, 이는 특별히 명심하고 지켜야 할 아주 요긴한 사항이오.

령암사(靈巖寺)에서 오늘 바로 스님 열 분을 모셔 7일간 염불기도에 들어가는데, 소요 자금이 1백 원인 모양이오. 또 나무판으로 위패(位牌)를 만들어 항구적으로 불당 안에 모시고 장기간 염불해 드리면 그 이익이 막대한데, 동참보시금이 50원이라고 하오. 도합 150원을 우체국에 가서 영암사 묘진(妙眞) 스님께 직접 송금하면 되겠소. 7일간 염불기도도 부처님의 끌어올려 주심[接引]을 기원하는 것인데, 만약 수명이 다하지 않았으면 반드시 쾌유할 수 있도록 큰 힘이 될 것이오.

그대들이 자신의 수명을 덜어 아버님의 수명을 늘리고 싶어하는 소원에 대해서 나는 반대하오. 왜냐하면 이렇게 고령에다가 혼란스러운 세상인데, 앞으로 뒷일이 어떻게 될지 누가 알겠소. 마땅히 하루빨리 극락 왕생하여, 뒷날이 혹시 지금만도 못해지고 염불 조력하기조차 더욱 어려워지는 상황은 피해야 할 것이외다.

이번에 대비향재(大悲香灰)를 약간 보내니, 물에 타서 맑게 가라앉힌 다음 그 물을 따라 마시게 하오. 설사 돌아가신다고 해도 정신의식[神識]이 맑고 또렷하여 바른 생각[正念]으로 왕생하실 것이며, 만약 돌아가시지 않는다면 속히 쾌유하실 것이오.

돌아가신 후에는 혹시라도 사방으로 부고(訃告)하여 친지들의 조문을 떠들썩하게 불러 모으는 일은 절대 하지 마시오. 설사 아주 가까운 친척들이 찾아온다고 할지라도, 반드시 채식만으로 대접할 것이며, 술과 고기는 전혀 사용하지 마시오. 장례 기간에 귀신께 올리는 제사나 손님 접대도 전부 채식만 쓰도록 하시오.

상중(喪中)에 술과 고기를 쓰지 않는 것은, 우리 불교만 그러한 것이 아니라, 유가의 옛날 예법에서도 지켰다오. 황태자가 상중에 몰래 술을 마시면 사관(史官)은 반드시 그 사실을 기록하여 후세 역사에 전했소. 지금 세상에는 예법이 모두 황폐해져 상중에도 음악과 가무를 벌이고[74] 산 짐승을 잡아 체면 차리는 게 보통이오. 그러나 그대들은 절대로 이러한 극악무도를 본받지 마시오.

또 돌아가신 분의 행장(行狀)을 짓거나 유명한 사람의 찬사를 청해 이를 인쇄하여 친지들에게 배포하는 일은 몹시 무례한 짓이오. 더구나 어버이의 초상(사진)까지 인쇄하면, 사람들이 일단 받았다가 한번 쳐다보고 쓰레기통에 내버리기 십상이니, 그 모독의 죄악은 얼마나 큰 지 알 수 없소.

그대들이 아버님을 영예스럽게 해드리려고 생각한다면, 반드시 한 순간 한 순간 자신의 마음과 생각과 행동을 주의 깊게 살피고, 잠시라도 불보살과 천지신명께 떳떳하지 못한 생각은 감히 품지 않아야 하오. 종신토록 이렇게만 한다면, 그것이 바로 부모를 존경하는 대효도라오. 그렇지 않고 착하지 못한 일을 하면, 사람들이 반드시 그대 아버님이 덕이 없어 이러한 불초 자식을 두었다고 비방할 것이오. 그래서 사람이 자중자애하지 않으면 안 되는 거라오.

---

74) 지금도 대만(臺灣)에서는 장례식 때 악대를 고용하여 음악을 연주하고, 심지어 가무까지 동원하는 일이 적지 않은 걸, 필자도 유학시절에 목격하였음.

　보내온 편지 잘 받았소.

　세상의 자녀된 자들이 어버이를 임종 때 우물에 밀쳐 넣고 돌을 떨어 뜨리는 경우가 대부분이라오. 그대 형제들이 내 말을 듣고 아버님이 극락 왕생하도록 도와드린 것이야말로 진짜 효도요. 남녀노소를 막론하고 임 종 때에는 한결같이 이처럼 염불 조력해 드려야 함을 알아야 하오.

　숨이 끊어진 후 최소한 3시간 동안은 그 신체를 건드리지 말고, 염불 소리를 그치지 말며, 비애와 통곡을 하지 말아야 하오. 그 시간은 길수록 더욱 좋지만, 사리를 잘 모르는 보통사람들의 경우 너무 길면 따라 행하 지 못할까 염려해, 최소한 3시간으로 정한 것이라오. 정신의식이 또렷하 지 않을 때는 대비수(大悲水)를 마시면 곧 또렷해질 수 있소.

　정말로 부처님의 위력이 불가사의하고, 불법의 위력이 불가사의하며, 중생의 마음(즉 정성) 힘이 불가사의한 줄 알게 되오. 오택남(吳澤南)의 어 머님이 임종 때 혀가 굳어 움직이지도 못했는데, 택남이 대비수를 혀끝에 적셔 드리니 금방 혀가 부드러워져 염불을 할 수 있었다오. 평소에는 소 리가 아주 작았는데, 그때에는 계속 큰 소리로 세 번 염불한 뒤에 돌아가 셨다는 거요.

　그대 아버님의 임종 모습이 정말로 거짓 꾸민 게 아니라면 극락 왕생 은 틀림없소. 보통사람은 죽자마자 열기(熱氣)라고 하나도 없이 몸이 금방 차게 굳어져 버리는데, 염불하는 사람은 며칠 동안 굳어지지 않는 일이 흔하다오.

　사람이 죽은 후 며칠 지나 그 영혼이 집에 한 번 되돌아온다는 회살(回

煞)은 세속의 견해며, 절에서 죽은 사람에게는 이러한 회살의 일이 전혀 없소이다. 우리 고향에서는 출앙(出殃)이라고 불렀소. 염불하는 사람은 극락 왕생하기 때문에, 세속 사람들을 맹목적으로 따라 행해서는 안 되오. 그대들에게 유교와 불교 모두에 적합한 방법을 권하겠소. 즉 회살 시에 전 가족이 한두 시간 지성으로 염불하면 돌아가신 분이나 산 사람 모두에게 크게 유익할 것이오.

조문을 받고 손님을 접대하는 행위는 정말로 크게 예법에 어긋나는 짓이오. 차라리 그 비용으로 가난한 사람이나 재난을 구휼하는 데 보시하여, 그 공덕을 극락 왕생에 회향 기도하는 것이 최선의 방법이오. 가령 한 조문객도 받지 않을 수는 없는 상황이라면, 채식으로 대접하고 술과 고기는 결코 쓰지 마시오. 귀신께 대한 제사에도 모두 채식을 올려야 하오.

그대들이 지난번 편지를 보내왔을 때, 나는 아침저녁 염불 시에 이미 그대 아버님의 극락 왕생을 위해 회향 기도해 드렸는데, 이번에 다시 21일간 회향 기도하여 사제지간의 도의를 다할까 생각하오.

유명한 사람에게 행장이나 제문(祭文) 따위를 지어달라고 청하는 일은 모두 헛된 체면에 지나지 않으며, 돌아가신 분께도 전혀 보탬이 되지 못할 줄 아오. 더구나 지금처럼 나라가 혼란스럽고 백성들이 곤궁에 빠져 있는 때에는, 그같은 헛된 체면치레는 하지 않는 것이 옳겠소.

그대들은 자식된 자로서 그 부모를 욕되게 하지 않는 것이 평생의 효도인 줄 알아야 하오. 만약 인륜을 돈독히 하고 분수를 다하며, 사악함을 막고 정성을 간직하며, 어떠한 악도 짓지 않고 뭇 선을 받들어 행한다면, 비록 그대들이 말이나 글로 그대 부모의 덕을 자랑하지 않는다 할지라도, 사람들이 그대들의 행실을 보고 마음속에서 저절로 그대 부모의 덕을 흠모하고 기리게 될 것이오. 이것이 바로 어버이를 영광스럽게 해드리는 진정한 효도라오.

만약 술 담배나 먹고 계집질과 도박이나 일삼으면서 나쁜 짓만 저지른다면, 설령 부모의 덕을 제아무리 찬양한다고 할지라도, 사람들은 마음속으로 그대 부모의 덕이 얼마나 형편없기에 이토록 못된 자식을 두었겠느냐고 험담할 것이오. 그러면 어버이에 대한 모욕이 정말 크다.

내가 그대의 아버님 때문에 그대들에게 군이 이러한 말을 하는 것이라오. 그대들이 따르든지 말든지는 내가 강요할 수 없는 문제요. 다만 그대들이 한 번 깊이 생각하고 자세히 살펴보아, 이 말을 따를 것인지 말 것인지 결정하기 바랄 뿐이오.

손경택(孫慶澤) 거사에 대한 답신
-상례(喪禮)에 술과 고기를 써서는 안 됨

경택(慶澤) 거사 보시오.

요즘 세상은 도덕이 타락하고 예법이 문란해져서, 사람들이 크고 작은 여러 가지 일에 모두 허세나 부리고 체면이나 차리려고 꾸밀 뿐, 정말 무엇을 지키고 무엇을 안 해야 하는 줄 모르고 있소. 그대 어머님이 생전에 채식을 하면서 염불 수행을 하여 임종에 상서로운 감응까지 있었으니, 설령 육식은 사용하지 말아야 한다고 말하지 않더라도, 당연히 어머님 뜻을 좇으려고 마음먹고 모두 채식을 써야 할 줄 아오.

고대에는 상례에 절대로 고기나 술을 쓰지 않았소. 수양제(隋煬帝)는 태자 때 자기 어머님이 별세하자 감히 고기를 먹을 수가 없어서 몰래 대통 안에 고기를 넣어 밀랍(초)으로 입구를 틀어막은 다음 보자기에 싸서 들여오도록 했다고 전하오. 상중에 고기 먹는 것에 대해서 옛 선비들은 이처럼 엄격했기 때문에, 그토록 고귀한 태자의 신분으로도 행여 사람들이 알까 봐 이런 변칙적인 방법을 썼던 것이라오.

그런데 지금 사람들은 상주(喪主) 자신도 고기를 먹을 뿐만 아니라, 더구나 술과 고기로 손님들에게 잔치를 베푸는구려. 주인과 손님 모두 상례가 무슨 일인지도 모르고, 어처구니없게도 태연히 술 마시고 고기 먹으며 한바탕 시끌벅적하고 기분 좋은 잔치 삼아 치른단 말이외다. 선왕(先王)의 예법에 완전히 어긋나는 줄은 모르고, 단지 남들이 상례 잘 치렀다고 추어 주기만 바라는 듯하오.

만일 모두 채식으로 치르는 것이 돈을 아끼려고 하는 듯한 오해를 불러일으킬까 저어한다면, 대의명분을 뚜렷이 내세워 공익자선사업에 얼마간의 돈을 특별히 보시하면 될 것이오. 그러면 누구도 인색하게 돈 아낀다고 쑥덕거리지는 못하리다.

자식은 부모님께 마땅히 그 정신의식(神識: 사후 영혼)이 적당한 장소를 얻으시도록 배려해 드려야 하오. 그런데 요즘 자식들은 거의 대부분이 부모님을 우물 속에 밀쳐 넣고 돌까지 떨어뜨리는 것을 효도로 오해하고 있소. 만약 돌덩이를 떨어뜨리려고 하지 않으면, 마치 몹시 부끄러워 남들 쳐다볼 낯도 없는 것처럼 여기는 게요. 그래서 떨어뜨린 돌이 많을수록 더욱 득의양양하게 행세한단 말이오.

가련하게도 부모는 한평생을 자식 위해 헌신하다가 죽음에 이르렀는데, 자식들은 그 상례를 빌미로 뭇 짐승을 잡아 그 영혼에 제사 드리고, 손님들에게 잔치를 베풀며 자신도 그 고기를 즐겨 먹는구려. 그리고는 매우 득의양양하게 자랑하기를, "나는 우리 부모상에 돼지 몇 마리를 잡고 닭과 오리·물고기·새우 들을 얼만큼 사서 손님들을 대접했다. 우리 부모가 나를 낳아 기르시느라 고생하셨으니, 나도 상례를 후하게 치러 한번 효심을 다했을 따름이다."고들 말하는 게요.

부모상으로 말미암아 살생을 하면, 그 부모가 살생의 업보를 뒤집어쓰게 된다는 인과응보의 원리를, 범부의 속안(俗眼)으로 알아보지 못하고, 도리어 이를 효도라고 착각들 해요. 하늘의 눈(天眼)으로 보면, 이것이 어버이를 직접 살해한 죄 못지 않게 가련하고 불쌍하기 짝이 없는데 말이오.

왜냐하면, 살생을 많이 할수록 부모와 자기는 물론 손님들까지 내생에 대대로 서로 돌아가며 그 원한의 빚을 갚아야 하니, 어찌 슬프지 않겠소? 결혼하여 집안을 꾸려가는 자식은 무거운 빚을 내지 않는 법인데, 하물며 효도를 한답시며 산 목숨의 빚을 낸단 말이오?

그대가 비록 불법에 귀의하긴 했지만, 아마도 이러한 이치에 대해서는 훤히 알지 못할 것 같아, 그대에게 특별히 말해 주는 것이오. 집안 형제자매들도 이러한 도리를 잘 알지 못하는 이가 있거든, 내 편지를 그들에게 보여 주고 그 까닭을 상세히 설명해 주어야 할 것이오. 만약 그들도 이러한 이치를 안다면, 누가 감히 부모를 우물에 밀쳐 넣고 돌을 떨어뜨리는 눈먼 효도를 하려고 하겠소?

우물에 밀쳐 넣고 돌을 떨어뜨리는 눈먼 효도는, 비록 호랑이나 이리같은 짐승이라도 차마 하지 않을 텐데, 하물며 사람이 그런 짓을 해야 되겠소? 다만 사람들이 과거·현재·미래의 삼세인과(三世因果)를 모르고 세속의 습관에 꽉 얽매여 상례를 행하기 때문인데, 그게 선왕의 본래 상례에도 크게 어긋나는 것이오.

316

그대는 나를 한 번도 만난 적이 없고, 그대 어머님 또한 나와 서로 아는 사이가 아닌데, 내가 왜 굳이 주섬주섬 남 듣기 싫은 잔소리를 하여야 하며, 또 헛소리는 해서 무엇 하겠소? 그러나 그대가 아직은 나를 믿고, 그대 어머님 또한 한평생 자애롭고 근검절약하며 염불 수행을 꾸준히 하셨기 때문에, 내가 오직 그대 어머님에게 조금이나마 보탬이 되게 하려고 말하는 것뿐이오. 그대들이 큰 이치를 잘 몰라서 그대 어머님에게 커다란 손해가 생기기를 바라지 않는단 말이오.

만약 그대들이 어머님에게 손해가 되는 것을 두려워하지 않고, 보탬이 되게 하고 싶지도 않다면, 나 또한 그대들의 생각에 맡길 뿐, 어찌 강요할 수 있겠소? 그러나 나는 이미 이 말을 하였으니 마음에 부끄러움은 없소. 만약 내가 이 말을 하지 않는다면, 곧 나 자신의 신분을 저버리는 게 되오. 왜냐하면 그대들이 곧 나를 선지식(善知識)으로 여기기 때문이오.

예컨대, 어떤 사람이 집에 돌아가려고 길을 물어오는 경우, 반드시 그가 마땅히 가야 할 길과 가서는 안 될 갈림길을 분명히 가리켜 주어야 하지 않겠소? 그런데 그대가 여전히 자신의 잘못된 지레짐작에 따라, 마땅히 가서는 안 될 갈림길로 기어이 가고야 말겠다면, 이는 곧 그대의 잘못이지, 길을 가리켜 준 사람과는 아무런 상관이 없게 될 것이오.

내가 하는 말이 정말로 그대를 속이는 거짓말인지, 아니면 그대에게 효도를 다하도록 이끌어 주는 참말인지, 현명하게 곰곰히 살펴보길 바라오. 좋고 나쁨과 잘잘못을 아는 사람은 내 말이 틀렸다고 생각하진 않을 것이외다.

화범(化凡) 거사에 대한 답신

화범(化凡) 거사 보시오.

보내온 편지는 잘 받았소. 정토 법문은 불법 가운데 특별한 법문이라, 전생에 청정한 인연(因緣)을 맺지 않은 사람은 자못 믿음을 내기 어렵다오. 선사(禪師)들은 마음을 밝히고 성품을 보아(明心見性) 부처가 된다고 영웅처럼 자처하고, 강사(講師)들은 교리(敎理)와 관법(觀法)을 널리 설하여 전파하는 것으로 자부심이 대단하오. 그래서 이들은 정토 법문을 중생들에게 소개하거나 권장하려고 마음먹기는커녕, 오히려 온 힘을 다해 적극 배척하고 헐뜯는 경우가 거의 대부분이라오.

말법(末法)시대의 중생은 정토 법문을 만나지 못하면, 설령 마음을 밝히고 본성을 보거나 또는 교리와 관법에 깊숙이 통달한다고 할지라도, 번뇌와 미혹을 완전히 끊지 않는 한 누구도 생사 윤회를 해탈할 수 없소.

나는 숙세의 업장이 몹시 무거워서, 태어난 지 여섯달 만에 눈병을 앓아, 그로부터 180일 동안 한쪽 눈도 떠보지 못했다오. 숨쉬고 젖 먹는 것을 빼놓고는, 밤낮으로 계속 울어 대기만 했다는 거요. 그 뒤 병이 나아 하늘을 볼 수는 있었지만, 서당에 나가 글공부를 하기 시작하면서, 한유(韓愈)와 구양수(歐陽修), 정자(程子)와 주자(朱子)가 불교를 비방하고 배척한 문장의 해독(害毒)에 그만 나도 모르게 중독되고 말았소. 다행히 그러한 대유학자들과 같은 재주가 없었기에 망정이지, 만약 그렇지 않았다면, 나도 불법을 비방하고 그 죄로 지옥에 떨어지는 악보(惡報)를 받았을 것이 틀림없소.

그 뒤로 그들의 주장이 틀렸다는 사실을 알고, 그로 말미암아 곧 출가

318

하게 되었소. 그러나 참선과 교리의 문은 너무도 높아서 내 능력으로는 들여다 볼 엄두도 못내고, 오직 부처님의 자비에 기대어 극락 왕생하기를 기원하게 되었다오. 20년 전 보타산(普陀山) 법우사(法雨寺)에 잠시 얹혀 한가한 직책을 맡은 적이 있을 뿐이오. 그러나 '인광(印光)' 두 글자는 절대로 붓과 종이로 드러난 일이 없어서, 시끄럽지 않고 안락하게 지낼 수 있었소.

그런데 1917년(民國 6년) 어떤 두 사람이 내가 아는 이들에게 보냈던 편지들을 수천 부 인쇄하여 사람들에게 나누어 주고, 이듬해 서울여(徐蔚如)가 나의 『문초(文鈔: 印光大師 법문집)』를 인쇄하여 배포하게 되었소. 그 뒤로는 매일같이 한가한 겨를이 없게 되었다오. 그러나 나는 찾아오거나 편지 부쳐 오는 사람들에게 한결같이 단지 정토 법문을 이야기해 주며, 나는 그밖에는 전혀 아는 게 없는 무식쟁이라고 말했을 따름이오.

그대가 이미 『안사전서(安士全書)』와 『요범사훈(了凡四訓)』 그리고 나의 『문초』를 읽었다면, 이들 내용에 따라 스스로 실행하여 남들까지 교화시켜 나가면, 그걸로도 넉넉하고 오히려 남음이 있을 것이오. 만약 이밖에 더 선종(禪宗)과 교리(敎理)를 연구하려고 든다면, 내 생각에는 아마도 그대가 선가(禪家)의 말들이 미묘하고 불경의 교리가 심오함에 이끌려, 그만 정토 법문을 한 번 쓰고 내버리는 휴지 조각처럼 멸시하지나 않을까 저어할 따름이오. 그러나 참선이나 교리 연구가, 오히려 다른 것은 한 가지도 모르면서 단지 착실하게 한 마음으로 꾸준히 계속하는 염불만도 훨씬 못하다는 사실을 알아 두시오.

나는 많이 늙어서 시력과 정신이 모두 부치니, 다음부터는 지극히 중요하고 절박한 일이 없거들랑 편지하지 마시오. 편지를 볼 시력과 답장 쓸 기력이 없기 때문이오.

319

이번에 그대에게 사원(師遠)이라는 법명을 지어 보내오. 원(遠)은 곧 진(晉)나라 때 려산(廬山)의 혜원(慧遠) 대사를 가리키오. 그분이 연종(蓮宗: 정토종)을 처음 일으켜 세운 시조이신데, 그 혜원 대사(遠)를 스승으로 삼아서(師), 지금 유행하는 여러 종파의 지식(知識)들에게 마음이 혹하거나 흔들리지 말라는 뜻이오.

요즘 세상에 불교를 공부하는 사람들은 모두 깨달음(開悟)을 최고의 목표와 일로 삼고 있소. 깨달아도 증득(證得)하지 못하면, 생사 해탈의 큰 일은 전혀 마무리될 수 없음을 모르는 게요. 설사 초과(初果: 수다원)나 2과(二果: 사다함)·3과(三果: 아나함)를 증득한다고 할지라도, 여전히 생사 윤회 가운데 있게 되오. 다만 그들은 향상만 있지 후퇴나 하락은 결코 없는 것뿐이오. 그러나 초과조차 증득하지 못한 사람은 다음 생에 복을 누리다가 죄업을 지으면 영원히 삼악도에 떨어지기 십상이오. 4과(四果: 아라한)를 증득한 자라야 비로소 생사를 완전히 끝마칠 수 있소.

이는 소승(小乘)의 수행으로 말한 것이고, 대승(大乘)의 궁극 이상인 원만한 교리(圓敎)로 말한다면 조금 달라지오. 대승에서 보는 미혹을 끊는(斷見惑) 초신(初信)은 초과(初果)와 같소. 그러나 생각하는 미혹까지 모두 끊어 없앤(斷思惑盡) 7신(七信)의 경지에 이르러야 바야흐로 생사 윤회를 벗어날 수 있게 되오. 그러니 초신부터 6신까지는 아직도 생사를 다 끝마친 게 아니라오. 초신 경지에 든 보살의 신통력과 지혜만도 이미 일반 범부가 헤아릴 수 없을 정도인데, 하물며 2·3·4·5·6신의 지위야 말할 나위가 있겠소?

참선하는 사람들은 매번 선가에서 칼끝처럼 날카롭고 기민(機敏)하게 던지는 말에 정토종이나 교종의 수행인들이 모두 대답할 줄 모르는 것을 보고는, 자기네 도가 매우 높고 미묘하여 다른 사람들이 알 수 없는 경지

320

라고 생각하는 것 같소. 그러나 사실인즉 이러한 생각을 하는 사람들도 옛 사람의 뜻을 잘 모르는 것이오. 만약 정말로 안다면, 그들은 반드시 영웅으로 자처하거나 자부하는 빛이 전혀 없게 되오.

왜 그런가 하면, 그토록 몹시 미묘한 말도 사실은 지극히 평범한 일상의 말에 지나지 않기 때문이오. 그러한 미묘한 말의 뜻을 알 뿐만 아니라, 설사 확철대오(廓徹大悟)한다고 할지라도, 생사 윤회의 큰 일을 다 해결하는 것은 아니라오. 모름지기 완전히 증득한 경지까지 곧장 올라서야 비로소 일을 끝마치는 것이오. 그러나 후세에 증득한 경지까지 이른 사람은 사실 그렇게 많이 찾아볼 수가 없소.

오조사(五祖寺)의 사계(師戒) 선사는 송(宋)나라 초기에 천하에 명성을 떨친 훌륭한 분이오. 그분의 문하는 매우 높고 넓어 마치 용문(龍門)을 방불케 했소. 그런데 그 스님이 사후에 소동파(蘇東坡)로 다시 태어난 거요. 소동파는 과연 전생의 수행공덕과 지혜로 말미암아 그 문장이나 식견이 모두 비범하게 뛰어났으며, 자질구레한 체면치레에 얽매이지 않는 호방함을 보였소.

그런데 그가 항주(杭州)에 재직할 때 곧잘 기생들을 불러다 어울려 놀았다는 거 아니요? 이를 보면 그토록 유명했던 사계 선사도 결국 초과조차 아직 증득하지 못했다는 걸 알 수가 있소. 왜 그런가 하면, 초과를 증득한 사람은 도공계(道共戒)[75]를 얻어 저절로 계율을 지키므로, 어떻게 하든지 계율을 범하지 않게 되기 때문이오.[76] 만약 출가하지 않고 결혼을 하는 경우라면, 설령 목숨을 끊겠다는 위협으로 사음(邪淫)을 강요해도, 차

---

75) 도공계(道共戒): 3가지 계율 가운데 하나로, 성문 · 벽지불 · 보살 삼승(三乘)의 성인이 번뇌가 없는 무루(無漏)의 선정에 들어 무루의 지혜와 함께 저절로 몸에 갖추는 무루의 계율인데, 무루의 도(道)와 함께 생겨나고 사라진다는 뜻에서 도공계(道共戒)라 부름.

라리 죽을지언정 사음의 계율을 절대 범하지 않는 정도라오.

참선하는 사람들이 만약 이러한 이치를 안다면, 어떻게 정토 법문을 감히 무시하겠소? 선종만 높이 추앙한 나머지, 어리석은 범부와 아낙네들이나 부처님 힘에 기대어 극락 왕생하라고 내맡기며, 자신들은 생사 윤회를 달게 받아들여 벗어나기를 바라지 않겠단 말이오? 내가 이런 말을 굳이 하는 까닭은, 행여라도 그대가 이러한 이치를 잘 몰라서 참선하는 사람들의 미묘하고 고상한 말에 휩쓸려, 그만 부처님의 자비 가피력을 내버리고 자신의 힘〔自力〕에 기대려고 잘못 생각할까봐, 걱정스러워 미리 훈계해 두는 거요. 만약 그런 어리석은 판단 착오를 저지른다면 생사 윤회는 당나귀 해나 되어야 벗어날 수 있을 게요.[77]

그대가 편지 끝에 붙인 게송(偈頌)에서 나를 지나치게 높이 추어올려 부끄럽기 짝이 없소.

림포(琳圃) 거사에 대한 답신

림포(琳圃) 거사 보시오.

유전병(遺傳病)도 또한 숙세의 업장(宿業)으로 말미암는 질병이오. 지성으로 간절하게 부처님과 관세음보살의 성호(聖號)를 염송하면 당연히 곧

---

76) 유가에서 공자가 나이 일흔에 마음이 하고 싶은 대로 따라 행해도 법도를 벗어남이 없었다고 하는데, 바로 이러한 무위자연(無爲自然)이 도공계 경지에 해당할 듯함.
77) 미래세가 다하도록 12간지에 없는 당나귀 해가 찾아올 리는 만무하다.

낮게 되며, 더 이상 유전되지 않을 수 있소.

그대가 물어온 해탈의 법문이란, 오직 믿음과 발원으로 간절히 염불하여 극락 왕생을 바라는 방법 하나뿐이라오. 이는 부처님의 자비력에 기대어 생사 윤회를 벗어나는 법문으로, 바로 금생에 누구나 해낼 수 있는 일이오. 만약 이 정토 법문에 전념하지 않고 다른 갖가지 법문을 닦으려 한다면, 우리 같이 평범한 중생이 한두 생(生)에 이룰 수 있는 방법이 결코 아니라오. 우리가 시작도 없는 태고적부터 지금까지 끝도 없이 생사 윤회의 고해를 헤매는 것은, 모두 그 동안 정토 법문을 만나지 못했거나, 더러 만났더라도 열심히 닦지 않았기 때문일 게요. 지금 다행히 이 정토 법문을 알게 되었으니, 절대로 그냥 놓쳐서는 안 되오.

이번에 그대의 법명을 종신(宗信)이라고 지어 보내오. 믿음(信) 발원(願) 수행(行)의 세 가지 법은 정토 법문의 정종(正宗: 올바른 宗旨)인데, 그 중 첫번째 요소가 바로 진실한 믿음(眞信)이오. 진실한 믿음이 있으면 반드시 진실한 발원과 진실한 수행이 있기 때문이오. 만약 그렇지 않다면 진실한 믿음이라고 말할 수 없는 게지요.

염불 법문 하나만으로 평범함을 뛰어넘어 성현의 경지에 들어갈(超凡入聖) 수 있는데, 하물며 유전병 정도를 금방 낫게 하지 못할 이치가 있겠소? 일단 불법에 귀의한 사람이라면 모름지기 효도 · 공경 · 충실 · 믿음 · 예절 · 의리 · 청렴 · 수치의 여덟 덕성과 유가의 대학(大學)에 나오는 격물(格物) · 치지(致知) · 성의(誠意) · 정심(正心) · 수신(修身) · 제가(齊家)의 여섯 덕목을 힘써 실행하여, 나라가 잘 다스려지고 천하가 태평하기를 기원하여야 하오.

옛말에 "천하가 다스려지지 않는 데에는 개개인 모두의 책임이 있다(天下不治, 匹夫有責)."는 속담이 있소. 그 책임이 어디에 있느냐 하면, 바로 물건(物)이 제대로 다스려지지 않은 데 있단 말이외다. 만약 물건만 제대로 다스린다면, 지혜가 밝아오고 뜻이 정성스러워지며, 마음이 바로잡히고 몸이 제대로 잘 닦이게 될 것이오. 한 사람만 이렇게 수양해도 정말 큰 이익이 있거늘, 하물며 개개인 모두가 이와 같이 수양한다면, 천하가 저절로 태평스러워지지 않겠소?

여기서 '물건(物)'이 무엇이냐 하면, 바로 우리 마음속의 사리사욕이오. '다스린다(格)'는 것은 몽둥이로 쳐서 깨끗이 몰아낸다는 뜻이오. 사람 마음 속에 사리사욕만 없다면, 본래 청정한 지혜와 식견이 저절로 올바르게 드러날 것이오. 비유하건대, 처자식을 사랑하는 사람은 그 마음속이 애정에 온통 뒤덮여, 처자식의 나쁜 점은 끝내 보지 못하고 마는 것과 같소. 만약 애정이 없다면, 처자식의 옳고 그름이 마치 거울에 물건의 그림자가 비춰지듯이 곧장 훤하게 드러나 조금도 헝클어지지 않을 것이오.

행여라도 주자주(朱子註)의 해석처럼, 나의 지식을 끝까지 미루어 넓히는 것을 치지(致知)라 하고, 또 천하 사물의 이치를 모두 궁리하는 것을 격물(格物)이라 받아들여서는 절대로 안 되오. 만약 그렇게 주자처럼 해석한다면, 비록 성인이라도 격물과 치지를 할 수 없을 게요. 마음 바르게 하는 정심(正心)과 뜻을 정성스럽게 하는 성의(誠意)는, 설령 낫 놓고 기역자도 모르는 어리석은 지아비나 아낙네라 할지라도, 단지 사사로운 이기적 욕심만 없으면 누구나 해낼 수 있는 수양 아니겠소?

격물 · 치지 · 성의 · 정심 · 수신 · 제가 · 치국 · 평천하의 8덕목은 근본상으로 말하면, 결국 격물 한 가지일 뿐이지요. 물건만 제대로 쳐서 다스린다면, 지혜가 밝아지고 뜻이 정성스러워지며, 마음이 바로잡히고 몸이 잘 닦이기 때문이오. 그런데 이렇게 몹시 절친하고 매우 간단한 근본 도리를, 주자는 지극히 멀고 거창하여 다 마치기 어려운 말단지엽으로 해

324

석하였소. 그리하여 성인이 천하를 다스리는 도(道)의 근본을 파묻어 버리고, 후학들로 하여금 성인의 도를 배우는 데 가장 절친하고 쉬운 법칙에 손을 대지 못하도록 막은 셈이 됐지요. 그 결과 모두가 완전히 밖으로만 치닫고, 안으로 자신을 살필 줄은 모르게 되었소.

게다가 주자는 생사 윤회의 원리와 인과응보의 법칙을 존재하지도 않는다고 쳐부수고 배척하였소. 그 결과 오륜(五倫)과 여덟 덕성이 무너지고 도덕의 울타리가 부서지게 되었소. 모든 중생이 죄악의 도탄에 빠져 삼악도의 고통을 피하기 어려운 것도 바로 이로부터 비롯되었으니, 어찌 슬퍼하지 않을 수 있겠소? 이러한 (도덕 철학상의) 유전병은 몹시 크고 몹시 독하여, 크게 깨달으신 세존(世尊)과 같은 위대한 의왕(醫王)이 아니시면 고칠 수가 없소.

이 말은 내가 오직 그대에게만 하는 말이니, 그대는 어리석은 사람들에게 함부로 말해서는 절대 안 되오. 무심코 지껄였다가는 모두들 칼을 빼들고 덤벼들어 구제할 방법조차 없을까 두렵기 때문이오.

여하튼 일단 부처님께 귀의했으면, 반드시 분수를 알고 인륜을 돈독히 지키며, 정성을 간직하여 삿된 생각을 막으며, 어떠한 악도 짓지 않고 뭇 선은 받들어 행하며, 산 목숨을 보호하여 죽이지 아니하며, 채식하고 염불하면서, 깊은 믿음과 간절한 발원으로 극락 왕생을 위해 전념하여야 할 것이오. 이렇게 스스로 수행하면서 남도 교화해 나간다면, 금생의 이 인연을 결코 헛되이 보내지 않을 수 있으리이다.

화손(華蓀) 거사에 대한 답신

화손(華蓀) 거사 보시오.

화손(華蓀)은 직업상 수행하기가 자못 어렵겠소. 그러나 정성스러운 마음(誠心)만 있다면 저절로 어떤 감응(感應)이 있게 마련이오. 여기에 구체적인 사실 한 가지를 예로 들어 보겠소.

북경(北京)의 부성문(阜城門) 안 한길 가에 구여춘(九如春)이라는 커다란 육식 요리집이 있었는데, 장사가 아주 잘되었다오. 그런데 하루 밤에는 지배인이 악몽을 꾸었는데, 수많은 사람들이 그에게 몰려와서 목숨을 내놓으라고 하는 거였소. 그는 마음으로 그들이 자기가 잡아죽인 짐승들인 줄 즉각 알아채고서, 그들에게 이렇게 말했다오.

"나 한 사람이 그대들 수많은 사람의 목숨(빚)을 갚는다면, 어떻게 다 청산할 수 있겠소? 내가 오늘부터 이 음식점 영업을 그만두고 나서, 스님 몇 분을 모셔다가 염불과 독경으로 그대들을 천도(薦度)시켜 주도록 청하리라. 좋겠소?"

그러자 대부분의 사람들은 좋다고 허락하였는데, 몇몇 사람은 받아들이지 않고 도리어 따지고 들었소.

"네가 몇 천 원이나 몇 백 원을 벌려고 우리들을 죽였는데, 우리가 얼마나 고통 받은 지 아느냐? 그냥 이렇게 마무리 짓는다면, 네가 너무 횡재하는 거지. 안 돼!"

이때 대부분 사람들이 그들 몇몇 사람을 설득하여 말했소.

"저 사람이 만약 이렇게만 한다면, 피차간에 서로 좋은 거니, 저 사람 제의를 받아들입시다."

그러자 몇몇 사람은 "저 사람이 반드시 실행해야만 된다."고 별르는 거였소. 이에 지배인은 곧장 "틀림없이 실행하겠소. 만약 내가 그렇게 않는다면, 그때 다시 나를 찾아 오시오."라고 대답했지요.

그리하여 그 사람들은 물러가고 지배인은 꿈에서 깨어났다오. 마침 새벽녘 짐승들을 잡을 시간이 되어 점원들이 일어나 도살을 준비하는데, 그만 닭과 오리들이 우리 밖으로 뛰쳐 나와 사방으로 달아난 거요. 점원이 부랴부랴 지배인을 깨우며 상황을 알리자, 지배인은 이렇게 선언했소.

"오늘 우리 식당은 문을 열지도 않고 짐승도 잡지 않는다. 우리를 뛰쳐 나온 닭과 오리는 점포 안에 있는 것은 잡아 가두고, 점포 밖으로 나간 것은 가는 대로 내버려 두어라."

날이 밝자, 지배인은 주인을 오라고 요청하여 간밤 꿈을 이야기 한 뒤, 다시는 절대로 지배인 노릇 안 하겠다며 사의(辭意)를 밝혔소. 그러자 주인은 그 자리에서 선뜻 이렇게 제안했다오.

"그대가 정말로 산 목숨을 죽이고 싶지 않다면, 우리는 영업규칙을 바꾸어 채식 요리집을 차려도 괜찮소."

그리하여 채식 전문점으로 바꾸고, 이름은 그대로 '구여춘'이라고 썼다오. 그로 말미암아 채식하는 사람이 제법 많아지고 장사는 더욱 잘되었다는 거요.

그대가 정말로 남을 이롭게 하고 중생을 이롭게 하는 마음으로 발원한다면, 부처님과 관세음보살의 성호를 지성으로 염송하여 주인과 지배인에게 자비력이 가피(加被)되도록 기도해 보시오. 그러면 그들이 돼지 잡는 일을 그만두게 될 수 있다오.

그대 어머님이 그대를 아끼는 나머지 "채식하면 몸이 여위고 허약해진다."고 말씀하시는 것은, 육식이 얼마나 비위생적이고 해독이 크며, 또 목숨 빚을 얼마나 짊어지는 줄 잘 모르시기 때문이오. 그대 어머님께도 채식하며 염불하여 극락 왕생을 기원하도록 간곡히 권해 드리고, 아내와 아이들에게도 채식하도록 일러야 할 것이오.

만약 깨끗한 채식(淨素)을 할 수 없다면, 적어도 집 안에서 산 목숨을 죽이지 않는 일만은 지켜야 하오. 그렇지만 시장에서 파는 고기도 많이 먹어서는 안 되오. 많이 먹으면 많이 갚고, 적게 먹으면 적게 갚으며, 안 먹으면 안 갚아도 되는 것이 바로 목숨 빚이기 때문이오. 그대가 만약 음식점 지배인과 주인 사이의 꿈 이야기로 사람들을 감동시킨다면, 앞으로 채식을 제창하는 분위기가 갈수록 번져나갈 것이오. 그대로부터 그러한 공덕이 비롯된다면, 그로 말미암아 중생이 받게 될 이익은 무척이나 크다.

이번에 그대의 법명을 종원(宗願)이라고 지어 보내오. 종(宗)은 줏대(土)를 가리키는데, 줏대가 있으면 다른 법문에 흔들리거나 이끌려 가지 않는다는 뜻이오. 염불에 믿음과 발원이 있으면 임종에 틀림없이 극락 왕생하지만, 믿음과 발원이 없으면 단지 인간 세상과 천상의 복록을 보답으로 받게 될 뿐이라오. 믿음만 있고 발원은 없으면 진실한 믿음이라 말할 수 없소. 반대로 발원만 하고 믿음이 없어도 진실한 믿음이라 말할 수 없소. 믿음과 발원 이 두 가지 법은 마치 수레의 두 바퀴나 새의 두 날개와 같아서, 어느 하나라도 빠져서는 결코 안 되오.[78]

그 밖에 자세한 내용은 수시로 나의 『문초』나 『가언록(嘉言錄)』을 읽고 닦도록 하시오.

---

[78] 이는 형제인 듯한 림포와 화손 두 거사에게 함께 답신하면서, 종신(宗信)과 종원(宗願)의 법명을 지어 보내며, 수레의 두 바퀴나 새의 두 날개처럼 서로 협동 조화를 잘 이루라는 뜻을 함축하고 있음.

장도생(章道生) 거사에 대한 편지 설법

도생(道生) 거사 보게나. (1)

친서를 받고, 그대가 용맹심을 일으킨 걸 알게 되어 몹시 기쁘고 안심되네.

다만 그대가 말한 것 중, 종신토록 채식하며 한 마음으로 염불하는 것만 유일무이하고 결코 바꿀 수 없는 수행으로 삼을 일이로되, 기름과 소금까지 전혀 먹지 않겠다는 것은 반드시 지키지 않아도 될 줄 아네. 부처님 법에는 이러한 말씀이 없다네. 더러 다른 수행 집단(外道)에서는 이런 규율이 있을지 모르겠으나, 이는 단지 인연에 따르면(隨緣) 그만일세.

짜고 싱거운 맛은 굳이 구별할 필요가 없네. 싱겁다고 싫어하거나 짜다고 짜증내지 않으면, 그것이 바로 해탈법문(解脫法門)이지.

염불할 때는 반드시 지성(志誠)스러운 마음과 깊은 믿음과 회향 기도하는 발원의 마음을 내어야 하네. 특히 자기의 염불 공덕으로 시방법계의 모든 중생이 모두 서방 극락세계에 왕생(往生)하도록 회향 기도하는 발원이 중요하지. 이러한 마음으로 염불하면 그 공덕이 무한할 걸세. 그러나 만약 단지 자기 한 사람만을 위해 염불한다면, 그 마음의 도량(度量)이 협소하고, 따라서 그 공덕도 매우 적게 된다네.

비유하자면, 한 등불이 자기 홀로만 타고 있다면 단지 한 등불의 밝기밖에 못 비추지만, 만약 다른 등잔에로 불꽃을 옮겨 붙여주기만 한다면 백천만억의 무수한 등불을 동시에 밝힐 수 있지. 물론 그 광명은 이루 헤아릴 수 없이 증폭되지만, 본래의 등불에는 조금도 줄어듦이 없지 않은가? 세상 사람들이 이러한 이치를 모르기 때문에, 단지 자기 혼자만 아는 개인주의적 이기심에 갇혀, 다른 사람들도 함께 이익 얻는 것을 바라지 않는다네.

감옥이란 사람을 고통의 바다로부터 벗어나도록 핍박하는 도량(道場)일세. 그러나 만약 이 감옥에 들어가지 않았다면, 아마도 매일같이 주색잡기나 물욕 이익에 골몰하며, 자신이 본디 지니고 있는 청정한 심성(心性)은 거들떠보지도 않고 있을 것이니 말이야.

지금 다행히도 14년의 장기 감금 형벌로 말미암아, 집안 일이나 세속 잡사 일체를 전혀 신경 쓰지 않고, 오로지 도(道) 닦는 데에 전념할 수 있지 않은가? 만기출옥(滿期出獄)할 때가 되면, 옛 사람 같고 싶어도 전혀 옛 사람이 아닐 걸세. 그 때는 크게 교화를 펼쳐, 자기 가족은 물론 친척이나 벗들까지 모두 불법의 덕택을 가피 받을 수 있도록 할 것이니, 이보다 더 큰 다행이 어디 있겠는가?

옥중에서는 굳이 책을 많이 보려고 할 필요가 없네. 내가 작년에 두 차례, 그리고 올해 한 차례 보내 준 책들만 꼼꼼히 읽고 그에 따라 실행하면, 수행은 충분하고도 오히려 남음이 있을 걸세. 만일 잡다하게 보게 되면 마음과 사념이 어지럽게 갈라져 별로 이익을 얻을 수 없게 되네. 인과응보의 법칙을 분명히 알아차리고 채식을 하면서 일심으로 염불하는 것만이, 자신도 이롭게 하고 남들도 이롭게 하는(自利利他) 핵심 요체임을 잊지 말게나.

모름지기 자신이 현재 처한 상황에 맞게 수행하면서, 하늘을 원망하지 않고 사람을 탓하지 않아야, 바야흐로 불법의 진실한 이익을 정말로 얻을 수 있다네. 항상 스스로 격려하고 분발하길 바라네.

도생 거사 보게나 (2)

　세상 사람들의 질병 고통은 대부분 숙세(宿世)에 살생한 죄업으로 말미암은 보복이라네. 어떠한 질병을 막론하고, 만약 지성스런 마음으로 '나무 아미타불'과 '나무 관세음보살'의 성호(聖號)를 간절히 염송하면, 반드시 숙세의 업장을 해소하고 선근(善根)이 자라나서 질병이 저절로 나을 수 있다네. 설령 수명이 다한다고 할지라도, 사후 천상이나 인간 같은 선도(善道)에 태어나고, 삼악도에 떨어지는 일은 없지.

　더구나 정토 법문(淨土法門)을 알아 진실한 믿음과 간절한 발원으로 염불하면, 서방 극락에도 왕생하여 생사 윤회를 완전히 벗어날 수 있다네. 그러나 세상 사람들은 이러한 심오한 이치를 잘 모르니, 먼저 구체적인 사례를 들어 일러 주어야 할 걸세.

　절강성(浙江省) 진해현(鎭海縣)에 방문년(方文年)이란 사람이 있는데, 그 아들 자중(子重)이 3년 전 19살 때에 창자에 종양이 생겼다네. 한의사는 치료할 방법조차 없고, 양의사는 수술하지 않으면 치료할 수 없다고 했으나, 그 부모가 수술은 하고 싶지 않아 그만 치료를 하지 못했지. 그런데 그 어머니가 문리(文理)가 트인 사람이라, 내 글(印光文鈔)을 보고 스스로 채식하며 염불하면서, 집안의 어른과 아이는 물론 고용인까지 모두 완전 채식하도록 이끌었다네. 오직 아버지 문년만 아직 완전 채식은 하지 못하고 있었지만, 그러나 육식을 절제하며 크게 줄였지. 그런데 그 어머니와 할머니 가정부(이 노파도 몹시 현명하고 방씨 집에 수십 년간 함께 살았는데, 그 아들도 잘살고 그 손자가 집에 돌아가 사시자고 청하였지만, 그는 주인 마님과 수행하고 싶어 돌아가려고 하지 않았고, 주인 마님도 그를 하녀가 아니라 친구로 대하며 살고 있는 사람이네.)가 목숨을 바칠 듯이 '나무 아미타불'과 '관세음보살'을 열심히 염송하고, 또한 『금강경』도 함께 독송하였다네. 그 결과 사흘 만에 창자 안에서 종기가 저절로 터져 피고름이 대변을 통해 쏟아지고, 닷새 만에 완전히 나았다네.

염불과 독경을 지성으로 하면, 이와 같이 숙세의 업장이 해소되곤 하지. 그런데 세상 사람들은 단지 업장을 쌓을 줄만 알고, 해소하는 방법은 모르고 있으니, 정말 가련하네.

또 절강성의 해염현(海鹽縣) 출신인 서울여(徐蔚如)는 줄곧 북경에 거처하였는데, 공부를 너무 많이 하여 속이 다 상하고 탈장(脫腸) 병까지 얻은 지 2년이나 되었다네. 매번 대변을 보고 나면, 반드시 한 차례 잠을 자면서 창자가 스스로 들어가길 기다린 다음에야, 감히 움직일 엄두를 낼 정도였네. 그런데 1919년 정월 대변을 본 후 잠시도 늦출 수 없는 중요한 일이 있어 곧장 차를 타고 외출했다가, 접촉 마찰로 말미암아 탈장이 끝내 되들어가지 않은 상황이 벌어졌다네. 그리하여 이레 밤낮을 한 순간도 그치지 않고 마치 바늘로 쑤시는 듯한 고통 속에서 나뒹굴며 눈도 전혀 붙일 수 없을 정도였지.

비록 처음부터 염불은 계속 했지만 고통이 줄어들지 않자, 마침내 대보리심(大菩提心)을 내어 "이토록 극심한 질병의 고통을 차라리 내가 좀 더 받기를 원하옵나니, 세상 사람들은 누구도 이 병에 걸리지 않기를 끝끝내 바라옵니다"라고 발원했다네. 그리고 지성으로 염불하다가 곧 잠들었는데, 깨어나 보니 병이 저절로 나아 있었고, 그 후로는 병이 뿌리째 뽑혀 재발하는 일이 없다는 걸세.

그 사람 본인이 서신을 보내 와 이 사실을 알렸기에, 내가 답장에다 "이 병은 숙세의 업장 때문에 생겼는데, 귀하께서 이처럼 큰 보리심으로 발원하여, 그 숙세의 업장이 완전히 해소되고 병이 완치되어 뿌리 뽑힌 것입니다."라고 격려해 주었네.

332

그대의 외사촌 형도 만약 이러한 이치를 알고 실행한다면, 단지 치질만 나을 수 있는 것이 아니라, 생사 윤회의 질병 또한 완치할 수 있지. 그렇지 않고 집안에서 복이나 누리고 편안히 지내면서, 술에 취한 듯 살다가 꿈결처럼 죽는다[醉生夢死]면, 차라리 그대처럼 감옥에 갇혀 염불 수행의 막대한 이익을 얻는 것보다 훨씬 못할 걸세. 바깥 상황이란 고유한 본래 속성이 없으며, 그 이해득실은 오직 사람 자신에게 달려 있지. 그대가 내 말을 믿을 수 있다면, 그로 말미암아 얻는 이익은 이루 다 말할 수 없다네.

도생 거사 보게나 (3)

세간의 화(禍)와 복은 서로 기대고 숨어 있어서, 오직 사람의 마음씀이 착한지 여부에 따라 다르게 나타날 뿐이라네. 그대가 감옥에 들어감으로써 불법(佛法)을 듣게 되었으니, 이 또한 불행 중의 천만다행이 아닌가? 만약 이를 그대의 훌륭한 인도자로 생각한다면, 그대 마음이 더욱 더 청정해질 수 있을 걸세.

그대가 언급한 『금강경(金剛經)』의 구절은 그대가 아직 제대로 이해하지 못했네 그려. 경전에서 "선남자나 선여인이 이 경전을 받아 지니고 독송한다고 다른 사람들로부터 비웃음이나 경멸을 당하는 경우에는, 이는 전생의 죄업이 무거워 본디 삼악도에 떨어져야 할 운명인데, 바로 금생에 사람들로부터 비웃음이나 경멸을 당하는 까닭에 (악업이 선하게 전환되고 금생에) 전생의 죄업이 곧장 소멸하여 아누다라삼먁삼보리[無上正等正覺]를 얻게 될 것이다."(이는 이 인연으로 말미암아 미래에 얻을 것이라는 말이지, 현생에 곧장 얻는 것으로 오해해서는 결코 안 되네.)고 말하고 있지 않은가?

『금강경』을 독송하는 것은 금생의 선행이고, 남들의 비웃음을 당하는 것은 전생의 업장인데, 남들의 비웃음 덕분에 지옥·아귀·축생의 삼악도에 떨어져야 할 과거의 악업이 소멸될 뿐만 아니라, 미래세에 무상정등정각이라는 부처의 과보까지 얻을 수 있다는 말씀이지. 이것이 바로 선업(善業)으로 악업(惡業)을 전환시키고, 미래의 과보[後報]를 현재의 과보[現報]로, 그리고 무거운 과보[重報]를 가벼운 과보[輕報]로 각각 변화시키는 수행 공덕의 원리라네.

그대가 감옥을 악도(惡道)의 일종으로 여기는 것은 지나친 생각일세. 옛날 감옥은 그 고통이 이루 다 말할 수 없을 정도였는데, 지금 감옥은 바로 폐관(閉關) 수련이나 매한가지이니 무슨 고통을 받는단 말인가? 감옥 안에 들어 있지 않은 사람들을 한번 보게나. 동분서주 정신 없이 바쁘지만 의식주조차 구할래야 제대로 얻지 못하는 자들이 얼마나 많은지 모르지 않은가?

사람이 분수를 깨닫고 만족할 줄 안다면, 감옥 또한 복록 가득한 천당이 될 걸세. 그러나 만약 만족할 줄 모른다면, 설령 억만장자의 대부자나 최고 관직의 권세가라 할지라도, 정말로 날마다 지옥에서 살아가는 거나 다름없다네.

도생 거사 보게나 (4)

속세의 인연은 제아무리 장수한다고 할지라도 눈 깜짝할 사이에 덧없이 지나고 마는데, 스스로 힘써 닦지 않으면 대부분 사후에 삼악도에 떨어진다네. 다시 사람 받기조차 정말 쉬운 일이 아니라네.

그대가 이제 잘못을 깨닫고 뉘우쳐 고치면서 청정한 선업을 힘써 닦기 시작한다면, 격물(格物: 즉 克己를 뜻하며, 外物을 이르게 하는 것으로 이해하면 안 되네)과 치지(致知)를 이루어, 살아 생전에 성현의 경지에 들 수 있고, 업장이 다하고 감정이 텅 비면 죽은 뒤에 극락세계에 왕생할 수 있네. 설사 업장이 다하고 감정이 텅 비는 경지까지 이르지는 못한다고 할지라도, 진실한 믿음과 간절한 서원으로 염불하면, 반드시 부처님 자비광명의 가피력에 의해 서방 극락세계에 왕생할 수 있네.

이렇게 하면, 금생에 타고난 인생과 배우고 닦은 공부를 헛되이 낭비하지 않으며, 또한 이번에 겪은 커다란 좌절(감옥생활)의 운명도 무의미하게 저버리지 않는 것이 될 걸세. 이것이 이른바 전화위복(轉禍爲福)이라는 것이니, 마땅히 멀리 내다보는 안목으로 불퇴전의 대보리심(大菩提心)을 내어야 할 걸세. 그리하기만 한다면, 앞서 말한 커다란 이익은 틀림없이 얻게 된다네.

만약 정성과 공경은 전혀 없이, 단지 겉모습만 꾸며 대어 남들이 자기가 진실하게 수행한다고 알아 주기를 바란다면, 이는 완전히 거짓 투성이에 불과할 뿐, 결코 실제 이익을 얻을 수 없으니 명심하게.

이번에 관음송(觀音頌) 7부를 부치네. 혹시 전에 부쳤는지 기억할 수 없으니, 남는 것은 감옥의 소장과 교도관이나 믿음과 공경심을 지니고 문리(文理)가 트인 동지들에게 나누어 주게나. 비록 많은 책들이 있지만, 모름지기 부처님과 관세음보살 성호의 염송을 위주로 수행하여야 함은 물론일세. 책만 보고서 염불 수행을 하지 않으면 결코 안 되네. 아무리 훌륭한 요리라도 보기만 하고 먹지 않으면 빈 뱃속에 전혀 도움이 되지 않는 것과 같은 이치일세.

지금 그대에게 혜성(慧誠)이라는 법명(法名)을 지어 보내네. 정성은 도의 근본(道本)인데, 도가 크게 자라나지 못하는 것은 모두 어리석고 지혜가 없기 때문일세. 만약 정성으로 말미암아 현명을 피워내고(현명은 곧 지혜일세) 현명으로 말미암아 정성을 드러낼 수 있다면, 도는 저절로 생겨 자라게 된다네.

정성은 대학(大學)으로 말하면 명덕(明德)이고, 지혜는 곧 '밝힌다'는 명(明)에 해당하니, 지혜와 정성이 함께 갖추어지면 이것이 바로 '명명덕(明明德)'이 되지. 명명덕은 곧 정성과 현명이니, 정성은 성덕(性德: 천성적인 덕)에 속하고 지혜는 수덕(修德: 덕의 수양)에 해당하네. 성덕은 사람마다 타고 났으나, 수덕에는 거역과 순응이 있지.

거역하여 닦으면 타락하고, 순응하여 닦으면 상승하는데, 순응이 극도에 이르면 곧 불도(佛道)를 원만히 성취하게 된다네. 우리는 이러한 능력까지는 아직 없기 때문에, 단지 자기 마음의 넓고 좁은 도량과 수행 공부의 깊고 얕은 정도에 따라 각자에게 합당한 이익을 얻으면 그만이라네.

도생 거사 보게나 (5)

서본무(徐本茂)가 이미 수행할 줄 알게 되었다면, 어찌하여 항상 채식할 수는 없단 말인고? 아마도 육식을 좋은 것으로 생각하여, 차마 완전히 끊어버리지는 못하겠다는 거겠지.

그러나 모든 생명이 도살될 때 받을 고통 상황을 한번 가만히 생각해 보라고 하게. 잠시 자기 입맛을 즐기기 위해 차마 그렇게 도살된 고기를 먹을 수 있겠는가? 가령 자신이 그 짐승의 상황에 처해 있다고 한다면, 정말 편안한 마음으로 남들이 자기를 도살하여 그 입과 배를 채우도록 기꺼이 받아들이겠는가?

이러한 식탐(食貪)으로 말미암은 잔인스러운 마음과 행동은, 한 마디로 생각해 보지 않기 때문일 따름이라네. 만약 조금만 자세히 생각하고 살펴본다면, 육식을 끊어 버리고 다시는 감히 먹고 싶은 엄두가 나지 않을 걸세.

원한의 업장은 결국 스스로 감당하여야 한다네. 그대가 아직도 중생의 고기를 먹으려고 한다면, 죽을 처지(死地)까지 이르지는 않은 일체의 고통은 모두 '고통'이라고 부를 수가 결코 없네. 금생에 어떤 중생의 고기를 먹는다면, 장래에 반드시 그에게 먹히는 날이 돌아오게 되지. 그래서 정말로 원한의 업장은 해소하기 어렵다고 말하는 걸세.

그(서본무)가 말하는 걸 보면, 깨달음의 근기(悟機)가 상당히 있는 듯하이. 그렇지만 아직도 육식을 하고 싶다면, 그 깨달음이란 단지 빈말에 지나지 않네. 빈말은 조금도 보탬이 되지 않아. 예컨대, 밥을 입으로만 말해 가지고 그대의 굶주림을 채워 줄 수 있겠나? 내가 남들에게 채식하라고 강요하는 것은 결코 아니네. 다만 그가 바라는 바와 행동하는 내용이 서로 어긋나기 때문에, 그를 위해 간곡히 말해 주는 것일 따름이라네.

서본무가 묵은 잘못을 힘써 참회하고, 맵거나 비린내 나는 음식을 완전히 끊어 버릴 수 있다면, 이것이야말로 지난날을 회개하고 미래를 닦아(改往修來), 본래 마음의 근원으로 되돌아갈 수 있는 진실한 수행이 되지.

진국보(陳國甫)는 종신토록 불경을 독송하고 염불을 하겠다고 발원했다니, 그 뜻이 가상하네. 그러나 그 마음이 오래도록 물러서지 않고 유지되어야 하지, 용두사미처럼 시작만 있고 끝은 없이 흐지부지해서는 결코 안 되네.

이번에 서본무의 법명을 혜본(慧本)으로 지어 보내네. 지혜를 근본으로 삼으면, 생각하고 말하고 행동하는 모든 것이 저절로 위로 부처님의 마음과 천리(天理: 하늘·자연의 이치)에 부합하여, 예전처럼 어리석고 미혹되게 악업을 지어 삼악도에 떨어지는 일은 없게 될 것이라는 뜻일세.

진국보의 법명은 혜보(慧甫)로 짓네. 보(甫)란 남자에 대한 아름다운 호칭이지. 만약 지난날의 잘못을 비통하게 회개하고 마음에 바른 생각[正念]을 지니면서, 착한 마음을 품고 착한 말을 하며 착한 일을 하고 어떠한 악도 짓지 않으며, 모든 선행을 받들어 행하고 효제충신(孝悌忠信)과 같은 인륜을 돈독히 실천하되, 여기다가 덧붙여 지성으로 염불하여 극락 왕생을 바란다면, 이것이 바로 '혜보'의 실질 내용이라네. 그렇게 하지 않는다면, 단지 허울 좋은 빈 이름에 지나지 않을 것이니 무슨 이익이 있겠는가?

부처님 앞에 나아가 귀의를 하는 법은 『문초』 안에 이미 설명해 놓았으니, 그 내용에 따라 그들에게 말해 주게나. 세간과 출세간(出世間)을 막론하고, 모든 일은 다 진실한 정성[眞誠]을 근본으로 삼으니, 이를 명심하게. 항상 자기의 허물을 되돌이켜 살펴냄으로써, 날마다 높고 밝은 경지로 나아가길 바라마지 않네.

도생 거사 보게나 (6)

오랫동안 소식이 끊겨 근래 수행 상황은 어떠한지 궁금하네. 염불은 잘하고 있겠지? 그대의 성정(性情)은 자못 총명한데, 대개 총명한 사람들이 마음을 잘못 써 일을 그르치는 경우가 많다네. 단지 이익이 없을 뿐만 아니라, 도리어 해가 되고 연구와 수행에 가장 큰 걸림돌이 되곤 하지.

내가 7월에 상해(上海)와 항주(抗州)의 각 지역을 돌아보며 두 달 남짓 머물렀는데, 자못 똑똑한 어느 젊은이가 질문하는 게 어찌나 우스꽝스럽고 안스럽던지 혼났다네. 그가 질문한 내용이 대강 이러한 것이네.

"모든 유정(有情)이 다 불성을 갖추고 있다면, 비록 크고 작은 것은 다를지라도 죽음을 두려워하는 한 가지일 텐데, 무릇 방생(放生)에는 마땅히 작은 생명에 먼저 주의를 해야 한다고 하면, 이는 모두 불성을 갖추고 똑같이 죽음을 두려워한다는 이론에 모순되는 것이 아닙니까? 똑같은 걸 알았으면, 응당 자기의 분수와 능력에 따라 구제하여야 할 것이지, 어찌 논함에 앞뒤를 가린단 말입니까?"

"또 물속이나 공기 중에는 미생물이 수없이 많아서, 사람이 한 번 호흡할 때마다 숨 따라 흡입하는 생명이 이루 다 헤아릴 수 없을 텐데, 장래의 업보는 언제나 다 끝마칠 기약이 있겠습니까? 그리고 사람과 축생이 서로 순환한다면, 고금의 위대한 유학자 중에도 불교의 이치에 통달한 자가 몹시 많은데도, 어찌하여 그들은 살생을 끊어 버리도록 계율을 세우지 않았단 말입니까?"

"또한 일체의 중생이 모두 과거의 부모이고 미래의 부처님들이기에, 살해해서도 안 되고 간음해서도 안 된다고 말하는데, 세간의 정식 결혼도 또한 숙세(宿世: 전생)의 부모였던 이들과 결합하는 게 아닙니까?"

이 세 가지 질문들은 모두 얄팍한 총명을 자랑하여 편협한 말단지엽의 논리를 내세우는 것으로, 백해무익하기 짝이 없네. 왜 그렇겠는가? 그토록 극단적인 미세한 것 때문에, 거대한 것까지 함께 모두 폐기해 버릴 수는 없지 않은가?

예컨대, 청결함을 좋아하는 사람은 자기 몸에 때나 먼지가 끼지 않기를 바라겠지. 그런데 결벽증이 약간 생겨 자세히 살펴보니, 몸 안은 똥오줌과 피고름으로 가득 차 있고, 몸 밖은 땀과 때가 뒤범벅이 되어 피부와 터럭에 절어 있으며, 옷 속에는 이와 벼룩이, 옷 밖에는 모기와 날타리가 들끓으면서 자신을 귀찮게 하는 줄 깨달았단 말일세. 이 몸뚱아리가 안팎으로 더럽고 추악한 꼴이 결국 측간의 똥 고자리와 진배 없다는 것을 생각하니, 이 결벽증 환자는 마침내 더 이상 몸을 깨끗이 하고 싶은 마음이 사라지고, 왼종일 측간의 고자리 떼 속에서 함께 뒹굴며 즐거워한다고 비유하면 적절하지 않겠나?

고금의 위대한 유학자들이 어찌 살생하지 못하도록 계율을 세우지 않았는가라는 의문은, 세간과 출세간의 법에는 일시적인 임기응변(臨機應變)의 방편인 권(權)과 항상적인 구경불변(究竟不變)의 본질인 실(實)이 있는 줄을 모르기 때문에 품는 것이지. 【옮긴이: 유가에서는 實에 상응하는 것을 經이라고 하여 經權으로 대칭함】비록 대유학자들이 실(實)을 안다고 하더라도, 세속의 인심이 완전히 부처님의 교화에 귀의할 수는 없기 때문에, 실체의 이치(實理) 그대로 살생 금지의 계율을 정하기는 정말로 쉽지 않은 걸세.

군자는 자신이 처한 지위에 맞추어 행동하는 법이네. 무릇 자기 능력이 미칠 수 있는 바가 아닌 경우에는, 능력이 미칠 수 있는 것까지 함께 끌어다가 파괴해서는 결코 안 되지. 능력이 미칠 수 없는 줄을 안 경우, 자기 능력이 미칠 수 있는 것에 각별히 주의해서 행한다면, 이것은 막대한 선(善)이라네. 그러나 능력이 미칠 수 없는 것 때문에 능력이 미칠 수 있는 것까지 물리치고 파괴하여 이를 행하지 못하도록 막는다면, 이는 중대한 악(惡)이 되네.

똑똑하고 총명하다는 사람들이 이러한 사견(邪見)에 빠져 있는 경우는 너무도 많지. 이러한 종류의 시비논리를 내가 얼마나 보고 들었는지 알 수 없을 정도네. 나는 오직 사람들이 마음을 잘못 써서 죄악을 짓지나 않을까 두려울 따름이네. 그대나 그대 주위의 동료들이 혹시라도 이러한 사견(邪見)을 가지고 있지나 않을까 염려되어, 그대에게 대강만 특별히 말하는 것이네. 만약 이러한 사견을 미리 뽑아내지 않으면, 장래에 자신은 물론 남도 그르칠 수 있기 때문일세. 내가 이러한 사견을 비판하여 조복시킨 언론은 며칠간의 공력을 몽땅 들이지 않으면 다 쓸 수가 없다네.

　"인륜강상을 돈돈히 실천하고〔敦篤倫常〕 자기 분수를 공경스럽게 다하며〔恪盡己分〕 어떠한 악도 짓지 않고〔諸惡莫作〕 모든 선을 받들어 행하라.〔衆善奉行〕" 이 열여섯 글자〔네 구절〕가 살아 생전에 성현의 경지에 들고 사후 극락세계에 되돌아가는 근본 서원〔本願〕이지. 우리 제자들이 모두 이를 조심스럽게 지키고 힘써 행한다면 매우 다행이겠네.

도생 거사 보게나 (7)

　정성이 지극하면 쇠와 돌도 열린다네〔精誠所至, 金石爲開〕. 또 적은 알맹이가 많은 허울보다 나으며〔小實勝多虛〕 기교스러운 속임수가 졸렬한 성실만 못한〔巧詐不如拙誠〕 법이네.

　전에 황함지(黃涵之)가 장기간 채식하려고 마음먹은 뒤, 자기 어머님도 함께 채식하시도록 권해 드리고, 나에게 어떤 방법이 좋은지 자문을 구해 왔지. 그때 내가 어머님을 대신해 지성으로 참회해 드리면, 업장이 해소되어 채식을 할 수 있을 것이라고 일러 주었는데, 한 달이 채 못 되어 장기간 채식에 들어갔다는 소식을 전해 왔네.

　또 한 번은 척측주(戚則周)가 딸이 나이 열아홉에 두 눈을 실명(失明)하여 눈 앞에 손을 갖다 들이대도 보지 못한다고 편지로 알려온 일이 있었네. 그때 그는 산중의 삼성당(三聖堂)에 있었는데, 답신을 받으면 곧 귀가하여 자기 딸을 항주(抗州)의 비구니 암자에 보낼 생각이었지. 내가 편지를 보내 지성으로 관세음보살 성호를 염송하도록 분부했는데, 역시 한 달이 채 못 되어 자신이 직접 편지를 써서 다 나았다고 알려 왔다네.

또 한 여인은 열여섯 살 때 기관지 통증을 얻어 매일 반드시 두세 차례 발작하는데, 통증이 죽을 정도로 극심하였다네. 올해 56세로 나에게 와서 귀의하기에, 내가 지성으로 '관세음보살' 성호를 염송하도록 분부하고, 아울러 한 약처방을 알려 주었지. 곧 『문초』 안에 있는 담배 끊는 처방인데, 연기도 가하지 않았을 뿐만 아니라, 한 가지를 물에 끓여 처음 한 차례 복용하자 기관지가 더 이상 아프지 않게 되었다는 걸세. 41년간 수많은 의사들도 어찌할 수 없었던 고질병이 한 차례 약처방을 쓰고 나서 완전히 나았다니, 지성으로 관세음보살 성호를 염송하였기 때문에 이러한 처방의 속효를 본 것이 아니겠는가?

이상 세 사람이 힘은 적게 들이고 큰 효험을 본 것은 바로 정성 때문일세. 그대가 어머님의 고질병 때문에 어찌할 줄 모르고 탄식하기에, 나는 그대가 어찌하여 지성으로 염불하여 어머님의 업장을 해소시켜 드리려고 하지 않는지 꾸짖었네. 그대가 곧 많은 불경을 베껴 쓰고 부처님께 예배드렸는데, 아직 별 효험을 보지 못하는 듯하군.

이렇게 불경을 베껴 쓰는 일은, 이른바 적은 알맹이가 많은 허울보다 나은 것인데, 가령 그대가 진실로 이처럼 예배 독송하는데도 그대 어머님의 고질병이 낫지 않는다면, 내 두 눈이 멀고 하늘과 땅이 뒤바뀌며 해와 달도 거꾸로 운행하여만 할 걸세. 세상에 정말로 그러할 리가 있겠는가? 내 생각에는 아마도 그대가 '정성' 한 글자에 뜻을 완전히 집중하지 못한 것이라고 여기네. 그래서 내가 애당초 그대의 법명을 혜성(慧誠)이라고 지어 주지 않았나?

결국 그대의 정성은 붓 끝에 있지, 마음에 있지 아니한 것을 분명히 알 수 있네. 가령 정성이 마음에 있다면, 이처럼 수행하는데도 전혀 이익(효혐)이 없는 지경에까지는 결코 이르지 않을 걸세.

그대가 살아 생전에 성현의 제자가 되고, 죽은 다음 극락세계에 들어가길 바란다면, 모름지기 모든 가식적인 마음 상태(假心相)를 완전히 바다 밖으로 내던져 버리고, 실질적인 일을 진지하게 하여야 하네. 말한 것은 반드시 실행하고, 실행할 수 없는 것은 말을 꺼내지도 말아야지.

정말 이렇게만 할 수 있다면, 그대의 조상이나 부모에게도 커다란 영광이 있을 것이고, 나 또한 그대의 실행 공덕으로 말미암아 죄업을 상당히 해소할 수 있다네.

만약 내가 직접 보고 있지 않다고 해서 그대가 자기 멋대로 거짓말을 한다면, 설사 나는 참말이라고 생각한다고 할지라도, 천지신명과 불보살님들도 또한 진실이라고 여길 줄로 생각하는가? 그대가 이런 마음을 조금이라도 지니고 있다면, 이는 부모를 속이고 스승과 부처님을 속이는 대 불효가 될 걸세. 부모와 스승을 어떻게 정말로 속일 수 있단 말인가? 그대가 단지 스스로 속일 뿐이네. 나는 그래도 그대가 어느 정도 사리에 밝다고 여겨, 여러 번 침과 송곳으로 찔러 주어 왔네. 그런데 내가 잘못되었다고 하면, 오늘부터 앞으로는 서로 왕래하지 않는 것이 좋겠네. 군자는 일시적인 방편상으로는 속일 수 있어도, 도(道)가 아닌 것으로 영원히 속이기는 어려운 법일세.

내가 지나치게 각박하게 따지는 것은 아니네. 그대의 말이 앞뒤가 서로 맞지 않고, 또 그 일이 그대가 감옥 안에서 해낼 수 있는 성질의 것이 아니기 때문일세. 내가 비록 별 도덕은 없지만, 세상을 68년간이나 겪어 왔기 때문에, 이치와 정황에 맞지 않는 일은 눈가림으로 속이기가 자뭇 어려울 걸세. 침통하게 뉘우치고 고치길 바라네. 그렇지 않다면 장차 종신토록 유교와 불교 모두에게 큰 죄인이 될 걸세.

도생 거사 보게나 (8)

편지를 받고, 그들이 아직도 계속 염불을 실행하고 있다니 기쁘기 짝이 없네. 그대 어머님의 질병이 30여 년이나 끌어왔다면, 어찌 그대는 몸소 부처님과 관세음보살의 성호를 염송하여 어머님을 위해 회향 기도해 드리고, 그대의 아내와 자녀들에게도 그렇게 염불하도록 당부하지는 않고 있는가?

자식이 어버이를 위해 수행함에 그 마음이 정말로 정성스럽다면, 당연히 기묘한 감응과 효험이 있게 마련이네. 또 그대가 마땅히 어머님께 서신을 올려, 당신도 친히 염불하시도록 완곡히 권해 드려야 할 일 아닌가? 그렇게 해서 그대 어머님이 믿음을 내어 실행하게 된다면, 오랜 지병이 바로 세간을 벗어나도록 이끌어 주는 스승〔出世導師〕으로 변신할 걸세.

이번에 그대의 뜻에 따라 그대 어머님을 위해 덕초(德超)라는 법명을 지어 보내며, 서방 극락세계 칠보지(七寶池) 가운데 연꽃 한 송이를 덧보탤 수 있도록 기원하네. 일심으로 염불하여 그 공덕으로 현세에 사바 홍진의 번뇌업장을 초월하고, 임종에는 시방삼계를 초월하여 구품연화지(九品蓮華池)에 곧장 올라가도록 격려하는 뜻일세.

염불을 하지 않을 때는 마음을 완전히 세속의 번뇌망상 속에 파묻어 두지만, 일심으로 염불만 할 수 있다면, 홍진의 번뇌도 더 이상 그 마음을 움직일 수 없어, 홍진 속에서 홍진을 초월할 수 있다네. 그리고 극락 왕생하면 단지 질병 고통을 받지 않을 뿐만 아니라, 장차 질병 고통을 당하는 모든 중생들을 고해로부터 건져 내어 함께 극락을 누리도록 할 수 있지.

자식된 자가 부모를 섬기는 효도는 육체상의 수고와 물질상의 봉양이 맨 처음 바탕이 되지만, 자신을 세워 도를 실행하는 것〔立身行道〕이 커다란 근본이 된다네. 혹시라도 마음에 사악한 염두를 일으키면 곧 불효가 되니, 당장 참회하고 제거하여 청정하게 만들어야 하네. 그리하여 이 마음이 한 순간 한 생각이라도 천지신명께 떳떳하지 않음이 없으면, 그 밑바탕이 제대로 선 걸세. 여기다가 다시 믿음과 발원으로 염불공부를 진실하게 하면, 살아 생전에 성현의 영역에 들고 죽은 후 극락국토에 되돌아 가는 것을 그 누가 막을 수 있겠는가?

혹시라도 입으로는 수행한다고 말하면서 마음에 착하지 못한 생각을 품고, 정인군자(正人君子)의 진실 수행이라는 이름만 얻으려고 꾀한다면, 약삭빠르게 눈치나 살피는 파렴치한 진짜 소인배가 될 걸세. 본디 남을 속이려다 끝내는 자기만 속이고 말게 되지. 이런 부류의 사람들은 모두 몹시 똑똑하고 잘난 체하는 사람들이니, 어찌 서글프지 않겠는가?

예컨대, 옥돌도 진흙처럼 단번에 가르는 천하의 보검(寶劍)을 가지고서 하찮은 진흙 덩어리나 자른다면, 진흙도 별 물건을 이루지 못하면서, 괜히 보검의 날만 손상시키지 않겠나? 원컨대, 그대는 내 말을 잘 음미해서 독실하게 실행해 나가길 바라네. 그런다면, 성현이나 불보살의 경지가 어찌 그들만의 전유물이고 나에게는 불가능한 영역이라고 포기할 수 있겠는가?

『서경(書經)』에 이르기를, "성현도 한 생각 놓쳐 버리면 미치광이가 되고, 미치광이도 한 생각 잘 이기면 성현이 된다."고 했네. 또 불경에는 "세간에 두 부류의 건아(健兒)가 있으니, 하나는 아예 죄를 짓지 않는 자이고, 다른 하나는 이미 죄를 지은 뒤에 곧 회개하는 자이다."고 말씀하셨지. 말하자면, 잘못을 고치는 데 인색하지 않은 것은 유가 선비들이 성현을 향해 수양해 가는 방도이고, 죄악을 스스로 드러내 참회하는 것은 우리 불자들이 본래 성품으로 되돌아가는 요체일세.

하지만 그대는 몇 년간 서신왕래 하면서, 한 번도 자기 잘못을 드러낸

적이 없었네. 나는 그래도 그대가 이제나마 자기 수행하려고 발심하는 것을 생각하여, 지나간 일은 조금도 묻지 않고 그대에게 편지와 책들을 보내 주면서, 그대가 진실한 염불 수행으로 살아 생전에 성현의 영역에 들고 죽은 후 극락국토에 올라가기만을 기원해 왔네.

그런데 그대가 말을 거짓으로 꾸며 사람을 속일 줄은 어찌 알았겠는가? 이제 보니 그대는 이미 3년간이나 계속 정좌(靜坐: 참선)하여 정신상으로 자못 체득한 바가 많다고 자랑하고 있으니, 내 마음이 통탄스러울 뿐이라. 그대가 정말 이럴 수 있는가? 그런 행위는 한 번으로도 심한데, 하물며 몇 년씩이나 계속해왔단 말인가? 열 개의 눈이 함께 보고 열 개의 귀가 함께 듣는 법인데, 그대가 나를 속이려 들었단 말인가?

그대가 이 편지를 보고, 만약 지금까지의 마음을 비통하게 회개한다면, 아직 늦지 않았네. 그렇지 않다면 영원히 절교(絶交)하고, 그대가 무슨 도를 닦아 천하를 뒤덮든지, 나는 전혀 간섭하지 않겠네.

인광(印光) 대사(1861~1940): 청말 민국 초기에 중국이 극도로 혼란하고 불법의 쇠퇴가 극심한 상황에서, 염불 수행으로 중생 교화와 불법 홍포에 헌신한 고승 대덕인데, 중국에서는 대세지 보살의 화신으로 믿으며 정토종(蓮宗)의 제13대 조사로 추앙한다. 평생 출가 제자는 한 명도 받지 않고, 재가 신자들에게 주로 서신으로 설법하였는데, 한결같이 믿음과 발원으로 염불하여 극락 왕생을 구하라고 권했다.

대사의 법문은 량계초(梁啓超)가 '문자삼매(文字三昧)'로 칭송할 정도로, 말마다 진리를 드러내고 글자마다 종지(宗旨)로 귀결되며, 위로는 부처님의 가르침에 부합하고 아래로는 중생의 마음에 들어맞으며, 선종(禪宗)과 정토(淨土)의 오묘한 법문을 떨치면서 그 사이의 쉽고 어려움을 잘 가려내어, 실로 이전 사람들이 미처 보지 못한 곳을 훤히 파헤쳤다는 칭송이 자자했다. 또 유불선(儒佛禪) 삼교를 일관회통하여 그 상통과 차이를 적확(的確)히 가리켰고, 민간 전래의 선서(善書)를 보급하는 데도 많은 심혈을 기울였다.

그러면서 자신을 낮추어 '죽과 밥만 축내는 중〔粥飯僧〕', '항상 부끄러운 중〔常慚鬼僧〕'이라고 불렀는데, 열반 후 많은 사리가 나와 사람들의 신심을 더욱 굳게 북돋우었다.

나무 아미타불 나무 관세음보살 나무 대세지보살 나무 마하반야바라밀.

불보살님들의 자비광명 가피와 여러 선지식들의 호념과 여러 불자님들의 성원에 힘입어,『화두 놓고 염불하세(인광대사가언록)』를 출간한 지 만 5년 만에 두 번째 정토염불 법문집으로『의심 끊고 염불하세』를 편역 출판하게 되었습니다. 다시 한번 여러 불보살님들과 선지식들과 불자님들께 감사와 찬탄을 바치는 마음으로 공경 합장의 예배를 올립니다. 아울러 지금까지 번역 발표에 지면을 제공해 주시고, 또 이 글들을 모아 책으로 엮어 펴내시는 데 동참 · 협조하신 모든 인연 있는 불자님들께도 이 자리를 빌어 충심의 감사와 찬탄을 올립니다.

여기에 모은 글들은 사실『화두 놓고 염불하세』보다 먼저 번역한 글들부터 최근의 글들까지 망라되어, 8년 가까이 걸친 인연 숙성의 세월이 녹아 있습니다. 인광 대사 편지설법은 1997년 늦가을 「여성불교」에 맨 처음 연재를 시작했던 글인데, 다만 그 가운데 '장도생(竺道生) 불자에 대한 편지'는 '감옥 죄수에 대한 법문'이라는 특집으로 「현대불교」에 세 차례로 나뉘어 실린 것입니다. 그리고 무제(無際) 대사의 심약방문(心藥方文)과 천태지자 대사의 정토십의론, 성암 대사의 권발보리심문, 연지 대사의 법문 및 철오 선사 어록 등은 「불광」지에 연재했던 내용에다 미발표 법문 몇 편을 추가 번역해 보완한 것이며, 전등 대사의 정토법어와 함산 대사의 염불법문은 「금륜」지에 소개한 것입니다.

『화두 놓고 염불하세』의 출간을 전후하여 많은 불자님들의 염원과 성원이 함께 어우러지고, 특히 철오 선사 어록이 불자들의 심금을 울리고 신심을 크게 북돋는 연분이 되었던 듯한 느낌입니다. 그래서 제 심원(心願)의 씨앗(正因)이 시절 인연 따라 여러 연분을 만나 싹트고 자라 꽃피운 다음 열매까지 맺기에 이르렀습니다. 이 열매를 씨앗으로 이제는 우리 불자님들께서 각자 마음의 밭을 갈고 가꾸어 극락정토 칠보지(七寶池)에 연꽃 한 송이씩을 피워 나가야 하리라 믿습니다.

그 동안 우리 불교계에는 커다란 지각변동이 있었습니다. 염불선(念佛禪)을 주창하시어 정토법문의 선봉장 격이셨던 청화(淸華) 큰스님께서 재작년 홀연히 열반(辭世)하시면서, 한국불교를 대표할 만하던 여러 선지식들이 마치 약속이라도 하신 듯 잇따라 입적하시고, 작년 겨울엔 숭산 큰스님까지 우리 곁을 떠나시어, 본디 텅 빈 불교 공문(空門)에는 또 다른 허전한 공동(空洞) 상태까지 초래되었습니다. 이 공동(空洞)이 무기공(無記空)의 나락에 떨어지지 않도록, 진공묘유(眞空妙有)의 중도실상(中道實相)이라는 불교의 진제(眞諦)를 밝히고 실현하는 일은 이제 사바고해에 남아 있는 우리 불자들의 몫이요, 사명이 되었습니다.

3년 전쯤 『화두 놓고 염불하세』를 감명 깊게 읽으셨다는 승보종찰의 어느 한 중진스님으로부터 "우리 불교계에 수행 공부를 점검하고 지도해 주실 만한 참 선지식이 없다는 게 교계의 공통된 인식이다."는 탄식을 직접 들은 적이 있습니다. 그 말씀을 들으면서, 저는 혼자 속으로 '과연 말세는 확실한 말세인가 보구나' 라고 맞탄식을 하였습니다. 그래서 시대 추이나 세상 형편으로 보나, 경론(經論)이나 법문으로 보나 말법시대의 수행인연으로 부처님의 자비광명 가피에 힘입어 극락정토 왕생을 발원하고 착실히 염불 수행하는 정토법문보다 더 수승한 법문은 없다는 역대 고승대덕들의 고구정녕(苦口叮嚀) 일깨움이 새삼 너무도 절실하고 간곡하게 느껴집니다.

그런데도 말법시대 열악한 환경과 업장 두터운 우리 나약한 중생들은 과학 만능과 이성(理性) 만능이라는 교만한 미신에 빠져, 도리어 이러한 정토 염불법문을 미신으로 치부하고, 믿음을 내기는커녕 오히려 비웃거나 비방하기 십상입니다. 믿음이 서지 않는데 어떻게 따분하고 고리타분하게만 여겨지는 염불을 착실히 수행할 수 있겠습니까? 그래서 동진(東晉) 때 혜원(慧遠) 대사께서 백련사(白蓮社)를 결성해 정토염불을 수행하신 이래로, 역대 조사와 고승대덕들께서 한결같이 정토법문에 대한 의혹을 풀어 주고 염불법문에 대한 믿음을 일으켜 북돋워 주기 위하여, 대자대비의 지혜광명을 나토사 고구정녕 현신설법을 해 오셨습니다. 이러한 정토법문을 한문(漢文)으로 봉독하면서 불초 소생도 몹시 감격하고 크게 찬탄한 나머지, 불보살님들의 자비은혜에 조금이나마 보답하려는 조그만 성의에서 이 지혜광명을 다른 인연 있는 불자님들께 널리 퍼뜨리고 싶은 마음이 일었고, 그러한 인연으로 해서 두 번째 정토법문집으로『의심 끊고 염불하세』를 편역하게 되었습니다.

석가모니 부처님께서 열반하실 때 제자들한테 "법(法:가르침, 진리)을 스승 삼고 계율을 스승 삼아, 게으름 피우지 말고 정진하라."고 부촉하셨다고 합니다. 하물며 말법시대 우리를 일깨우고 이끌어 줄 선지식마저 아주 드문 요즘, 더더욱 부처님 가르침 따라 신심과 환희심으로 정토법문의 항공모함을 함께 타고, 계율청정의 돛을 드높이 날리며 부처님 지혜광명을 등대 삼아 극락왕생 발원의 키로 방향 잡으면서, 뜻 맞는 도반들끼리 마음 모아 힘 모아 서로 의지하고 격려하며 염불삼매의 노를 저어서, 아무쪼록 험난한 사바고해 항행 여정을 무사하게 원만히 마치고, 마침내 극락정토 열반언덕에 평안히 닿기만을 간절히 기도 염원할 따름입니다. 어차피 꿈속 인생 조금 일찍 꿈 깨지 못해 조급하게 안달하지 말고, 꿈속의 꿈에서나마 착실히 염불 수행하여, 마침내 일장춘몽 마치고 길이 깨어날 때 본래 모습 되찾아 영혼의 고향 극락정토에 왕생하길 지극한 마음으로 기도 염원합시다.

이 수승(殊勝)한 인연공덕으로 불보살님의 자비광명 가피 온 누리에 충만하여지고, 특히 해방광복 60주년 환갑을 맞이하는 우리 대한민국 한겨레여 진정한 해방광복을 조속히 맞이하고 남북한 자주평화통일 하루빨리 원만히 성취되기를, 아아! 불보살님께 지심으로 참회 발원하오며 간절히 회향 기도하옵나이다!

꿈속의 꿈 염불 수행〔夢中夢念佛修行〕

晨夢逼眞錯如實	새벽 꿈 생생하여 현실인 줄 믿었더니
夢覺環顧境似夢	꿈 깨어 둘러보니 이 세상도 꿈결 같다.
三界迷夢六道幻	삼계가 미몽이요 육도 중생 허깨빈 걸,
何況疊疊夢中夢	하물며 겹겹 꿈속 꿈 일러 무삼하리오?

朝夕靜參下座初	아침저녁 정좌하고 자리서 일어날 제
忽觀自身輒生疏	문득 제 몸 살펴보면 불현듯 낯설어라.
四大因緣豈眞吾	네 원소 인연 화합 어찌 진짜 나일쏘냐?
本來無我誰是余	애당초 내가 없거늘 그 누가 나이런가!

眞空妙有中道相 　텅 빈 속 미묘 존재 중도의 실상이고,
藉假修眞求道程 　가짜 빌려 참 닦음은 구도의 여정인댄.
眞假空有勿分揀 　진짜건 가짜이건 있고 없고 분간 말고,
夢中求覺大士行 　꿈속서 깨달음 찾는 큰선비 길 나가세.

寤寐不忘阿彌陀 　자나깨나 한순간도 아미타불 잊지 말고
夢中念佛夢中琢 　꿈속 인생 염불하며 꿈속서도 쪼고 갈세.
緣熟念純幸見佛 　연분 익어 무념 되면 절로 부처님 친견하며
夢覺還鄉往極樂 　꿈 깰 때 제 모습 찾아 극락왕생 하리니!

나무 아미타불
나무 관세음보살
나무 대세지보살
나무 마하반야바라밀.

2005년 6월 11일 乙酉年 端午節 起草, 7월 3일 장마 속 정리.
2005년 6월 11일 乙酉年 端午節 起草, 7월 3일 장마 속 정리.
　　阿彌陀佛의 別稱 無等光佛의 名號 因緣이 있는
빛고을(光州) 無等山 자락에 들어 머문 지 4년 반 째,
그 無等光山의 품에 안겨 노닐기 5백 회를 맞이하며,
蓮淨齋에서 三寶 弟子 寶積 居士 恭敬 合掌하옵나이다.

의심 끊고 염불하세

2005년 8월 15일 초판 1쇄 발행
2025년 4월 18일 초판 8쇄 발행

엮은이 보적 김지수
발행인 박상근(至弘) • 편집인 류지호 • 편집이사 양동민
편집 김재호, 양민호, 김소영, 최호승, 정유리 • 디자인 쿠담디자인
제작 김명환 • 마케팅 김대현, 김대우, 이선호, 류지수 • 관리 윤정안
콘텐츠국 유권준, 김희준
펴낸 곳 불광출판사 (03169) 서울시 종로구 사직로10길 17 인왕빌딩 301호
　　　 대표전화 02) 420-3200 편집부 02) 420-3300 팩시밀리 02) 420-3400
　　　 출판등록 제300-2009-130호(1979. 10. 10.)

ISBN 978-89-7479-355-5 (03220)

값 15,000원